U0508872

本书出版获得瑞典隆德大学罗尔·瓦伦堡人权与人道法研究所的协助
资金来源于"瑞典发展合作"

本卷学术委员会（按照姓氏拼音排序）

白桂梅，北京大学法学院教授

李　楯，清华大学当代中国研究中心教授

马洪路，中国康复研究中心研究员

许家成，北京联合大学特殊教育学院教授

周　伟，四川大学法学院教授

项目统筹（按照姓氏拼音或字母排序）

陈婷婷

Stephen Hallett（郝　曦）

姜依彤

Merethe Borge MacLeod（葛珍珠）

残障权利研究

研究

第一卷

(2014)

DISABILITY RIGHTS STUDIES
IN CHINA
VOLUME I (2014)

主　编　张万洪
执行主编　丁　鹏

社会科学文献出版社
SOCIAL SCIENCES ACADEMIC PRESS (CHINA)

目　录

CONTENTS

编者弁言

　　本期绝大多数论文来自 2012～2013 年间实施的"中国残障人权利多学科研究项目"。该项目资金来源于"瑞典发展合作"（Swedish Development Cooperation），由瑞典隆德大学罗尔·瓦伦堡人权与人道法研究所（Raoul Wallenberg Institute of Human Rights and Humanitarian Law）与武汉大学公益与发展法律研究中心共同合作执行。历时两年多，该研究项目从招募团队成员、组织选题、确定研究方法，到实地调研、撰写初稿，再到反复修订、完稿结集，终于结出了一颗小小的果子，呈现在读者诸君面前。

　　本期收录的作品，反映了来自不同学科背景的国内学者以及政府部门、残障机构工作人员运用多学科人权研究方法探讨残障议题的初步尝试。近年来，许多世界知名的人权学者以及实务工作者已经指出，人权研究需要多学科方法的合作，而不能囿于法学、政治学、社会学等单一学科。[①] 为此，本期作者团队在两年多的交流、切磋中，相互分享了社会学、法学、政治学以及医学、公共卫生领域的研究视角，就残障人教育、就业、生育、社会组织、法律维权等议题进行了深入探索。另外，当前世界范围内的残障理念及政策已经从慈善救助、医疗康复转变为基于权利的发展。特别是中国政府批准联合国《残疾人权利公约》后，新的残障理念与

[①]　相关文献可见 Freeman, Michael, *Human Rights: An Interdisciplinary Approach.* Oxford: Polity Press. 2002, pp. 10–15, Woodiwiss, Anthony, "The Law Cannot be Enough: Human Rights and the Limits of Legalism," in *The Legalization of Human Rights: Multidisciplinary Perspectives on Human Rights and Human Rights Law* (Saladin Meckled–Garcia, and Basak Cali. eds.). London and New York: Routledge, 2006. Landman, Todd, *Studying Human Rights.* London and New York: Routledge, 2006, pp. 15–30. Roper, Steven and Barria, Lilian, "Political Science Perspective on Human Rights," in *Human Rights Review*, 2009, 10 (3), pp. 305–308. Dawes, James, "Human Rights in Literary Studies," in *Human Rights Quarterly*, 2009, 31 (3), pp. 394–409, 以及张万洪、丁鹏《晚近国际人权法若干问题研究》，《珞珈法学论坛》第9 卷，武汉大学出版社，2010。

国际人权标准都要求残障领域的研究者和实务工作者开展以残障人权利为主题的研究与倡导。

为了尽可能有体系地呈现整个团队的研究成果，本期《残障权利研究》设置了残障人就业，残障人教育，精神与智力障碍，残障、性与社会性别，残障、法治与公民社会等栏目。其中残障人就业专栏收录了三篇文章。倪震以浓厚笔墨描绘了盲校教育的各个方面，为我们揭示出盲生陷入教育和就业之"隔离"（从事按摩业）的深层原因。刘小楠、谢斌的论文明确提出了促进残障人平等就业的要求，亦即政府部门有义务带头招录残障人。通过信息公开这一强有力的手段，结合访谈，她们的文章揭示了制度中的就业歧视和人们的不同态度。此外，冼志勇从立法、司法救济、行政三个分支全面论述了政府促进残障人就业的义务，将残障人就业纳入一个专门的权利体系。这个权利体系也为社会组织参与残障人就业服务与倡导提供了重要的正当性依据。

在残障人教育专栏，阿力江和叶子劼的两篇文章分别论及残障人高等教育和基础教育，他们充分利用自己获得的经验材料，讨论了残障人实现平等受教育权的各种实际挑战。阿力江努力反映了一所大学里面残障学生的处境，也记录了这一调查过程本身遇到的困难。我们遗憾地发现残障大学生群体所处的不利地位与消极境遇，也感受到，通常所谓的让弱者"发声"，讲出遭遇，争取自己的权利，在人的态度与社会制度的双重障碍和交互影响下，何其不易。残障人教育和就业问题联系得如此紧密，叶子劼关于盲人受教育状况的研究与倪震对盲校的分析形成了有趣的对照。叶子劼讨论了主流的盲人就业导向对盲人基础教育的影响，并将其与自然、人文环境因素并列为残障人实现受教育权的限制条件。他尝试着纳入更多残障人教育与维权的相关性分析，不过未能深入展开。直接诉诸残障权利标准的是何侃的文章，其通过剖析《残疾人权利公约》中的残障新理念，将赋能原则与残障儿童实现受教育权融合起来，进而指出国内现行做法与国际人权标准的差距。白荣梅、王静合作的论文从实际案例出发，检讨了现行残障教育法律的执行效果，包括教师和公众的权利意识，并指出政府及教育部门应履行的相关义务和解决的问题。

本期将精神与智力障碍专设一栏，以凸显该领域中存在的大量而深重的误解，或能发人深省。陈博、黄士元的文章从社区实例出发，分析了社会工作者增进精神障碍人士个人自主的实践，其中精神障碍者与父权制家长在家庭内部的互动，十分不同于其与外部社会的交往，令人印象深刻。钱锦宇、任璐从法学的视角讨论智障者生育权的制度与程序安排，再次强调了智障者处置其生育权的知情原则和自主原则。陆奇斌等人的文章似乎走得更远，将心智障碍人士所在家庭当作权利主体，探讨了一个综合性的权利体系。在目前的社会里，残障者仍然首先是家庭的"负担"。但应该指出，在家庭的支持之外，社会公益组织和福利机构在提供社区照顾方面的发展已经形成了重要的补充。在残障、法治与公民社会一栏，梅运彬和陶书毅的文章分别讨论了公民社会组织和政府福利机构可能发挥的作用。

同样充斥着蒙昧、歧视与压迫的领域是残障、性与社会性别，本专栏收入了四篇相关文章。事实上，社会性别已经成为本书全部研究者所有意贯彻的视角。田阳的论文表明，现代社会生育与性的分离所引发的种种挑战，同样见于残障群体，并表现为更扭曲的形态。由此他力图论证将残障人性权利纳入社会科学研究议题的正当性，并反思此类研究的伦理要求以及尝试了一些富有启发的研究方法。如果说残障人的性权利为公共谈辩境域（discourse，余英时先生译法）排斥是由于人们无知所生的禁忌，那么残障人实现生育权利的障碍更多则是无知所导致的忽略。为此，张金明等人从康复与支持的视角指出实现脊髓损伤者生育权利的可能路径。此外，陈亚亚的文章直接讨论残障与女权交会所体现出来的形态，这个看上去很容易形成共识的话题，实际上会让残障工作者无所适从。考虑到女权运动比残障权利运动更长期的历史，前者或许更有经验，可以积极打破界限，为残障权利运动提供智识、策略上的借鉴。马志莹的人类学研究揭示出，家庭与医院的共谋，让女性精神障碍者受到男权与"文明"社会的双重压迫。打破这个封闭的系统，关键或在于政府积极履行公约所规定的义务，提供公共服务和设施，同时让社会发展出自我服务与批判的活力，以填补家庭和市场化运作的精神病院之间的裂缝——其中暗流汹涌的是来自社会本身的各种积弊与偏见。另外，基于制度创新实现精神障碍者的自主权利，陈博、黄士元对"支持决策"（supported decision–making）的讨论可谓一个实例。

论及人权的实现，政府应当履行的义务总是首要的，而其中法治与公民社会的发展牵涉到最深刻的制度框架变革，因此我们将残障、法治与公民社会专设一栏。无论是陶月、冯洁菡讨论的让视障者获得受版权保护作品的无障碍格式版本，还是李敬评估的政府法律援助项目、周超担忧的工伤保险先行支付制度的执行，都意味着政府积极采取相关措施，推进制度层面的变革，保障各类公共服务，以实现残障者的权利。

本期末尾译介了印度学者 Amita Dhanda 对《残疾人权利公约》的解读，也将国内同行对残障人士公益诉讼案例的评论纳入进来。国际标准和国内实践两相对照，我们或可发现：新的残障理念、原则与标准都要求相应的国内法制度变革，这一丰饶领域有待人权研究者继续开垦；而通过自下而上的公益诉讼与社会动员，让公众参与新制度的创立及实施，实现人与制度的共生演化，则是人权行动者乐于努力的方向。

从此出发，本期《残障权利研究》的尝试只是迈出了一小步，其中对多学科方法的"现学现用"难免有笨拙乃至谬误之处，但我们相信这一努力的方向没有错。此外，本期刘小楠与谢斌、白荣梅与王静、陈博与黄士元的三篇文章可谓研究者之间跨界合作的结果，他们在同一个研究题目下力图带入不同学科的视角与更多样的经验。这一人权研究的合作模式值得后来者借鉴，据之可以避免单个研究者贸然借用其他学科方法可能存在的错误。

在中国当前社会发展情势和社会科学研究背景下，只有基于实证，纳入多学科研究方法以及残障者本身的视域，才能够提升残障研究的品质，回应实现残障人权利的迫切问题，揭示和批判歧视残障的社会现实。同时，人权研究者和行动者走到一起，以坚实的证据为基础，分析问题成因，提出倡导意见，可以更好地促进残障法律、政策乃至话语的变革，最终致力于残障者权利的实现。

最后，需要感谢一路上为这个团队提供了许多热忱帮助的人士，这个名单不能穷尽，而许多感激的话，我们期待下次重聚时再一一叙来：在人权视角方面，瑞典隆德大学的 Anna Bruce 博士和美国夏威夷大学马诺阿分校的 Carole Petersen 教授，为研究团队分享了最新的残障公约理念。在社会科学方法和残障研究领域，厦门大学李明欢教授，美国杜克大学牛铭实教授，台湾大学洪永泰教授，台湾政治大学朱斌好教授、汤京平教授、陈陆辉教授、游清鑫教授、俞振华教授、吴德美教授、叶浩教授、童振源教授，世新大学庄文忠教授，台湾中正大学王国羽教授，朝阳科技大学谢儒贤教授，台北市立教育大学但昭伟教授，台湾东华大学陈宇嘉教授，淡江大学林聪吉教授，"中国文化大学"蔡馨芳教授、王绮年教授，暨南大学江大树教授，佛光大学林炫向教授以及中华组织发展协会的吴佳霖秘书长，为研究论文提出了细致的评论意见。其中殊可钦佩的是，牛铭实教授和他的团队，多年来坚持与大陆高校合作开办中国公共管理与政治学研究方法暑期班，水准一流，影响了一大批大陆学人，包括本残障权利研究团队。

尤值一提的是，在项目设计初期，英华残障人教育基金会的郝曦（Stephen Hallett）先生即向项目执行团队分享了他的许多创见。此外，北京大学法学院的叶静漪教授，美国纽约法学院的 Michael Perlin 教授，荷兰乌特勒支大学的 Jenny E. Goldschmidt 教授，香港大学法学院的 Kelley Loper 教授等同道学人热心关照本期《残障权利研究》的出版，提出了宝贵建议。社科文献出版社的刘骁军编辑对我们的鞭策和诚挚鼓励，也让编写团队受教良多。

最后的最后，感谢两年以来一直为项目提供学术支持的学术委员会的五位专家：北京大学法学院的白桂梅教授、清华大学当代中国研究中心的李楯教授、中国康复研究中心的 马洪路 研究员（愿马老师在天之灵为我们的进步感到高兴）、北京联合大学特殊教育学院的许家成教授以及四川大学法学院的周伟教授。感谢一路同行的全体项目团队成员以及他们贡献的心血之作。感谢挪威奥斯陆大学挪威人权中心（Norwegian Centre for Human Rights，University of Oslo）对项目所提供的支持。感谢本研究团队的协调人姜依彤女士，瑞典罗尔·瓦伦堡人权与人道法研究所中国项目办主任葛珍珠（MeretheBorge MacLeod）女士、项目官员陈婷婷女士。正是大家的不懈努力和付出，才让这个团队始终凝聚在一起，从珞珈山下，到黄浦江畔，再到海峡对岸，我们在预期的旅途中领略到出乎意料的好风景。

承蒙诸多好意，但愿这一颗本土生长的果子，可以回到广阔大地中扎根，越过重重障碍，将种子散播四方。如今言之成文，算是在暂时歇脚的地方留下个记号，我们会继续努力耕耘，共同见证来年的丰实收成。

为什么他们选择相同的职业：
东市盲校的学生生活

倪　震[*]

摘　要：本文以"东市盲校几乎所有的中学生持有相同的职业选择"这一现象为出发点，利用 11 个月中对该校的 5 次访问及在校观察的机会，对形成这种现象的原因进行研究。该项研究采用的是定性研究方法，通过访谈和观察收集资料，归纳生成两条理论：（1）东市盲校的特点决定了该校学生获得信息的方式；（2）获取信息的方式引导学生们做出相同的职业选择。

关键词：信息获取方式　职业选择　隔离封闭

一　走进盲生的生活世界

（一）研究缘起

在 2012 年 5 月至 2013 年 4 月的一年里，笔者因为工作原因多次访问东市盲校，并受邀给东市盲校的同学做了一次留学经验交流。在这次交流过程中，笔者发现东市盲校的同学们对于留学毫无兴趣，甚至根本没有接受高等教育的打算。几乎所有获得发言机会的中学生都表示，他们对读书没有多大兴趣，最关心的事情是如何做一名合格的按摩师，从而立足社会。实际上，这样的反馈并不让笔者感到惊讶，因为笔者也是一个视力障碍人士，也曾经在盲校环境中读书，笔者对于这样的反馈已经习以为常。然而，当笔者把自己摆在旁观者的位置上，便发现这种现

---

　　* 倪震，香港大学法学院。

象的极不寻常之处——在笔者面前的中学生与人们熟知的中学生大相径庭，后者朝气蓬勃，前者老气横秋；后者怀揣各种理想，前者持有相同的职业选择。

在获得校方的批准之后，笔者对15位中学生（占初中学部学生总数的1/3）进行了访谈。笔者的初步结论是：东市盲校的中学生，缺乏对于知识的渴望以及对于美好生活的憧憬。他们都十分"务实"，并且彼此分享着一套相同的职业选择——上中专，接受职业培训，成为一名推拿按摩师。

在笔者访问的其他7所招收视障学生的特殊教育学校中也有相同现象的存在，只是程度有所不同。有些教师和学者将盲校（或者综合性特殊教育学校）中视障学生的相同职业选择简单解释成"就业市场不认可"或者"政策不完善"的结果。这样的解释似乎有些笼统，对形成现象的因素缺乏具体分析。基于此，笔者希望通过开展一项研究，探索造成这些学校中视障学生持有相同职业选择的原因。

（二）研究问题

在开展正式研究之前，笔者进行了两项预研究，目的是帮助明确研究问题以及确定研究方法。首先，笔者把对于东市盲校15位视障学生的开放式访谈作为预研究的第一步。初步结论是：东市盲校的中学生，缺乏对于知识的渴望以及对于美好生活的憧憬。他们都十分"务实"，并且彼此分享着一套相同的职业选择——上中专，接受职业培训，将来做一名推拿按摩师。接下来，笔者在另外一项研究课题"残障人在接受高等教育过程中面临的障碍"的问卷当中，加入了一组测试视障学生认知形成过程的题目。这一步得出的结论是，形成这样一套价值观的原因可能是一个复杂的过程，跟视障学生与周围环境的互动方式有关，并非单纯是歧视性的社会观念影响的结果。

根据预研究的结果，笔者将研究问题确定为："东市盲校学生所做出的相同的职业选择是怎样产生的？这种选择受到哪些因素的影响？"

（三）研究背景

本部分将要呈现的内容有助于读者从不同角度了解东市盲校所处的特殊教育系统。本部分的目标是为读者提供有关特殊教育的历史和现状、法律和政策等方面的知识，让非特殊教育行业的读者也能读懂本项研究。

1. 特殊教育学校的产生

很多学者将孔子"有教无类"的思想看成是中国古代开展残障人教育的标志之一。[①] 虽然孔子的这一思想在当时的社会环境下十分先进，但只能算作一种指导思想，并非针对残障人教育的具体论述。中国古代对于残障人教育的记述极少，其中最具代表性的可能是明代《谕泰和杨茂》一文中记述的王阳明对听障学子杨茂的教导。[②] 在中国古代，残障人被普遍视为"废疾者"，封建文明奉行"重施轻教"和"以养代教"的残障人教育观。这恐怕是导致当时残障人教育专著和残障人教育系统缺失的主要原因。

在这样的社会历史背景之下，在缺少教育机会的年代里，残障人的生存状况十分恶劣。传教士默里曾这样描述 19 世纪中国盲人的生存状况："童年瞽目，飘荡无生，坐向街隅，哀求衣食，以冀仁人之布施，延旦夕之余生，甚至竟日不得，皓面鸠形，势将就木。"[③]

随着西方现代文明的兴起，人生而平等的思想要求社会应该平等对待残障人，让残障人与非残障人同样获得平等受教育的机会。在这样的思想引导之下，为残障人提供教育的学校也逐渐出现，这就产生了最早的特殊教育学校。

伴随着近代中西方商贸活动的日益频繁以及西方殖民活动的开始，基督教传教士把特殊教育学校带到了中国。中国的特殊学校教育史起于 1874 年。当年，英国牧师威廉·默里（William Hill Murray）在北京创办了"瞽叟通文馆"（Mission to Chinese Blind in Peking），专门招收失明儿童。默里利用西方的布莱叶盲文，结合中国汉字，创制出适用于中国盲人使用的康熙盲字（the Murray Numeral System）[④]。随后，美国传教士梅理士夫妇（C. R. Mills 和 A. T. Mills）于 1887 年在山东登州（今烟台市）创办了"启

---

① 牟映雪：《中国特殊教育演进历程及启示》，《中国特殊教育》2006 年第 5 期。

② 王叔新：《论王守仁〈谕泰和杨茂〉特殊教育意义》，《台州学院学报》2012 年第 1 期。

③ 齐建平：《光明前的"窄门"：近代基督新教在华盲人教育研究》，硕士学位论文，华中师范大学，2007。

④ 齐建平：《光明前的"窄门"：近代基督新教在华盲人教育研究》，硕士学位论文，华中师范大学，2007。

暗学馆"。① 在同时期的南方地区，一些来自英美等国的传教士也在收养残障儿童并建立特殊教育学校。这些特殊教育学校的教学内容以基督教教义和职业技能为主。根据不完全统计，到 20 世纪 20 年代初，基督教会在华创办了 30 余所盲校以及听障学校所。从 20 世纪 20 年代起，一系列巨大的社会运动和潮流把与基督教相关的活动推到了十分困难的境地。② 之后，部分学校被迫关闭，另外一些在新中国成立之后被收归国有或撤销。③

2. 特殊教育学校在新中国的发展

新中国成立后，《关于学制改革的决定》于 1951 年出台，这份文件规定设置聋哑、盲人等特殊教育学校，标志着特殊教育成为新中国国民教育体系中的一个组成部分。④ 从新中国成立初期到 20 世纪 80 年代中期，特殊教育学校一直是政府为残障人提供教育的唯一形式。从 1954 年到"文化大革命"前，苏联留学生在北京和上海曾进行了智力障碍教育实验。⑤从 1979 年开始，北京创办了智力障碍儿童特殊教育班，1983 年开始建立首批培智学校。1985 年，滨州医学院开始招收达到录取标准的肢体残障考生，这被认为是新中国特殊高等教育的开端。1987 年，中国第一所专门招收残障考生的高等特殊教育学院在长春大学成立，标志着中国特殊高等教育的形成。

自 1985 年起，很多地区为节约经费，提高残障儿童入学率，采取了在普通学校中设置特殊教育班的形式。北京、上海等地基于发达国家回归主流的教育理念，开始试验普通班级吸纳残障儿童学习的形式，后来发展成为"随班就读"。由于《义务教育法》的颁布及《残疾人保障法》和《残疾人教育条例》的实施，从 1990 年起，为了使农村的智障儿童能接受教育，在农村也出现了随班就读的安置形式。自那时起，中国逐渐形成以大

---

① 咨建平：《光明前的"窄门"：近代基督新教在华盲人教育研究》，硕士学位论文，华中师范大学，2007。
② 1924 年的收回教育权运动、1928 年"五卅惨案"后高涨的反帝浪潮、1926～1927 年北伐战争引起的反帝爱国运动、南京国民政府的建立、1931 年开始的日本侵华战争等。
③ 咨建平：《光明前的"窄门"：近代基督新教在华盲人教育研究》，硕士学位论文，华中师范大学，2007。
④ 高成华：《聋儿康复事业的历史、现状与展望》，《中国听力语言康复科学杂志》2003 年第 1 期。
⑤ 朴永馨：《新中国特殊教育的十大变化》，《教育学术月刊》2009 年第 6 期。

量的特教班和随班就读为主体，以一定数量的特殊教育学校为骨干的双轨制办学形式。①

对比晚清和民国时期的残障人教育，新中国的残障人教育在以下五个方面取得了进步：第一，1951 年的《关于学制改革的决定》标志着残障人教育被纳入公立教育体系，结束了以私人办学为主导的残障人教育历史，这意味着残障人教育的发展有了更可靠的政策和经济保障。第二，残障人基础教育迅速发展，残障人受教育总数巨幅提高。根据朴永馨的研究，②截至 2008 年，中国大陆地区的特殊教育学校总数、学生总数和教职工总数分别是新中国成立前的 39 倍、175 倍、127 倍。第三，不再是以特殊教育学校为单一的办学形式，发展出了随班就读的教育模式。第四，扩展了教育对象，增加了培智学校。第五，扩充了残障人教育的办学层次，增加了残障人高等教育。

3. 特殊教育学校发展历程的启示

特殊教育学校从无到有再到发展至一定规模，皆由西方传教士引进和推动。理清这段历史可以帮助笔者对照历史，反思特殊教育学校在今与昔之间有着怎样的联系，昔日的特殊教育学校对今天的学校产生了怎样的影响。

首先，从西方而来的特殊教育学校改变了中国"重施轻教"的传统。作为"舶来品"的特殊教育学校，不仅给当时的一小部分残障人带来了接受教育的机会，更给封建统治之下的中国带来了新的残障观——残障人从"废疾者"变成了可以接受教育的人，有工作的潜力并可以养活自己。这样的一个转变意义重大，这种残障观是当时推动残障人教育发展的价值基础。与此同时，中国特殊教育的基础由此奠定。一方面，教会创办的特殊教育学校引领了本土特殊教育学校的出现。资本家张謇 1916 年在南通开办中国首家特殊教育学校——狼山盲聋哑学校。另一方面，很多由教会创办的特殊教育学校被改造并一直保留到今天。福州灵光盲校和明道盲校合并为福州市盲人学校；长沙市盲聋哑学校是由 1908 年德国传教士顾蒙恩女士创办的长沙瞽女院与 1916 年盲人刘先骥创办的长沙市导盲学校在 1952 年10 月合并而成；1919 年美籍瑞典人艾瑞英所建瞽目女学校，逐渐发展而成

---

① 朴永馨：《新中国特殊教育的十大变化》，《教育学术月刊》2009 年第 6 期。
② 朴永馨：《新中国特殊教育的十大变化》，《教育学术月刊》2009 年第 6 期。

武昌盲校；沈阳市盲校由 1902 年成立的奉天重明瞽目女学堂演变而来；昆明市盲哑学校，最早可追溯到 1922 年，当时由中华国内布道会的中国传道人开办，新中国成立后，由人民政府教育部门接管并发展成今天的学校。其中最为重要的是北京市盲人学校，它是北京地区最具规模的视障学校，由中国最早的盲人学校——瞽叟通文馆（后改为启明瞽目院）发展演变而来。

其次，由西方基督教会所创办的特殊教育学校秉持的"慈善观"无法适应当代以权利为基础的残障观。虽然特殊教育学校的出现改变了中国"重施轻教"的传统，但其所持的价值观以慈善和施舍为基础。在这样的价值观之下，残障人还是被给予的对象，残障人生存和发展的基础是别人的"关爱和赐予"，而不是自己的内在需求、尊严以及权利。正如这些特殊教育学校的创办和发展很大程度上是传教士们基于对残障人的同情和怜悯而无私奉献的结果，而非整个社会与残障人群体一同从残障人的固有权利出发建立的教育系统。在英、美等国，虽然以慈善为基础的残障观也曾经盛极一时，但如今早已被以权利为基础的残障观所取代。然而，由于很多教会创办的特殊教育学校被国家接管而继续在中国的残障人教育中扮演着重要角色，笔者不得不认真审视这些学校发展的价值基础是否随着社会的发展得到了应有的更新。

最后，由教会创办的特殊教育学校并未给中国的残障人教育带来一个完整的体系，既缺乏对于除视障、听障之外的残障群体的教育，又没有包含高等教育。[①] 这些问题一直延续到现行的残障人教育体系之中。中国现在的残障人教育体系也主要针对视障、听障、智障等残障群体，并未覆盖到发展障碍等残障儿童。如今的残障人教育虽然提供特殊高等教育，但残障人在高等教育阶段的入学机会少，面临严重的教育公平问题。

4. 特殊教育学校在现行双轨制教育中的角色

《残疾人保障法》第 23 条规定："残疾人教育应当根据残疾人的身心特性和需要，依据残疾类别和接受能力，采取普通教育方式或者特殊教育方式实施。"可见，中国目前采取普通学校和特殊教育学校并行的双轨制

---

① 斉建平：《光明前的"窄门"：近代基督新教在华盲人教育研究》，硕士学位论文，华中师范大学，2007。

残障人教育体系。然而对于特殊教育学校究竟处于双轨制教育体系中的主导地位还是从属地位，政策文本和学术研究还没有就这一问题达成共识。下面一组数据是根据《2011 年全国教育事业发展统计公报》所作的对双轨制残障人教育体系的概括。2011 年末，在双轨制教育体系中就读的残障学生共有 39.87 万人，全国共有特殊教育学校 1767 所，招收残障学生的普通学校数量不详。特殊教育学校共有在读学生 17.30 万人，占在校残障学生总数的 43.51%；其中在盲人学校就读的学生 5.23 万人。特殊教育学校共有专任教师 4.13 万人。在普通学校学习的残障学生数量 22.57 万人，占所有在校残障学生的 56.49%。

然而，这组数据反映的可能仅是表面现象。在普通学校就读的残障学生包括两部分，一部分是与普通学生一起随班就读的残障学生，另一部分是在普通学校附设的特殊教育班级就读的学生。至今，普通学校附设特殊教育班级仍然是一种有争议的教育安置模式。虽然其教学场所设置在普通学校，但其教育形式依然是特殊教育学的隔离室。与随班就读相比，附设特殊教育班级和特殊教育学校都无法尽可能消除残障儿童接受教育的环境障碍、无法让残障儿童与普通儿童最大限度地一起生活、学习。如果把在附设特教班中就读的学生数目从上述统计数据中分离出来，特殊教育学校和随班就读的学生比例有可能发生比较大的变化。

在政策方面，特殊教育学校占有大量的资源，教育政策的重心依然在于新建和改建更多的特殊教育学校。2008 年，中国启动"中西部地区特殊教育学校建设工程"（"十一五"中西部地区特殊教育学校建设规划），旨在建设 1160 所特教学校，到 2020 年，基本实现市（地）和 30 万人口以上、残疾儿童少年较多的县（市）都有一所特殊教育学校。在《国家中长期教育改革和发展纲要》中，新建和改建特殊教育学校是完善残障人教育体系最重要的步骤。此外，《国家中长期教育改革和发展纲要（2010－2020）》用一个单独章节对特殊教育的重要地位和作用进行规定，但其中关于普通学校的角色只用了两句话一笔带过。

残障人教育的经费分配政策也体现了特殊教育学校的主导地位。与世界上许多国家不同，中国政府划拨残障教育经费，资助对象主体不是残障学生，而是特殊教育学校。① 这就导致只有在特殊教育学校就读的残障学生才能获得教育经费的支持。由于法律没有明确普通学校为合法的接受残障人教育经费的对象主体，因此在普通学校就读的残障学生无法获得残障人教育经费的支持。对于特殊教育学校和普通学校的经费分配，2006 年修订的《义务教育法》规定："特殊教育学校（班）学生人均公用经费标准应当高于普通学校学生人均公用经费标准。"

对于残障人教育经费的配比进行细致分析，可以得到与上述政策规定相符的结论，从而佐证特殊教育学校在双轨制教育体系中的中心地位。根据《中国教育经费统计年鉴（2011）》，用于残障学生的教育经费总数为67.1 亿元。需要注意的是，在特殊教育学校就读的残障学生平均经费为38906 元，如果用该金额乘以在特殊教育学校的学生总数 17.35 万人，得到的总金额为 67.3 亿元，忽略统计误差，该数据基本等于政府用于残障学生的教育经费总额。据此推断，该年鉴中的残障学生教育经费并未覆盖在普通学校中的残障学生，于是这部分学生就只能与健全学生占有同等教育经费。根据该年鉴，普通学校中，初中学生平均经费为 7024 元，小学生为4932 元。这一数据与特殊教育学校中的生均经费差距巨大。

根据从统计数字、政策和经费三个方面进行的分析，可以确知，特殊教育学校在残障人双轨制教育体系中占有主导地位，依然是承担残障人教育最重要的主体。由于推动融合教育的政策不明确，融合教育经费不能得到保障，残障学生进入普通学校学习十分困难，特殊教育学校依然是他们接受教育的唯一途径。因此，特殊教育学校中，学生们面临的问题值得研究者重视。

二 研究方法和研究伦理

（一）研究方法

根据预研究的结果，笔者选择采用定性研究方法，把东市盲校作为个案进行微观研究。② 在本研究的定性研究中，研究对象是东市盲校以及在

---

① 谢敬仁、钱丽霞、杨希洁、江小英：《国外特殊教育经费投入和使用对我国特殊教育发展的启示》，《中国特殊教育》2009 年第 6 期。

② 陈向明：《质的研究方法与社会科学研究》，教育科学出版社，2000。

其中工作和生活的教师和学生。当把学校作为个案进行研究时，研究的重点在于环境对个人的影响以及集体内部成员之间的交流和互动过程。当把个人作为研究对象时，研究的重点在于观察个人对于外在影响的反应以及自我定位和认知的形成。需要指出，本研究中对于东市盲校的研究是将盲校作为一个个案进行研究，并没有将其摆在与面向学生的个案研究相对立的宏观层面上。正如前文所述，中国有1700多所特殊教育学校，东市盲校只是其中的一个案例。显然，基于个案的研究不可能得出宏观的结论，也不能得到可以无限推广的结论。在这种情况下，研究者必须通过细致的研究表现宏观因素（如政策、法律、社会观念）对于学校和个人的影响，但对于这些宏观因素的进一步分析应当留给其他研究来完成。研究者应当明确微观研究路径的这些局限性，并将注意力尽量集中在那些能够从每个研究对象身上直接观察到的现象上。[1] 对一些个人进行研究而得出的结论并不一定适用于其他个人，对一所学校的研究结论也不一定能推广至其他学校，但是，这样的结论却可以用作假设，也可以作为在其他地方进行调查时的比较材料。这就是定性研究获得客观、有价值的结论的最好方法。

选择东市盲校作为研究对象的理由有三个方面。第一，东市盲校同时处于中国的经济大省和特殊教育大省，这确保了它能够获得充足的外部经济支持和政策支持。实际情况的确如此，例如这所学校于近年曾获得一笔3000万元的政府投入，校舍和教学设备得到了充分的更新，计算机教学系统已经十分完备。在这样的经济和政策环境下，笔者的研究可以相对较少地受到经济和政策因素的影响，从而专注于学校的软环境以及学生在其中的成长过程。同时，近年来政府不断加大对于特殊教育学校的投入力度，对于众多特殊教育学校来说，优越的外部环境已经成为常态。因此，东市盲校具有典型性。第二，东市盲校的课程设置和管理模式都符合中国《特殊教育学校暂行规程》的要求，与大多数学校相类似，因此从东市盲校得到的相关知识具有一定的普遍意义。第三，把东市盲校作为个案可以带来很多便利因素。在2012年5月至2013年3月的11个月里，笔者有机会多次到该校访问、与学生交流以及听课。在此期间，笔者还因帮助该校调试设备，获得了在学校内与学生一起生活的经历。这些都给予笔者充分的时间进行实地考察，为做研究提供了极大的方便。此外，东市盲校与笔者的

---

[1] 费孝通：《江村经济》，商务印书馆，2001。

母校以及笔者曾经工作过的学校有着十分相似的校内外环境。它们都处于中国的经济大省和特殊教育大省，都位于所在城市的郊区，有着相同的学部设置和相当的学生人数。这些相同之处有助于笔者借用自身已有的知识展开研究。

开放式访谈、非正式交谈、参与式观察是本研究收集资料的主要方式。在 2012 年 5 月至 2013 年 3 月的 11 个月时间里，笔者先后五次访问东市盲校，共对 30 名视障学生进行了至少两轮开放式访谈和非正式交谈，对其中 8 位学生进行了三轮访谈。每次访谈的时间为 30～50 分钟。笔者对每次访谈都做了录音，并尽量做到及时整理。对于学生的宿舍生活和课外活动，笔者根据当时当地的具体情况采取参与式观察进行资料收集，并根据观察结果记录笔记。此外，笔者还利用到东市盲校交流的机会，旁听了东市盲校的三节公开课，对教师们的教学和所使用的教材进行了近距离的观察。笔者采用归纳法对收集的第一手资料进行分析，并得出两条结论。

（二）研究伦理

在进行研究之前，笔者通过口头方式告知每一位被研究者笔者的研究目的，并告知他们有权利选择不参加或者随时退出该项研究。按照被研究者的要求，该研究报告中的人名、地名、学校名称全部为虚构，以最大限度保护被研究者的权利。在研究报告的草稿完成之后，笔者邀请被研究者在报告发表之前进行全文阅读，对可能暴露被研究者身份的部分进行修改。

（三）研究效度

笔者与许多被研究者有着相似的生活经历。这些经历在很多时候能够帮助笔者确切地理解被研究者的心理状态，理解他们的处境。如果没有这些经历作为交流的基础，笔者与许多被研究者之间的交谈就很难深入，收集的资料就不可能反映他们所面临问题的全貌。然而，这些相似经历有时候也可能让笔者对被研究者的意思进行想当然的理解，误解对方的真实含义或者由于笔者对某些现象已经有了自己的判断，因此不自觉地对被研究者的意思进行过度解释或者不自觉地把自己的经验移植到新的研究现场。为了克服这些问题，笔者一方面注意保持冷静，另一方面在整理资料的时候对那些不清晰或约定俗成的概念进行记录，当有机会与对方再次交流的时候进行询问，从不同的角度检验研究过程中所产生的假设。

三　视障学生在东市盲校的生活

（一）学校的地理位置

东市盲校地处市区的最北段，这里商业并不繁华，人口密度相对市区较小。学校被低矮的民房环绕，周围并无高楼。无论是白天或者晚间身处校园，都能偶尔听到四周院落中传来的鸡鸣或犬吠。有些上年纪的居民回忆说，东市盲校所处的位置曾经是一片荒坟，即使在今天，这里也是这个城市的郊区中最闭塞的地方。

东市盲校门前只有一条小路能够通向公路，这条路的长度为 500～1000 米。这条小路两旁并没有什么像样的商铺，只有路边的几家杂货铺和小饭馆。小路尽头的公路十分繁忙，连接着市郊与该市所辖的某县。

一位杂货铺老板还清楚记得，东市盲校于 1989 年开始招生，因为那一年她开始了自己的杂货铺生意，顾客主要是学校的教师。由于东市盲校采取军事化管理，学生们只有在有人陪同的情况下才能获得到校外活动的请假条，也才有机会到她的杂货铺购物，因此学生并不是她的主要顾客。然而她并没有因为学生顾客人数少而放弃做学生们的生意。为了招揽学生顾客，她曾经接受东市盲校的食堂饭票作为杂货铺的第二货币，原因是盲生手里少有现金。她有几位盲校的教师朋友，只有通过这几位朋友她才能把手中的饭票重新兑换成人民币，她的教师朋友们从杂货铺享受一些购物优惠。经过二十多年的经营，如今这位老板又把自家的后院改装成为一家小饭馆。

（二）学校的设施

东市盲校占地 30 亩，主要分为北边的教学区和南边的家属区。没有统计数据记录两个区域各自的占地面积，仅就目测结果而言，家属区和教学区的面积大致相等。东市盲校自成立以来，学校面积基本没有变化，但家属区经历了逐渐扩大的过程。随着家属区的扩大，住户也由本校教职工扩展至东市教育局职工。

教学区总共包括三座建筑，分别是办公楼、学生综合楼和食堂。办公楼内全部是学校领导和教师的办公室，综合楼内既有学生宿舍也有学生教室，食堂楼内包括餐厅和一个较大的会议室。三座建筑当中，食堂的建筑面积最小，综合楼最大。

教学区还包括一块操场，这里是学生和教职工共用的活动场地。盲生的体育课和定向行走课程都在这块场地上进行。这里还是校方组织学生迎接校外参观以及举行各种仪式的场所。除此之外，学生们很少自发组织室外活动。在下午、傍晚以及熄灯之前的课外时间，学生们经常到操场上追逐打闹或者散步听收音机。

教职工和家属区的居民对于操场的利用率相对高出许多。教师们或者住户经常在这块场地上进行篮球对抗赛。教师们和家属区的居民似乎拥有对于这块场地的优先使用权，即使是家属区住户的孩子们也可以向学生们发出"驱逐令"。盲生们在大多数情况下只是默默地让出场地。即使在同一块场地上活动，盲生们也极少跟教师或者居民发生实质性的交流。学生们或者作为篮球赛的观众，或者干脆到其他空地上活动。

（三）生源、军事化管理和职业教育

东市盲校设有小学、初中和中专三个学部，其中小学包括一至六年级，初中和中专学部各包括三个级部，共计 12 个级部。每个级部通常只有一个班，小学和初中每班学生人数通常不超过 15 人，多在 6～12 人之间。中专学部每班人数较多，多在 20～25 人之间。近年来，东市盲校学生总数在 140～170 人之间浮动，2013 年的学生人数为 150 人。

中专学部为学生提供推拿按摩职业培训。中专学部班额远远超过其他学部的原因包括以下四个方面。第一，从事推拿按摩是盲人最现实的出路，也几乎是唯一的出路，因此东市盲校的职业培训课程与盲人的就业现状完全接轨。第二，东市盲校的毕业生多数能够在按摩市场找到工作，为中专部的教学质量树立了不错的口碑，因此中专部不仅留下了本校多数初中毕业生，还吸引了一些本省其他地区甚至外省的生源。第三，东市盲校为了扩大中专学部的规模，放宽了招生条件，招生对象不限于盲人，扩展到其他类型的残障人甚至非残障人。第四，与其他多数盲校的推拿按摩职业中专相同，东市盲校中专学部的课程设置也为三年。然而不同之处在于，东市盲校中专学部的第三年整年都算作"实习期"，而其他学校只有半年的实习期。此外，东市盲校不负责为学生安排实习单位，对于实习单位的资质也没有任何规定，这样中专三年级的学生就可以利用整年的时间在按摩店打工。这一点对于来自农村的学生十分具有吸引力，降低学习的时间成本，同时增加了经济回报。

除中专学部的职业培训之外，东市盲校还存在一种自发的职业培训。根据中专学部学生练习推拿按摩手法的实际需要，学校为学生们建立了专门用于手法练习的按摩室。在实际使用过程中，按摩室不仅是中专学部的专用教室，而且成为全校学生最热衷的教室。在按摩室里，初中学部甚至小学学部的学生主动与中专学部的学生搭讪，自发地向他们学习推拿手法，了解按摩市场中的招工信息。有些初中生或小学生在按摩室"偷师"一段时间之后，利用暑假就开始了自己的按摩师职业生涯。教师们对于这种现象大多保持沉默，但是这些小打工者的事迹一旦在校园中传开，就成为令其他初中生和小学生们羡慕的成就。

东市盲校采用寄宿制，学生在校期间接受军事化管理。未经班主任老师批准，学生不得外出。如有合理事由，每次外出时间一般不得超过2小时。在校期间，学生必须遵守学校制定的作息时间表。学生每日的时间表如表1所示。

表1 学生作息时间表

6：00	起床
6：30	晨自习
7：00	早餐
8：00~11：20	第1~4节课
11：20	午餐
13：10~14：40	第5~6节课
16：50	晚餐
19：00~20：30	晚自习
20：30	晚自习结束
21：30	熄灯

到东市盲校读书的学生90%以上来自本地区，少数学生来自本省其他地区，极少数学生来自其他地区。在笔者对东市盲校进行研究的时候，这里有136人来自本地区，12人来自本省其他地区，只有2人来自外省。

由于无法获得学生户口的相关数据，因此不能准确知道学生家庭的城乡分布。根据笔者的观察和对学生及教师的访谈，150 人当中绝大多数来自农村地区，只有极少数学生居住在市区或县城。居住在农村地区的学生很少在学期中回家，他们在学校度过大多数的周末和较短的假期。在市区和县城居住的同学则不同，他们学期中周末回家的频率远高于其他学生。

每年，东市盲校的寒假约从第一年的腊月初十左右开始，至次年正月十五之后结束。暑假则大约开始于公历时间的六月底，止于九月初。寒暑假总天数在 90～110 天之间。对于中专学部的学生而言，寒暑假则更长。学校为了方便中专学部的学生假期外出打工，把中专学部每学期的期末考试顺延至下一学期的开始，中专学部的学生们便可以提前两周离校。

（四）家长

由于学生们多来自农村，家长的职业以务农或者个体经营为主，经济能力差异很大。他们送子女入学的原因也多种多样。有些家长希望子女能够通过学习"改变命运"，将来能够自己养活自己；有些家长并不在乎子女是否接受教育，但迫于经济压力不得不送子女入学；还有些家长本不舍得让子女离开家庭到寄宿制学校读书，但由于父母没有能力在白天照料子女，因此把东市盲校当成视障子女的托养机构。

家长们对于子女的预期普遍较低。根据对家长的访问结果，他们对视障子女的前途普遍持十分悲观的态度。他们的普遍担忧是当自己年老体衰的时候，由谁来照顾自己的视障子女。在东市盲校，几乎没有视障学生是独生子女。很多家长在发现子女的视力障碍之后，即使冒着超生的危险也要确保不能让视障孩子"落单"，他们希望自己老有所养，自己去世之后有人照料视障子女。

一些家长每学期只是在开学和放假时才出现在学校，其他的多数家长也不经常到学校看望子女，与教师之间也少有沟通。产生这种现象的原因与前述家长对于子女教育的预期有关，也与学校的地理位置关系密切。东市盲校所在市下辖 9 个县 3 个区，多数家长居住在农村，距离远或者交通不便。

（五）教师

东市盲校现有在职教师 70 人。除任课教师之外，学校有 5 名值班教师，他们轮流值班，对学生进行 24 小时看护。

教师们每日 8 点到学校，11 点 20 分下班午休，13 点 10 分上班，16 点 10 分下班，每天实际工作时间约 6.5 个小时。参考前面对于东市盲校寒暑假的记述，东市盲校教师的日工作时间和年休假时间都表明这里的工作较为轻松。相对于其他教师，班主任教师的工作较为辛苦，尤其是小学一、二年级和中专学部的班主任。视障学生刚入学时，需要班主任带领他们熟悉环境，认识同学，了解集体生活的基本原则。有些小学生独立生活能力较弱，班主任们就需要花额外的精力给予帮助和辅导。对于中专学部来说，外来的学生与本校自然升入中专的学生组成较大的班级，正值青春期的学生之间常发生一些纠纷或者朦胧的感情，班主任需要花时间进行协调和管理。

只有大约三分之一的教师能较为熟练地阅读盲文，他们多承担语文、数学、英语等主要课程的教学工作。其余教师中的多数人曾经接受过盲文培训，但并不能在实践中运用。对于不能阅读盲文的教师来说，批改作业和期末考试的阅卷工作是他们面前最大的障碍。他们的解决办法或许能反映他们的教学态度和学校的管理状况。由于学校对于盲文作业的批改质量并没有明确的指标和复审办法，不能阅读盲文的教师便随意在作业本上写一些评语。在研究过程中，笔者发现四年级、五年级、初中一年级的思想政治、自然、物理等多门课程的作业本中发现了"批不对文"的现象。在每学期的期末考试之后，不能阅读盲文的教师会邀请他们认为学习成绩好并且听话的学生到办公室为他们批阅试卷。在有些情况下，这部分教师也采取批改作业的办法批改试卷，他们根据学生平时上课的表现和反应给学生打分，而不根据学生实际提交的答卷质量评分。

教师们的教学态度各有特点，可以从"如何看待教学"和"对教学的重视程度"两条线索进行描述。在教师节的升旗仪式上，东市盲校的校长在面向全体师生的演讲中称"是教师们的辛勤工作成就了盲生的明天，没有老师们的不辞辛劳，就没有学生们的未来"。这番演讲或许能够代表教师们对于自己所从事工作的理解。在东市盲校，至少有一部分教师认为，自己从事的教学工作是一份"献爱心"的工作。这种理解体现在现实中，就表现为"让学生学会感恩"是很多教师常挂在嘴边的话。

校长所说的学生们的"未来"和"明天"指的是学生毕业之后能够靠推拿技术谋生。这样的"明天"和"未来"成为整个学校的教学目标，也影响着教师们对待教学的态度。小学学部的教师把自己的教学工作看成是为学生将来学推拿做铺垫。到了初中学部，教师一方面更加强调文化课是为职业培训打基础，另一方面不重视教学效果，他们可能认为学生已经学到了足够胜任推拿按摩工作的知识。

（六）课堂教学

在东市盲校的课堂上，教师讲授的内容完全不超出教科书的范围。在很多班级尤其是初中学部，很多教师只能完成教科书的一小部分内容。最明显的是英语课和数学课。初三年级的数学课还在学初二的上册，初三的英语课也是同样的情况。客观方面，中国盲文出版社极少出版与教科书配套的参考资料，东市盲校也不具备自己的资源中心，无力为学生制作盲文参考资料，这就使得教学无法扩展至教材之外。从教师自身的主观原因来看，教师们认为视障学生能够有一定的文化基础已经是十分不易的事情，没有必要苛求学生在文化学习方面达到某个高度。另外一种流行的观点认为："视障学生当中少有出类拔萃者，凡是出类拔萃的学生都有着过人的天赋和优良的家庭教育，家庭和天资决定了他们必然成功。对于大多数学生而言，家庭教育和自身素质都决定了他们只能力求自食其力。"

除了文化教育，每周一上午的升旗仪式和周一下午的班会都是对学生进行思想教育和励志教育的时间。每个班级被要求选出代表轮流在升旗仪式上发言，发言的内容多以讲述他人的"身残志坚，残而不废"的故事为主，或者发表自己如何下决心成为一个"身残志坚，残而不废"的人。每个班级都会在周一下午开班会，班会由班主任主持，其内容依然以强调遵守纪律和励志教育为主。

（七）课外活动

如果以星期为观察单位，东市盲校的学生几乎没有任何常规性的课外活动，结束了每天固定的6节课之后，学生们就三三两两回到宿舍或者到操场散步。如果把时间维度扩大至以学年为单位，东市盲校的常规性课外活动包括春季运动会和每学年第一学期的歌咏比赛。非常规性课外活动主要包括接待各类参观和访问。运动会和歌咏比赛并无特别之处，倒是非常规性的课外活动能让旁观者获得一些启示。

到东市盲校的访问和参观可以分为三类，一是校际访问，二是上级来访，三是友人参观。校际访问一般是东市各所大学的学生到盲校与盲生们开展联谊活动。这类活动通常冠以"助残"或"爱残"等名义。这类活动的形式多为两校学生列成两队，轮流表演文艺节目，少有个人之间的交流。每次到东市盲校开展联谊活动的学生来自不同学校或者同一所学校的不同班级，使得这类联谊活动不具有人员上的延续性。上级来访多为视察性质，例如东市教育局到学校检查教学工作。在这类访问的最后，校方有时会组织学生在操场或者会议室聆听上级领导的讲话并欢送领导离开。上级领导的讲话内容通常是鼓励学生要"努力学好一技之长，将来能够不给社会增添负担，争做残而不废、身残志坚，自食其力的好学生"以及赞扬东市盲校教师给予学生的"无微不至的关怀和无私奉献"。最后一类的访客多为东市政府的客人。政府把东市盲校作为"扶残助残"的重点窗口单位，因此经常带各类客人到校参观。

（八）学生宿舍以及宿舍内的交流

男生宿舍被安排在二楼的东侧半区和整个三楼，共计约 30 间。女生宿舍位于四楼，共计约 12 间。每间宿舍通常有 4 人，大房间可入住 6～8 人。

宿舍的人员安排大致按照班级而定，每个宿舍优先安排同班同学。由于每班人数不等，因此经常出现混合宿舍，小学二年级的两个学生可能与小学三年级的两个学生同住一室，也有可能跟一个初三、一个中专一年级的学生同住一室。由于盲生入学年龄早晚不一，同班级组成的宿舍当中学生的年龄差异也很大，例如在小学一年级的宿舍里可能既有 7 岁的儿童也有 21 岁的成年人，只因这位 21 岁的成年盲人刚刚获知有一个他可以读的学校，即使已经有了一些自学得来的知识，也只得从小学一年级读起，毕竟他不会读写盲文。在混合宿舍当中，年龄差异就更加常见。在一个小学一年级和中专一年级的混合宿舍当中，一个 7 岁的儿童可能与一位 40 多岁的中年人同居一室。原来这位中年盲人是半路失明，苦于失明之后没有一个谋生的手段，特意到盲校来学习推拿。

以宿舍为单位进行观察，宿舍成员之间的年龄差异在长期的相处过程中形成一种单向度的交流方式，这种方式随着年幼一方的成熟逐渐向双向交流演变。所谓单向度的交流方式是指通过日常交流，宿舍内的年长者向年幼者讲述他们的社会经验或者年长者根据自己现有的知识和价值观对学校中的现象进行解读并把这种解读传递给年幼者。

有很多事实能够佐证这种交流模式的形成和它的影响力。由于年长者向年幼者经常谈起有关性的话题，生活在这类宿舍中的年幼者，在很早的时候就获得很多两性知识。在某些年长者的影响下，年幼者很快学会了说脏话。由于性的知识和脏话经常互相结合，年幼者经常能够说出一大串关于性的"污言秽语"。这种单向度的交流也把年长者对于残障的看法转移到年幼者一方，例如年长者认为"残疾人的生活注定是悲惨的"，这种观念会在长期的单向度交流过程中被年幼者逐渐接受。

单向度的交流不仅通过口头形式进行，收音机和其他信息载体也是单向度交流的重要手段。年长者有明确的收听偏好，他们偏爱那些讲述浪漫爱情故事、社会万象或者两性知识的广播节目。年长者会向年幼者推荐自己偏好的广播节目，所谓推荐可能不是正式的介绍，可能只是通过收音机的喇叭进行的外放。这种推荐能够取得效果的原因大致有三个方面：一是年幼者尚未形成自己的偏好，很容易受到外在因素的影响；二是当地广播中少有适合儿童收听的广播节目，年幼者的天性在选择过程中难以起作用；三是年长者已经赢得了年幼者的信任。除收音机之外，东市盲校还流行一种盲用读书机，其功能是能用合成语音读出文本格式的文档，多数盲用读书机也附带收音机功能。这种设备的流行扩展了东市盲校学生的阅读范围，也给年幼者增加了选择阅读内容的难度，年长者依然在新媒体的使用方面占据优势，因此年龄差异造成的单向交流模式并未受到冲击。

这种单向度的交流不仅存在于那些居住着年长者和年幼者的宿舍之中，也会通过"串门"和学生们在其他场所的交流逐渐扩散至所有学生。"串门"原指家庭之间尤其是邻居之间的互相拜访，这种拜访是非正式的，常用来暗示非正式的交谈。东市盲校学生之间的"串门"也被教师叫作"串宿舍"。由于学生没有课外活动和足够占据他们时间的作业，学生们因此拥有许多闲暇时间，"串门"因此成为十分常见的现象。

"串门"的存在产生了两种交流模式，即以年长者为中心的更广泛的单向度交流或者同龄人之间的双向交流。由于"串门"打破了宿舍的界限，一些善讲故事的年长者会吸引其他宿舍的年幼者聚集到自己的宿舍中，这就使得宿舍内的单向度的交流扩展至多个宿舍。另外一种情况是，在打破宿舍界限之后，年幼者们聚集在一起互相成为玩伴，年长者们也如此，在这样的同龄人的圈子里，交流重新回归到双向交流。然而，这种形式上的双向交流是宿舍内部单向交流的延伸，毕竟年幼者会把宿舍内从年长者处获取的信息通过同龄人之间的双向交流传播给其他同伴。

根据东市盲校教师的说法，校方几乎从建校之初就出台过"禁止串宿舍"的规定。校方禁止串宿舍的原因并非他们认为年龄差异带来的单向度交流会影响到学生的健康发展，而是单纯为了消除串宿舍过程中常出现的偷盗行为。事实上，相对于教室，宿舍的管理要宽松很多，少有教师会涉足学生的宿舍区，或许是因为教师们认为自己的职责是教学，管理为次，没有必要过多关注学生的私人空间。另一个原因可能是学生宿舍区卫生环境不理想，常散发出难闻的气味。就因为学生们可以在宿舍获得足够自由的空间，宿舍内部的单向交流和串宿舍的现象才可以长期地自由存在。

（九）毕业生

东市盲校的初中毕业生几乎全部进入本校的中专学部接受职业培训。因此，此处论述的毕业生主要指中专学部的毕业生。东市盲校的毕业生90%以上都能在市场上找到推拿按摩的打工机会。他们打工的地方多数是视障人开办的按摩店，这些店规模不等，小店是店长或者店长夫妇加一名员工，大店员工人数可以多达成百上千。无论大店还是小店，视障员工通常占绝大多数。即使在那些视障员工数量占少数的按摩店中，视障员工也常是那里的骨干。

在访谈中，多数东市盲校的毕业生都确认自己对母校有着深厚的感情。当被问起什么是最让他们留恋的事物时，多数被访者坦承自己留恋学校生活的原因是留恋与同学之间的友情。由于被访者从小就常年在寄宿制学校中生活，他们除了学校的同学，并没有在家庭所处的社区建立起自己的社交网。因此，很多毕业生在毕业多年之后仍然与当年的同学保持密切的联系。这里所谓的同学不是狭义上的在同一个班级学习的同学，而是泛指学校中所有的学生。他们之间可能存在10岁以上的年龄差异，他们描述的这些同学包括舍友、师兄、师姐等。在这样密切关系的连接下，东市盲校的很多毕业生经常回到学校看望曾经的班主任和同学。他们当中的成功人士也常被邀请到学校做经验交流。

毕业生与在校学生之间的交流，除了维系友情之外，更重要的一点是工作推荐。第一次出外打工的人被称为"新手"，只在假期打工的人被称为"假期工"。没有按摩店老板希望接收一个新手或者假期工，更不必说既是新手又是假期工的人。老板们认为新手们的技术不合格，可能会给自己的生意抹黑。只是假期在店里工作的人，老板们不愿付出时间和精力对其进行培训，因为他们将来可能成为自己的竞争对手。在这种情况下，东市盲校的新手们很难找到假期的打工机会，只能依靠室友、师兄或者师姐的推荐才能觅得机会。

中专学部的教师也希望与毕业生保持持久的联系，他们可以通过毕业生的帮助，为那些只在东市盲校读中专的学生找到打工机会，因为这部分学生可能尚未建立起与毕业生的联系。得到了教师的认可，毕业生在在校学生中的影响得到了进一步保障。

在维系友情和推荐工作机会的背后，毕业生带回东市盲校的是对于外部世界的观察和评判，也参与建构了在校学生对于学校之外那个陌生世界的理解。在对于毕业生的访谈中，所有人都认为自己所从事的工作十分辛苦，并且缺乏保障。毕业生们的共识还包括，社会不可能接受视障人从事推拿按摩之外的其他行业。当他们把这些感性的认识带回东市盲校之后，在校的学生们渐渐地接受了这些观点，并相信毕业生的人生道路也是自己的人生道路。如前所述，东市盲校是一个封闭的环境，学生们在进入推拿按摩市场之前没有其他机会得出自己对于校外社会的理解。

（十）学生们的朋友圈

东市盲校的所有学生构成了一个社交圈，它属于这里的每个学生，无论在读还是已经毕业的学生，无论他们之间曾经关系如何，各种纽带把他们或紧密或松散地联系在一起。根据被研究者的说法，这个网络之所以能够连接每一个人，是因为这几乎是他们所拥有的唯一网络。他们从小就进入东市盲校，直到成年之后才离开，大家彼此曾经朝夕相处，建立起深厚的友谊。在校期间，有些学生根据兴趣爱好和个人好恶形成了自己的小圈子。由于长时间同处在一个封闭的空间里，这些小圈子之间不可能独立存在。圈子之间以不同的个人作为纽带相互连接，最终形成一个坚韧的关系网络。

对于学生们来说，他们的生活还有另外一个时空，即他们家庭所在的社区。在进入东市盲校之前，他们一直生活在这个社区，在进入东市盲校之后，他们在寒暑假还会回到这个社区生活。笔者曾经建立了一个研究假设：学生们应当在东市盲校之外还有另外一个以所居住的社区为基础的社交圈子。根据访谈的结果，虽然几位视障学生拥有这样的社交圈子，但他们认为这个圈子正在瓦解，至少处于停滞的状态。另外占多数的被访者认为自己不曾有过或已经失去了这样的社交圈子。此处不妨用被访者的语言进行直接描述：

"小时候我还能看得见，根本没拿自己当盲人，所以就能跟周围的小朋友玩儿在一起……刚上学的前两年还行，也还没觉着自己有什么不同。最近这几年的假期我都待在家里，小时候的朋友也不来找我玩了。"

"我觉着还是在学校过得舒服，大家都一样，都是盲人。回到家总感觉很别扭，不愿意出去玩儿。"

"我的所有朋友都在学校了。小时候一起玩儿大的朋友现在都结婚了，我假期也都在外打工，早就不联系了。"

四　讨论

上一部分对东市盲校的基本情况做了初步描述。接下来，笔者将对这些资料进一步进行理论分析。通过对实地考察的资料进行记录和归纳，可以得出两条理论：（1）东市盲校的特点形塑了该校学生获得信息的方式；（2）获取信息的方式引导学生们做出相同的职业选择。

1. 东市盲校的特点——隔离和封闭的学校环境

东市盲校为视障学生提供了一个隔离的学校环境。这种隔离主要体现在以下几方面。

第一，东市盲校把视障学生与非视障学生隔离开，人为地在东市盲校内部构建起一个"同质化"的群体。事实上，人为地根据相同的残障状况构建一个同质化群体并不是一件容易的事情，单纯通过概念和定义无法构建出一个同质化的群体。而东市盲校恰恰为残障学生的聚集以及残障人与非残障人的相互隔离提供了一个有形的空间，把无形的概念变成了有形的实体，确保了一个同质化群体的最终出现。

第二，通过采取军事化管理，东市盲校把视障学生与学校周围的社区隔离开。并非所有的寄宿制学校都采用军事化管理，对于开放的寄宿制学校来说，学生们有条件融入当地的社区。东市盲校的情况则不同，军事化管理让学生们限于学校的围墙之内，他们不了解校外的社区，也不被他人了解。这样的隔离决定了学生们的社交需求只能通过彼此之间的交流实现，这必将导致学生之间的交流达到最深入的程度，个人之间的相互影响也最终达到极限。

第三，长期寄宿在学校，使得学生们与家长以及家乡的社区相隔离。东市盲校是方圆 8000 平方千米之内所有视障学生的主要选择，这意味着寄宿在学校的很多学生与家乡之间有较长的路程。地理空间上的距离决定了学生与家长无法朝夕相处。加之东市盲校的学生家长大多对子女的预期较低，当子女寄宿在学校之后，他们更加难以了解子女的现况，缺乏充分的条件对预期作出调整。地理空间上的距离同样中断了学生与家乡社区的联系。虽然学生们在寒暑假有机会回到自己的社区，但难以在较短的时间内恢复或者建立起与社区的联系。由于学生们在学校中的心理变化，他们对学校构成的同质化群体的认同的加深，与家乡社区恢复联系的困难逐渐加大。

第四，东市盲校的教与学与当地教育系统和教育资源的隔离。东市盲校的教学自成体系，它的教学目标和教学质量不受普通教育系统的监督和考核机制的约束，也无法获得与普通学校对等的资源。这种隔离导致的结果就是，师资的质量没有保证，学生的学习资料也无法保障。久而久之，学生与优质教育相隔离。

第五，东市盲校这种学校形式使得视障学生与整个社会相隔离。生活在学校的围墙之内，学生们无从获得对于社会和外部世界的直接经验，了解社会的愿望只能通过想象实现。一旦他们之中的某个成员向大家分享了一些自己关于外部世界的直接经验，这些经验就成为所有学生对外部世界展开想象的基础。如果哪位成员的直接经验是正面的经验，大家就可能产生对于外部世界的正面想象，反之亦然。在一个存在基于残障的歧视的社会中，这种基于个人直接经验的建构现实的方式，可能放大负面信息的传播速度和影响力。[1] 与此相对，与外界隔离的东市盲校，使得社会关于视障学生的认知也只能停留在基于有限观察的个人想象层次。基于此，"视障人"或者"视力障碍"成为抽象的概念，躲在人们已经习以为常的语言和个人化的想象里被人忽视或误解。参观者在来到东市盲校之前对于视障学生一无所知，在他们离开的时候也只是带走关于盲文以及各种手工艺品的赞叹，这就是对于这种隔离所造成的后果的体现。此外，东市盲校的偏僻位置也成为一个具有象征意义的符号，校址的偏僻符合人们对于特殊教

---

① P. Berger and T. Luckmann, *The Social Construction of Reality*, Penguin Harmondsworth, 1996, pp. 149 – 182.

育学校的想象——一种非主流的办学形式，文明社会的象征和装饰。

隔离的校园环境为封闭提供了条件，封闭又加固了隔离的后果。当一切活动和交流都必须在一个有着明确边界的空间中进行时，这些活动和交流也就会逐渐形成自己的形态。东市盲校的隔离和封闭的特点塑造了上述活动和交流的形态，为特殊信息传递方式的产生创造了条件。

2. 学生们获取信息的方式

东市盲校的学生们获取信息的方式有着一个明显的共同特点，这就是前面已经描述过的单向度的信息传递。这些信息获取方式的形成与东市盲校的特点有着密切的联系，本部分对这种单向度的信息获取方式进行概括，同时对它与学校特点之间的关系加以论述。

第一，从年长者到年幼者的信息传递方式。东市盲校的学生在年幼之时，获得了与年长者长时间共同生活的机会，因此不得不受到年长者的影响，被动或主动地从年长学生那里获得各种信息，以及年长者个人对世界的态度和观察。学生之间的年龄差别是每个学校都存在的现象。然而，东市盲校的年龄差别能够产生一种特殊的信息传递方式，是东市盲校的特点带来的结果。隔离和封闭的学校环境把不同年龄段的学生掺在一起，并使得学生之间的信息传递持续且深入。

第二，从毕业生到在校学生的信息传递方式。由于东市盲校的学生与周围的社区、家乡的社区、家长以及整个社会资源的隔离状态，他们难以获得关于就业市场的全面信息，也难以获得基于个人和社会的支持。与此同时，毕业生一直是东市盲校学生最好的朋友，他们掌握第一手的就业经验和信息，这就导致在校学生从毕业生处获得就业信息变得顺理成章。在获得就业信息的同时，在校学生也会从毕业生那里获得其关于社会的个人经验。然而，由于歧视和缺乏合理便利等原因，毕业生们的就业状况并不尽如人意，他们传递给在校学生的信息因此多为负面或消极的信息。在校学生没有机会检验这些信息和个人经验，就直接将其作为金科玉律。同时，教师和家长以确保视障学生能立足社会为出发点，对于毕业生传回的信息持有肯定的态度。来自师长的肯定，为这些信息的传播和被认可提供了正当性。

第三，学生与来访者之间的交流是相互隔断的单向交流。由于东市盲校的隔离和封闭，学生与外界的交流很少发生在校园之外。因此，校外人士到学校的参观和访问成了在校学生与外界交流的主要形式之一。然而，制度性的相互隔离造成了学生和来访者即使在面对面交流的时候，由于缺少对于彼此的基本了解，多数时候只能自说自话，无法进行有效沟通。

第四，从教师到学生的信息传递方式。由于东市盲校的校园环境封闭，缺乏学生可用的图书及影音资料，教师传播知识和信息的功能在东市盲校这一特殊环境中变得更加重要。但是，由于教师倾向于过分强调残障学生面临的限制，把视障学生的出路定位在从事推拿，教师们据此对知识和信息进行过滤。过滤后的信息并不能让学生们对校外的世界有较为全面的了解，反而与前述几种信息传递方式传递的较为负面的内容相吻合。据此，笔者可以说，从教师到学生的信息传递方式也是一条单向的信息传递路径，其传递的内容以教师们所持的残障观为导向，加固了学生们对于校外世界的片面理解。

可见，以上的信息传递方式都植根于东市盲校的特点。由于东市盲校隔离和封闭的特点发端于特殊教育政策，得到法律的确认，十分牢固，因此，上述信息传递方式的存在和运转也十分稳定。

同时，这些特定的信息传递方式也决定了其传递的内容具有相应的特点。通过上面的归纳，这些特点大致包括个人化、消极、负面、以生存需求为导向等。

3. 相同的职业选择

上述几种方式所传递的信息有一些共同特点：最重要的信息提供者是与东市盲校有关的视障人（学生中的年长者、东市盲校的毕业生、教师称赞的成功人士）且所提供信息均以个人经验为主（年长者和毕业生关于社会的个人经验）。由于信息提供者的相似身份，他们所传递给在校学生的个人价值观及社会经验也有着极大的同质性，所呈现出的信息和观点都出现了偏颇和同质化的现象。主要集中在以下几个方面：其一，离校后的社会生活十分艰难，尤其是对于视力障碍这类残障人士而言，所以必须本着"莫谈理想"的务实态度进行自身的发展规划。其二，目前社会对于视障人所从事的按摩行业十分认可，就业并不困难。其三，推拿虽然辛苦但却是唯一在现实中被证实能够使盲人的生活得到保障的职业。

东市盲校，作为一个隔离和封闭的社区是伴随着学校的建立而被人为地创造出来的。加之极有限的信息来源，同质化的信息内容和单向的信息传递方式塑造了该盲校的现有的信息通道。作为接受信息的一方，东市盲校的学生在这一复杂的过程中，被塑造了坚定的价值观念：就业才是硬道理，而推拿按摩是唯一可靠的就业方式。毫无疑问，这一观念将指导学生做出完全相同的职业选择。

就东市盲校而言，视障学生所持有的相同的职业选择并非完全由不尽如人意的现状所导致，而是现状和隔离的校园环境之间复杂的互动所造成的现象。如果要全面了解视障学生所面临的教育和就业问题，隔离的学校环境以及这种环境与现状的互动值得深入研究。

Why Did They Choose the Same Occupation?
A Case Study of the Students' Life in
Dongshi School for the Blind
Ni Zhen

ABSTRACT：In Dongshi School for the Blind almost all junior high school students had the same Occupation, which was to get employed for massage service. This reveals the very few work opportunities for people with visual disabilities in China. This paper analyses this phenomenon with findings from field research carried out over an 11-month period in 2012 and 2013. 30, students, teachers and managers at Dongshi School were interviewed. A qualitative approach was adopted; semi-structured interviews and observations were taken as methods for data collection. Two conclusions were drawn：(1) Features of Dongshi School for the Blind determined students' access to information；(2) The information access resulted in the uniform career plans.

Key words：Access to Information；Occupation；Isolation Segregation

公共部门带头招录残障人士的
实证研究及政策建议

刘小楠　　谢　斌[*]

摘　要：公共部门应该带头招录残障人士，这是公共部门的性质决定的，同时也是国际公约的要求以及国外的普遍做法。本文以申请政府信息公开和访谈两种方式进行调查，发现目前我国公共部门在招录残障人士方面不仅没有给私人部门作出表率，而且很多单位没有完成《残疾人就业条例》要求的雇用残障人士的最低配额。为消除制度歧视，应该建立残障人士公务员特考制度，提供无障碍考试环境；明确监管责任，严格执法；加强司法救济和赔偿等。

关键词：公共部门　招录　残障人士

中国政府 2007 年签署了《残疾人权利公约》，2008 年全国人大常委会批准该公约，使其正式对中国生效。该公约第 27 条"工作和就业"第 1 款第 1 项和第 7 项规定，在一切形式就业事项上，包括在征聘、雇用和就业条件、继续就业、职业提升以及安全和健康的工作条件方面，禁止基于残疾的歧视。该公约第 29 条"参与政治和公共生活"，规定缔约国应当保证残障人士享有政治权利，有机会在与其他人平等的基础上享受这些权利，并应当承诺"保护残疾人的权利……在各级政府中实际担任公职和履行一切公共职务，并酌情提供使用辅助技术和新技术的便利"。因此，保障残障人士在公共部门的就业权及在各级政府中担任公职的权利成为中国政府在国际法上的义务。

---

* 刘小楠，中国政法大学副教授。谢斌，郑州亿人平项目协调人。

一 "公共部门"概念辨析

"公共部门"最初是一个经济学上的概念,西方经济学把所有经济主体分为两大类:公共部门(public sector)和私人部门(private sector),前者是指政府及其附属物,后者是指企业或家庭。[①]

对于什么是"公共部门",《残疾人权利公约》中并没有界定。[②] 根据《21 世纪汉英经济实用词典》,公共部门(public sector)指政府所有的部门,包括政府部门、机构和公营企业。国际货币基金组织工作文件中专门讨论了公共部门和私人部门的概念和区别,其中指出,区分公共部门和私人部门的重要分界是所有制,公共部门是政府及政府所拥有的或者控制的公司及组织;公共部门和私人部门不应以功能区分,因为学校、医院等这些公共服务部门既可能是公立的也可能是私立的。因此,国际货币基金组织把公共部门归纳为以下几类:①各级政府机构,这里是指广义的国家机关,包括立法、司法、行政各个部门;②政府所控制和以政府资助为主要经济来源的非营利性机构;③公营公司(public corporation)。[③]

我国目前的法律中没有使用"公共部门"这一概念,但是在一些政府文件和行政规章中曾少量出现过。比如国务院新闻办公室发布的《中国的民主政治建设》白皮书中提到,中国政府特别要求学校、医院和水、电、气、公交等与人民群众利益密切相关的公共部门和单位,要全面推行办事公开制度。在监察部、国务院纠正行业不正之风办公室联合发布的《关于2005 年纠风工作的实施意见》中规定:学校、医院和供水、供电、供气、供热、环保、公交等与群众利益密切相关的公共部门和单位,要全面推行办事公开制度。从这些文件对"公共部门"一词的使用情况来看,公共部门是指那些提供基础公共服务的企业和社会组织,主要是按功能划分,涵盖的范围比国际公约中的"公共部门"外延窄,最主要是没有把国家机关包含在内。

[①] 姜杰、马全江主编《公共部门经济学》,山东人民出版社,2003,第 4 页。

[②] 用北大法宝数据库检索发现,《联合国反腐败公约》《职业卫生设施公约》等 29 个国际公约和中外条约中也都使用了"公共部门"这一概念。

[③] Ian Lienert, "Where Does the Public Sector End and the Private Sector Begin?", *IMF Working Paper*, WP/09/122, June, www.imf.org/external/pubs/ft/wp/2009/wp09122.pdf.

2011 年 11 月修订的《北京市实施〈中华人民共和国残疾人保障法〉办法》① 第 31 条第 1 款和第 2 款规定："机关、团体、企业事业单位、民办非企业单位等各类用人单位应当根据国家和本市有关规定履行安排残疾人就业的义务，按照不少于本单位在职职工总数 1.7% 的比例安排残疾人就业。本市国家机关、事业单位、国有及国有控股企业安排残疾人就业未达到规定比例的，招录工作人员时应当单列一定数量的岗位，依照公开、平等、竞争、择优的原则和程序定向招录符合岗位要求的残疾人。"此外，2013 年 1 月 1 日开始施行的《大连市残疾人保障若干规定》② 第 14 条也作了类似规定。可见，这两部新修订的地方法规中虽然没有使用公共部门的概念，但是"国家机关、事业单位、国有及国有控股企业"的分类与国际公约中"公共部门"的范围基本一致。

二　公共部门为什么应该带头招录残障人士

（一）公共部门的性质决定其应该承担更多的社会责任

虽然国际公约及我国宪法、法律所保障的残障人士的就业权和参政权并不局限在公共部门就业或担任公职，但是相比私人部门（private sector），公共部门应该带头招录残障人士，这是其性质决定的。虽然"无论是政府还是企业和家庭，都以各自的方式参与国民经济的运行，影响着国民经济的发展。但它们的行为方式和目的却不一样。企业和居民以实现利润最大化为目标，有强烈的利益动机，行为方式也自然是以有利于自己的方式进行。政府却与此不同，它主要是为了社会目标而存在。当然政府的经济活动不能完全忽视收益和成本，但它更多的是考虑社会公正和公平"。③

我国政府以法律的形式明确了公共部门对残障人士承担的社会责任。《中华人民共和国宪法》规定"国家尊重和保障人权"，"国家和社会帮助安排盲、聋、哑和其他有残疾的公民的劳动、生活和教育"。《残疾人保障

---

① 1994 年 7 月 22 日北京市第十届人民代表大会常务委员会第 11 次会议通过，2011 年 11 月 18 日北京市第十三届人民代表大会常务委员会第 28 次会议修订。

② 1995 年 6 月 28 日大连市第十一届人民代表大会常务委员会第 19 次会议通过，1995 年 9 月 28 日辽宁省第八届人民代表大会常务委员会第 17 次会议批准的《大连市残疾人保障若干规定》同时废止。

③ 姜杰、马全江主编《公共部门经济学》，山东人民出版社，2003，第 4 页。

法》也明确规定"国家实行按比例安排残疾人就业制度。国家机关、社会团体、企业事业单位、民办非企业单位应当按照规定的比例安排残疾人就业，并为其选择适当的工种和岗位"，"在职工的招用、转正、晋级、职称评定、劳动报酬、生活福利、休息休假、社会保险等方面，不得歧视残疾人"。虽然法律中没有强调公共部门带头的义务，但是"国家保障残疾人劳动的权利。各级人民政府应当对残疾人劳动就业统筹规划，为残疾人创造劳动就业条件"。公共部门有录用残障人士的法律义务，其中国家机关有保障、规划、落实残障人士劳动权利的法定职责。

国家机关作为掌握公共权力的主体、公共部门的核心，是保障残障人士权利的法律法规的制定者和执行者，在招录公务员时更加需要体现公平的原则，带头保障残障人士进入国家机关的就业权和参与公共事务管理的权利，落实《中华人民共和国宪法》《残疾人保障法》及相关规定，为其他公共部门和私人部门落实残障人士平等就业权树立良好的榜样。只有公共部门以身作则带头招录残障人士，国家在法律、政策推动执行上才更有说服力。如果国家机关都不能遵守自己制定的保障残障人士就业权的法律规定，私人部门不遵守相关法律义务便有了借口和依据。

从经济性质上看，公共部门不直接参与经济生产，是国民收入二次分配的最大受益方。国家机关是国民缴纳个人税收后为国民提供安全、公平、有序环境的服务提供者，也是社会公平正义的守护者。从我国的经济情况看，国家机关也有财政能力承担保障残障人士公平就业权的社会责任。国家机关能否保障残障人士进入国家机关的就业权和参与公共事务管理的权利，是残障人士人权实现状况的风向标。

（二）公共部门带头雇用残障人士是国际公约的要求

《残疾人权利公约》中虽然没有规定公共部门在招录残障人士方面应该保证一定的最低比率，但是《残疾人权利公约》在规定了所有类型的雇主在就业方面禁止歧视残障人士之后，又专门强调"在公共部门雇用残疾人"，并要求保证残障人士"在各级政府中实际担任公职和履行一切公共职务"。可见，《残疾人权利公约》更加强调公共部门在残障人士权利保障方面的责任和义务。也就是说，对于所有的雇主来说，都有禁止歧视残障人士的消极义务，并要求在工作场所提供合理便利。对于公共部门，除了有禁止歧视的不作为义务之外，还应该承担实现残障人士实质平等的积极义务，确保招录残障人士。北京市和大连市新修订的地方性法规中，要求国家机关、事业单位、国有及国有控股企业安排残障人士就业未达到规定比例的，招录工作人员时应当单列一定数量的岗位，依照公开、平等、竞争、择优的原则和程序定向招录符合岗位要求的残障人士，是对于《残疾人权利公约》义务的国内法转化。

（三）公共部门带头招录残障人士是国外普遍做法

国外关于残障人士就业权利的立法保障主要有两种模式，一种是以英美法系国家为代表的禁止残障歧视但无强制性最低雇用比例要求的单轨保障制度，另一种是大陆法系国家普遍采用的在禁止残障歧视的同时规定残障人士就业最低配额的双轨保障制度。在两种立法模式中，无论是否实行配额制，较为普遍的做法都是对公共部门[①]提出比私人部门更高的要求。

（1）以美国、英国[②]、加拿大、澳大利亚为代表的英美法系国家，立法中没有明确规定雇用残障人士的最低配额，但是有些国家对公共部门提出更高的雇用残障人士的要求。比如，美国把雇主分为公共雇主（public employer）和私营雇主（private employer）。立法特别强调各级政府机构及其分支机构、公立学校和受联邦或州公共财政资助的机构模范遵守法律法规的义务。例如，规定公共雇主，在同等条件下，必须优先雇用残疾人；规定州或州的分支机构作为合同当事人一方时，所签署的合同必须载明禁止歧视条款，且违反禁止歧视条款视为违反合同；州的机构必须每年向州议会提交纠正歧视行为计划，以消除雇用歧视。[③]

加拿大立法中对联邦公共部门的积极义务作了非常严格、详尽的规定。《就业平等法》（Employment Equity Act, 1995）为了提高妇女、原住民、少数民族和残障人士在加拿大就业者中的比例，要求联邦公共服

---

① 在一些联邦制国家中，主要是对联邦系统的公共部门提出更高的要求。

② 1944年英国为解决残疾人就业问题，出台了《残疾人就业法案》，规定达到或超过20名雇用的雇主必须至少雇用3%的残疾人。这是世界上第一个提出按比例安排残疾人就业政策的立法。但是英国的该项配额制度已经废止。

③ 〔美〕乔伊·沃尔特马斯等：《美国禁止残疾与基因信息歧视法解读》，蒋月、郑净方译，商务印书馆，2012，"译者序"第2页。

务机构、委员会和管制机构，不得基于资格和能力之外的因素将申请人拒之门外，而且要求雇主应该甄别和消除对特定人群的就业障碍，制定积极政策，落实有效的行动推动就业平等，保证特定人群在此雇主组织中就业的比例能够与此特定人群在加拿大劳动力中的比例一致或接近（第6条）。雇主应当制定平等就业计划，明确可以短期内在聘用、培训、提升和辞退等各个环节可以采取的积极措施，以便推动特定人群的平等就业，改变雇主适用前述条款发现的特定人群就业比例过低的状况；明确可以在短期内采取的措施，以便消除雇主适用前述条款所发现的就业障碍；以及平等就业计划的完成时间和进度（第10条）。计划制定后，雇主应当尽全力实施就业平等计划并定期进行实施情况检查，对实施效果进行评估（第12条）。雇主应当向雇员解释就业平等计划的目的，及时告知雇员就业平等计划将要采取的措施、预期成果以及如何由雇员代表协助雇主实施就业平等计划（第14条）。关于如何准备、实施和修改雇主制定的就业平等计划雇主也应该与雇员代表共同协商（第15条）。①

（2）大陆法系国家（地区）一般都在立法中明确采取强制性就业比例制度以促进残障人士就业。② 这些明确要求最低配额制的国家中，也有部分国家对公共部门提出了比私人部门更高的招录比例。比如，在德国，员工人数达到20名的所有公共和私营部门，录用严重残疾员工须达到其员工总数的5%，德国联邦机构要以比企业更高的比例安置重度残疾人就业，这一比例则提高为6%。③ 比利时对私人部门没有强制性的就业比例要求，但是公共部门必须完成2%～2.5%的招录残障人士的配额。爱尔兰根据2005年的《残疾人法》要求公共机构在实际可行的范围内，采取一切合理措施支持并促进残障人士就业，而且除非有正当理由，应实现残疾人员工

① 加拿大司法部网站，http://laws-lois.justice.gc.ca/eng/acts/E-5.401/，最后访问日期：2013年8月15日。
② *IZA Research Report*, No. 29, "The Mobility and Integration of People with Disabilities into the Labour Market", October 2010, p. 36. National Disability Authority of Ireland. 2007, "Statutory targets on employment of people with disabilities in the public sector", http://www.nda.ie/cnt-mgmtnew.nsf/0/84AA79B029E870AE8025729D0046CAED/$File/people_with_disabilities_in_public_sector_04.htm.
③ 乔庆梅：《德国残疾人就业：立法、实践及启示》，《社会保障研究》2009年第2期，第68页。

达到 3% 的目标。[1]

亚洲的一些国家和地区，立法中也规定了最低配额制度。比如，在韩国，依据《残疾人就业促进和职业康复法》和《反对歧视残疾人及救济法》的规定，具有 100 名员工的公共部门必须安置 3% 的残障人士，而私营部门需要安置的比例则是 2.3%。[2] 在日本，根据《残疾人就业促进法》，目前私营部门公司的法定残障人士就业比例为 1.8%，由政府经营的公司为 2.1%，国家和地方公共机构为 2.1%，指定教育委员会为 2.0%。[3]印度根据 1995 年的《残疾人法》，联邦和各州政府须录用并保留不少于 3% 的残障人士就业岗位。而私营部门雇主录用残障人士则会给予鼓励措施。[4] 台湾地区《身心障碍者权益保障法》第 38 条规定："各级政府机关、公立学校及公营事业机构员工总人数在 34 人以上者，进用具有就业能力之身心障碍者人数，不得低于员工总人数 3%。私立学校、团体及民营事业机构员工总人数在 67 人以上者，进用具有就业能力之身心障碍者人数，不得低于员工总人数 1%，且不得少于 1 人。"

可见，我国《残疾人就业条例》要求，不得低于本单位在职职工总数 1.5% 的雇用残障人士比例，与大陆法系其他国家地区相比是比较低的。那么我国，公共部门是否完成了 1.5% 的最低配额，给私人部门作了表率，起到了带头作用？

三 公共部门招录残障人士的现状及问题

为了了解我国公共部门是否完成了法律所规定的招聘残障人士的最低

---

[1] *IZA Research Report*, No. 29, "The Mobility and Integration of People with Disabilities into the La-bour Market", October 2010, p. 36, National Disability Authority of Ireland, 2007. "Statutory targets on employment of people with disabilities in the public sector", http: //www. nda. ie/cnt-mgmtnew. nsf/0/84AA79B029E870AE8025729D0046CAED/ $ File/people _ with _ disabilities _ in _ public_sector_04. htm.

[2] Disabled Peoples' International Korea, "Penalty on disabled persons quota system applied depend on company size", Last modified March 31, 2011. http: //www. dpikorea. org/english/notice/content. asp? table = dpi_notice_eng&idx = 52&page = &nowblock = &search = &searchstring = .

[3] Hasegawa Tamako, "Equality of Opportunity or Employment Quotas? —A Comparison of Japa-nese and American Employment Policies for the Disabled", *Social Science Japan Journal*, Vol. 10 No. 1, 2007, pp. 41 – 57, p. 48.

[4] Disability India Network, http: //www. disabilityindia. org/.

配额，笔者进行了调查和访谈。

（一）以申请政府信息公开的方式进行调查

为了解按比例就业政策颁布以来的实施状况，笔者所在的民间公益反歧视机构郑州亿人平与北京益仁平中心从 2010 年 9 月到 2011 年 12 月以申请政府信息公开的方式，通过邮寄申请和网络申请，调查了全国 30 个大中城市①的残障人士在行政机关及事业单位中的就业情况，共递交申请 57 份，其中邮寄申请 40 份，网络申请 17 份，得到有效申请②共 48 份③。

此次调查以劳动保障部门为主，2010 ～ 2011 年度向 30 个城市递交的 57 份申请中，递交给人力资源与社会保障局 48 份，占 84%；递交给人事局的有 7 份，占 12%；递交给残疾人联合会的有 2 份，占 3%。因此我们的行政机关公开申请主要是指向人力资源与社会保障部门，其次为人事局，而残联只是极少数。这主要是根据各部门职能与残障人士就业的相关度进行衡量选择的，有的申请涉及同一个城市的不同部门，这是因为受理机关的"踢皮球"造成的。

调查内容包括两方面：①该市所有行政机关招录的公务员和在职的残障公务员数量及其占该市所有行政机关在职公务员总数的比例。②该市事业单位招聘的职员和在职的残障工作人员的数量及占该市所有事业单位在职职员总数的比例。

根据调查数据，行政机关招录残障人士最高比例仅 0.39%，最低 0.02%。在 48 份有效申请中，受理机关给予正面答复④的有 5 份，占 10.42%。正面答复的 5 家机构包括：重庆市人力资源和社会保障局：市事业单位中残障工作人员约有 7500 名；济南市人力资源与社会保障局：自

---

① 30 个大中城市分别是：北京、上海、天津、重庆、杭州、广州、深圳、福州、济南、郑州、海口、厦门、西安、武汉、大连、长沙、青岛、贵阳、成都、石家庄、南京、苏州、合肥、南昌、呼和浩特、拉萨、乌鲁木齐、昆明、太原和南宁。

② 有效申请即通过网络快递查询及邮件自动回复等功能，确认政府信息公开申请表已被对方查收的申请。

③ 本调查分两个阶段进行，即 2010 年 9 月至 2010 年 12 月和 2011 年 7 月至 2011 年 12 月，考虑到调查对象的代表性和获取数据的有效性，在每个阶段对同一个调查对象会以不同方式多次申请，或者有的调查对象在两个阶段的均会出现。2012 年 5 月，笔者所在的北京益仁平中心在全国 22 个省、5 个自治区和 4 个直辖市共 31 个城市进行第二次全国调查，得到的回复情况与第一次无明显差别，故本文仍采用第一次全国调查数据。

④ 正面答复，亦即给出了该市行政机关或者事业单位中残障人士就业的数量及其比例。

2008年济南市事业单位全面实行公开招聘制度至2011年，全市事业单位共新进残障人士6名；上海市人力资源和社会保障局：事业单位中有残障人士4800人左右，占总数的1.3%；武汉市人力资源和社会保障局：公务员系统残障人士为171人，占全部比例的0.39%，是我们目前调查到的残障公务员比例最高的一个城市。事业单位未明确数据，只举例说明，并表示下一步将把此项目纳入统计。昆明市劳保局：2004年至今，行政机关公开招录公务员5917人，其中1人属于残障人士，占0.02%，是我们目前调查到的残障公务员比例最低的一个城市；市属事业单位残障工作人员102名，占在职职员的0.6%。

在调查中我们还发现：

（1）近90%的行政机关和事业单位把其招录残障人士的数量和所占的比例当作"秘密"来对待，对公开申请持消极回避的态度。在48份有效申请中，"未给予回复"占41.67%，"建议向其他部门询问"占14.58%，称"无此统计数据、不掌握情况"占18.75%，称"公务员招录工作依法进行"的占6.28%，"不予受理"的占4.17%，称"没有此项公开义务"占2.08%，称"未遇到类似情况"占2.08%，见图1。

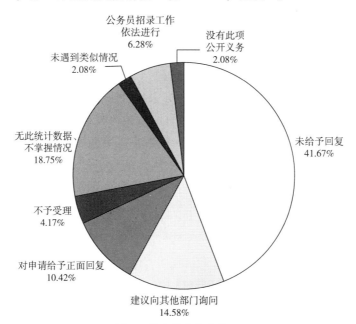

图1　被申请人答复情况

（2）行政机关对残障人士就业重视不够，缺少配套的监督措施。获得的 21 份答复中有 9 份称"无此统计数据、不掌握情况"，占 42.86%，将近一半。因无"专门统计数据"而导致行政复议被驳回或者维持的占 72.7%。没有此类专门统计，政府无法有效监督残障人士就业保障法律法规的落实，同时社会各界也无法对机关、事业单位依法招录残障人士进行有效监督。

（3）目前实施和监督残障人士就业职能机关存在职责不明、多头管理的情况。根据现有法律，劳动保障部门、民政部门和各级残联都有监督和落实残障人士保障法律法规的权力，但是这些机构之间的分工确实不甚明确，这也是导致其监督效能低下的一个原因。

（二）对相关残障人士的结构式访谈

本研究对相关残障人士和工作人员进行结构式访谈，其中曾经参加公务员或事业单位招录考试的残障人士（以下简称"残障人士"）10 人，行政事业单位工作人员（以下简称"工作人员"）5 人。本文通过对这两类利益相关者的结构式访谈，厘清按比例就业政策在执行时所遇到的现实问题，作为本文最终提出政策建议的事实依据。

1. 对残障人士的访谈发现

（1）参与本次访谈的 10 位残障人士都曾经参加过公务员或事业单位考试，几乎所有人都认为在招录过程中遭遇残障歧视。受访残障人士认为招录过程有失公平。首先，在参加笔试过程中无障碍考试往往落实不到位；其次，资格审查阶段（包括现场审查和非现场审查）残障人士经常难以通过；再次，即使通过了笔试和面试，苛刻的体检标准也制约残障人士最终被录用。

> 我于 2012 年下半年参加江西省省直事业单位招聘考试，报考了江西省国土资源厅软件开发的一个岗位。笔试我考了第二名，但面试不及格被淘汰了，感觉自己还是受到了一定的歧视。我觉得现在招考公务员对残障人士是相当不公平的。在政策上，设置了很多的体检标准，这些标准主要是针对残障人士。在程序上，虽然也有些岗位不排斥残障人士报考，但到招录的时候，隐性歧视非常严重，一些单位为了规避拒录残障人士的责任，另外设置一些单位规定，或面试时存在

歧视残障人士的现象，让残障人士找不到歧视的证据。

（2）关于目前残障公务员数量非常少的原因，受访人认为：

第一，有 9 位残障人士认为整个社会对残障人士有着根深蒂固的歧视。

> 群众思想观念转变不过来，造成现在招录单位对残障人士的歧视，认为残障人士无法工作，不愿招录残障人士。
>
> 大部分人群对残障人士有一种文化上、观念上、生活上的歧视。机关单位更甚。
>
> 社会不是太关注这块……假如说我们呼吁给 1.5% 比例给残疾人的话，其他正常人的家长也会反对，抢肉吃这是。

第二，有 7 位残障人士认为法律法规不完善，监管不到位，缺少招录残障人士的专门岗位，同时存在制度性歧视。

> 法律法规虽然出台，但是执行力度不够，对单位的监管不够。有些单位宁愿缴纳保障金，但是就是不招录残障人士。
>
> 没有预留名额，面试的时候直接刷下去。这样是挺不公平的。我觉着应该和安徽残联一样，提前提供名额。
>
> 现行制度未能体现机会均等，严重压制了残障人士进入行政事业单位工作的潜在需求。

第三，有 3 位残障人士认为入职考试阶段及工作环境普遍缺乏无障碍设施，残障人士进入公务员系统存在现实障碍。

> 目前招考程序障碍颇多，残障人士进入行政事业单位工作存在额外的现实困难。
>
> 残障人士进入公务员系统的阻力太大，例如盲人参加考试却不提供相应的考试试卷和相应设备，即使进入面试也会很容易被刷，即使通过面试也不一定能让上岗。

（3）10 位参加访谈的残障人士都承认现阶段实行按比例就业的必要性，但也都认为在具体政策设计上应更加具有可操作性，要有配套的监管措施，以确保残障人士按比例就业的真正落实。

a. 消除制度上的残障歧视，完善招录程序。

对于体检标准关于残障人士歧视的条款全部删除。

具体说，需要解决考试形式无障碍的问题，现行公务员招录体检标准缺乏现实依据的问题，招录过程中对残障人士的过多限制和隐性歧视问题，对被招录残障人士在工作环境中提供必要便利的保障机制问题等。

行政事业单位带头落实按比例就业，应该执行经济手段和行政手段相结合的方式。第一年，未按比例安置残障人士就业的行政事业单位，按现有规定缴纳残疾人就业保障金；第二年，对未按比例安置残障人士就业的行政事业单位，直接追究领导人的领导责任，与单位考评、评优、福利发放等直接挂钩，对直接领导人采取不得晋级等经济和行政处罚。

专门划出部分岗位仅招残障人士，不能以征收残疾保障金来取代按比例就业。

b. 考试形式应多样化，提供无障碍便利，行政事业单位的工作环境也需要尽快完善无障碍改造。

行政事业单位，可适当放开面向残障人士的职位数量，营造内部无障碍沟通环境。

考试形式多样化，给予通过普通公务员考试进入面试的残疾考生合理便利。

具体说，需要解决考试形式无障碍的问题。

c. 明确各部门在落实按比例政策上的行政责任和法律责任，加重处罚力度。

政府部门要做残障人士按比例就业制度的监管工作，杜绝"上有政策，下有对策"的现象出现，真正做到按比例招录残障人士。

完善配套服务体系，确立保障和监督机制，明确各部门职责，尤其是不执行政策的行政责任和法律责任。

应该加强对招收残障人士的强制性规定，将招收残疾人职工情况纳入每年的成绩考核。

为了让行政事业单位带头落实按比例安排残障人士就业政策，政府部门应该严格督促落实。比如可以多进行一些专项检查活动，对残障人士就业情况进行调研，对没有达到比例的行政事业单位予以督促执行，对拒不执行者予以行政处分，让他们不敢不落实。

2. 对残障工作人员的访谈

本次共有 5 位行政事业单位工作人员参与了结构式访谈，其中 4 位在残联工作，1 位在园林局下属事业单位工作，调查发现：

（1）公务员在参与调查时非常谨慎，另外有 5 人拒绝了笔者的调查邀请，"担心引起不必要的麻烦"。唯一一位参加问卷调查的园林局工作人员也隐匿了几乎所有的个人信息。

（2）残障人士在各级残联的就业状况良好，但听力和视力障碍者就业依然困难。

江西省残联有 3~4 位残障公务员，其中有一位听障者（其父亲是省级领导），2~3 位肢残人在机关处级领导岗位。南昌市残联有 2 位残障公务员，系肢残者，无盲障者和听障者。

> 本单位有 4 名残障公务员，都是肢残人，残疾等级不同，但没有视力和听力残疾者，从事机关领导工作。

（3）在论及近两年是否有招录过残障人士时，有 3 位回答不清楚，有 1 位回答"无此惯例，要招也招有关系的"，有 1 位回答"去年新招 2 位。因为文件要求省级残联必须要有盲、聋人"。

（4）5 位参与者皆表示支持残障人士做公务员，但这一结果很可能与样本选择的倾向性有关，参考价值较弱。

> 只要不影响工作的完成情况，残障人士也等同于健康人士。
> 作为残障者公务员，他们对不同群体及其社会会更有理解和体会，在做相关工作时，因为他们有实际体验，所以更容易为残障群体所接受，在决策方面可以提供合理的建议，便于开展工作。

四 我国现有制度存在的问题及改进措施

调查发现，我国法律虽然明确禁止残障歧视，并规定了按比例就业制度，但是很多公共部门，甚至是国家机关都没有履行这项法律义务，所招收的残障人士的比例远远低于法律的要求。很多被访者认为，目前我国实行的按比例就业制度存在不合理之处，在实践中也没有真正落实。结合访谈中残障人士以及行政事业单位工作人员的意见和建议，本文提出以下制度上的改进建议。

（一）消除制度歧视

《残疾人权利公约》要求缔约国承诺"采取一切适当措施，包括立法，以修订或废止构成歧视残疾人的现行法律、法规、习惯和做法；在一切政策和方案中考虑保护和促进残疾人的人权；不实施任何与本公约不符的行为或做法，确保公共当局和机构遵循本公约的规定行事；采取一切适当措施，消除任何个人、组织或私营企业基于残疾的歧视……"但是在我国，残障歧视问题并没有从法律上彻底清除，我国法律法规以及非规范性法律文件中仍然存在歧视性条款。这种制度性歧视的存在不仅侵犯了残障人士的具体权利，而且强化了社会中对残障人士的定型化观念和残障歧视问题。

比如，人事部、卫生部 2005 年 1 月 20 日发布的《公务员录用体检通用标准（试行）》中存在歧视的条款，其中第 19 条规定："双眼矫正视力均低于标准对数视力或有明显视功能损害眼病者，不合格。"第 20 条规定："双耳均有听力障碍，在佩戴助听器情况下，双耳在 3 米以内耳语仍听不见者，不合格。"2010 年人力资源和社会保障部、卫生部和国家公务员局联合颁布的适用于公安、海关、检验检疫等部门的《公务员录用体检特殊标准（试行）》中则除了对视力、听力、嗅觉的要求外，还规定"肢体功能障碍，不合格"。实际上，有视力和听力障碍的人也可以胜任部分公务员岗位，在诸如警察等特殊行业中，残障人士可以承担文职和行政类事务。因此，不把具体岗位职业资格作为招聘的条件，而把有身体或感官功能障碍的人一律排除在外，涉嫌残疾歧视。

地方公务员体检标准中存在着更为明显的歧视性规定，比如，《广东省公务员录用体检工作实施细则》第 11 条规定（下面列举了前八项）①：有下列疾病和生理缺陷之一者，为不合格：①面部畸形具有下列情形之一

---

① 《广东省公务员体检工作实施细则（试行）》，http://www.gdgkw.org/94_3834.html。

者：明显的斜视；唇裂、腭裂；斜颈。②严重影响面容的血管痣和色素痣及其他皮肤病，重度腋臭、文身。③严重影响仪表的甲状腺肿、开放性的结核性淋巴结炎；胸廓明显畸形、脊椎严重侧弯、前凸后凹、强直；两下肢均有跛行，"X"形腿或"O"形腿；马蹄足、足内翻或足外翻；肌肉萎缩；肌力仅一、二级者。④肢体有显著残废、影响功能者，如断手，断臂，断腿，断脚，左手拇指、食指、中指残缺或右手拇指、食指、中指、无名指残缺，或者任何一肢体不能运用者（包括装配假肢）。⑤双眼矫正视力各低于4.9者。双眼有一眼失明者。病理性眼球突出，有影响视力的白内障、青光眼、视网膜、色素膜疾病等。⑥左右耳听力均有严重缺陷，耳语听力一侧不足5米、另一侧不足2米者。⑦严重口吃，一句话中有两个字重复两次或明显吐字不清者。⑧有癫痫病史、精神病史、癔病史、遗尿症、夜游症、晕厥症、重度神经官能症，脑外伤后遗症或颅内异物存留者。

以上这些规定均与《公务员法》及《残疾人保障法》相抵触。按照《残疾人权利公约》的要求，对我国现有的法律、法规进行清理，消除实现残障人士平等就业权的制度性障碍是当务之急。

（二）建立残障人士公务员特考制度，提供无障碍考试环境

按照国务院《残疾人就业条例》第9条的规定，用人单位安排残障人士就业达不到其所在地省、自治区、直辖市人民政府规定比例的，应当缴纳残疾人就业保障金。设置"残疾人就业保障金"的目的在于鼓励和督促用人单位积极招录残障人士。但是与私人部门不同，公共部门用国家财政拨款缴纳残疾人就业保障金没有任何违法成本。因此，在现有的体制下，我国公共部门缺乏招录残障人士的动力和压力。

对于公共部门未达到法律规定的最低雇员比例，不应该简单以缴纳残疾人就业保障金的方式代替实际雇用残障人士。大陆可以借鉴台湾地区的经验，预留残障人士专项岗位，实行残障人士公务员特考制度。台湾《身心障碍者权益保障法》第39条规定："各级政府机关、公立学校及公营事业机构为进用身心障碍者，应洽请考试院依法举行身心障碍人员特种考试，并取消各项公务人员考试对身心障碍人员体位之不合理限制。"为落实《身心障碍者权益保障法》，台湾《公务人员考试法》第3条第2款作出相应规定，为应特殊性质机关的需要及照顾身心障碍者的就业权益，举

行五个等级的特种考试。特种考试规则，由考试院制定。台湾地区从 1996 年开始每年举办身心障碍特考。一方面通过正式考试择优录取人才，予以任用；另一方面弹性应用考试技术，给残障人士提供了更多的就业机会和参政机会，也给残障人士提供了发挥自身能力、获得社会认可并服务于社会的机会。

目前北京市、大连市新实施的地方法规中规定"国家机关、事业单位、国有及国有控股企业安排残疾人就业未达到规定比例的，招录工作人员时应当单列一定数量的岗位，依照公开、平等、竞争、择优的原则和程序定向招录符合岗位要求的残障人"的制度应该引入全国性的法律中。在实践中，北京、安徽、沈阳、贵阳等地已经开始定向招录残障人士。①

另外，在公务员考试及其他入职考试中，应该保障无障碍的考试环境。台湾《公务人员特种考试身心障碍人员考试规则》第 8 条规定，参加公务人员特种考试身心障碍人员考试的应考人，如果矫正后优眼视力达不到 0.1（含全盲），经校验医师证明，且经审查合格者，其笔试的作答方式，可以以点字或盲用计算机方式进行。大陆的《残疾人保障法》第 54 条中也有类似规定，"国家举办的各类升学考试、职业资格考试和任职考试，有盲人参加的，应当为盲人提供盲文试卷、电子试卷或者由专门的工作人员予以协助。"但是在现实中，无障碍考场制度没有得到落实。招录机关没有履行法律义务，给视障考生提供相应的盲文试卷或者电子试卷，事实上是剥夺了视障人士考试和就业的机会。2012 年 11 月的公务员考试中，广州市首次为视障人士提供无障碍试卷及单独考场。安徽省 2013 年 4 月的公务员考试中为视障考生提供了电子试卷。② 广州市和安徽省的做法应该在全国范围内推广。

另外，除了视障考生之外，其他残障考生的权益也应考虑，比如，一些肢残人士书写存在障碍，设置统一的考试时间其实是一种间接歧视。台湾《身心障碍者权益保障法》第 16 条第 2 款规定："公、私立机关（构）、团体、学校与企业公开办理各类考试，应依身心障碍应考人个别障碍需

① 侯莎莎：《北京市残联首次设置定向职位招录残疾人》，《北京日报》2012 年 1 月 15 日，http://www.cndeaf.com/html/wushengzixun/20120115/8593.html。赖臻：《北京：残疾人到国有企业上班将成为常态化》，新华社，2013 年 4 月 13 日，http://www.gov.cn/jrzg/2013-04/13/content_2377128.htm。

② 王磊：《聚焦残疾大学生公考路：盲人通过电子试卷做笔试》，《中国青年报》2013 年 4 月 15 日，http://www.chinanews.com/edu/2013/04-15/4729792.shtml。

求，在考试公平原则下，提供多元化适性协助，以保障身心障碍者公平应考机会。"大陆立法中也应该增加类似的规定，并且通过制定实施细则以及地方法规来具体落实。

（三）明确监管责任，严格执法

目前我国监督和促进残障人就业的职能机关存在职责不明、多头管理的情况。按照《残疾人保障法》和《残疾人就业条例》的规定，监督这些法律法规落实的机关是劳动行政部门、民政部门和各级残联，他们在各级行政机关中行政级别低，同时本身也是各地行政机关组成部门或者是接受法律委托的社会团体，难以对整个地方的行政机关招录公务员的行为形成监督和制约。而且这些主管机构之间的分工也不明确，对残障人士按比例就业各管一块，对待该项公开申请时相互推脱。对于残障人士平等职业权利受到实际损害的，《残疾人保障法》仅赋予残联要求查处和支持诉讼等有限的两项权利，且对查处结果残联是否有权监督以及何时以何种方式支持诉讼更语焉不详。①

对此，有学者提出，突出残联在维护残障人士平等职业权利工作中的作用，可以考虑赋予残联独立的调查权。一旦残联发现或者接到残障歧视的投诉，即可以自己的名义独立开展调查，有关单位和个人必须配合，不得拒绝。如果残联认定歧视成立的，对于行政机关及其直属机构，可以要求有关部门查处；对于其他用工主体，可以直接确认其违法并视情节轻重做出行政处罚。残疾求职者或者雇员不服有关部门的查处结果，或者提起行政或民事诉讼的，残联应当向法院提供搜集到的证据，或者出具意见书，支持原告的诉讼。②

也有论者建议成立由民间机构和政府部门共同组成的"消除残障歧视委员会"，监督和审查残障人士按比例就业制度，如设置级别较高的残障人士就业监督机构，可能会摆脱地方行政机关部门利益的束缚。再者，民间机构的参与既有利于对该项工作监督的独立性，也有助于提高工作效能。另外，人力资源与社会保障部应制定相关规章，就残障人士在行政机

---

① 张金花：《关于按比例就业制度的法律思考》，硕士学位论文，中国政法大学，2011。
② 李成：《美国禁止残疾职业歧视法律制度研究》，《四川师范大学学报》（社会科学版）2011 年第 3 期。

关、事业单位中就业数量及其比例设立专门统计项，以增强各地行政机关、事业单位对残障人士的关注度，也利于公众对其录取残障人士状况进行监督。①

（四）加强司法救济和赔偿

司法是解决纠纷的最终途径和权利保障的最后屏障。《残疾人保障法》第64条规定，在职工的招用等方面歧视残疾人的，由有关主管部门责令改正；残疾人劳动者可以依法向人民法院提起诉讼。但是针对公共部门的歧视行为往往需要提起行政诉讼，根据我国的行政诉讼法，只有具体行政行为才属于法院受案范围，公务员录用体检通用标准和特殊体检标准由于属于抽象行政行为，而不具有可诉性。行政机构的招生简章中歧视残障人士的招考条件究竟属于具体行政行为还是抽象行政行为也存在争议，导致受害人很难得到有效司法救济。即使对于那些可以提起民事诉讼的公共部门，由于《残疾人保障法》与《就业促进法》都没有就歧视行为作出具体法律责任的规定，也没有举证责任倒置的规定，残障人士的合法权益很难得到有效保障。在现实中，一般只要用人单位完成了法律规定的雇用最低配额，一般就不会承担法律责任，而没有完成最低配额，也就是缴纳残疾人就业保障金而已。残障人士的就业权利无法得到保障，也很难得到损害赔偿。

为了有效地预防和纠正歧视行为并对实施歧视的单位和个人给以必要的法律制裁，实施不同的歧视行为应当承担相应的法律责任。加大对就业歧视行为惩罚措施的力度是海外反就业歧视制度发展的趋势。比如，台湾《就业服务法》修订之后，就业歧视行为的罚金提高到新台币30万元以上150万元以下。美国1964年《民权法案》的惩罚性赔偿规定包括：雇员在101人以下的案件每位受害者获得赔偿的上限是5万美元，雇员在500人以上的案件的每位受害者获得赔偿的上限是30万美元。在加拿大，违反《就业平等法》的雇主，一次违反行为将被处以上限1万加元的罚款，而重复或持续歧视行为罚款可能增加到5万加元。明确规定出实施就业歧视的法律后果，这样才会形成有效的威慑力，从而有利于消除就业歧视。《残疾人保障法》及《就业促进法》应该进行修订，明确规定行政处罚的

---

① 南京天下公：《华东（江浙沪皖）残障公务员招录状况调查报告》，2012。

数额，对当事人造成损害的，应当承担赔偿责任。这种罚款不是残疾人就业保障金，即使达到最低雇用指标，如果对能胜任工作的残障人士进行歧视，仍然要承担法律责任。在相关法律修订出台之前，可以考虑推动最高法院对《就业促进法》第 62 条进行司法解释，对反歧视诉讼的赔偿和补偿数额和方式加以明确。

A Study on the Recruitment of Persons with Disabilities in the Public Sector

Liu Xiaonan, Xie Bin

ABSTRACT: The public sector should take the lead in recruiting persons with disabilities, as they are paid by the public budget and shall strictly follow Chinese laws like the Employment Promotion Law and other administrative regulations, and also the requirements of the Convention on The Rights of Persons with Disabilities which China has ratified. Through accessing governmental information on public sector recruitment figures and conducting interviews among persons with disabilities and public servants, this paper argues that the public sector in China fails to set a good example to other employers, and they even fail to comply with the minimum quota requirement for hiring persons with disabilities set forth under the Disability Employment Ordinance. The paper recommends that the following steps are taken in order to eliminate systematic discrimination in the public sector: establishing accessible civil service examinations for persons with disabilities; providing clear regulatory responsibilities for the public sector, and strictly enforce the laws on equal employment; and strengthening judicial remedies and compensation in discrimination cases.

Key words: Public Sector; Recruitment; Persons with Disabilities

残障人就业权利法律保障体系若干问题探析
——以 S 省为例

冼志勇[*]

摘　要：本文以 S 省为例，从立法、司法、行政、法治宣传等维度探析残障人就业权利的法律保障体系，并尝试从完善保障残障人平等就业的法律体系、增强司法救济手段、健全行政执法机制、加强残障人社会组织的促进与倡导作用、强化反残障就业歧视的社会氛围等层面构建残障人就业权利的法律保障体系。

关键词：残疾人　就业权利　法律保障

截至 2012 年底，S 省残障人就业基本情况如下：其一，按照就业途径划分，城镇新增 3.1 万名残障人就业。其中，集中就业残障人 10875 名，按比例安排残障人就业 6128 名，公益性岗位就业 833 名，个体及其他形式就业 12041 名，辅助性就业 2019 名。其二，按城镇和农村划分，S 省城镇实际在业残障人数达到 27.7 万名，农村实际达到 174.7 万名，其中从事农业生产劳动的人数为 141.5 万名。其三，在职业培训方面，S 省残障人职业培训基地达到 441 个，其中残联兴办 196 个。2012 年共有 2.6 万名城镇残障人接受了职业培训。其四，在政府安置就业方面，已建立结对帮扶单位 5573 个，全年共结对帮扶残障人 2.5 万名。已建立残障人扶持基地 316 个，全年共安置残障人就业 5306 名，扶持带动残障人家庭 2.6 万户。其五，在盲人保健按摩行业方面，2012 年共培训盲人保健按摩人员 1131 名，医疗按摩人员 60 名。保健按摩机构达到 1028 个，医疗按摩机构达到 36 个。[①]

---

[*]　冼志勇，四川省社会科学院法学研究所。
[①]　数据来源于 S 省残疾人联合会与《2012 年 S 省残疾人事业发展统计公报》。

一　当前残障人就业权利法律保障体系

（一）立法保障

S省初步建立了以政府规章和部门规范性文件为配套，以县、乡、村扶助残疾人的优惠政策为延伸的残障人就业政策法规保障体系，使残障人就业权利的立法保障更加细化，更具操作性。

（1）S省主要在按比例就业制度以及就业保障金两个方面增强了《S省〈中华人民共和国残疾人保障法〉实施办法》（以下简称《实施办法》）对残障人就业权利的保护。其一，比例的提升。S省在2012年修改《实施办法》二审稿中，将体彩公益金留成使用比例从一审稿的5%以上提高到8%以上；各类用人单位安置残障人就业比例也从1.5%提高到了1.6%；确定了公益性岗位安置残障人比例不低于10%，切实提高了遵守《残疾人保障法》的执行力。其二，征缴率的提高。S省以提高残障人就业保障金的征缴率的形式规范和完善残障人就业保障金征管工作。具体通过强化地税部门征收的力度来执行，即省级残障人就业保障金委托省地方税务局代收，各地残障人就业保障金由地方税务部门统一代收。2011年，S省各地就业保障金普遍增收15%以上，全省总量达到76亿元。

（2）在对《实施办法》进行修改的同时，制定或修改了保障残障人权益的规范性文件省级3件、地市级4件、县级54件。为切实保障残障人就业基本权利，S省还先后制定了《S省按比例安排残疾人就业办法》《S省残疾人就业保障金征收管理办法》等地方性法规和政策。这些重要的法规，为维护残障人就业权利起到积极作用，为S省加快推进残疾人就业提供了比较健全的法律制度保障。

（3）进一步完善了残障人就业的优惠政策，为改善残障人就业提供了更多的制度保障。其一，从短期看，S省人力资源和社会保障厅确定了特殊扶持政策措施，大力开发公益性岗位、社会保险，提供岗位补贴、小额担保贷款、创业培训等。其二，从长远看，S省政府协助人大代表、政协委员提出并办理与残障人权益相关的议案、建议、提案。2012年共协助残联系统人大代表、政协委员提出议案、建议、提案91件，办理议案、建议、提案 59 件。①

（二）司法保障

S 省已初步构建了以省、市（州）、县（市、区）残疾人法律援助机构为纵向，基层法院、基层法律服务和法律援助机构、企事业单位、社区维护残障人合法权益示范岗为横向的纵横一体的残障人法律援助体系。

从 2003 年始，S 省成立了"S 省残疾人法律援助委员会"②。2007 年，相继成立了"S 省残疾人法律援助中心""S 省法律援助中心残联工作站""S 省残疾人法律服务和维权示范岗工作领导小组"和"S 省残疾人法律事务委员会"。截至 2012 年底，S 省已建立残障人法律救助协调机构 85 个；建立残障人法律救助工作站 43 个，全年共办理案件 313 件；建立残障人法律援助中心（工作站）136 个，全年共办理案件 1186 件，为残障人提供了较为全面、及时的法律援助和法律服务，切实解决了残疾人在法律援助和司法救助方面存在的困难和问题，保障了残障人的合法权益。③

2008 年至 2011 年底，全省共接待残障人法律援助咨询 115827 人次，办理残障人法律援助案件 13059 件，受援残障人 14703 人，为残障人挽回和避免经济损失 1.8 亿元。数个城市相继开通了残障人维权"绿色通道"，加大司法援助力度，如成都市青羊区法院 2008 年以来，为盲、聋、哑等残障人被告指定辩护人 398 次，缓、减、免交残障当事人诉讼费 140 次共计 15 万余元。在残障人提起诉讼的民商事案件中，各级法院注重在诉讼引导、法律释明等方面向残疾人倾斜，提高残障人胜诉比例，依法对残障被告人从轻、减轻或者免除处罚，取得了较好的法律效果和社会效果。④

（三）行政保障

（1）行政执法管理监督体制完善。S 省建立起了垂直的以残联和残协

---

① 数据来源于 S 省残疾人联合会与《2012 年 S 省残疾人事业发展统计公报》。
② 该委员会由省委、省人大、省政府、省法院、省检察院、省司法厅、省公安厅领导组成。
③ 数据来源于《2012 年 S 省残疾人事业发展统计公报》。
④ 数据来源于 S 省残疾人联合会。

互为功能补充的管理监督体制。省内各市、县、乡四级建立了残障人联合会组织，代表服务和管理残障人工作，村（社区）、企事业单位成立专门协会，促进残障人就业的自我服务。到 2011 年底，S 省 21 个市（州）建立了残联，181 个县级残联中有 173 个县（市、区）规范化建设达标。4406 个乡镇中已建残联 3911 个，占 89%；262 个街道中 262 个建立了残联，占 100%；47896 个行政村中有 37838 个成立了村残协，占 79%；5689 个社区中有 5679 个社区成立了残协，占 99.6%。各乡镇街道残联和社区、村残协至少配备一名专职（兼职）残障人工作者，全省共有乡镇、村（社区）残障人工作者 81633 名。覆盖全省、横向到边、纵向到底的残联组织为 S 省残疾人事业良好发展提供了组织保障。

（2）执法力度增强。S 省人大、政协等部门加大了对重大、典型侵害残障人合法权益案件特别是残障人劳动就业纠纷案件的查处力度，严厉打击各种侵害残障人权益的违法犯罪行为。2012 年，S 省各级残联共处理残障人来信 0.5 万件，接待残障人来访 3.5 万人次，其中集体访 31 批次，473 人次。县级以上人大进行执法检查和专题调研共计 48 次，政协视察和专题调研 53 次。①

（四）法治宣传

S 省大力开展维护残障人就业权益的法治宣传，提高社会维护残障人就业权益的法律意识。

（1）《残疾人保障法》和《实施办法》的普及宣传。首先，将《残疾人保障法》和《实施办法》纳入全民普法规划，有计划、有组织、有步骤地开展残疾人保障法宣传教育活动。其次，结合助残日、法制宣传日等主题活动，采取讲座、广播、电视、互联网报刊、标语等多种新闻媒体和宣传平台积极宣传《残疾人保障法》和《实施办法》。再次，S 省各地以经常宣传为主，并在"助残日"等活动时采用政府领导发表电视讲话、法制讲座、召开座谈会、开展知识竞赛、法律咨询等多种形式宣传《残疾人保障法》和残障人就业，收到良好的法律效果和社会效果。"十一五"期间，S 省举办各种法制宣传主题活动 1347 场次，发放法律知识宣传册 200 余万份，参与活动的残障人达到 150 多万人次，尤其在 2011 年"全国助残日"

---

① 数据来源于 S 省残疾人联合会。

期间，全省残联围绕"改善残疾人民生、保障残疾人权益"的主题，开展了形式多样、丰富多彩的《实施办法》宣传活动。2012 年开展普法宣传教育活动 559 次，参加人数 8.2 万，开展法律培训班 111 次，参加人数 0.6 万①，大大提高了全社会维护残障人就业合法权益的法律意识。②

（2）就业优惠政策宣传。S 省通过政务公开，将残障人就业优惠政策、服务内容公示上墙和印制服务宣传折页免费发放，为残障人提供菜单式服务，宣传保障和改善残障人就业的各项政策，并让社会和残障人监督残疾人就业工作，监督就业扶持等民生项目落实，监督资金使用效果。

二　残障人就业权利法律保障体系所存在的问题

（一）立法保障措施有待完善

S 省保障残障人平等就业的法律体系亟须完善：

（1）《就业促进法》《残疾人保障法》《残疾人就业条例》对残障人平等就业的具体措施规定不够详细，如残障人的按比例就业制度应该在地方立法层面予以进一步完善。

（2）保障残障人平等就业的机构协同合作机制尚需立法加强。目前 S 省各级残疾人联合会、劳动行政主管部门、仲裁机构、人民法院以及其他法律实施与监督机构，其机构间协同合作机制及同一机构不同部门间的分工合作机制需要立法进一步加强和完善。

（3）与残障人平等就业息息相关的专项反歧视立法尚属阙如，残障人就业歧视在立法上没有明确法定要件。《残疾人保障法》《残疾人就业条例》等相关法律法规均禁止歧视残障人就业，但针对该就业歧视的法律定义、类型划分、构成要件以及判定标准等具体问题有待地方立法进一步明确规定。

（二）司法救济手段尚需增强

S 省现有的保障残障人就业权利的司法救济手段存在以下不足：

（1）涉及残障人平等就业权的公益诉讼案件难以进入司法审判程序。

---

① 《2012 年 S 省残疾人事业发展统计公报》。
② 数据来源于 S 省残疾人联合会。

我国现行行政诉讼与民事诉讼的受案范围尚不涵盖涉及残障人平等就业的公益诉讼案件。《行政诉讼法》第 2 条与第 41 条规定了"具体行政行为"系原告可诉的唯一对象，而《民事诉讼法》第 108 条把原告限定为"必须"系本案的利害关系人，这就导致残障人就业权利受侵犯的案件因缺少受案理由（或者是因对象为"抽象行政行为"或者原告非直接利害关系人）而被法院拒绝立案审理。

（2）侵犯残障人平等就业权案件的举证责任分配制度需要进一步完善。S 省司法实践对侵犯残疾人平等就业权的民事案件，采用的是民事诉讼中一般举证责任分配原则，即"谁主张，谁举证"原则。这在侵犯残疾人平等就业权的审判实践中并不完全合适。在民事诉讼法尚未修改，最高人民法院也未对此进行司法解释的情况下，法院在司法审判过程中如何根据个案运用自由裁量权进行举证责任的平衡，是一个亟须解决的问题。

（三）行政执法机制仍需健全

（1）行政执法监督的范围仍需扩大。近年来，有关残障人在就业过程中平等权利受到侵犯的案例越来越多，社会影响逐渐扩大。在巩固原有的行政执法范围的前提下，仍需把残障人的职前培训权利保护、就业过程中的权利侵害、劳动纠纷的行政解决措施等纳入行政执法监督的范围。[①]

（2）行政执法对各类侵权行为的执法效果有待提升。用人单位需要按照法律规定，以一定的用工比例招录残障人，否则需要缴纳残障人就业保障金。S 省对没有遵照法定比例录用残障人的单位的执法监督，效果颇为明显。但对用人单位违反《就业促进法》《劳动合同法》等法律，侵犯残障人平等就业权利的其他违法行为的执法效果则有待提升。如何按照个案处理的方式增强法律制裁，提升行政执法效果是保障 S 省残障人就业权利的重要论题。

（3）国家机关带头招录残障人的资格条件有待放宽。国家机关公务员招录资格条件对其他用人单位特别是国有企业事业单位、人民团体和私营企业等会起到示范带头作用。国家机关应带头招录胜任岗位工作的残障人。但实际上，国家机关在招录公务员时更多选择缴纳残障人就业保障金，以代替招录法律所规定的残障人用工比例。与上述行为相对应的是，

---

① Sink. D. W，*The Impact of Applicant Disability on Personnel Managers' Evaluative Judgements*，Doctoral Dissertation，Virginia Polytechnic Institute and State University，1986.

残疾人联合会倾向于超过法定比例招录残障人，这值得肯定，但社会需要的是国家机关招录公务员时带头招录残障人，而非仅把招录残疾人的重任推到各级残障人联合会中。

（4）政府行政部门缺乏对残障人就业需求评估的整体规划。例如，各个服务机关间的统筹协调、跨部门间的互助合作、职能评估的有效落实、残障人就业发展方案的设置以及个性化的发展帮扶方案规划等，均会直接或间接牵动残障人就业。其中特别的是，由于残障人社会福利系统未能有效落实，因而加深残障人之就业困境，造成整体就业促进环节的松动。

（四）残障人社会组织的促进与倡导作用仍应加强

起着重要社会调节作用的残障人社会组织，现阶段在残障人就业权利保护方面仍存在尚待解决的问题，其所起的促进、倡导等作用仍需要进一步加强。

（1）残障人社会组织的政策生存空间过于狭窄。首先，从审批可得性来看，现阶段 S 省对社会组织成立和运营的审批仍较为严格，残障人社会组织的政策管制使其生存困难。其次，从残障人社会组织可从事的活动内容来看，残障人平等权利遭受侵犯时，社会组织所进行的维权等残障人就业亟须的活动，仍属于政策待放开范围，从而使现阶段残障人社会组织的活动主要集中在残障人就业咨询、服务类范围。再次，从残障人社会组织所分布的地域来看，现今 S 省残障人社会组织主要分布在成都等经济发达的一线城市，而 S 省大部分二三线城市仍没有正式注册的残障人社会组织，更不用说广大农村地区。上述社会组织的地域分布情况与 S 省残障人的全省分布落差较大。

（2）残障人社会组织的专业人员素质有待提高。残障人社会组织的工作人员主要进行的是残障人所需要的就业政策法律咨询、服务、社会倡导以及平等就业权维权等服务，需要丰富的残障人社会工作以及法律等相关领域的专业知识。但现阶段残障人社会组织人员的教育水平和经验参差不齐。[1]

---

[1] Mazurek N. and shoemaker A., "Career self-efficacy in college students with disabilities: implications for secondary and Post – secondary service Providers." *Career Self-Efficacy in college students*, 15 1997, （ED412708）.

（3）残障人社会组织的筹资渠道较为狭窄。残障人社会组织的资金来源主要靠自身筹资，比如像各级残疾人联合会的项目资助以及部分政府购买公共服务。但残障人社会组织可以承担更多政府购买公共服务，以资金促进自身的发展，同时促进残障人就业平等权利的实现。另一方面，残障人社会组织接受社会捐赠的政策与法律以及具体的配套程序都极不完善，限制了其对残障人保护所起的社会倡导作用。

（五）反残障就业歧视的社会氛围需要强化

大部分残障人在社会上求职时，均受到过用人单位不同程度的歧视，而某些地方执法部门在落实残障人就业法律政策时，存在着落实不到位或者拖延的情况。在个别残障人就业权利受侵害案件中，政府部门非但不能很好的协同合作，反而存在不作为或相互推诿责任的情况。这也从侧面反映出某些地方政府部门包括就业执法部门反就业歧视的意识不甚强烈。[①] 行政执法的惩罚效果本应带来社会对残障人平等就业权利的尊重和反残障就业歧视意识的增强等良好社会氛围，但现今没有达到残障人保障法律政策制定者的预期目标，其中一个改进要求在于行政执法部门应强化相应工作。

三　完善残障人就业权利法律保障体系的策略

（一）完善法律体系

从短期来看，应对《残疾人保障法》《残疾人就业条例》等相关法律法规中保障残障人平等权利的条款进行立法修正。从长远来看，应把《反残疾人就业歧视法》等法律纳入立法规划，进一步构建完善的保障残障人平等就业的法律体系。

（1）对《就业促进法》《残疾人保障法》《残疾人就业条例》等维护残障人平等就业的核心法律条款在立法层面进行完善。把残障人按比例就业等措施进行详细制度规范，并制定惩罚条款（法律后果、法律制裁措

[①] Michael J. Zimmer, Charles A. Ulivan, Richard F. Rjchards, Deborah A. Galloway, *Cases and Materials on Employment Discrimination*, Aspen Law & Business Publication, 1997, Fourth Edition.

施）。

（2）在立法层面加强保障残障人平等就业权利的法律实施与监督机制。立法完善残障人权益保障机构不同部门间分工合作的法律条件与法律程序，加强各级残疾人联合会、劳动行政主管部门、仲裁机构、人民法院等法律实施与监督机构间的协同合作机制。

（3）制定专项《反残疾人就业歧视法》。与残障人平等就业息息相关的专项《反残疾人就业歧视法》可以补充《残疾人保障法》《残疾人就业条例》中禁止歧视残障人的相关条款，进一步完善保障残障人平等就业的法律体系，具体包括：明确残障人就业歧视的法律概念，明确残障人就业歧视的类型化划分、构成要件以及判定标准等具体问题，以及侵犯残障人就业歧视的法律后果、法律制裁措施。

（二）增强司法救济

S省保障残障人就业权利所提供的司法救济手段，应达至如下双重目标：一是使平等就业权利受到侵犯的残障人获得应有的法律救济；二是对侵犯残障人平等就业权利的行为进行严厉的法律制裁，以最终增强司法救济手段的实际保障效果。[①] 具体措施包括：

（1）增加残障人平等就业权作为受案案由。可能进路有两种：其一，对《行政诉讼法》的第2条与第41条以及《民事诉讼法》第108条的受案范围和对象进行扩展，把残障人平等就业权纳入上述条款。其二，以最高人民法院司法解释的形式，确立涉及残障人平等就业权的案件为可诉案件。

（2）完善裁判标准与具体审判程序。最高人民法院应对侵犯残障人平等就业权的案件之裁判标准与具体审判程序进行指导和统一，利用现有的案例指导制度，每年从各级人民法院所审理的侵犯残障人平等就业权的案件中，选取具有典型性和指导性的案例及时发布，为各级人民法院在审理同类案件时参照适用。

（3）进一步健全侵犯残障人平等就业权案件的举证责任分配制度。人民法院对侵犯残障人平等就业权案件的举证责任分配制度之完善，可从如下两方面进行：第一，各级人民法院在司法审判过程中可以根据个案的特

---

① Bonnie Poitras Tucker, Federal Disability Law in a Nutshell（1998）.

殊性，运用自由裁量权进行举证责任的平衡。在对侵犯残障人平等就业权的民事诉讼案件中，采取"谁主张，谁举证"为一般举证责任分配原则，而在特定条件下举证责任倒置。第二，最高人民法院在短期层面，从各级人民法院选取创新运用举证责任倒置原则的案例并发布，以此形式明确和指导全国各级人民法院。另一方面，基于长期经验，总结出侵犯残障人平等就业权案件的举证责任分配的普适规律，发布统一的司法解释。

（三）健全行政执法机制

对行政执法监督的范围进行扩展，把残障人在就业过程中平等权利受到侵犯的各种行为纳入行政执法监督的范围，大力提升行政执法对各类侵权行为的执法效果。以法律规定的用人单位需要按比例招录残障人为例，行政执法单位不仅需要对不按法定比例足额招录残障人的用人单位进行监督，而且需要对以缴纳残障人就业保障金代替按法定比例录用残障人的用人单位进行执法监督。

国家行政机关除了要增强尊重和保障残障人拥有平等就业权的观念，还应在行动上放宽公务员考试录用残障人的资格条件，对其他用人单位特别是国有企业事业单位、人民团体和私营企业等起到示范带头作用。

政府行政部门还应构建对残障人就业需求评估的整体规划。落实残障人"按比例就业"制度，促进残障人就业，整体规划不可或缺，必须要有多方配合，才有可能实现一个完整的残疾人就业安全体系。[1]

（四）加强残障人社会组织的作用

政府应增强残障人社会组织在残障人平等就业权利保护方面所起的重要作用。具体如下：

（1）更新理念。第一，更新服务理念。政府应当把工作重心由"管制"转向"服务"。对于不属于自身管辖范围的事情，应下放给社会组织，政府要为社会组织的生存和发展创造空间，社会组织也应增强服务理念，协助政府促进残障人就业。第二，更新购买理念。政府对残障人社会组织的资助是残疾人社会组织良好发展必不可少的助力。政府应以公开招标方式采购社会和公共服务。

---

[1] 内维尔·哈里斯等：《社会保障法》，李西霞等译，北京大学出版社，2006。

（2）政策生存空间。政府应大力营造有利于残障人社会组织发展的宏观法律政策环境。第一，按照社会管理创新原则，对社团管理相关条例和办法进行修订。例如把《社会团体登记管理条例》所规定的社会团体"双重主管批准制度"修订为"单一主管分类管理制度"，明确社会团体的单一主管机关是民政部门，对于不同工作目标和性质的残障人社会组织采用"批准、许可、备案"的分类管理方式。第二，把现阶段残障人社会组织活动内容的范围从就业咨询与服务类活动扩展为社会倡导和维权。第三，支持残障人社会组织的跨区域网络连接与合作。

（3）提高残障人社会组织的专业人员素质。对残障人社会组织的专业工作人员进行岗前培训和不定期培训，以丰富其社会工作、法律、残障人服务等领域的专业知识。政府出台有关残障人社会组织工作人员就业和社会保障方面的政策，在医疗、养老、保险等方面制定相应的福利标准，以留住高素质的残障人社会组织专业人才。①

（4）拓展残障人社会组织的筹资渠道。第一，完善残障人社会组织接受社会捐赠的政策与法律。第二，政府以契约外包、政府购买等形式，运用残障人社会组织的资源与力量来推广和实施残障人就业和社会福利方案。

On the Protection of the Employment Rights of Persons with Disabilities

Xian Zhiyong

ABSTRACT：This paper analyses the employment rights for persons with disabilities in S province based on the official statistics from the legislative, judicial, administrative, and public legal education dimensions. It argues that the employment rights of persons with disabilities can be improved in all these areas: perfecting the legal system to ensure the right to equal employment, improving the means of judicial remedy, enhancing the administrative enforcement mechanisms,

① Mazurek N. and shoemaker A. , "Career self – efficacy in college students with disabilities: implications for secondary and Post – secondary service Providers. " *Career Self-efficacy in College students*, 15（ED412708）.

strengthening the role of civil society organizations in rights protection and advocacy, and fostering a social atmosphere of anti-discrimination against persons of disabilities.

Key words：Persons with Disabilities；Employment-Rights；Legal Protection

肢体残障学生在普通高校平等
接受教育的调查研究

——以新疆 A 大学为例[*]

阿力江·依明^{**}

摘　要：本文采用问卷调查法、访谈法和实地考察法的方式，对新疆 A 大学肢体残障学生的基本情况、学校对其相应的无障碍环境状况和普通学生对其的认识程度进行了调查研究。结果发现，普通学生对在校的肢体残障学生持比较正面的态度，同时学校的无障碍环境建设比较滞后。本文在调查研究的基础上，对此进行了原因分析，并提出了相应对策。

关键词：平等教育　肢体残障学生　残障人高等教育权利

一　前言

残障人高等教育是残障人教育的重要组成部分，是残障人教育乃至整个国民教育发展现状的重要标志。^① 所谓残障人高等教育，可以初步定义为：根据残障人身心的基本特征和需要，采用普通或特殊的教育教学方法，使取得高等教育入学资格的残障青年（主要是指肢体残障、聋哑和盲三类残障青年）能够在普通高等教育院校或专门高等教育机构接受高级专

---

* 本文为瑞典罗尔·瓦伦堡人权与人道法研究所和武汉大学公益与发展法律研究中心共同合作的"中国残障人权利多学科研究项目"的成果之一。

** 阿力江·依明，新疆大学法学院 2011 级国际法学专业硕士研究生，研究方向：国际人权法。

① 李文长：《弱势群体高等教育权益研究——理念、政策与制度》，人民教育出版社，2007，第 178 页。

门教育的活动。① 残障人接受高等教育的形式包括高等特殊教育学院或特殊教育班、在普通高校随班就读与通过远程接受教育三种形式。残障人分为视力残障人、听力残障人、言语残障人、肢体残障人、智力残障人、多种残障人和其他残障人。从残障人的身心状况与外在原因来看，各种不同的残障人群体中比较适合在普通高校随班就读的是肢体残障群体。我国政府高度重视残障人教育权利问题，并一直在不断完善有关保护残障人教育权利方面的法律法规。但从实际情况看，在数量上占较少比例的就读于普通高校的肢体残障人一直没有得到关注，他们在普通高校作为残障人应当享有的权利——平等教育条件权——没有得到充分实现和保障。

残障人享有接受高等教育的权利，包括入学阶段的受教育机会平等权、接受教育阶段的平等享有教育条件权以及在接受教育过程中和毕业时获得客观、平等评价的受教育评价权。② 本次调查只针对就读于普通高校的肢体残障群体，了解其平等享有教育条件权的实现状况，没有涉及在校内校外的其他情况和其他类型的残障群体。

选择肢体残障群体为本次调查研究对象的主要原因是：第一，从肢体残障群体的自身情况来看，与普通学生相比，在普通高校随班就读的肢体残障学生和普通学生之间的差距较小，在日常生活当中自主性比较强。因此，在普通高校就读的残障学生大部分是肢体残障学生。第二，从普通高校的实际情况来看，普通高校的各种条件（包括校园的物质环境、教学设施和教学工具等）比较适合肢体残障群体随班就读。

另外，本次调查主要是对在校的肢体残障群体的基本情况、学校对其相应的无障碍环境现状、普通学生对其认识程度和存在的问题进行调查，而非对其他方面进行，主要基于以下几点考虑：第一，就无障碍环境而言，肢体残障学生在普通高校里遇到较大的物质困难是校园里的物质障碍。这是接受平等教育的主要障碍之一。因为就我国普通高校的整体实际情况来说，普通高校的所有教学设施、教学工具和建筑物一般情况下都是以普通学生为标准的，在校园里这种环境一方面会给肢体残障学生的日常行动带来不便，另一方面也会因教学设施的物质障碍而对肢体残障学生的

---

① 李文长：《弱势群体高等教育权益研究——理念、政策与制度》，人民教育出版社，2007，第 183 页。
② 唐忠辉、余海燕：《论我国残疾人受高等教育权的法律保障》，《教育与教学研究》2009 年第 6 期，第 1 页。

学习产生负面影响。第二，从态度层面来看，"态度可以影响一个人对他人或事物的看法、感觉和行为反应倾向，积极正面的态度引发积极反应，如承认与接受；消极负面的态度导致消极反应，如回避与拒绝"[①]。对残障人造成不便的物质障碍可以通过改造消除，而且残障人可以克服或者适应物质障碍。态度障碍和物质障碍则不同，消除态度障碍不仅要求提高普通人对残障人的认识，还要求提高残障人对自身的认识，这个过程会持续比较长的时间。第三，就残障人权利而言，受到别人的尊重、认可和享受无障碍环境权是残障群体作为人应当享有的基本权利，即人权。对于校园里的其他方面，既然残障大学生经过十几年的努力已经完成义务教育、高中，最终参加高考并被高校录取，这就表明他们在身心方面跟普通学生差别不大。所以，他们在校园里应当享有和普通学生相同的所有权利、受到相同的对待，没必要接受特殊保护，学校只提供物质无障碍环境和态度无障碍环境即可。如果过分强调特殊保护，反而会对他们造成歧视。

二　调查的背景

（一）调查目的

目前，就读于普通高校的肢体残障学生的现状怎么样？在校园里，这些肢体残障学生在教学、日常生活中遇到了什么样的困难？普通学生对这些肢体残障学生的认识如何？针对这些问题笔者对新疆 A 大学进行了调查，其目的是：第一，初步了解肢体残障学生在普通高校的基本情况；第二，了解就读过程中肢体残障学生在普通高校遇到了什么样的困难；第三，为处于特殊环境的肢体残障学生的权利保障提供一定的参考依据。

（二）调查时间

2012 年 11 月 1 日至 2013 年 2 月 20 日。

（三）调查方法

本次调查采用访谈法、实地考察法和问卷调查法。

1. **访谈法**

采用访谈的方式，对学校的 2 名下肢体残障学生和 1 名上肢体残疾学

---

① 郑曦：《残疾人态度量表在大学生中的使用》，《中国特殊教育》2005 年第 7 期，第 12 页。

生进行访谈。访谈的主要内容涉及残障学生在校遇到的困难、学校的无障碍环境、普通学生对他们的认识、残障学生对自身的认识等内容。

2. 实地考察法

采用实地考察的方式，主要对学校的无障碍环境（包括学校的建筑物、教学设施、教学工具等）进行调查。

3. 问卷调查法

（1）研究对象

新疆 A 大学的肢体残障学生。新疆 A 大学是全国重点大学、国家"211工程"建设高校、国家西部大开发重点建设高校、国家教育部与新疆维吾尔自治区人民政府共建高校。与新疆其他大学相比，A 大学在各方面都处于比较优越的地位，是新疆维吾尔自治区内一所教学质量、教学环境都比较好的大学。在新疆的普通高校中，无论规模、层次、门类和历史方面，它都比较具有代表性。所以，笔者选择 A 大学的学生为对象进行问卷调查。

（2）问卷结构

态度是由认知、情感、意向三个因素构成的比较持久的个人的内在结构，它是外界刺激与个体反应之间的中介因素。① 所以，问卷的结构也由三个维度构成，即人权意识维度、承认—接受维度、交流意愿维度，每个维度分别设计封闭式的 5 个问题，共 15 个问题和 2 个开放式问题。前两个维度问题的答案采用的是"完全同意"到"坚决不同意"的等级式答案，后一个维度问题的答案采用的是"很愿意"到"很不愿意"的等级式答案。人权意识维度的 5 个问题主要包括肢体残障学生的生存权、无障碍环境权、平等权等内容。承认—接受维度的 5 个问题主要包括肢体残障学生的适应能力、学习能力等能力方面的内容。交流意愿维度的 5 个问题主要包括日常生活中普通学生与肢体残障学生交流倾向方面的内容。问卷的问题内容只涉及普通学生对在校的肢体残障学生认识方面的内容，而没有涉及其他类型或校外的残障群体。

（3）问卷调查的实施

鉴于新疆 A 大学分为三个校区（校本部、南校区、北校区），为了避免影响调查结果，在每个校区分别发放了 50 份问卷，共发放问卷 150 份，

---

① 时蓉华：《社会心理学》，华东师范大学出版社，1989，第 244～246 页。转引自郑曦《残疾人态度量表在大学生中的使用》，《中国特殊教育》2005 年第 7 期，第 12 页。

利用学校的自习室当面发放当面回收。① 回收问卷 139 份，有效问卷 126 份，无效问卷 13 份，问卷的回收率为 92.67%，有效率是 90.65%。具体的问卷发放情况如表 1 所示。

表 1　问卷发放情况

单位：份

校　区	发放问卷	回收问卷	有效问卷	无效问卷	回收率（%）	有效率（%）
校本部	50	46	40	6	92.00	86.96
南校区	50	48	44	4	96.00	91.67
北校区	50	45	42	3	90.00	93.33
合　计	150	139	126	13	92.67	90.65

三　调查结果

（一）学校残疾学生的基本情况

目前，新疆 A 大学总共有 30 名残障学生：19 名男生，11 名女生；26 名本科生，4 名研究生；15 名理科生，15 名文科生；26 名肢体残障学生，1 名视力残障学生，1 名听力残障学生，1 名脑瘫学生，1 名在脸上有严重伤疤的学生；26 名肢体残障学生之中，8 名上肢体残障学生，14 名下肢体残障学生，4 名得了侏儒症的残障学生。从在校的残障学生的整体情况来看，他们的残疾等级情况基本上都是三级②或三级以上，如表 2 所示。

---

① 由于本文的作者是肢体残障人，考虑到自己发放问卷可能会影响接受调查者主观上的观点，作者在其他普通同学的帮助下，完成问卷的发放回收，而非自己完成问卷的发放回收。

② 根据《残疾人残疾分类和分级》，肢体残障人分为四级，其中肢体残障三级指的是能部分独立实现日常生活活动，并具备下列状况之一：（a）双小腿缺失；（b）单前臂及其以上缺失；（c）单大腿及其以上缺失；（d）双手拇指或双手拇指以外其他手指全缺失；（e）二肢在手指掌指关节（含）和足踝跖关节（含）以上不同部位缺失（二级中的情况除外）；（f）一肢功能重度障碍或二肢功能中度障碍。肢体残障四级指的是基本上能独立实现日常生活活动，并具备下列状况之一：（a）单小腿缺失；（b）双下肢不等长，差距大于等于 50 mm；（c）脊柱强（僵）直；（d）脊柱畸形，后凸大于 70 度或侧凸大于 45 度；（e）单手拇指以外其他四指全缺失；（f）单手拇指全缺失；（g）单足跖关节以上缺失；（h）双足趾完全缺失或失去功能；（i）侏儒症（身高小于等于 1300 毫米的成年人）；（j）一肢功能中度障碍或两肢功能轻度障碍；（k）类似上述的其他肢体功能障碍。

表 2　在校的残障学生基本情况

单位：人

校　区	人数	性别		就读层面		残障类型	
		男	女	本科生	研究生	肢体残障	其他残障
校本部	17	11	6	14	3	16	1
南校区	8	4	4	7	1	6	2
北校区	5	4	1	5	0	4	1
合　计	30	19	11	26	4	26	4

（二）学校无障碍环境的基本情况

对下肢体残障学生来讲，学校各种建筑物的无障碍通行至关重要，是接受平等教育、享受平等教育条件权的前提。因此，笔者对该校建筑物的无障碍情况进行了专门调查。得知，该学校有 3 座图书馆楼，25 座综合楼（包括教学楼、行政楼、实验楼等），42 座学生公寓楼，3 座校医院楼，4 座学生食堂楼，共 77 座建筑物。其中，16 座建筑物安装有电梯，其余 61 座未安装电梯。另外，该学校的各个建筑物基本没有供下肢体残障人专门通行的上下坡道，所有学生公寓的宿舍设施都是以普通学生为标准来设计的。

对上肢体残障学生来讲，除了建筑物的无障碍通行之外，教学设施、教学工具的无障碍使用对其平等接受教育也是非常重要的，尤其在以实验为基础的课程中，实验室的无障碍使用直接影响到学习理科的上肢体残障学生能否平等接受教育。调查发现，在实验室中使用的设施、工具都是以普通学生为标准。这不论对上肢体残疾学生还是对下肢体残障学生接受平等教育都带来了负面影响。

在课程设置方面，对在校的肢体残障学生有直接影响的课程是体育课。考虑到在校不能上普通体育课的学生的实际情况，学校对他们免修了普通体育课而开设了体育保健课。上这门保健课的学生不仅包括残障学生，还包括不能上普通体育课的身上没有残障的普通学生。体育保健课是由学生根据自我条件来选择适合自身的课程项目，比如理论课，乒乓球等。

（三）问卷调查的结果

1. 对肢体残障学生的人权意识维度的调查结果

从表 3 中我们不难看出，对人权意识维度的五个问题，在接受调查的学生中，37.78% 的学生选择完全同意的答案，36.51% 的学生选择同意的答案，16.83% 的学生选择中立的答案，6.35% 和 2.54% 的学生分别选择不同意和坚决不同意的答案。总之，74.29% 的学生对在校的肢体残障学生表现出正面的积极态度，8.89% 的学生表现出负面的消极态度。

表 3　关于人权意识维度的调查结果

选　项	选择的平均人数（人）	百分比（%）
完全同意	47.6	37.78
同　　意	46	36.51
中　　立	21.2	16.83
不　同　意	8	6.35
坚决不同意	3.2	2.54

2. 对肢体残障学生承认—接受维度的调查结果

从表 4 中我们可以看出，在承认—接受学校的肢体残障学生的维度中，接受调查的 36.67% 的学生选择完全同意的答案，34.76% 的学生选择同意的答案，16.83% 的学生选择中立的答案，9.52% 和 2.22% 的学生分别选择不同意和坚决不同意的答案。从整体来看，71.43% 的学生对在校的肢体残障学生持正面的积极态度，11.74% 的学生持负面的消极态度。

表 4　关于承认—接受维度的调查结果

选　项	选择的平均人数（人）	百分比（%）
完全同意	46.2	36.67
同　　意	43.8	34.76
中　　立	21.2	16.83
不　同　意	12	9.52
坚决不同意	2.8	2.22

3. 对肢体残障学生交流意愿维度的调查结果

从表 5 中我们可以看出，接受调查的学生中 31.75% 的学生很愿意跟在校的肢体残障学生交流，39.21%的学生愿意跟在校的肢体残障学生交流，14.13%的学生保持中立，11.90%和3.02%的学生分别不愿意和很不愿意跟在校的肢体残障学生交流。总体来说，70.96%的学生有交流意愿，14.92%的学生没有交流意愿。

表5　关于交流意愿维度的调查结果

选　　项	选择的平均人数	百分比（%）
很　愿　意	40	31.75
愿　　意	49.4	39.21
中　　立	17.8	14.13
不　愿　意	15	11.90
很不愿意	3.8	3.02

4. 结果分析

首先，对在校的肢体残障学生的态度方面，在三个维度分别有74.29%、71.43%和70.96%的普通学生对在校的肢体残障学生持正面的态度。对此，影响因素可能有以下几种：第一，接受调查的学生大多数正在经历大学本科学习阶段，受过良好的系统教育，与其他社会成员相比具有较高的文化水平，所以他们比其他社会成员更容易接受和理解残障群体，持比较正面的态度；第二，与其他类型的残障群体相比，在校的肢体残障学生和普通学生之间在身体上的差距较小；第三，与普通学生相比，由于他们都是轻度的残障学生，因残障而产生的对其学习、生活的不利影响比较小；第四，在校的肢体残障学生在日常生活中完全能够自理、自主。

其次，对在校的肢体残障学生持中立态度的，在三个维度分别为16.83%、16.83%和14.13%。这部分学生没有表现出明确的态度，即对他们没有影响或不知道，主要原因可能是：本学校现有2.5万多名学生，其中仅30名是残障学生，所以一部分学生在校园里很有可能没有碰到在校的残障学生，从而可能导致了对他们的中立态度。

最后，从对在校的肢体残障学生的负面态度来看，在三个维度分别有8.89%、11.74%和14.92%的学生表现出负面的态度。这些学生对在校的肢体残障学生持负面态度。由此可见，他们可能会对其他重度或其他类型的残障学生也表现出负面的态度。这表明这些学生对在校的肢体残障学生的认识不够。

四　调查中发现的主要问题

（一）学校的无障碍环境建设滞后

笔者在调查中发现，该校为在校的残障学生提供的无障碍环境建设状况远远不能满足残障学生的需求。学校的各个教学设施如建筑物、实验室、教学仪器、图书馆等，其平等教育的物质环境都是以普通学生为标准设计的，例如，该校各个建筑物中，有些没有安装电梯，还有一些即使安装电梯，但多数时候被限制使用或没有使用过。另外，大多数建筑物没有设计残障人专门使用的上下坡道。这些情况给在校拄拐杖走路的肢体残障学生的出行带来很大的不便。此外各种实验室的实验设备也对上肢体残障学生的使用造成了不便。这些适合残障学生的教学条件的欠缺，直接影响到残障学生接受平等教育。

（二）学校的管理体制不完善

对在校的残障学生来说，该校的管理体制还很不完善。学校机构主要有四个层次的结构设置，即党群机构、行政部门、各学院和其他部门。其中，党群机构下属设置了党委学生工作部（处），主要负责大学生日常思想政治教育、管理和服务的职能部门以及办事机构，包括思想教育、学生管理、贫困生资助、招生就业、心理咨询、职业技能鉴定和国防教育等。但是，令人遗憾的是，笔者在调查过程中发现这些与残障学生在校学习生活直接相关的学校机构之中，却没有一个专门或附属的管理残障学生工作的机构。笔者在调查残障学生基本情况的时候，学校和各学院没有专门负责或附属的管理残障学生工作的机构，学校与各个学院也从来没有统计过其学院残障学生的基本情况。这种不完善的管理体制会导致学校削弱对他们的关注，最终不能有效地保障他们应该享有的基本权利。

（三）残障学生对自身的认识不够

肢体残障大学生由于在身心上与普通学生有一定的差异和就读在以普通学生为标准的学校，他们承受着较大的心理压力。笔者在访谈过程中发现，他们有强大的自信，很想自强、自立，很勤奋、很刻苦，为实现同普通学生一样，甚至超越普通学生的成就而努力。但是，由于外来的一些歧视和自身的情况，他们不太愿意跟人打交道、参加集体活动，性格比较内向（例如，笔者访谈过程中遇到两位残障学生的拒绝，主要原因是他们很不想谈论跟自身有关的事项。还有一位残障学生接受访谈，但是访谈过程中对跟本次调查有关的主要问题不愿意回答，或者虽然回答但不具体、不针对问题的本质），从而导致人际关系不协调。残疾大学生对自身的认识，无论是在普通高校接受平等教育还是在其他方面，都是最关键的因素之一，是实现残障大学生接受平等教育的前提。

五　调查讨论

就在校的肢体残障学生而言，校园里的无障碍环境至关重要。从本次调查结果可以看出，新疆 A 大学的残障学生都是残障程度较轻的残障人，生活上基本能够自理自主。但无论残障学生的自理能力多么强，都会遇到因自身身体缺陷所不能做到的事情。① 对他们来说，学校的各种物质条件就会直接影响他们平等地接受高等教育。如果消除环境带给人的障碍，创建一个无障碍校园，那么我们生活的环境将不存在障碍者——分类变成一件多余的事情，校园里每个人都拥有一个共同的名字：学生。②

相关残障人高等教育法律保障支持体系有待进一步完善。目前，《教育法》第 10 条第 3 款、第 38 条③，《高等教育法》第 9 条第 2 款④，《职业教育法》第 7 条第 2 款、第 15 条⑤，《残疾人保障法》第 21 条第 2 款、第

---

① 雷江华：《关于残疾学生在普通高等学校接受教育的思考》，《中国特殊教育》2003 年第 5 期，第 88 页。
② 王志强、申仁洪：《残疾人高等教育随班就读初探》，《中国特殊教育》2008 年第 5 期，第 35 页。
③ 《中华人民共和国教育法》第 10 条第 3 款："国家扶持和发展残疾人教育事业"；第 38 条："国家、社会、学校及其他教育机构应当根据残疾人身心特性和需要实施教育，并为其提供帮助和便利。"
④ 《中华人民共和国高等教育法》第 9 条第 2 款："高等学校必须招收符合国家规定的录取标准的残疾学生入学，不得因其残疾而拒绝招收。"
⑤ 《中华人民共和国职业教育法》第 7 条第 2 款："国家采取措施，帮助妇女接受职业教育，组织失业人员接受各种形式的职业教育，扶持残疾人职业教育的发展"；第 15 条："残疾人职业教育除由残疾人教育机构实施外，各级各类职业学校和职业培训机构及其他教育机构应当按照国家有关规定接纳残疾学生。"

25 条①,《残疾人教育条例》第 47 条②,《无障碍环境建设条例》第 12 条③,对残障人高等教育入学与如何在物质条件上保障残疾学生平等接受教育作出了相应规定。但是从整体上看,这些规定比较笼统、宽泛、不具体,对如何实施无障碍建设,由谁来负责、监督,如何得到司法救济等一系列核心事项没有作出明确规定。所以,上述法律法规中存在的缺陷最终导致像在新疆 A 大学这样的普通高校就读的残障学生的权利没有得到保障,特别是校园里的无障碍环境建设滞后和相对应的管理体制不完善的问题。

普通人对残障人的认识及残障人对自身的认识是保障残障学生权利的前提。形成正确认识是引导人们对残障人形成积极正面态度的重要方式。残障人对自身的认识也很重要,否则会造成自卑、不愿意跟人打交道的情况,最终自然而然被排斥在主流社会之外。④ 形成正确认识的基础是形成正确的人权意识。因为人权是人作为人应当享有的基本权利,其主体是所有的人。人权所强调的是反歧视、人人平等。人权意识是人们关于人权的心理态度、知识、思想和理论的总合,人权决定人权意识,先有人权现象,后有人权意识。⑤ 平等是人权的核心内容之一,它本身是一项人权,同时又体现于一切其他人权之中,是其他任何权利成为"人权"的根本。⑥ 因此,基于人权而形成的对残障人的认识是保障残障人权利的重要因素之一。对残障人的态度无障碍是保障残障人权利过程中最关键、最核心的内容,是残障人充分享有权利的前提。只有消除对残障人的歧视、正确认识残障人,我们才能有效地保护残障人的人权。

---

① 《中华人民共和国残疾人保障法》第 21 条第 2 款:"各级人民政府应当将残疾人教育作为国家教育事业的组成部分,统一规划,加强领导,为残疾人接受教育创造条件";第 25 条:"普通教育机构对具有普通教育能力的残疾人实施教育,并为其学习提供便利和帮助。"

② 《残疾人教育条例》第 47 条第 2 款:"普通学校应当根据实际情况,为残疾学生入学后的学习、生活提供便利和条件。"

③ 2012 年 6 月 13 日国务院第 208 次常务会议通过并自 2012 年 8 月 1 日起施行。《无障碍环境建设条例》第 12 条:"县级以上人民政府应当优先推进下列机构、场所的无障碍设施改造:(一)特殊教育、康复、社会福利等机构;(二)国家机关的公共服务场所;(三)文化、体育、医疗卫生等单位的公共服务场所;(四)交通运输、金融、邮政、商业、旅游等公共服务场所。"

④ 郑曦:《残疾人态度量表在大学生中的使用》,《中国特殊教育》2005 年第 7 期,第 15 页。

⑤ 李步云:《论人权》,社会科学文献出版社,2010,第 72 页。

⑥ 张爱宁:《国际人权法专论》,法律出版社,2006,第 23 页。

六 对策建议

（一）进一步完善我国残障人高等教育权利的法律保障

就普通高校的残障学生而言，得到入学机会并不意味着他们在接受教育阶段平等享有教育条件的权利得到保障。我国对残障人高等教育还没有形成比较健全的法律体系，有关法律规定也有缺陷。

1. 尽快出台专门的残障人高等教育法

目前，我国相关的高等教育法是针对普通学生这一整体而制定的，专门针对残障人高等教育的法律则是空白。为切实促进和保障我国残障人的高等教育权利，建议我国要尽快出台残障人高等教育法，对特殊高等教育和普通高校的残障人教育予以详细规定，尤其是普通高校在残障人高等教育方面的义务、管理体制、残障学生和普通学生的权利义务、司法救济、监督体制和机制方面予以明确规定。同时在此基础上制定相关配套的政策、法规或相关文件以便为残障人接受平等高等教育提供强有力的法律支持、创造残障人回归主流教育的制度环境。

2. 修订相关法律法规

《残障人保障法》作为我国残障人权利保护的专门法和其他有关高等教育的法律中，有关残障人高等教育内容的原则性和指导性较强，可操作性较低，建议对其进行具体化，对提高认识、学校的无障碍化、有关部门的义务、司法救济、监督机制等内容予以更加明确的规定。与此同时，建议进一步完善与残障人高等教育权利相关的法规，明确义务主体、监督监管、加强可操作性。国务院新出台的《无障碍环境建设条例》中无障碍设施建设的内容非常笼统、宽泛，建议对其进行进一步完善、充实，以便切实保障包括普通高校肢体残障学生在内的所有残障群体的基本权利。

（二）加强人权教育，提高人权意识

目前，我国教育体系里没有一整套的人权教育体系，这是在我国没有能够充分保障残障人权利的重要原因之一。人权强调的是反歧视、人人平等，在保护残障人权利方面起着不可替代、至关重要的作用。人权教育的核心目标是：第一，普及人权知识、价值和观念；第二，通过教育促进对基本人权的尊重和实现。① 既然残障人权利属于人权，就可以通过普及人权教育有效地保障残障人的权利。通过人权教育不仅能够提高人们的人权意识，还能够提高人们对残障人的认识，向普通人宣传残障人享有平等权利，为平等教育的实现提供主观意识条件。进一步说，知晓和深刻认识人权，才能自觉地维护自己和他人的人权，改变违反人权或不利于人权实现的现状，有意识地避免侵犯人权现象的发生，并主动促进人权的实现。② 建议我国在初期将人权教育纳入高等教育体系，逐渐扩展到中等教育和基础教育。只有让普通人正确认识残障人，才能充分保障残障群体的权利。

（三）转变我国残障人高等教育理念，大力推进全纳教育制度

全纳教育在英国也被称为"一体化"教育，就是要消除隔离式的教育，使所有的学生都进入主流学校。③ 目前我国残障人高等教育从整体上看以一体化教育为主，以隔离式教育为辅。但"一体化教育往往是流于形式，疏于内容和实质"④。主要原因是我国大多数普通高校的无障碍环境建设落后，不太适合残障学生就读。所以，转变残障人高等教育理念，大力推进普通高校的无障碍环境建设，逐步实现一体化教育，有利于以下三个方面：第一，一体化教育给残障学生提供更多的高等教育机会、专业选择，提高残障学生在就业方面的竞争力，最终在一定程度上降低失业率；第二，一体化教育会提供给普通学生与残障学生更多的接触机会，有利于提高普通学生对残障学生的认识，⑤ 这样不仅充分保障残障学生的教育权利，还可以改善普通学生对他们的认识并提供无障碍的态度环境；第三，

---

① 王孔祥：《国际人权法视野下的人权教育》，时事出版社，2008，第 25 页。
② 王孔祥：《国际人权法视野下的人权教育》，时事出版社，2008，第 92 页。
③ 李文长：《弱势群体高等教育权益研究——理念、政策与制度》，人民教育出版社，2007，第 191 页。
④ 李文长：《弱势群体高等教育权益研究——理念、政策与制度》，人民教育出版社，2007，第 206 页。
⑤ 与残障人接触可以一定程度地提高对残障人态度的积极效果。参见肖放、落合俊朗、朴在国的《中国大学生对残疾人态度的调查研究》，《中国特殊教育》2008 年第 8 期，第 9 页。对残障人有接触的人群对残障本身有一定正确认识，当他们面对残障人时，能够意识到对方是与自己平等而且可以交流的"人"而非过分注重其外在的残疾和不一样。参见郑曦《残疾人态度量表在大学生中的使用》，《中国特殊教育》2005 年第 7 期，第 15 页。

一体化教育能够提高现有教育资源的有效利用，花同样的钱办更多的事，减轻国家负担，更有助于残障群体回归主流社会并保护其基本权利，一举两得。

（四）加强对残障人高等教育的管理和监督

目前，教育部在基础教育二司设立特殊教育处负责义务教育阶段的特殊教育工作，另外在高校学生司本专科招生处指定专人负责残障人高等教育考试招生录取事务，地方各级教育行政部门也仅在基础教育处（科）中有一人兼管特殊教育。① 由此可见，我国残障人高等教育管理体制内没有专门负责残障大学生在高校接受高等教育事项的机构或专人。教育部应该尽快设立专门负责残障人高等教育的机构或指定专人，各地方教育行政机关在此基础上设立专门机构或指定专人，实行教育部统一领导和地方教育行政机构按层次管理和监督相结合的管理体制。同时，在普通高校管理层面，形成学校专门部门统一管理和监督各个院系管理的体制。

An Inquiry into Physically Disabled Students' Equal Access to Higher Education：Taking A University in Xinjiang as an Example

Alijan Emin

ABSTRACT：This paper combines the methodologies of questionnaires, interviews and field study to look into the situation of physically disabled students at a university of Xinjiang from the human rights perspective provided by the Convention on the Rights of Persons with Disabilities. It also assesses to what extent the physical environment of the University is accessible, as well as the level of awareness of the needs of students and staff with disabilities amongst able – bodied students. The result shows that ordinary students are very positive and understanding of the needs of those who are physically disabled, however, the physical environment of the university lags far behind the needs of the students with disa-

① 黄伟：《我国残疾人高等教育公平研究》，《中国特殊教育》2011年第4期，第12页。

bilities. Based on the survey and summery, this paper explores the reasons for this and presents some recommendations on how to improve the situation.

Key words：Equal Education；Physically Disabled Students；Right to Higher Education

略论基础教育与视障人维权

——从内蒙古部分地区视障人基础教育谈起

叶子劼*

摘　要： 目前，基础教育落后是制约我国视障人事业发展，影响视障人权利意识和维权行动的重要因素。本文从内蒙古部分地区的视障人基础教育入手，分析了内蒙古自治区及类似区域的视障人基础教育现状和面临的困难。在此基础上探讨了基础教育对视障人权利意识、维权行动的影响，并提出了一些加强视障人基础教育，促进视障人权利意识和维权行动的建议。

关键词： 视障人　基础教育　权利意识　维权

在飞速发展的现代社会里，残障人的权利是极易被忽视或是被侵害的，想要改善残障人的生存环境，提高其社会地位，有效促进残障人全面参与社会生活，就必须要提高残障人的权利意识，提高维权行动的质量。视障人既有残障人的共同属性，也有自身特点。视觉缺陷在多方面影响了视障人的能力，比如收集信息困难、社会交往受限等。在维权方面，视障人同样面临着自身的障碍。例如，因为信息不畅，视障人很难全面、即时地了解自己应有的权利，又因为社会资源匮乏，视障人在维权时常常得不到足够的支持。

残障人能力的发展、潜能的激发很大程度上取决于其所接受的教育。

---

* 叶子劼，内蒙古自治区呼和浩特市特殊教育学校中等高级教师。在本文写作过程中，笔者得到了北京师范大学朴永馨教授、"英华残障人教育基金会"同仁、首都医科大学马洪路教授、四川大学周伟教授、山东大学黄士元副教授、瑞典罗尔·瓦伦堡人权与人道法研究所陈婷婷女士以及武汉大学公益与发展法律研究中心同仁的指导与帮助，在此向各位表示感谢！

"要使残障人真正摆脱依靠同情、依靠别人的境地，离开教育是根本不可能的。"① 所以，教育不仅是残障人的基本权利，也直接影响着残障人的生活环境和生活质量，进而影响着残障人的权利意识和维权行动。据统计，全国大专以上文化程度的残障人仅占残障人总数的1.1%。② 而在视障人群中，受过高等教育的人口比例更低。大部分残障人，尤其是视障人，只受过或未完整受过基础教育。因此，基础教育对探讨视障人的生存和发展来说具有重大意义。我国《义务教育法》规定基础教育就是从小学到初中的九年义务教育。这一时期，正是一个人完成文化原始积累、储备基础知识及形成自己人生观和世界观的关键时期。探讨基础教育对视障人维权意识和维权行动的影响非常必要。

内蒙古自治区是欠发达地区，无论经济发展水平还是社会发展水平都与沿海地区和北上广等大城市有着明显差距。内蒙古地区的视障人教育也与国内发达地区有着明显差距，同其他许多欠发达地区一样，在现有教育环境下，残障人通常缺乏基本的权利意识。他们往往把权利狭义地看作是司法权利，而很少将教育、就业、婚恋、自主决策和基本人权联系起来。同时，在维权实践中，由于传统观念和现实环境、自身条件的影响，视障人往往缺乏自觉性和积极性，加之"政府失灵"，即政府相关部门对视障人维权的宣传、教育和支持不够，这些因素都致使视障人的维权行动困难重重。

在本文中，笔者将分析内蒙古部分地区的视障人基础教育，从模式、内容入手，发现内蒙古及类似地区现有视障人基础教育存在的问题，探讨完善视障人基础教育的可能性，并由此探究发展基础教育对提高视障人维权的作用，并提出相关建议。

一 内蒙古部分地区的视障人基础教育情况

内蒙古地区的残障人教育始于新中国成立，经过几十年发展，取得了一定的成绩。"1995 年，内蒙古全区有 7~15 周岁视力、听力残障儿童和智力残障儿童少年 14167 名，其中视力残障 1301 名；全区特殊教育学校 17 所；三类残障儿童少年在校生 7907 名，其中特教在校生 1053 人，普通

---

① 庞文、于婷婷：《论残疾人的教育增权》，《中国特殊教育》2011 年第 7 期。
② 尹海洁：《残疾人受教育状况及对其生存的影响》，《山东社会科学》2012 年第 11 期。

学校附设特教班在校生 600 人，随班就读学生 6254 人；视力、听力语言、智力残障儿童在校生分别为 440 人，1590 人，5877 人，入学率分别为 33.89%、52.30%、59.89%"。① 2000 年，"全区有特殊教育学校 26 所，其中盲聋哑学校 2 所，聋校 13 所，弱智学校 11 所；普通学校中附设特教班 48 个，在校残障儿童少年达 11173 人，入学率为 64.54%"。② 2011 年，"全区已建成 34 所特殊教育学校。全区适龄残障学生入学率达到 83.2%"。③

内蒙古自治区的视障教育虽有发展，但还远不够完善。2011 年，内蒙古自治区仍有未入学的适龄视障儿童少年 588 人。④ 目前，特殊教育学校模式仍是内蒙古视障教育的主体和骨干，特殊教育学校中的视障教育基本可以反映内蒙古当前的视障教育发展水平。以呼和浩特市为例，于 1958 年在市辖各区建立特殊教育学校，1959 年开始招收视障学生，1965 年停办视障教育，1982 年又重新恢复。作为内蒙古自治区首府，呼和浩特市的视障人教育在内蒙古自治区处于领先地位。与呼和浩特市相比，内蒙古其他地区的视障人教育不仅起步晚，而且规模也更小。据笔者对呼和浩特市、包头市、乌兰察布市和鄂尔多斯市所做的调查，上述四个地区特殊教育学校中在校视障学生数量从十几人到几十人不等。根据相关公式推算，⑤ 上述四个地区视障适龄儿童少年的入学率应明显低于同龄健全儿童。

1999～2003 年，"北京金钥匙视障教育研究中心"与内蒙古自治区教育厅、"中国爱德基金会"合作，在内蒙古全区实施了"内蒙古金钥匙工程"。"金钥匙工程"采用"随班就读"模式，主要目的是使内蒙古自治

① 吕雯慧：《金钥匙视障儿童随班就读实践的历史考察（1987—2010）》，博士学位论文，华中师范大学，2012。
② 田永安、刘岩华：《我区特殊教育发展现状与对策》，《内蒙古教育》2000 年第 6 期。
③ 《2012 年内蒙古自治区残联工作总结》，内蒙古残疾人联合会网站，http://www.nmgcl.org.cn/zwdt/gzjh/201301/t20130121_93214.html，最后访问日期：2013 年 3 月 12 日。
④ 《2011 年内蒙古自治区残疾人事业统计公报》，内蒙古残疾人联合会网站，http://www.nmgcl.org.cn/tjgz/201210/t20121030_91675.html，最后访问日期：2013 年 2 月 12 日。
⑤ "关于 0～6 岁视力残疾儿童的数量，有一个计算公式：儿童数量等于人口总数的 20%，0～15 岁视障儿童数量等于儿童数量的 0.0006%，0～6 岁视障儿童数量等于视障儿童数量除以 15 乘以 6。"李伟洪：《我代表盲孩子的家长提建议》，中国残疾人联合会网站，http://www.cdpf.org.cn/special/zmxh/content/2012-05/29/content_30395170.html，最后访问日期：2013 年 2 月 12 日。

区全境所有适龄视力残障儿童少年尽快就近入学，与正常儿童同班学习、接受义务教育，并形成当地视障教育可持续发展的机制。内蒙古自治区"金钥匙工程"项目采取"以点带面，分批推进"的策略。1999 年在乌兰察布市试点，2000 年在通辽市、赤峰市、锡林郭勒盟实施，2001 年在兴安盟实施，2002 年在呼伦贝尔市、巴彦淖尔盟实施，2003 年在鄂尔多斯市、呼和浩特市、包头市、乌海市、阿拉善盟实施。"内蒙古金钥匙工程"结束后，为了推动内蒙古视障教育持续发展，内蒙古自治区于 2004～2006 年实施了第二期"内蒙古金钥匙视障教育项目"，2007～2009 年实施了第三期"内蒙古金钥匙视障教育项目"。①

上述提到的"随班就读"，是由"我国特殊教育工作者根据我国国情（社会文化、经济、教育等实际条件）探索出的对特殊学生实施特殊教育的一种形式，它以比较经济、比较快的速度使特殊儿童进入邻近的普通学校接受义务教育"②。当年，"金钥匙工程"推广的"随班就读"模式在内蒙古自治区是新生事物，也确实使不少视障儿童少年获得了上学接受教育的机会。但据笔者了解，内蒙古自治区"金钥匙工程"在实施中也存在一些问题，尤其是项目结束后并未形成持续发展的良性机制。以乌兰察布市为例，经筛查，1998 年全市有学龄视障儿童少年 285 人。③ 在 1999 年"随班就读"项目启动时，大部分学龄视障儿童都进入了普通学校"随班就读"。但在 2002 年项目结束后，参与"随班就读"的视障儿童又陆续转入了当地的特殊教育学校学习。在此后的几年里，该校还招收了不少新入学的视障学生。

二　视障人基础教育存在困境的主要原因

造成内蒙古自治区视障教育落后的原因有很多，但笔者认为，其主要原因如下。

---

① 吕雯慧：《金钥匙视障儿童随班就读实践的历史考察（1987—2010）》，博士学位论文，华中师范大学，2012。
② 冀鸿：《金钥匙视障儿童全纳教育本土化模式》，极光网，http://jiguang.ci123.com/article.php? articleid = 6218，最后访问日期：2013 年 2 月 12 日。
③ 冀鸿：《金钥匙视障儿童全纳教育本土化模式》，极光网，http://jiguang.ci123.com/article.php? articleid = 6218，最后访问日期：2013 年 2 月 12 日。

1. 自然环境的影响

内蒙古自治区地域辽阔，部分地区地广人稀，自然环境恶劣，这给发展视障基础教育造成了极大的不便。《中国青年报》一篇名为《由观察到参与》的文章就描述了"金钥匙视障教育研究中心"在内蒙古部分地区做视障儿童筛查的经历："大草原上人住得分散，要到处张贴广告，还要跟在校的小学生讲，看见视障孩子让他们到学校来……走到锡林郭勒盟的正镶白旗，'金钥匙'的一位巡回教师是蒙古族人，他说有个家里，哥哥是视障人，弟弟也是，而且村子里有一半视障人。郝曦①他们赶去那个村子，想看个究竟。不料，赶上下大雪，四下白茫茫的，没有路，走到傍晚还没找到，司机说这样转下去非常危险，没去成。"②

和其他地区一样，内蒙古自治区的特殊教育学校也多半设在大城市或中心城市，如果视障儿童要就读特教学校，通常是要离开家在学校过寄宿制的生活。而部分视障儿童家在偏远地区，距离特教学校所在城市甚至有一两千公里，每学期回家、返校的过程对于他们来说是很困难的。例如，呼和浩特市特教学校有个学生，家在呼伦贝尔市的牙克石，从家坐汽车再换乘火车，到呼和浩特的单程时间就要40多个小时，这个学生是全盲，每次到校、返家都要他母亲接送，他们到呼和浩特后，他母亲总是当天返家。也就是说，他母亲要连续乘车80多个小时。面临如此困难，如果不是有学生极强的毅力和家长的全力支持，这个学生很可能会中途辍学。再如，内蒙古西部的阿拉善盟下辖阿拉善左旗、阿拉善右旗和额济纳旗，三个旗县之间的距离在500~700公里，如果在该盟开展"随班就读"，工作在盟府阿拉善左旗巴彦浩特镇的巡回指导教师很难经常到另外两个旗县督导教学工作。自然环境的限制，给内蒙古地区发展视障人基础教育带来了很多阻碍和不便。

2. 人文环境的影响

在20世纪90年代之前，经济因素是影响内蒙古地区视障儿童入学的主要原因。当时视障儿童家庭大多贫困，有很多家庭很难承担视障儿童在特殊教育学校就读的费用。但随着内蒙古经济的发展以及政府对特殊教育重视程度的提高，不仅政府对特殊教育加大了投入，而且社会各界也给予

---

① 郝曦（Stephen Hallett），是英国人现为"英华残障人教育基金会"主席。

② 董月玲：《由观察到参与》，《中国青年报》2004年2月11日，http://zqb.cyol.com/gb/zqb/2004-02/11/content_816532.htm，最后访问日期：2013年3月13日。

特殊教育更多的支持。同年，内蒙古自治区对义务教育阶段残障适龄儿童全部实行了国家"两免一补"政策。2012 年，内蒙古自治区残联争取专项彩票公益金助学项目资金 48 万元，用于资助呼伦贝尔市、赤峰市、通辽市、兴安盟的 160 名贫困残障学生完成学业。① 目前，经济因素已不再是制约视障儿童和青少年接受教育的主要原因。

笔者认为，比经济因素更为重要的因素是——社会对残障人的传统观念和视障儿童家长教育意识的落后，这才是内蒙古地区视障儿童教育的主要障碍。视障儿童大多来自农村或城市平民阶层，其父母大多文化水平不高，收入有限。在笔者调查的 54 人中，有 49 人回答了关于"父母职业"的问题，54 人均回答了关于"父母文化程度"和"家庭收入"的问题。父母为农民的有 28 人；工人 19 人；公务员或事业单位工作人员 2 人。父母文化程度为小学或文盲的有 26 人；初中文化程度为 15 人；高中文化程度 11 人；高中以上文化程度 2 人。家庭年收入（不含受访者个人收入）1 万元以下或不清楚的 26 人；1 万 ~2 万元的 9 人；2 万 ~3 万元的 14 人；4 万 ~5 万元的 5 人。

近些年，在视障儿童家庭中虽已很少见到对视障儿童的凌虐现象，但有不少视障儿童家长对视障儿童的人生期望和教育期望仍然过低。"许多研究指出，父母的社会经济地位会影响其对子女的教育期望，亦即父母的社会经济地位愈高，对子女的教育期望也就愈高，中下阶层、偏远地区及弱势团体的父母对子女的教育期望低于高阶层、都会地区父母的教育期望。"② 有学者总结了家长对子女教育（文化程度）期望影响因素的三个规律：第一个规律是，家长文化程度越高，家长对学生的教育期望越高。第二个规律是，家庭收入越高，人们的教育期望越高。第三个规律是，干部、专业人员对其子女的教育期望比较高，农民、个体户对其子女的教育期望比较低。③

此外，有不少视障儿童的家长深受传统观念影响，将视障儿童的人生定位于生存，认为只要让视障儿童吃饱穿暖就满足了视障儿童的全部需求，根本不考虑视障儿童在成年后的社会参与以及精神层面的需求。笔者

① 《2012 年内蒙古自治区残联工作总结》，内蒙古残疾人联合会网站，http://www.nmgcl.org.cn/zwdt/gzjh/201301/t20130121_93214.html，最后访问日期：2013 年 3 月 14 日。

② 申南乔：《甘肃省农村残疾人社会经济地位对子女教育期望影响的实证研究》，硕士学位论文，兰州大学，2009。

③ 申南乔：《甘肃省农村残疾人社会经济地位对子女教育期望影响的实证研究》，硕士学位论文，兰州大学，2009。

就曾不止一次听家长对视障孩子说，不要在乎学习成绩，只要不出事故，不饿着冻着就好。不少家长将特教学校当作托养机构，只关心视障儿童在学校里的健康和安全状况，对学习不闻不问，甚至连健康和安全状况都不管，直接把孩子扔给了学校。这些观念和意识上的落后，也阻碍了视障学生权利意识的养成，使他们在实现自身发展的道路上困难重重。

3. 就业导向的影响

目前，我国视障人就业空间和渠道非常狭窄，能从事的职业非常少，按摩仍是视障人就业的主要方向。新中国成立前，视障人的主要职业是算命和卖唱，即所谓"金、柳二艺"。"金"即为算命，"柳"即为卖唱。新中国成立后，政府禁止算命及街头卖唱，而当时从事算命和卖唱的视障人已超过20万人。为了解决视障人的生计问题，民政局举办了福利厂，组织视障人和其他类别的残障人从事编织、轻工、五金等加工业。福利厂于1957年开始建立，从此视障人福利工厂得到了广泛的发展。1958年，中国盲人聋哑人协会举办了视障人职业培训班，当时选择了工业、农业、按摩、音乐、文化五种培训班，视障人按摩行业由此而诞生。1983年，据不完全统计，全国视障按摩人员已发展至5000人，全国视障人按摩医院与诊所已有500多所。1988年中国残联成立后，视障人按摩作为其就业主要渠道被列入"八五计划"以后的所有残疾人事业五年规划。从1988年至2008年，全国视障按摩人员已发展至近15万人，视障人按摩单位已发展到一万多个。

在发展视障人按摩工作的同时，中国残联、中国盲人协会也在探讨视障人就业及培训的其他出路。中国盲协先后举办过视障人电话接线员培训班、视障人心理咨询师培训班、视障人电脑培训班和视障人钢琴调律师培训班。此外，还有在农村实施的视障人养殖业和视障人种植业培训。中国盲人协会也提出过对视障人师资的培训，对视障人从事电子商务培训等。尽管如此，目前视障人就业的主渠道仍然是按摩，福利企业已经比较少见，其原因是农村乡镇企业的崛起和民政系统不再兴办福利企业，使目前的福利企业日益减少。视障人从事电话接线员、钢琴调律、电脑编程、心理咨询的都还没有形成规模。[①] 可以说，是按摩给了中国绝大多数视障人以就业的出路。但是，按摩在中国的视障人就业领域的主导地位过于强

---

① 铁山、郭荣：《回忆与思考（之二）——谈中国盲人就业的历史与现状》，《中国残疾人》2011年第8期。

大，致使其成为中国视障人事业的核心，几乎所有的视障人工作都在围绕其运转，视障人基础教育自然也不例外。

在促进视障人就业，优先解决视障人生存问题的大背景下，我国形成了以就业为导向的视障人教育体系。不少特殊教育学校，尤其是中西部和偏远地区的特殊教育学校，将按摩职业教学摆在了视障学生教育工作的首要地位，课程设置和教学工作都要给按摩职业教学让路。比如，有的特教学校从小学三年级就开设按摩课，完全将文化课教学放到了从属地位。更有甚者，有的特殊教育工作者提出"特教即职业教育"的观点。在按摩职业教学中，又存在重手法、轻理论的倾向。在这种情况下，视障学生普遍轻视文化学习，文化课教师也缺乏积极性。有鉴于此，本来就缺乏效率的视障人基础教育更是雪上加霜，成了事实上的"二流教育"。狭窄的就业导向机制，使得视障人在基础教育阶段，无法接受良好的文化学习。

三 基础教育对视障人维权的影响

1. 维权意识淡薄

视障人权利意识的淡薄，是社会、家庭和学校共同作用的结果，而基础教育又在其中起着关键性作用。长期以来，社会形成了对视障人的传统观念，例如"视障人会算命，有'通灵'的能力；视障人很神奇；视障人个性差；视障人能力低；视障人不好交往"[①]；等等。但是，视障人，特别是视障儿童，他们有着自身的特点。山东东营特殊教育学校曾对学生的心理健康做过调查，调查情况见表1。[②]

表1　东营市特殊教育学校盲生心理健康检测结果

次序	人数（人）	比例（%）	症状
1	6	20	焦虑
2	5	16.6	敌对性
3	4	13.3	恐怖

---

① 《与视障人相处的注意事项》，中国盲人协会网，http：//www.zgmx.org.cn/before/News-Default－25329.html，最后访问日期：2013年3月17日。

② 李瑞江、张玉红：《残疾学生心理健康教育的研究与实践》，东营市特殊教育学校网站，ht-tp：//www.dytx.net/news_view.asp？newsid＝260，最后访问日期：2013年3月17日。

续表

次序	人数（人）	比例（%）	症状
4	4	13.3	偏执
5	3	10	强迫
6	2	6.6	精神性病
7	2	6.6	躯体化
8	2	6.6	抑郁
9	1	3.3	人际关系

其实表1中这些特殊的心理状态的形成，都有其客观背景。"有的孩子因为缺乏与父母交流和反馈形成许多负面情绪特征；有的则因为过分溺爱而造成依赖、自私等不良人格"①。社会对视障人的传统观念给视障人贴上了标签，也影响到视障人，使视障人习得并接受了带有歧视性的传统观念，最终对自身无法有清楚认识，也没有形成权利意识。在笔者调查的52人中，认为在家庭中没有受到过不平等待遇的有42人；认为在学校或工作单位没有遭受过不平等待遇有30人；认为在社会生活中没有遭受过不平等待遇的有29人。

目前全国的视障教育教学内容中，仍然没有系统化的权利教育，视障教育更多强调的是视障学生自身的主观能动性，没有实现由社会主体到个人主体的权利意识转换。很多视障教育工作者往往也只注重视障学生的学业，不重视培养视障学生的权利意识，更不用说发挥专业人员的优势，影响视障学生家人、政府以及社会环境。

2. 维权能力不足

全国人大前副委员长陈至立在2012年5月9～10日率全国人大常委会残疾人保障法执法检查组在内蒙古自治区进行执法检查时强调："发展残障人事业，保障残障人权益，是社会文明进步的重要标志，是社会主义优越性的重要体现。我国残障人事业正处在最好的发展时期，但残障人事业发展仍然滞后于经济社会发展。"②

---

① 《与视障人相处的注意事项》，中国盲人协会网，http：//www.zgmx.org.cn/before/NewsDefault-25329.html，最后访问日期：2013年3月21日。

② 《陈至立内蒙古执法检查强调贯彻落实残疾人保障法》，中国新闻网，http：//www.chinanews.com/gn/2012/05-11/3882964.html，最后访问日期：2013年3月21日。

现实生活中，"维权难"是包括视障人在内的残障群体，乃至所有弱势群体在维权实践中回避不开的问题。据报道，2011 年 11 月，河南视障人李金生根据《残疾人保障法》的规定，两次上书中残联视障人按摩指导中心，要求改革视障人医疗按摩考试形式，在考试中增加电子试卷或者语音读题，为全国视障人争取无障碍考试权利。中残联在回应中承诺："明年，我们将把视障人医疗按摩人员考试形式的改革作为工作重点来抓。"但在 2012 年 9 月举行的全国视障人医疗按摩考试中，试卷类型仍然只有汉文大字版、现行盲文、双拼盲文三种，并不包括电子试卷或者语音读题。2012 年 12 月 2 日，李金生和其他三位面临同样问题的河南视障人一起就无障碍试卷问题向中残联发出了一封《政府信息公开申请表》，但申请表发出后，他们没有收到任何来自中残联的电话、电邮或者纸质答复。于是，他们又于 2013 年 1 月 31 日向民政部提出了复议申请。①

很少有视障人会像李金生这样，在权利受到侵害时勇敢地通过合法和理性的手段进行维权。前文已经说过，目前视障人基础教育很缺乏权利和维权内容。加之视障人教育本身存在质量问题，使得视障人缺乏社交能力，不能争取足够的社会支持，很难寻找到适当途径，表达出自己的诉求。又因为"无权利意识"和"维权难"，视障人在权利受到侵害时往往采取"鸵鸟心态"，尽可能回避，或者以非理性手段进行维权，常常使自己陷入被动局面。

四 改善视障人基础教育，提升视障人权利能力

1. 加强基础科研

我国在残障人维权、教育、就业、心理等方面的研究虽有进展，但仍然落后于社会、经济的发展，不能满足残障人事业发展的需要。有研究人员以"'教育'、'教育公平'、'残障人教育'、'残障人教育公平'作为关键词在中国知网的五种数据库（中国期刊全文数据库、中国重要报纸全文数据库、中国博士学位论文全文数据库、中国硕士学位论文全文数据库和

---

① 《中残联拒不提供电子试卷 河南四盲人向民政部提起行政复议：盲人"无障碍考试"还让我们等多久》，东方今报网，http://www.jinbw.com.cn/pdf/dzb/dfjb/html/2013 - 02/01/node_13.htm，最后访问日期：2013 年 3 月 21 日。

中国重要会议论文全文数据库）搜索，发现 1979~2008 年关于教育的文章有 619055 篇，关于教育公平的文章有 2096 篇，关于残障人教育的只有 49 篇，关于残障人教育公平的只有 4 篇"。① 而国外对残障人问题研究却一直十分重视，并在建立基础数据、科研成果应用等方面取得了较大进展。例如，"英国皇家视障人协会"非常重视视障人的实际需求，其研究工作均"开始于用户的反馈，因为只有这样研究成果才能真正为改善视障人的日常生活服务"②。该协会不仅利用社区使"研究人员获得了一个分享研究成果、经验和研究计划的论坛"③，还与其他机构合作，组建了"社会研究团队"（Social Research Group）。④

科研工作的滞后，尤其是基础数据的不足，使学者们很难把握视障人的情感和社会需求、社会处境的变化，发现视障人面临的深层次问题，也就无法建立起符合社会发展的视障人心理学和社会学理论。没有符合社会发展的新理论，就不能打破社会对视障人的传统观念，不能帮助视障人摆脱长期以来的被"标签化"。没有"去标签化"的过程和结果，视障人很难成为人权话语的一部分。

此外，我们的研究还需本土化。我们的国情、社会发展水平以及视障人群体的结构都与国外不同，一味照搬欧美理论必然会使视障研究与实际情况脱节，创造出虚假的信息和需求，最终导致政策偏颇。比如，"英国目前大约有 24000 名视障儿童，其中有 60% 的儿童存在多重残障"。⑤ 笔者虽没有找到我国在这方面的统计数据，但相信，视障儿童的残障状况肯定与英国不同。再比如，英国皇家视障人协会目前研究工作的重点是"眼病

---

① 解韬：《近年来我国教育公平研究综述》，《现代大学教育》2009 年第 2 期。
② 《英国皇家盲人协会的研究工作（第一部分）》，《踏浪视障人电子资讯》，2012（02.01），译自 "Making the most of research"，http：//www.retina.org.cn/ViewInfo.asp？id=43410，最后访问日期：2013 年 3 月 23 日。
③ 《英国皇家盲人协会的研究工作（第一部分）》，《踏浪视障人电子资讯》，2012（02.01），译自 "Making the most of research"，http：//www.retina.org.cn/ViewInfo.asp？id=43410，最后访问日期：2013 年 3 月 23 日。
④ 《英国皇家盲人协会的研究工作（第一部分）》，《踏浪视障人电子资讯》，2012（02.01），译自 "Making the most of research"，http：//www.retina.org.cn/ViewInfo.asp？id=43410，最后访问日期：2013 年 3 月 23 日。
⑤ 《给与视障儿童全方位的关注》，《踏浪视障人电子资讯》，2012（11.02），译自 "Seeing the whole child"，http：//www.zgmx.org.cn/before/NewsDefault-50436.html，最后访问日期：2013 年 3 月 23 日。

预防、支持独立生活、创建融合型社会"。虽然我们也在提倡社会融合，建立服务、支持体系，但其内容应该与英国相去甚远。我们应该更加注重立足于本国的实际情况来进行残障基础教育的研究。

2. 改进教育教学体系

《残疾人权利公约》第 24 条明确提出："缔约国确认残疾人享有受教育的权利。为了在不受歧视和机会均等的情况下实现这一权利，缔约国应当确保在各级教育实行包容性教育制度和终生学习，以便充分开发人的潜力，培养自尊自重精神，加强对人权、基本自由和人的多样性的尊重；最充分地发展残障人的个性、才华和创造力以及智能和体能；使所有残障人能切实参与一个自由的社会。"目前，中国也在努力发展全纳教育，试图建立"以大量随班就读和普通学校附设特教班为主体，以特教学校为骨干"的特殊教育格局。1988 年，国家教育部门提出，要打破单一的特殊学校教育形式，坚持多种形式对残障儿童实施教育。《残障人保障法》《义务教育法》和《残障人教育条例》都强调，各级政府要加强特殊教育学校建设，特别是要加大支持中西部地区特殊教育学校建设，同时也要全面推进残障儿童少年随班就读工作，不断扩大随班就读规模，重点推进县级随班就读支持保障体系的建立和完善，逐步提高教育质量。

联合国教科文组织 2005 年发布的《全纳教育指南：确保全民教育的通路》指出："全纳教育是通过增加学习、文化和社区参与，减少教育系统内外的排斥，应对所有学习者的多样化需求，并对其做出反应的过程。"[1] 然而，"全纳教育涉及国家长期的教育政策，而且同其他社会政策密切相关。进一步说，全纳教育要求全纳社会作保证，提供基本的社会服务和学习环境。"[2] "西方国家的全纳教育是在隔离式教育发展到一定阶段，特殊儿童义务教育已得到实现的基础上发展起来的，追求的是特殊教育的高质量。而我国随班就读出发点却是在传统的特殊学校教育发展较薄弱、不能满足需要的基础上，以经济手段、较快速度将大量游离在学校外的特殊儿童招收进来，使他们有机会接受义务教育。在具体实践中，提高特殊儿童的入学率成为各地区追求的首要目标，检查与评估也主要集中于入学

① 周满生：《全纳教育：特殊教育与主流普通教育的"结合"》，中国教育新闻网——中国教育报，http://www.jyb.cn/world/gjjc/200808/t20080805_186591.html。
② 周满生：《全纳教育：特殊教育与主流普通教育的"结合"》，中国教育新闻网——中国教育报，http://www.jyb.cn/world/gjjc/200808/t20080805_186591.html。

率高低，即数量的检查。质量，即特殊儿童是否能够在普通教室里接受适当的教育长期以来受到了忽略。可见，西方的全纳教育是要为特殊儿童提供接受平等的、适当教育的机会，而我国的随班就读主要是为儿童提供接受教育的机会。"①

综上所述，笔者认为，现阶段不应把我国残障人教育的"随班就读"模式简单归于"全纳教育"。其原因如下：第一，对于特殊教育学校模式和"全纳教育模式"，我们都缺乏深入、完整的研究，更缺乏有效实践，目前我们讨论的特殊教育学校模式更像是"隔离教育"，而忽略了特殊教育学校在一定程度上实现全纳的可能。而"全纳教育"在我国并没有大规模实施过，目前我们仅是从对欧美"全纳教育"的描述中认识"全纳教育"。其实欧美在实施"全纳教育"的过程中也产生了许多问题，但我们往往只注意其成功的一面，而没看到其弊端。我们目前讨论的"全纳教育"是比较理想化的，简单将"随班就读"归于"全纳教育"很容易全面否定特殊教育学校模式，影响现有的视障人教育。第二，"全纳教育"和"随班就读"差距过大，"随班就读"就如同是"全纳教育"的1.0版。在国际社会倡导"全纳教育"的背景下，简单把"随班就读"归于"全纳教育"很容易造成政策制定和实施的盲目、过热倾向，很容易对残障学生造成二次伤害。

"全纳教育"在经过初期运动式的发展后，我国残障人工作者和特教工作者都有了更理性的认识，更加重视开展"全纳教育"可能遇到的问题，也更注重残障学生的差异。笔者认为，我国目前的视障人教育仍然应该以特殊教育学校模式为主，认真研究这一模式的客观规律，加强特殊教育学校与社区、残障学生家庭的联系，使教育教学工作在最大程度上实现融合。对于有条件的学生我们可以帮助其进入普通学校随班就读，在稳步推进的基础上积累全纳教育经验，逐步完善全纳教育环境。只有这样才能使残障学生获得最适当的教育，真正使特殊教育达到因人施教、因材施教、各得其乐、各得其所的最佳效果。

此外，要将特殊教育真正纳入国民教育体系。教育是一种公共产品，要确保教育公平和教育效率，政府的作用十分关键。政府不仅要保证特殊

---

① 邓猛、潘剑芳：《关于全纳教育思想的几点理论回顾及其对我们的启示》，《中国特殊教育》2003年第4期。

教育的投入，更要推动教育软环境的建设。在完善教育软环境方面，"政府的作用包括厘清概念、提高认识、采取法律行动、提供高层次的政治支持、改变现有政策、革新课程、加强教师培训、进行机构调整等。"① 从法律层面说，要加强法律的可操作性，真正使法律成为实现残障人教育公平和教育效率的可靠保障。比如，最近公布的《残疾人教育条例（修订草案）》就在第六章"法律责任"中对违反《残疾人教育条例（修订草案）》的行为规定了一些处罚原则。但许多人认为，这些处罚原则仍缺乏力度，很难对违反《残疾人教育条例（修订草案）》、侵害残障人教育权利的行为起到有效的震慑和惩戒作用。

在关注教育公平的同时，笔者认为更应重视残障人教育的效率。只有提高效率，才能培养出更多高质量的人才，只有增加残障人教育的投入回报，才能让更多人看到残障人教育的价值。从视障学生基础教育的教学实践来看，许多视障学生完全可以达到正常学生的学习水平，所以按与普通基础教育同样的标准要求、考核视障人教育是完全可行的。此外，统一标准还可以促进视障教育教师提高业务水平，改变目前视障教育教师工作中因无目标、无压力而产生的懒散、惰怠的局面。

同样重要的是，应该完善教育教学内容，在教师培训中增加残障人权利意识培训，并对残障学生进行权利意识教育。视障教育工作者要在工作中发挥积极作用，影响视障儿童的家长，在日常教学和"过渡"教育中共同培养视障儿童的权利意识。"过渡"教育就是为视障儿童成年后的生活做准备，因此"过渡"教育不仅要从小抓起，而且视障教育工作者和视障儿童的家长还要利用一切可能的手段和策略，帮助视障儿童参与社区生活，培养他们基本的权利意识。

3. 引入第三方监督、评估机制

《残疾人教育条例（修订草案）》第 7 条规定："县级以上地方人民政府教育行政部门应当会同卫生、民政部门、残疾人联合会，建立由教育、心理、康复等方面专家组成的残疾人教育指导委员会，负责对本区域内适龄残疾儿童的身体状况和受教育能力进行评估，开展就学咨询，提出入学建议和指导意见。"第 14 条又规定："有重度残疾、比较严重的身心功能

---

① 周满生：《全纳教育：特殊教育与主流普通教育的"结合"》，中国教育新闻网——中国教育报，http://www.jyb.cn/world/gjgc/200808/t20080805_186591.html。

障碍，需要专人护理或者专业支持，不具备接受普通教育能力的残疾儿童，经县级以上残疾人教育指导委员会评估，可以以其他特殊方式接受义务教育。"

设立监督、评估机构，必然能更好地保障残障学生的受教育权。但有专家和残障儿童家长认为，该委员会应吸纳残障儿童家长参加。从西方国家开展特殊教育的实践来看，家长在特殊教育教学过程中发挥的作用越来越大。比如，按照英国目前正在讨论的"特殊教育改革计划"，家长们将获得更大的特殊需求辅助经费的使用权。[①] 家长是与残障儿童关系最密切的人，只有吸纳家长参与针对残障儿童教育的监督和评估工作，才能更全面地反映残障儿童的实际需求，建立起真正覆盖到家庭、社会、学校的"零距离教育模式"。

此外，非政府机构也应参与特殊教育的监督、评估工作。"在现代社会中，非政府组织作为'第三部门'的力量在残疾人教育中发挥着积极的不可替代的作用"。[②] 作为民间机构，非政府组织只有靠高质量的工作，才可能从各种渠道获得并维持资金、技术和社会支持。因而一些非政府组织不仅具有较高的专业水平，而且有着较高的工作热情。又因为其受政府财政制约较少，往往能保持相对的独立性。如果非政府组织能够参与残障儿童教育的监督、评估工作，不但能增强监督、评估工作的专业性，而且还能在一定程度上保证监督、评估意见的独立性，为残障儿童争取更多权益。

概言之，在提高视障人权利意识和促进其维权行动能力方面，基础教育的作用不容忽视。我们应结合国情，从理论研究和实际工作两方面入手，加强视障人基础教育的质量。同时，我们还应采用灵活、实际的方式发展视障人基础教育，促进教育公平，逐步推进"全纳教育"和"全纳社会"的建设，使视障人有机会通过基础教育了解自己的基本权利及其实现渠道，有能力发挥主观能动性，克服地理环境、习俗观念乃至政策制度上的障碍，平等参与到广阔而丰富的社会实践中，实现人之为人的宝贵价值。

---

① 《浅析英国特殊教育重大改革计划》，《踏浪视障人电子资讯》，2012（09.01），译自 "Special Needs Budgets to Be Controlled by Parents"，http：//www.vi - edu.cn/news/74/20121075.html.

② 马良、肖辉荧：《非政府组织介入残疾人教育相关问题研究》，《残疾人研究》2011年第3期。

On the Primary Education and the Rights Protection of the Visually Impaired People: A Case Study from Inner Mongolia

Ye Zijie

ABSTRACT: This paper analyses the current situation of primary education for visually impaired students in Inner Mongolia based on the author's experience as a middle school teacher with visual disabilities. It looks at the barriers many students face in accessing education, and how these barriers negatively influence their awareness and protection of their right to education. It also provides some advices on how primary education of visually impaired people can be improved, and suggests strategies for awareness rising of educational rights and how to protect these rights.

Key words: Visually Impaired People; Primary Education; Awareness of Rights; Rights Protection

残障儿童教育：赋权增能与支持服务研究[*]

何　侃^{**}

摘　要：本文深入分析《世界残障报告》并探讨"残障"理念变革、模式重构、权利保障等基本问题，反思我国残障儿童义务教育和早期教育中特殊教育的问题，从赋权增能和支持服务相结合的角度，初步探讨了我国残障儿童特殊教育的政策架构及行动策略，指出融合环境与支持服务是残障儿童教育发展的基调，其特征是公平性、长效性与规模化、多样化。

关键词：《世界残障报告》　残障儿童　特殊教育　赋权增能

2011 年 6 月 9 日，世界卫生组织（WHO）和世界银行（WBG）共同发布了国际社会第一份《世界残障报告》（World Report on Disability）。这部被学者誉为"划时代的经典文献"①，收集了残障方面最可靠的资料，建议各国政府及社会团体建立无障碍环境、发展康复、教育和支持服务，使残障人充分参与社会生活，促进《残疾人权利公约》的实施。该报告是国际社会有关残障问题的又一重要文件，报告的发布对在世界范围内达成残障问题的共识，制定相关政策以及改善残障人状况均具有十分重要的指导

---

* 基金项目：本研究得到武汉大学公益与发展法律研究中心之"中国残障人权利多学科研究"项目支持，为"残障人赋权增能与支持服务研究"系列成果之一；中国残障人事业理论与实践研究课题"基于共生理论的我国残障人服务模式研究"（2010&YB013）、江苏省社会科学基金项目"促进江苏残障儿童教育公平的保障机制研究"（12JYD018）部分成果。

** 何侃，南京特殊教育职业技术学院教授，残障人事业发展研究所所长。

① 卓大宏：《世界残障人工作光辉的转折点——贺〈世界残障报告〉隆重发布》，《中国康复医学杂志》2011 年第 8 期，第 600~700 页。

意义，对推动我国残障人社会保障体系与服务体系的建设尤其具有重要的借鉴价值和多重启示。

联合国大会于 2006 年 12 月 13 日通过《残疾人权利公约》（以下简称《公约》），2008 年 5 月 2 日生效。这是首部保护残障人人权的公约，目前已有近 150 个国家和地区签署了这项公约。《公约》重申一切人权和基本自由都是普遍、不可分割、相互依存的，必须保障残障人不受歧视并充分享有这些权利和自由。① 为了体现《公约》的实质内涵并促进其实施，联合国授权世界卫生组织和世界银行，动员 380 多位专家进行调查研究，出台了《世界残障报告》。报告秉承《公约》精神，提出了增进残障人健康和福祉的一系列政策建议。可以说，《公约》确定了改变的日程表，对各国应做的工作提供了指导，而该报告则记录了目前的残障人状况，归纳了在知识领域的差距以及强调了开展进一步研究和政策制定的需求，建议各国应该如何去行动。② 报告与《公约》相辅相成，为实施《公约》提供了科学证据。

1. 一个新的分析框架

《世界残障报告》③ 采用《国际功能、残障和健康分类》（International Classification of functioning, Disability and Health，简称 ICF）作为其理论架构，共有九章（见图 1）。第一章介绍了 ICF 和《公约》，定义残障术语并讨论了残障与人权、发展的相关问题；第二章评估了世界范围内的残障流行率及残障人状况；第三至八章分别探讨了残障人如何获得主流的卫生保健服务、残障人康复（包括治疗和辅助技术）、支持和协助服务、无障碍环境（包括物理上的无障碍以及融合性的信息和技术环境）、残障人教育、残障人就业；第九章则依据前几章的相关政策建议，提出了更为广泛的政策和实践建议。④

报告通过追问"什么是残障与残障人""导致残障的障碍""残障人生活如何受到影响"等，指出残障人所面临的许多障碍是可以避免的，与

① 联合国：《残障人权利国际公约》A/61/611. 纽约：2006。
② 邱卓英：《国际社会有关残障发展的重要文件——世界卫生组织、世界银行共同发布首份〈世界残障报告〉》，《中国康复理论与实践》2011 年第 6 期，第 508 ~ 511 页。
③ 世界卫生组织：《国际功能、残障和健康分类》。日内瓦：世界卫生组织，2001：1 ~ 283 页。
④ 世界卫生组织网站，"World report on disability 2011"，http://www.who.int/disabilities/world_report/2011/report/zh/，最后访问日期：2013 年 9 月 1 日。

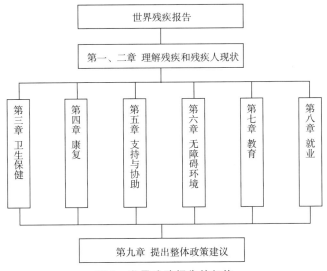

图 1　世界残障报告的架构

残障相关的不利因素是可以克服的。建议消除障碍和不平等，采取具体行动来改善残障人的生活状况。

　　该报告将"残障"（disability）定义为一种涵盖损伤、活动受限和参与局限在内的概括性术语，即残障是指有某些健康问题的个体与个人因素和环境因素（如消极态度、使用公共交通设施和进入公共建筑障碍以及有限的社会支持）之间相互作用的消极方面。认为残障乃人体部分功能减弱或丧失，是人类的一种生存状态，几乎每个人在生命某一阶段都有暂时或永久性的损伤，步入老龄的人更将经历不断增加的功能障碍。这种以"一种生存状态"来概括残障的观念，提醒人们须以平常心、关怀情看待残障人，政府及社会组织更要为残障人事业作出努力。报告还指出全球超过 10 亿人有残障，约占世界人口的 15%，这一数字远远高于世界卫生组织之前 10% 的估计值。其中 2 亿人承受严重的功能障碍，加之人口老龄化和慢性疾病的增加，未来残障人口的比例呈逐渐上升的趋势。

　　报告详细分析了全球残障人面临的各种障碍，会造成残障人生活中的各种困难：健康状况较差、学业成就较低、参与经济活动的机会较少以及贫困发生率较高。由此导致的结果是更加不良的健康状态、更低的教育成就、更差的经济参与、更高的贫困率、更高的依赖性（过度依赖于机构性的解决方案，缺少社区生活以及提供的服务不足都使残障人愈发受到隔离且依赖他人）与参与的局限性。

报告（第三、四、五、六、七、八章）综合了残障人在克服障碍时可采用的最有力的方法。报告认为许多致残的障碍是可以避免的，由残障所致的不利可以克服。要消除致残的障碍（包括保健医疗、康复、生活服务的缺乏和不足，以及环境、教育、就业等方面的障碍），则有赖于国家政府的战略规划和制度设计，社会各方面的通力合作和积极参与，以及为消除残障和障碍提供政策、资金、人员、社会风气（公众意识）和科研成果。

报告建议各国政府采取具体的行动、措施来改善残障人的生活状况：①①使残障人进入所有的主流体系并获得服务。残障人有普通需求（例如对卫生和总体幸福感、经济和社会保障以及学习和发展技能的需求），这些需求能够也应该通过主流的项目和服务得到满足。②为残障人投资具体的项目和服务。除主流服务之外，一些残障人需要获得特定的服务，例如康复、支持性服务或培训。③通过全国性的残障政策和行动计划。④扩大残障人的社会参与。⑤提升残障人服务从业人员的能力。通过有效的教育、培训以及人员补充来提升残障人服务领域的人力资源能力。⑥为残障人提供充足而可持续的公共服务资助。⑦促进公众对残障的了解与认知并公平对待残障。相互间的尊重和理解有助于形成融合性社会。通过收集与残障有关的知识、信仰以及态度来了解公众对残障的认识差距，这一差距可通过教育和公共信息来弥补。⑧加强残障数据的收集。国际层面上，需要开发收集残障人数据的一套方法、进行跨文化的检验并一致性应用。数据要求标准化且能进行国际比较，监测残障政策以及国家与国际对《公约》实施的进展。国家层面上，应将残障包含在各类数据收集中，例如国家人口普查数据，在现有的抽样调查中，采用高效率方法加入残障问题或者残障测量模块。⑨加强和支持残障研究。研究是提升公众对残障的认知、公布残障政策和项目以及有效分配资源的基础。

实施建议中的内容尚需各方面的广泛参与和行动。其中，国家政府负有最重要的责任，而社会组织、服务提供者、学术机构、社区、残障人及

---

① 世界卫生组织网站，"World report on disability 2011"，http：//www.who.int/disabilities/world_report/2011/report/zh/，最后访问日期：2013年9月1日。

其家庭等其他参与者也各自具有重要的作用。上述建议有助于成功地建立一个融合性、使残障人发挥能力的社会。①

2. 多重启示：残障人事业发展的理念与策略

（1）关于残障的新理念。世界卫生组织于 2001 年提出对"残障"或"障碍"的系统性观点与分类系统，此为《国际功能、残障与健康分类》。ICF 的目标主要是要提供一个统一的标准术语及架构来描述健康状况及与健康有关的信息，使全世界不同学科及不同领域的工作者可以对有关健康和保健情况进行交流，以及提供对有关人类功能及其受限情况的描述。②具体而言，ICF 分类系统包括两部分，第一部分由身体功能的改变、身体结构的改变、能力、活动表现构成；第二部分由个人和环境因素中的有利因素与障碍因素构成。③

世界卫生组织与世界银行共同发布的《世界残障报告》正是采用了 ICF 作为其理论架构。报告根据 ICF 有关残障的分类模式，采用多学科研究方法，总结了残障研究和残障人事业发展的成果，介绍了有关国家发展的经验，是国际社会残障与康复发展的重要技术性文件。我国残障人事业发展体系亟须借鉴 ICF 关于残障的理念。④

首先，它认为每一个人在其一生的历程中都有机会经历到健康状况受到威胁以及可能形成残障的经验，而这样的历程可能发生也有可能康复。因此，所谓"残障"或"障碍"不再是一成不变的，不过是伴随而来的状况而已。除了身体心理有可能因为成长发展、急性或慢性的疾病或先天遗传原因而有变化，更重要的是这样的身心状态，会因为处在不同环境条件下而有不同的障碍程度，是一种动态的障碍概念。⑤ 反之，在设计良好的无障碍环境下，一个有身体损伤的人也可能是没有障碍的。

---

① 邱卓英：《国际社会有关残障发展的重要文件——世界卫生组织、世界银行共同发布首份〈世界残障报告〉》，《中国康复理论与实践》2011 年第 6 期，第 508～511 页。

② 邱卓英：《国际社会有关残障发展的重要文件——世界卫生组织、世界银行共同发布首份〈世界残障报告〉》，《中国康复理论与实践》2011 年第 6 期，第 508～511 页。

③ 王茂斌：《更新观念：关于"国际功能、残障和健康分类（ICF）"》，《中华物理医学与康复杂志》2002 年第 4 期，第 196～198 页。

④ 王茂斌：《更新观念：关于"国际功能、残障和健康分类（ICF）"》，《中华物理医学与康复杂志》2002 年第 4 期，第 196～198 页。

⑤ 宋春秋：《ICF：带给我们新理念》，《现代特殊教育》2006 年第 5 期，第 19～20 页。

其次，"残障"或"障碍"不再是专属的概念，而是一种普适性的概念。"残障"或"障碍"是普遍的人生经验而非特殊人群的少数经验，是"生理心理条件"与"环境状态"互动之下的结果，有"残障"或"障碍"的人，不应称为"残障人"，而是"处在障碍情境中的人"。只要环境不改善，任何人都有可能因为身处不良环境中，从而处于障碍情境之中。因此，ICF 不仅使我们更严肃地看待并检视环境中的障碍，更进一步促使我们认识到，克服障碍的方式不能仅仅通过改造残障人个人的身心条件，必须将改善环境的障碍也列入克服障碍的思考与行动中，让更多的人因为环境的改善而消除障碍。这是 ICF 带来的最大的理念变革。

ICF 将"残障"或"障碍"过程放在健康状态架构下讨论①（见图2）。健康状况是在 ICF 给定的健康领域内的功能水平。功能是对身体功能、身体结构、活动和参与的一个概括性术语，它表示在个体（有某种健康情况）和个体所处的背景性因素之间发生交互作用的积极方面。个人环境中的各种因素，通过其存在或不存在，可以改善功能或降低残障程度，也可以限制功能的发挥或形成残障。如无障碍环境、社会态度与支持条件等既可以改善功能，也可以限制功能发挥。ICF 互动模式强调环境因素在残障的发生发展和残障人康复中所起的重要作用。②

以 ICF 作为指导与评估的指引，可以找出在身体、个人以及社会参与层次中身心障碍的影响因子。在身体层次，残障人最需要的可能是医疗与康复的介入；在个人层次，要评估残障人的活动限制，然后提供残障人适合的辅具以克服各种的活动限制；而在社会参与层次，应想办法消除社会与环境中的各种障碍以鼓励残障人积极参与社会。③

（2）残障者权利的新视角。由上述残障新理念可以看出，残障并非个人问题，而是一种人权与政治问题。④ 这要求政府与社会的改变，促进

① 韩同伟：《康复医学：从生理、心理、社会三个维度看健康与残障》，《中国医药导报》2010 年第 23 期，第 3~4 页。
② 卓大宏：《中国当代康复医学发展的大趋势》，《中国康复医学杂志》2011 年第 1 期，第 1~3 页。
③ 何侃、胡仲明：《ICF 理念下我国残障人服务体系建设的趋向分析》，《残障人研究》2011 年第 4 期，第 35~40 页。
④ 马洪路、林霞：《ICF 社会参与评定与社会康复》，《中国康复理论与实践》2005 年第 4 期，第 315~316 页。

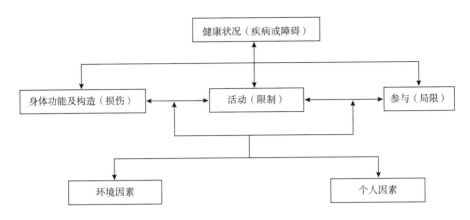

图2　"残障→康复"的模式（ICF互动模式）

"处于障碍情境中的人"平等地参与社会，让新的残障理念成为推动社会政策的核心价值，其影响至少有三方面。第一，平等权。反对歧视与机会平等是 ICF 理论架构的内在价值体现。[1] 正是因为以残障为由的各种表现形式的歧视与残障人各种机会不平等的存在，才会有联合国《公约》等保护性的规定。当 ICF 新理念指出障碍的状态是每个人一生中必定会面临的生命经验时，我们应当共同分担社会风险，让未来可能处于障碍情境中的你、我、他也有完整、充分、有尊严地参与各项活动的机会。第二，公民权。ICF 倡导变"残障人"为未来的"处于障碍情境中的人"，正是将"残障人"由原来法律上被动的受保护对象，变为法律上权利与义务的主体，主张其充分参与社会的权益，成为自己未来生活计划的决策者和政策制定的参与者。这是基于公民享有的人权要求国家积极作为，也是联合国采用 ICF 分类系统去观察、评估一个国家履行联合国《公约》的标准。第三，参与权。ICF 不强调专业协助观点，而更重视个人与社会的责任，也即并非一味要求残障人个体适应障碍，而是推动社会改变以减少障碍：除了依据 ICF 评估架构重视环境因素，更要求国家与社会积极作为，以减少或消除"障碍情境"。同时，注重以"处于障碍情境中的人"为主体，将其视为推动社会改变的伙伴，要求助人者和受助者皆成为"消除障碍情境"的"社会行动者"。

---

[1]　何侃：《残障预防视阈中的儿童权利保护研究》，《残障人研究》2011 年第 1 期，第 37 ~ 42 页。

《世界残障报告》的巨大贡献在于提供了坚实的证据，要求更新政策和项目来改善残障人生活，并加强了从人权角度对残障的理解。这也是继2001年ICF发布以来，再次在更大层面上促使人们进一步理解残障的内涵以及残障对个人和社会的影响。① 报告强调了残障人所面对的各种障碍——态度的、躯体的、财政的以及政策制度等，设法解决这些障碍正是我们要努力达成的。

（3）行动策略建议。报告倡导一种双轨制方法，一方面强调为残障人消除一切障碍，提供各种服务和协助；另一方面更为重要的是为残障人赋权增能（empowerment），采用权利为本的方法，开展能力建设，促进他们充分平等参与的能力。报告第三至八章主要依据《公约》提出了消除障碍和不平等的详细建议（含卫生保健、康复、服务、无障碍环境、教育、就业等六个方面），以便为改善残障人的生活状况提供指导方案。

实施报告中的建议需要涉及不同的部门——卫生、教育、社会保障、劳动、交通、住房，并涉及不同的参与行为者——政府、民间社会团体（包括残障人组织）、专业人员、私立组织、残障人个体以及他们的家庭、公众以及媒体。需要各方面广泛参与和行动（报告含43项措施）。其中，政府负有最重要的责任，国家根据具体的背景来调整他们的行动，而其他参与者也具有重要作用。在自身资源有限的方面，有些优先的行动尤其是那些需要技术支持和能力培养的行动，也可以包括在国际合作的架构之内。

3. 赋权增能：残障儿童教育的重要原则

前述新的残障理念和行动策略，意味着保护残障人权利的新原则。下文以残障儿童教育为例，结合具体现实问题，探索新残障理念对相关工作的启发和要求，特别是如何通过"赋权增能"来提升残障儿童的能力，消除环境障碍，促进教育中的融合以及平等参与。儿童群体原本处于社会边缘地位，残障儿童和其他儿童相比，在人权实现方面存在被严重歧视的风险，更容易受到忽视和边缘化。对残障儿童的生存权、健康权、受教育权、参与权以及获得适当生活水平的权利等，需要特别的保护。② 探讨残

---

① Gerold STUCKI, Gunnar GRIMBY, 李智玲等：《构建针对人类功能和康复研究的专门学科领域：发展一种从细胞到社会的综合性结构》，《中国康复理论与实践》2008年第12期。

② 何侃：《残障预防视阈中的儿童权利保护研究》，《残障人研究》2011年第1期，第37~42页。

障儿童（本文着重讨论 0～14 岁的残障儿童）教育的赋权增能应从两个维度思考：一是残障儿童教育现状分析与问题反思，即残障儿童教育的"失权"或"失能"分析；二是如何通过政策与制度设计，消除环境障碍，实现对残障儿童的"赋权增能"。

"赋权增能"一词译自"empowerment"，有着非常复杂而丰富的内涵，也译作充权、增权、赋权、权能激发、授权、促能等，指"帮助个人、家庭、团体和社区提高个人的、人际的、社会经济的和政治的能力，从而达到改善自己状况的目的的过程"①。赋权增能的核心是为弱势一方提供资源以及增进知识和培养能力，消除强势一方导致的障碍，使残障儿童从被动的弱者变成主动的参与者，这样他们控制自己生活的能力会得到提高。②

（1）残障儿童接受义务教育的障碍分析。据第二次全国残障人抽样调查数据显示，我国 6～14 岁的学龄残障儿童为 246 万人，占残障总人口的 2.96%。③ 对于残障儿童义务教育，《残疾人保障法》第 25 条规定，"普通教育机构对具有接受普通教育能力的残障人实施教育，并为其学习提供便利和帮助"，"普通小学、初级中等学校，必须招收能适应其学习生活的残障儿童、少年入学"；第 26 条规定，"初级中等以下特殊教育机构和普通教育机构附设的特殊教育班，对不具有接受普通教育能力的残障儿童、少年实施义务教育"。这表明，对残障儿童的教育安置，既有隔离式的特殊教育学校（包括盲、聋、弱智学校），半隔离式的附设在普通学校的特殊儿童班（以智力、听力残障儿童居多），也有融合式的随班就读（普通班级），即在一个普通班级内安置一至几个残障儿童（例如视力、听力、智力残障儿童），并使之接受教育的形式。

就残障儿童基础教育而言，经过近三十年的实践，具有中国特色的基础特殊教育体系已基本具备。④ 目前我国已形成了以特殊教育学校为龙头、以特殊班为骨干、以大量的随班就读为主体的特殊教育体系。特殊教育学

---

① 王慧娟：《增权：一个理论综述》，《长沙民政职业技术学院学报》2007 年第 4 期，第 20～23 页。
② 陈树强、增权：《社会工作理论与实践的新视角》，《社会学研究》2003 年第 5 期，第 70～83 页。
③ 《第二次全国残障人抽样调查主要数据公报》，《人民日报》2007 年 5 月 29 日，第 10 版。
④ 刘全礼、毛伟：《中国的基础特殊教育》，《教师博览》2007 年第 12 期，第 39～41 页。

校是最主要的教育形式，在校学生既有视力、听力、智力残障儿童，也有肢体残障、言语残障以及精神残障等儿童，还有各种各样的资优残障儿童。① 特殊教育学校基本上形成了具有中国特色的以课程计划、课程标准和统编教科书为主体的教育教学系统，盲校、聋校和培智学校也各有适合自己特色的教育教学系统。

目前残障儿童接受义务教育面临的障碍主要包括以下几个方面。

第一，特殊教育制度建设滞后。我国至今还没有专门的特殊教育法。现行法律法规中，缺少更为详细的、具体的、可操作性更强的法规。执法不力、执法不严在残障人教育上更为突出。缺乏相应的立法保障往往导致各级教育主管部门或教育主管领导对特殊教育重视不够，不愿了解、不想推动特殊教育发展。按国家相关政策规定，残障儿童少年较多的县（市）都应有一所特殊教育学校，② 据此规定估算特殊教育学校至少应有近万所。但截至 2010 年，我国特殊教育学校仅有 1705 所。③

第二，基础特殊教育投入不足。综观我国的教育投入，在高等教育、中等教育和基础教育上都明显存在着投入不足的问题。但基础教育是义务教育阶段投入最不理想的，其中，特殊教育投入尤少。许多县级特殊教育学校，不用说先进的教学仪器没有配备，甚至连基本的教学设备、教学资料都缺乏。例如，教师缺少相关教学参考资料，甚至缺少教材，学生没有起码的上课器材，更不用说聋儿有适用的助听设备、盲生有适用的助视设备了。其实，与普通教育相比，特殊教育需要的投入更大，政府要在深入调研的基础上采取各种措施，保障特殊教育的人力、物力和财力的投入，逐步完善教学的硬件系统，例如教学设备、教科书和软件系统，配备合格的师资、加强师资培训等。

第三，残障儿童入学率低于健全儿童。截至 2011 年底，全国有未入学适龄残障儿童达 12.6 万人。④ 据第二次全国残障人抽样调查数据推算，只

① 何侃：《〈资优残障人才培养的理念与策略〉，《中国特殊教育》2011 年第 2 期，第 14~18 页。
② 中央政府门户网站，"国家中长期教育改革和发展规划纲要（2010-2020年）"，http://www.gov.cn/jrzg/2010-07/29/content_1667143.htm，最后访问日期：2013年9月1日。
③ 中国残障人联合会网，"2010年中国残障人事业发展统计公报"，http://www.cdpf.org.cn/sytj/content/2011-03/24/content_30316232.htm，最后访问日期：2013年9月1日。
④ 中国残障人联合会网，"2011年中国残障人事业发展统计公报"，http://www.cdpf.org.cn/sytj/content/2012-03/29/content_30385873.htm，最后访问日期：2013年9月1日。

有 63.19% 的适龄残障儿童正在普通教育或特殊教育学校接受义务教育。此外，在各地普及九年义务教育的检查验收中，那些 1% 没有入学的儿童往往就是残障儿童。正如《世界残障报告》所言，残障导致的障碍会造成残障人生活中的各种困难、更低的入学率和教育成就。①

第四，融合教育教学水平差强人意。融合教育是目前特殊教育的重要发展动向。为了探索具有中国特色的残障儿童"回归主流"之路，我国政府于 1987 年开展了"随班就读"的实验研究。② 政策推行近 30 年，却仍面临多重困境。残障儿童随班就读的支持保障体系尚不健全，例如管理体制、工作机制、教育教学保障机制、课程设置、师资培养与培训机制等。③ 残障儿童有其特殊教育需求，包括残障儿童所需要与普通儿童同步的特殊教材（盲文教材、大字版的教材）、辅助的教学设备（盲板、盲笔、盲文打字机等）、学校环境的无障碍化。目前，我国大多数地区残障儿童随班就读支持保障机制并不健全，很难保障随班就读的教学质量。如果普通学校或普通教育行政机构不能对随班就读的残障儿童提供任何支持保障，那么，残障儿童"随班就座""随班就混""随班混读"就不可避免了。

（2）残障儿童在义务教育中的赋权增能与适性发展。为解决上述问题，实现残障儿童在义务教育中的赋权增能，可以采取的措施包括：

第一，建构完整的特殊教育支持服务体系。我国的"有教无类""因材施教"等教育理念与当今世界的"尊重多元""教育每一位孩子""以儿童发展为本""所有孩子的教育机会均等"等特殊教育理念不谋而合。为使每位残障儿童均能享有适才、适性之教育机会，政府应积极建构完整的特殊教育支持服务体系，向普通学校随班就读的残障儿童提供特殊教育的专业支持，④ 提供充足的特殊教育教师资源、教学教材、在职培训与相

---

① 何侃：《〈世界残障报告〉对我国残障人事业发展的启示》，《南京特教学院学报》2012 年第 1 期，第 1～7 页。
② 肖非：《中国的随班就读：历史·现状·展望》，《中国特殊教育》2005 年第 3 期，第 3～7 页。
③ 彭霞光：《中国全面推进随班就读工作面临的挑战和政策建议》，《中国特殊教育》2005 年第 3 期，第 3～7 页。
④ 彭霞光：《中国全面推进随班就读工作面临的挑战和政策建议》，《中国特殊教育》2005 年第 3 期，第 3～7 页。

关设备等支持，以具体落实零拒绝之融合教育的理想与政策。

第二，设置适性多元的安置模式，最大程度降低环境障碍。残障儿童的特质不同，在接受教育时面临的障碍各异。各类残障儿童的特性、各校残障儿童的人数、各地环境等皆有差别或不同，以单一模式安置残障儿童势必无法满足其各方面的需求。当前世界各国对特殊教育学生的安置已日趋多元，我国应依据残障儿童及教育环境之不同特性（例如考虑其残障程度、环境资源）建构多元安置模式，提供特殊教育学校、普通学校特教班、资源班、巡回辅导等多种模式，使每位残障儿童均享有充分、均等的教育机会，获得最适当的安置。

第三，推行个别化教育计划。目前我国特殊教育的服务对象偏于医学本位，未来在服务对象方面将以教育本位为考虑，以学习需求或功能作分类，并且改进现行鉴定模式，发展需求本位的鉴定标准，提升鉴定的准确度。拟订符合残障儿童学习能力与学习需求的个别化教育计划，使每位残障儿童皆能由此真正习得相关知识与技能，增进学习质量，提升适应社会的能力。

第四，发展实证研究的课程与教学。教师在设计课程与教学策略时，应以实证研究为基础，充分考虑残障儿童的特殊性，积极采用适切而有效的教学与评估方法。还可参照全国性研究数据，设计具有一定信度、效度且适合残障儿童的替代性评估，并发展多元评估方法，方能辅导残障儿童发挥潜能，起到提升学习辅导的积极效果。特殊教育教师应持续学习以增进专业实践能力，教学活动应考虑残障儿童及家长的最大利益，致力于提升残障儿童的教育与生活质量。

第五，营造无障碍的校园环境。建立无障碍的校园环境和个别化辅助系统，适当调整残障儿童的学习辅具及教学软件，并研发适合各类残障儿童的软硬件系统，缩短数位落差，让每位残障儿童皆不会因其身心障碍而被拒绝入学，或难以接近及使用任何学习资源。同时，提供残障儿童适性辅助的支持服务，进而为其提供一个温馨、安全、可适性发展的学习环境，营造接纳残障儿童的心理无障碍环境与人文关怀的校园环境。

第六，建立家校合作的支持网络。联结家庭与学校有助于残障儿童的学习与发展。通过建立家校合作的支持网络，增进家庭参与教育的机会。提升残障儿童家庭参与特殊教育的概率，除了规定家长参与的权利与义务外，学校还可制定鼓励措施，结合家长团体力量，通过特殊教育教师、相关专业人员、残障儿童及家长理性、真诚、适切的沟通，分享特殊教育的历程与经验。支持服务的提供，有助于提升残障儿童家庭的参与程度，协助残障儿童学习与成长。

第七，促进特殊教育学校的功能转型与发展。随着特殊教育的发展及社会发展，进入特殊教育学校的残障儿童呈低龄化趋势，重度残障学生、多重障碍学生日渐增多。因此，特殊教育学校面临功能转型与特色发展趋向，应整合各特殊教育学校发挥专业特色，统筹规划或整合区域特殊教育资源中心、特殊教育咨询中心、巡回辅导教学中心、特殊教育研究发展中心、特殊教育教材教具中心以及针对重度及多重障碍学生之个案管理与训练中心等。此外，特殊教育学校应朝不分类方向发展，并加强其在重度障碍教育领域之相关专业的研发。

（3）残障儿童接受早期教育的障碍分析。残障儿童早期教育泛指对那些具有身心异常特征的学龄前幼儿所实施的教育。根据美国斯坦福研究院（SRI）从1996年开始的"全国早期干预长效研究"结果：16%的学前特殊教育接受者不到36个月就离开了学前特殊教育场所，20%的学前特殊教育接受者到36个月后不再需要接受特殊教育服务，76%的特殊婴幼儿的父母报告学前特殊教育对孩子的影响很大，只有4%的父母报告没有影响。①

中国目前对残障幼儿的早期教育安置，既有隔离式，也有融合式。隔离式以学前特殊教育机构与学前特教班为主，包括特殊幼儿教育机构、聋儿康复机构、特殊教育学校的学前班，而学前融合教育在我国尚在起步阶段。中国的学前特殊教育发展相对滞后，但也逐渐在特殊教育体系中占有一席之地。例如举办以聋儿听力语言训练为主体的聋儿学前教育，并逐渐扩大到其他类型的儿童，举办以教育训练智力残障儿童和孤独症儿童为主体的早期教育机构等。② 目前的学前特殊教育机构有公办与民办两种类型，教育部门、卫生部门、民政部门、残联均设立了公办学前特殊教育机构。此外，各地还有一些民办机构，这些机构或属于社会力量办学或属于企业。不过民办机构多集中在举办聋儿语训、智力残障和孤独症康复方面。

---

① Kathleen Hebbeler, Donna Spiker, Don Bailey, et al. Final report of the national early intervention longitudinal study （NEILS）: early intervention for infants and toddlers with disabilities and their families: participants, services, and outcomes, January 2007, www.sri.com/sifes/defemlt/files/publications/neils_ finalreport_ 2007.02.pdf.

② 刘颂、曾凡林：《中国的学前特殊教育》，《教师博览》2007年第12期，第38~39页。

目前残障儿童接受早期教育面临的障碍主要包括以下几个方面。

第一，法律制度阙如。法律制度的完善是学前教育顺利发展的基本保障，在教育法律体系日趋完善的同时，我国早期教育和特殊教育的专门法律尚存在空白，立法层次低，是造成残障儿童早期教育难有成效的关键症结。现有的早期教育和特殊教育政策弹性较大，执行政策的组织机构不健全，广大农村地区又几乎是早期教育的盲区。尽管各种社会力量所办的幼儿园发展很快，但地方政府在管理上往往会出现无法可依的尴尬局面，因而对这些幼儿园缺乏有效的规范与管理。

第二，早期教育机构接纳能力不足。从特殊教育机构类别来看，接收学前特殊儿童的机构有三类：一是专门特教机构专收特殊儿童；二是特教机构设普通班或附设幼儿园；三是一般幼教机构附设聋儿班。但只有少量听障、视障和智障等残障儿童在特殊教育机构中接受学前特殊教育训练。以浙江省为例，2007 年，全省 11 所特殊学校接收 209 名残障儿童且只是少量听力残障儿童在接受听力语言训练。江苏省的一项调查中，338 所幼儿园中只有 250 名残障儿童。① 从特殊教育机构所有权来看，学前特殊教育机构存在公办与民办两种类型。民办学前特殊教育机构虽在一定程度上扩充，但在准入、资质、教育质量和安全等方面亟待加强监管，至于广大农村地区的特殊幼儿早期教育，基本还处于空白状态。②

第三，早期融合教育专业化程度不高。当前的学前融合教育还处于试验与起步阶段，大多数普通幼儿园及幼儿教师在教育观念、知识储备、教育能力等方面还未充分做好接纳残障儿童的准备。有关调查显示，137 所师范院校中已开设特殊教育必修或选修课程的仅 19 所，占调查对象总数的13.9%，至今尚未开设的 118 所，占调查对象总数的 86.1%。③ 由此可以推论，我国的学前教育师资中，只有极少数从业人员具备特殊教育的知识与技能，而其师资培训工作只在少部分地区开展，学前特殊教育教师的专业成长空间受限。

---

① 谈秀菁、尹坚勤：《普通幼儿园中特殊教育服务现状调查与思考》，《学前教育研究》2008 年第 5 期，第 13~16 页。
② 郭启华：《农村残障儿童学前教育不应成为被遗忘的角落》，《合肥学院学报》（社会科学版）2011 年第 4 期，第 116~120 页。
③ 谈秀菁、尹坚勤：《普通幼儿园中特殊教育服务现状调查与思考》，《学前教育研究》2008 年第 5 期，第 13~16 页。

第四，残障儿童服务人员之间缺乏有效合作。过去人们对残障儿童早期教育的发展需求基本上局限于教育本身，忽略了残障儿童早期干预应包括幼儿教师、特教专家、医护人员、治疗师等不同领域的人员。残障儿童早期教育实效更主要地取决于社会支持体系的完善与否，各个环节皆需各方面的连接与互动，只有通过跨专业领域的合作，才能事半功倍。

（4）残障儿童在早期教育中的赋权增能与支持服务。无论是从残障儿童所处的地位来看，还是从早期教育在整个教育中的位置以及它对残障儿童发展的重要性来说，发展残障儿童早期教育都具有重要价值。消除残障儿童接受早期教育的制度、环境障碍，增强其实现权利的能力，应该通过以下几个方面解决问题。

第一，通过立法保障残障儿童的早期教育。一是尽快制定并颁布特殊教育法，完善现行特殊教育政策法规。从世界各国的特殊教育发展历史来看，政策和立法一直是特殊教育发展的强大助推剂。我国也不例外，促进残障儿童教育公平的基石仍然是特殊教育的立法保障。二是细化现有相关法律条款，加大执法力度，明确问责条款，突出法律条款的可操作性，避免相关部门执行时相互推诿。

第二，加大政府对残障儿童早期教育的资金投入。首先，政府对残障儿童的早期教育负有不可推卸的责任，应逐年增加财政投入，更多关注缺少早期教育机会的残障儿童及其家庭，将资金"天平"更多地倾向残障儿童这一弱势群体。其次，致力于缩小城乡差距、东西部差距、发达地区与落后地区的差距。

第三，构建为残障儿童提供专业服务的早期教育体系。残障儿童越早发现、越早干预，成效越好。其早期干预需要专业团体提供普及化与个别化服务，既需要特殊保育与向下延伸的特殊教育，也需要兼顾残障儿童的个别差异辅之以"个别化家庭服务方案"。为此，世界各国都积极兴办各种各样的早期教育机构以满足社会不同层次的需要，同时鼓励社区和家庭积极参与早期教育，进行合力教育。我国应分区域适度推进多样化的早期教育机构的建设，倡导合力教育——发展公办与民办相结合、正规与非正规相结合的多种形式的早期教育与服务机构，构建为残障儿童提供专业服务的早期教育体系。

第四，强化教育主管部门对残障儿童早期教育的管理。对于我国目前出现的残障儿童早期教育办学主体的多样化（教育部门、卫生部门、民政部门、残联等多部门公办与社会力量民办并存）、教育对象单一化（局限于听力残障儿童及孤独症儿童）、教育服务内容随意化（局限于听力语训及孤独症矫治、从业人员不稳定、没有统一服务标准）的局面，要建立以社区为依托，政府领导统筹，教育行政部门主管，各有关部门协调配合，社区内各类幼儿教育机构和家长共同参与的管理机制。

第五，培养残障儿童早期教育的专业化师资队伍。残障儿童早期教育的关键不仅仅是资金和设备，更重要的是教师与儿童的参与、互动。培养师资是残障儿童早期教育发展的基石。[1] 为了培养高质量的师资，一是要在高校相关专业增加残障儿童早期教育的课程（如学前教育专业开设特殊教育类课程）；二是要通过多种形式的培训保障残障儿童早期教育从业人员的职后能力提升。

第六，建立评估验收"一票否决"的预警机制。建立残障儿童早期教育的评估预警机制是保证特殊教育政策条款落实的有效措施。义务教育达标评估把特殊教育纳入其评估体系，作为义务教育评估的"一票否决"预警机制，可以有效促进普教和特教的融合、兼顾特殊教育和普通教育协调发展。同理，可以把残障儿童早期教育纳入评估特殊教育和学前教育的双重预警机制（包括将普通幼儿园接纳残障儿童入园纳入学前教育体系）。

第七，逐步推行让残障儿童回归到普通幼儿园就读。回归主流，是让残障儿童有机会和普通幼儿一起学习，但课程设计的内容还是以普通幼儿的学习需求为主。融合教育是更重视残障儿童需求的教育方式，教师在设计课程内容时，必须兼顾残障儿童与普通幼儿的学习需求。从隔离式走向融合式的学前融合教育将是未来重要的发展态势。

残障儿童个体或群体要摆脱"弱势"地位，不仅需要自我能力的改变、权能状况的改善，也需要通过外部力量的推动消除环境中的障碍。兼顾双方面的"赋权增能"，才可以扩大他们获得教育的可能性，使其能力得到更充分的培养，进而获得更多控制他们生活的资源和手段。[2] 赋权增

---

① 张丽莉：《关注学前特殊需要儿童　发展学前特殊教育事业》，《现代特殊教育》2010 年第 12 期，第 12～14 页。

② 唐咏：《中国增权理论研究述评》，《社会科学家》2009 年第 1 期，第 18～20 页。

能与支持服务是相辅相成的。

综上分析，我国残障儿童教育整体发展思路应包括：予早期教育以充分的重视与落实；义务教育应提供保障残障儿童发展的适性教育；融合环境与支持服务是残障儿童教育发展的基调，其特征是公平性、长效性与规模化、多样化。如此，残障儿童教育才能向上提升并往下扎根基层，进而提升残障儿童教育服务质量，提供符合残障儿童需求的课程、教学与无障碍学习环境，以达到服务对象普及化、入学安置多元化、行政支持制度化、人力资源专业化、课程教学精细化、学习环境优质化、家庭参与全面化、绩效评估标准化的目标。

A Study of Empowerment and Supportive Services in Education for Children with Disabilities in China

He Kan

ABSTRACT：This paper reviews the World Report on Disability issued in 2011 by UN to enhance the implementation of the Convention on the Rights of Persons with Disabilities. It explores the conceptual change, model reconstruction, and rights protection issues of disability, with a particular emphasis on education for children with disabilities. It reflects the problems of special education in the compulsory and early education for children with disabilities in China and explores the policy structure and strategies from the perspective of empowerment and supportive service. It concludes that the basis of education for children with disabilities should be an inclusive environment and supportive service characterized by the principles of equality, sustainability, and systemization and diversity.

Key words：World Disabled Report；Children with Disabilities；Special Education；Empowerment

我国残障儿童受教育权保障的检视与反思

白荣梅　王　静[*]

摘　要：儿童受教育权对于儿童成长和其他基本权利的实现具有决定性意义，"残疾儿童应在与其他儿童平等的基础上充分享有一切人权和基本自由"。[①] 本文在对北京、呼和浩特等公立学校的数据分析、实地调查研究的基础上，检视了我国残障儿童受教育权保障的历史与现状，并提出了完善建议。

关键词：残障儿童　受教育权　反思

2012 年 9 月 28 日，深圳宝安区宝城小学 19 名家长联名写信，要求在该校就读的自闭症学生李某转学。该事件引发了社会对于残障儿童随班就读可行性和适当性的讨论，反映出实现残障儿童受教育权的现实困境。事实上，残障儿童受教育权的保障与实现一直以来就是我国残障人权领域、教育领域的难点。同时，残障儿童受教育权也是世界人权领域的重大问题。"尽管没有各国确切的统计数据，但普遍的趋势是与健全儿童和成年人相比，残疾儿童和残疾成年人拥有接受各个阶段教育的机会要少得多，这种现象在发展中国家尤为普遍。"[②] 根据一些国际机构的统计，发展中国家有 90% 的残障儿童未能入学。[③] 即使在美国这样的发达国家，多达 170

---

[*] 白荣梅，内蒙古大学法学院；王静，中共中央党校政法部。

[①] 《残疾人权利公约》序言。

[②] See Katherine Guernsey, Marco Nicoli, Alberto Minio, "Convention on the Rights of Persons with Disabilities: Its Implementation and Relevance for the World Bank", *SP Discussion Paper*, No. 0712.

[③] http://www.1.umn.edu/huanrts/eduat/reduseries/TB6/html/CH13.html，最后访问日期：2012 年 11 月 10 日。

万左右的残障儿童无法接受任何教育，250 万残障儿童接受着不合适的教育。[1] 残障儿童的受教育权应受到平等的保障，"残疾儿童应在与其他儿童平等的基础上充分享有一切人权和基本自由"。[2] 为此，首先应充分认知国家在保障残障儿童受教育权实现上的人权义务，提升国家和社会共同致力于残障儿童受教育权保障的内在动力，从而为在立法、资源、行政、机构等层面大力保障残障儿童受教育权夯实根基。

一　国家保障残障儿童受教育权实现的人权义务

残障是伴随人类社会发展进程的客观现象。据估计，全球超过 10 亿人（或 15%）的世界人口（2010 年全球人口估计）带有某种形式的残障而生存。[3] 使残障人群与其他人群一样享有基本人权是世界范围内人权建设的重要目标。

"受教育权是指公民享有从国家接受教育的机会和获得受教育的物质帮助的权利。"[4] 它既是公民的基本权利，也是现代国家应对公民承担的义务。残障儿童的受教育权相比于其他人群的教育而言，除面临着身心功能本身的局限外，更受到资源供给、法治保障、社会意识等因素的制约与阻碍，其实现所面临的困难更多。从世界范围看，制约残障儿童就学的因素主要包括：贫穷、学校学生过多、训练有素的教师和适宜教材的匮乏、缺少满足残障学生需要的便利设施、不方便的交通以及社会偏见等。有幸在学校接受教育的残障儿童也面临着诸多障碍，例如无障碍设施缺乏、未经专业训练的教师、来自同学和家长的歧视等。

对残障儿童而言，获得教育是他们学习和掌握生存技能、发挥个性与才能、融入并为社会创造价值，从而实现自尊自立生活的必要途径。客观上看，残障儿童的教育有着不同于其他儿童教育的特殊需求，

---

[1]　Uma Kukathas, *Disability Rights*（Greenhaven Press, 2010）, p. 82.

[2]　《残疾人权利公约》序言。

[3]　《世界残疾报告》第 7 页。

[4]　黄志成：《基础教育均衡发展与人的受教育权——全纳教育的视角》，《现代基础教育研究》2012 年第 5 卷，第 10 页。

这就要求更多的资源投入和法治保障。残障儿童的受教育权在《世界人权宣言》①《儿童权利国际公约》②《残疾人机会均等标准规则》③ 等重要的国际人权文书中都已被确认。2008 年 5 月 3 日生效的《残疾人权利公约》第 24 条明确规定："应当确保在各级教育实行包容性教育制度和终生学习，以便：（一）充分开发人的潜力，培养自尊自重精神，加强对人权、基本自由和人的多样性的尊重；（二）最充分地发展残疾人的个性、才华和创造力以及智能和体能；（三）使所有残疾人能切实参与一个自由的社会。"为保障残障儿童的基本人权，一国政府应该"促进、保护和确保所有残疾人充分和平等地享有一切人权和基本自由，并促进对残疾人固有尊严的尊重"。④

国家保障残障儿童的受教育权至少应包含入学机会的均等和教育过程的平等两项内容。入学机会的均等是指所有残障儿童都应有机会接受义务教育，不因不同户籍、经济条件、种族、宗教、性别、残障种类而遭受排斥或者歧视。"基于人权观的全纳教育认为，因为残障或学习困难而受到教育隔离就像因为种族和性别而受到隔离一样是违反人权的。"⑤ 国家保障残障儿童教育过程的平等要求将残障儿童教育纳入与其他儿童一体化的教育模式，在普通义务教育学校发展随班就读或者特殊教育。

---

① 《世界人权宣言》第 26 条规定："（一）人人都有受教育的权利，教育应当免费，至少在初级和基本阶段应如此。初级教育应属义务性质。技术和职业教育应普遍设立。高等教育应根据成绩而对一切人平等开放。"

② 《儿童权利公约》第 28 条规定："1. 缔约国确认儿童有受教育的权利，为在机会均等的基础上逐步实现此项权利，缔约国尤应：（A）实现全面的免费义务小学教育；（B）鼓励发展不同形式的中学教育，包括普通和职业教育，使所有儿童均能享有和接受这种教育，并采取适当措施，诸如实行免费教育和对有需要的人提供津贴；（C）根据能力以一切适当方式使所有人均有受高等教育的机会；（D）使所有儿童均能得到教育和职业方面的资料和指导。"

③ 《残疾人机会均等标准规则》规则 6 规定："各国应确认患有残疾的儿童、青年和成年人应能在混合班环境中享有平等的初级、中级和高级教育机会的原则。各国应确保残疾人教育成为其教育系统的一个组成部分……6. 为在普通教育体系中安排为残疾人提供的教育，各国应（a）有明确的政策并使之得到学校和社会的广泛理解和接受；（b）使教学课程可以灵活运用或作出适当的增补和修改；（c）提供高质量的教材、经常性的教师培训和辅助教员。"

④ 《残疾人权利公约》第 1 条宗旨。

⑤ 黄志成：《基础教育均衡发展与人的受教育权——全纳教育的视角》，载《现代基础教育研究》2012 年第 5 卷，第 8 页。

二　我国残障儿童受教育权的发展回顾及现状调查

1. 我国残障儿童教育的历史回顾

1949～1978年，我国保障残障儿童受教育权的方式、对象都比较单一，局限于为盲、聋儿童举办有限的特殊教育学校。20世纪80年代以后，我国开始采取"随班就读"的方式实施全纳教育。"随班就读"是一种让特殊儿童就近进入普通学校，与普通儿童一起学习的教育安置形式。[①] 它体现了国际社会的全纳教育思想，即"通过增加学习、文化和社区参与，减少教育系统内外的排斥，应对所有学习者的多样化需求，并对其作出反应的过程。这种教育方式以覆盖所有儿童为共识，以常规体制负责教育所有儿童为信念，涉及教育内容、教育途径、教育结构和教育战略的变革和调整。"[②] 就残障儿童的教育而言，在实施全纳教育的过程中，学校和社区都应尽力消除隔离和社会排斥，平等对待所有学生，尊重学生差异，提升残障儿童在普通教育体系中的比例，努力探求适合的方式满足学生多样化的要求，充分开发每个学生的潜能。

2007年3月30日中国政府签署了《残疾人权利公约》，2008年8月31日该公约正式对中国生效。作为缔约国，为实现残障人的受教育权，根据公约第24条的规定，我国应确保：（一）残障人不因残障而被拒于普通教育系统之外，残障儿童不因残障而被拒于免费和义务初等教育或中等教育之外；（二）残障人可以在自己生活的社区内，在与其他人平等的基础上，获得包容性的优质免费初等教育和中等教育；（三）提供合理便利以满足个人的需要；（四）残障人在普通教育系统中获得必要的支助，便于他们切实获得教育；（五）按照有教无类的包容性目标，在最有利于发展学习和社交能力的环境中，提供适合个人情况的有效支助措施。[③] 该条款强调残障儿童接受免费和义务初等教育，要求缔约国通过实现全纳教育以及健全各种支持全纳教育的手段，以此保障残障儿童接受义务教育的

---

① 甘昭良、王梅、颜兰：《全纳教育及其在中国的发展历程》，《昆明学院学报》2009年第5期，第77页。

② 以上内容源自联合国教科文组织2005年发布的《全纳教育指南：确保全民教育的通路》中"全纳教育"的定义。

③ 《残疾人权利公约》第24条（二）。

权利。

当前我国已形成以随班就读、特教班和特教学校为骨干的残障儿童义务教育发展格局。但从实践看，与其他儿童义务教育的落实与保障状况相比，残障儿童受教育权保障相去甚远。一方面，残障儿童的义务教育尚未完全覆盖。既有登记在册的残障儿童未能接受义务教育，也有相当数量的残障儿童尚未被纳入相关登记。以北京为例，"北京市义务教育阶段适龄残疾儿童共有 9045 人，其中符合智力测试标准，以随班就读形式接受普通教育的残疾儿童 5647 人，占 62.4%。在特殊教育学校接受教育的有 2630 人，占 29.1%。以送教上门服务形式接受教育的重度和多重残疾儿童少年为 407 人，占 4.5%。"① 同时，在偏远和经济落后地区，还有很多适龄残障儿童未登记，更不用说进入特殊学校或者在普通学校接受义务教育了。

据中国残疾人联合会发布的数据显示，截止到 2012 年底，全国有未入学适龄残障儿童 9.1 万人，其中视力残障儿童 0.6 万人，听力残障儿童 0.6 万人，言语残障儿童 0.6 万人，智力残障儿童 2.8 万人，肢体残障儿童 2.8 万人，精神残障儿童 0.3 万人，多重残障儿童 1.3 万人。② 由此可见，"我国的义务教育已基本普及，未来的教育将从'数量与普及型'的发展模式转向'质量与提高型'的发展模式"③ 这一观点显然不适用于残障儿童。残障儿童义务教育的现实目标仍是"数量与普及"。

2. 呼和浩特市残障儿童受教育权现状的调查

本文以内蒙古呼和浩特市一所公立小学的访谈和问卷调查为基础，对比北京市的相关数据发现，无论发达地区或者不发达地区，残障儿童受教育权保障现状都亟待完善。地方政府的发展目标、财政能力会影响残障儿童教育资源的供给，但地方政府财政能力并非制约残障儿童受教育权实现的主要因素。残障儿童受教育权的立法保障、教育资源供给、教育行政绩效、教育机构服务和保障残障儿童受教育权的社会意识等因素都制约着残障儿童受教育权的充分实现。

呼和浩特市是内蒙古自治区的首府，也是全区政治、经济、科技、文

---

① 兰洁：《北京 62.4% 的残疾儿童接受普通教育》，《北京晚报》2012 年 5 月 31 日。
② 兰洁：《北京 62.4% 的残疾儿童接受普通教育》，《北京晚报》2012 年 5 月 31 日，第 3 版。
③ 甘昭良、王梅、颜兰：《全纳教育及其在中国的发展历程》，《昆明学院学报》2009 年第 5 期，第 77 页。

化的中心。全市总面积 17225 平方公里，总人口 197.7 万人，包括蒙古族（约占总人口 11%）、汉族、回族、满族、鄂伦春族、鄂温克族等。2012 年全市城镇居民人均可支配收入为 28877 元。① 在教育资源方面，呼和浩特市共有公立小学 40 余所，其中仅有两所小学设有特教班。另外，市区还有一所特教学校，专门招收盲童和聋哑儿童。

笔者选择其中一所公立小学作为调查对象，该小学教职工总数为 102 人，在校学生总数为 2100 人。除对这所小学的校长做深度访谈外，笔者还设计、发放了教师专用调查问卷和学生专用调查问卷。教师专用调查问卷包括性别、年龄等基本信息，受教育经历、对特殊教育的了解程度和方式、对特殊教育的态度、对特殊教育的现状及形成原因的了解、教育和管理残障学生的经历和方式等内容。学生专用调查问卷的问题主要包括性别、年级等基本信息，了解残障儿童的渠道、对待残障同学的态度和方式、校内无障碍设施的配备等内容。教师专用调查问卷发放 50 份，收回 49 份。学生专用调查问卷在四、五、六年级中发放 150 份，收回 146 份。

调查发现，呼和浩特市残障儿童受教育状况存在着以下主要问题：第一，残障儿童受教育机会不平等。首先是地区之间的不平等。发达地区与不发达地区、城市与乡村之间在特殊教育学校的设置和随班就读的残障儿童比例上均存在着较大差异。其次，受教育机会的不平等还表现在残障类别上，盲、聋、肢体残障的儿童往往较其他残障类型的儿童获得更多的教育机会。第二，随班就读的残障儿童难以获得与其需求相应的特殊教育，残障儿童教育供给与其残障需求之间的对应关系尚未建立：一方面，没有建立起针对不同残障类型的差别化教育体系，例如对孤独症儿童、脑瘫儿童的教育而言，早期介入教育的治疗非常关键，而教育主管部门或者社会福利部门还没有建立起能提供专业咨询或教育机会的服务机构；另一方面，残障儿童教育中的黄金时间没有得到充分关注。以孤独症儿童为例，学前教育所起到的教育和治疗作用远高于 7 岁以后的教育，但遗憾的是特殊教育还未能覆盖到学龄前。第三，义务教育学校缺乏从事特殊教育的专门师资。有学者对师范院校是否开设特殊教育课程的研究表明，只有

① 秦义：《呼和浩特市政府工作报告》，http://mall.cnki.net/magazine/Article/HHHZ201201002.htm，最后访问日期：2012 年 11 月 15 日。

13.9%的师范学院已开设特殊教育必修或选修课程。① 而根据我们的调查，小学师资中接受过专门特殊教育培训，并有特殊教育工作经验的教师数字为零。第四，残障儿童，尤其是非肢体残障儿童随班就读遭遇学校和同学家长的双重阻力，普遍面临入学难的问题。

三 我国残障儿童受教育权现状的检视与反思

通过综合分析北京市的数据、呼和浩特某小学的调查结果，可以发现，目前我国残障儿童受教育权的实现面临来自立法、教育行政、教育机构和社会的多重制约。

1. 对法律体系的检视与反思

在调查中，该小学的校长坦言她并不了解关于特殊教育的具体法律制度，也没有认识到和健全儿童一起在普通学校接受义务教育是残障儿童的权利。而针对教师的问卷也显示：只有59.18%的教师认为在普通学校接受义务教育是残障儿童的权利；44.9%的教师认为是政府和教育部门的责任；10.2%的教师认为是社会福利。

从立法角度看，经过几十年的发展，我国确已建立了残障儿童受教育权的特殊教育法律体系。如《宪法》第45条规定："国家和社会帮助安排盲、哑、聋和其他有残疾的公民的劳动、生活和教育。"《残疾人保障法》第三章规定了残疾人教育领域的政府责任和保障方式，其中"国家保障残疾人受教育的权利。国家对接受义务教育的残疾学生免收学费，并根据实际情况减免杂费。国家设立助学金，帮助贫困残疾学生就学"对保障残障儿童接受义务教育有重要意义。1994年制定的《残疾人教育条例》是我国第一部关于残障人教育的专项法规，该条例明确提出残障人教育是国家教育事业的组成部分，详细规定了残障人特殊教育的组织机构、学制体系、教育形式以及教师、物质条件保障和奖惩等方面的内容。1995年施行的《教育法》规定："国家扶持和发展残疾人教育事业。"② 该法也规定"国家、社会、学校及其他教育机构应当根据残疾人身心特性和需要实施教

---

① 李泽慧：《对随班就读师资培养中现有政策法规的思考》，《教育理论与实践》2013年第5期，第26~29页。

② 《教育法》第10条第3款。

育，并为其提供帮助和便利"。① 2006 年修订的《义务教育法》对残疾人教育进行直接规定的条款有 6 条，间接规定的条款有 3 条。与修订前的《义务教育法》相比，该法在保障残障儿童受教育权的相关条款数量上有所增加，在入学、学校、实施保障、教师和责任方面都有扩展。其总则强调："国务院和县级以上地方人民政府应当合理配置教育资源，促进义务教育均衡发展，改善薄弱学校的办学条件，并采取措施，保障农村地区、民族地区实施义务教育，保障家庭经济困难的和残疾的适龄儿童、少年接受义务教育。"② "普通学校应当接收具有接受普通教育能力的残疾适龄儿童、少年随班就读，并为其学习、康复提供帮助。"③ 但是，立法本身的粗糙、可操作性差和责任追究机制不明等问题严重，直接导致残障儿童受教育权的落实缺乏力度。具体表现在以下几个方面：

第一，残障儿童受教育权的主体界定存在立法冲突且范围过窄。《宪法》将特殊教育的对象界定为"盲、聋、哑和其他有残疾的公民"，《义务教育法》将其笼统表述为"语言残疾、视力残疾和智力残疾的适龄儿童、少年"。《残疾人保障法》则明确规定接受特殊教育的残疾人包括"视力残疾、听力残疾、言语残疾、肢体残疾、智力残疾、精神残疾、多重残疾和其他残疾的人"。相比于《残疾人保障法》，《宪法》和《义务教育法》中关于残障儿童的界定显然过窄。而这种过窄的界定直接导致了对其他残障儿童实现受教育权的障碍。在《义务教育法》中，其将接受特殊义务教育的对象限定为三类，而将其他类型的适龄残障儿童和少年排除在外，很容易造成学校拒绝接受其他类型的残障儿童入学。这样的结果不仅偏离了立法宗旨，也违背了全纳教育的基本原则，更不符合当代特殊教育具体化、个别化、特殊化的发展趋势。④

第二，现行的特殊教育法律规定过于空泛，缺乏可操作性。这既严重制约了残障儿童受教育权法规的执行效力，难以切实保障残障儿童接受义务教育的权利，也严重损害了法律应有的严肃性和权威性。例如，《残疾人保障法》第 23 条只是泛泛规定："残疾人教育应依据残疾类别和接受能

---

① 《教育法》第 38 条。
② 《义务教育法》第 6 条第 1 款。
③ 《义务教育法》第 19 条。
④ 庞文、于婷婷：《我国特殊教育法律体系的现状与发展》，《教育发展研究》2012 年第 4 期，第 81 页。

力，采取普通教育方式或者特殊教育方式"，并未明确如何确定残疾类别、如何评估接受能力等问题。《义务教育法》在"随班就读"方面也仅规定"普通学校应招收有接受普通教育能力的儿童"，同样未明确界定达到何种程度的儿童才算有接受能力。而在一些发达国家，例如日本，已经通过立法等方式确定了具体标准，对要求入学的残障儿童按照标准进行评价和筛查，以判定这些儿童是否适合在普通学校接受义务教育。事实上，残障儿童的随班就读需要建立一整套的制度保障，由不同层次的法律规范共同发挥作用。因此，除了以上的相关规定外，行政法规和规章等也应明确界定残障儿童的入学标准，并设定具体的监督和责任追究机制、阐明各种救济和保障途径，从而保障残障儿童随班就读接受义务教育的权利。

第三，残障儿童受教育权保障责任主体不明、责任追究机制缺失导致执行乏力。例如《残疾人教育条例》第44条规定："残疾人教育经费由各级人民政府负责筹措，予以保证，并随着教育事业费的增加而逐步增加……地方各级人民政府用于义务教育的财政拨款和征收的教育附加费，应当有一定比例用于发展残疾儿童、少年的义务教育。"这一规定中既没有设定明确的比例，也没有具体的法律责任承担方式，所以无论在具体操作和实施监督方面都非常困难。再如，《义务教育法》中涉及经费保障的条款也不够明确，缺乏对经费配置的约束性规定。残障儿童进入普通学校接受义务教育需要学校提供必要的帮助。建设无障碍设施、培养专业教师、开发和使用适宜教材都需要学校投入大量的经费。这样原本就很有限的教育资源会因接纳残障儿童变得更加紧张，从而减少了其他学生可利用的资源。这也是很多家长反对残障儿童"随班就读"、公立学校不愿接受残障儿童入学的原因之一。而在美国和英国的实践中，残障儿童就读的学校都可以成为政府特别资助学校。政府会按照这些学校招收残障儿童的数量划拨特别经费，并为其添置必要的设施以满足残障儿童的多样化需求。另外，目前的特殊教育法律体系中缺乏评估监督和惩罚条款。以《义务教育法》为例，因篇幅所限，该法未能对残障儿童的教育制定合理的评估和监督程序，也未细化残障儿童接受义务教育过程中所涉各方的权利、义务、责任等内容。对拒绝接受残障儿童入学的责任方也缺少完善的问责机制和必要的惩罚措施，只是简单规定："由县级人民政府教育行政部门责令限期改正；情节严重的，对直接负责的主管人员和其他直接责任人员依法给予处分。"应该在法律中进一步明确残障儿童就近入学、教育部门建设满足残障儿童就学和生活需求的环境，以及教育部门保障所有残障儿童被登记在册并享受各种教育服务的法定责任。

第四，我国专门保障残障儿童受教育权的特殊教育法律层级较低，且其内容不完备。目前，我国针对特殊教育的专门法律只有为实施《残疾人保障法》而制定的《残疾人教育条例》。其层级为行政部门制定的行政规章，立法层级过低。国务院、教育部曾陆续出台的涉及残障儿童接受义务教育的规定，多为"办法""通知""意见"等非法规形式，缺乏法规的刚性和稳定性，故而很少被教育机构重视并长期执行。此外，散见于其他法律中的残障儿童接受义务教育的规定也缺乏统一，相互并不衔接。"由于处于核心地位的《特殊教育法》的缺失，导致与普通教育立法相对应或并列的特殊教育立法缺乏平等的法律地位和应有的效力层次，使其他相关特殊教育立法处于群龙无首的状态。"①

2. 对教育行政部门职能的检视与反思

教育行政部门的职能履行绩效直接关系到残障儿童受教育权的实现状况。就行政方面而言，我国的行政部门未能制定完善细致的规章，细化法律中关于残障儿童接受义务教育的相关内容。在管理方面，也缺乏明确的部门具体负责此项工作。目前，地方特殊教育基本上都由各省市教育主管部门负责。以内蒙古自治区为例，特殊教育工作是内蒙古教育厅基础教育处下设办公室负责，在其官方网站上看不到任何具体工作内容。其实有关残障儿童在普通学校接受义务教育的很多工作目前都是由各级残联组织完成的，如未入学的适龄残障儿童的统计工作。严谨翔实的资料和数据对了解残障儿童的数量、生存环境非常重要，不仅有助于残障儿童更便捷地接受义务教育，也可为完善残障儿童接受义务教育的具体项目提供必要依据。

然而，直到2011年中国残疾人联合会和教育部才下发了《关于做好未入学适龄残疾儿童少年调查统计工作的通知》，要求各地残联组织负责对6～14周岁年龄段未入学适龄儿童进行调查登记、统计录入、建档造册，并向同级教育行政部门通报相关数据和情况，为各级政府制定特殊教育事业发展规划和政策措施提供依据。事实上，各地的残联组织因为人力、资

---

① 陈久奎、阮李全：《特殊教育立法问题研究》，《中国特殊教育》2006年第6期，第32页。

金等原因在很多工作中都难以高质量地完成工作任务。因此，各级地方政府应协调有关残障儿童在普通学校接受义务教育的工作，要求各级教育部门、民政部门、残联组织、社区等多方参与、共同完成，最大限度地实现残障儿童的受教育权。

权利的实现有其成本。在确保残障儿童教育经费方面，行政部门的工作也有待改进。目前，我国残疾人组织运行资金的来源渠道为政府投入、社会力量捐助、发行福利彩票等方式。政府投入需要考虑社会整体的经济发展状况，与所需资金之间存在巨大缺口。社会捐助力量也非常有限，特别是频频曝光的滥用捐助资金等丑闻也让公众失去信心。此外，发行福利彩票等形式存在一定风险，需要相应的政策引导和制度规范。各级政府应将残障儿童接受义务教育的事业费、基建费等列入当地财政预算，并予以保证，确立经费支出的监督和评估制度，从而保障残障儿童受教育权的实现。各地残疾人福利基金会和社会福利有奖募捐委员会应从募集的资金中拨出一定部分用于残障儿童在普通学校接受义务教育。边远和贫困地区义务教育和师范教育专项补助费也应包括残障儿童义务教育和中等特殊师范教育。财政部、教育部、民政部、中国社会福利有奖募捐委员会和中国残疾人福利基金都应设置并不断增加残障儿童接受义务教育的专项补助费。

此外，地方政府应考虑到残障儿童家庭在经济上的困境和教育上的特殊需求，加快建立起针对残障儿童家庭的家庭生活津贴和教育服务津贴等制度。"我国目前有大量生活在贫困家庭的残障儿童，国家对这些残疾儿童的支持远远不够。"[1] 在北京，乡村地区残障儿童的生活较之城市的残障儿童更加困难。为此，可以考虑借鉴北京地区已经实施的老年人生活补助券制度，为残障儿童的家庭提供生活补助券，以便残障儿童家庭到相应的商店购买生活必需品。同时，教育服务券也可以让残障儿童家庭向残障儿童教育机构购买针对性强的专业教育，从而提高残障儿童教育的有效性。

3. 对教育机构工作的检视与反思

教育机构应该通过在师范类院校开设特殊教育专业、在普通高等院校增设选修专业等方式，培养从事残障儿童教育的师资力量。同时也应为普通学校的现任教师进行培训，使他们在教学中了解残障儿童的需求、提供多样的教学手段，以充分挖掘学生的各种潜能。

---

[1] 姚建平、梁智：《从救助到福利》，《山东社会科学》2010年第1期，第35页。

目前，我国普通学校了解残障儿童教育的师资力量极为匮乏。在呼和浩特的调查显示：在填写问卷的教师中，96%毕业于师范类院校（包括师范大学、学院和学校），4%毕业于综合性大学。21%的教师在大学时读教育学专业，64%的教师为汉语、数学等与教学相关的专业，15%的教师为其他专业。在被问及"您在接受高等教育期间是否了解特殊教育"时，38%的教师选择了"不了解"，63%的教师选择"了解一些"，没有一位教师选择"非常了解"。在回答"了解特殊教育的渠道"这一问题中，68%的教师选择"听说的"，30%的教师选择"自学过相关知识"，只有2%的教师选择"在学校接受过培训"。教育部门应重视专业师资的培养，使更多普通学校教师能够掌握基本的特殊教育教学方法，编写合适的教学计划，以满足残障儿童多样化的需求。

此外，可以探索通过政府购买公共服务的形式，建立起专业残障儿童教育机构与残障儿童家长、教师之间的服务联系，由专业教育机构负责向有需求的教师和家长提供教育培训服务。根据学者对随班就读的残障儿童的调查，"教师缺乏必要的知识和技能是影响随班就读质量的主要因素之一。"[1] 因此，通过政府购买公共服务，有针对性地对普通学校教师进行培训以提升他们的技能和知识，从而提高教育的质量。

有了训练有素的师资队伍，教育部门还应组织编写、提供适合残障儿童使用的教科书和其他教学材料和设备，以满足这些学生多样化的需求。另外，还应重视"资源教室"的建设，让残障儿童部分时间在普通教室里接受教育，部分时间则根据各自的身体状况在合适的场所、按照适宜的进度、学习适当的内容。这样既便于残障儿童在包容的环境中实现受教育权，也不会影响健全儿童在普通班正常的学习进度。实践中，很多学生和家长都对在课堂上老师给残障同学特殊照顾持反对意见。在收回的146份学生问卷中，3.4%的同学认为不应该给残障同学特殊照顾，83.6%的同学认为"应该给予但不应影响其他同学的学习进度"，4.1%的同学认为"应该重点照顾这些同学，不用考虑其他同学的学习进度"。在回答"老师是否应该在课余时间对残障同学进行辅导以提高他（她）们的学习和生活能力"这一问题时，95.2%的同学认为"应该"，只有2.7%的同学认为

---

[1] 王洙、杨希洁、张冲：《残疾儿童随班就读质量影响因素的调查》，《中国特殊教育》2006年第5期，第23页。

"不应该"。这些调查结果也间接反映出"资源教室"在普通学校存在以便让残障儿童掌握更多的学习和生活能力是非常必要的。

教育部门还应加大学校的无障碍设施建设。笔者在呼和浩特的这所小学做调查时发现，刚刚落成的四层教学楼里没有电梯、坡道、洗手间的残障儿童专用扶手等无障碍设施，更谈不上信息无障碍环境。在访谈中，校长也明确表示在设计和建造这座教学楼的过程中，没有任何部门要求学校配备无障碍设施以满足残障儿童的需要。在对北京市海淀区部分小学的调研中也发现，多所小学不具备适合残障儿童生活和接受教育的无障碍环境。无障碍设施的缺失是很多小学不愿意接纳残障儿童入学所强调的客观原因之一，也是很多家长不想将孩子送入普通小学接受义务教育的顾虑因素。

4. 对社会意识的检视及反思

在社会意识方面，目前也存在很多制约残障儿童在普通学校接受义务教育的因素。社会中长期以来对残障儿童存在着偏见和歧视。这种基于身心障碍的偏见和歧视使残障儿童很难获得平等的受教育权。那些有幸进入普通学校的残障儿童也面临着来自一些老师、同学以及家长的轻视和误解。

在对呼和浩特市某小学教师的问卷调查中，59%的教师认为目前残障儿童在普通学校接受义务教育的机会"很少"，31%的教师认为"有但不够多"，只有6%的教师认为机会"充足"。然而只有35%的教师赞成残障儿童和其他儿童一起在普通学校接受义务教育，而65%的教师明确表示"不赞成"。实现残障儿童在普通学校接受义务教育的核心保障就是训练有素的专职教师，然而调查显示的教师态度却出乎人们的想象——他们感慨机会的缺失，但并不赞成在学校里接纳残障学生。

教师们的否定态度也表明他们不了解残障儿童在普通学校接受义务教育的重要性和必要性。事实上，问卷数据也显示35%的教师"从未阅读过相关资料"，65%的教师"阅读过一些相关资料"，没有一位教师"阅读过很多相关资料"。从学生的角度看，接纳残障同学也因为诸多因素变得困难。在被问及"面对残障同学，你会觉得……"时，13.7%的同学选择"不想接触因为他（她）们有残障"，12.3%的同学选择"不想接触因为他（她）们看上去很可怕"，18.5%的同学选择"家长不让与他（她）们接触"，32.3%的学生选择"不想接触因为他（她）们在班级中被孤立"。但在被问及"如果有残障同学想和你在同一个班级中，你会……"，只有 5.5% 的同学选择了"不愿意"，11% 的同学选择了"勉强接受"，而 84.9% 的同学都表示"愿意"。这样的数据显示普通学校的学生虽然能接受残障儿童和他们一起学习，但在学校生活中却会选择不与他们做太多接触，因此残障儿童在普通学校实现真正的融合是比较困难的。该数据也显示了家长对残障儿童的误解和偏见以及对自己孩子学习进度和效果的关注，他们要求自己的孩子在学校远离残障儿童。这也是造成残障儿童在普通学校无法真正融入、享受学习乐趣的因素之一。

除了普通学生的家长，残障儿童的家长本身也对进入普通学校接受义务教育顾虑重重。在访谈中，呼和浩特市某小学校长说这所学校也曾接受过几个智力残障和患侏儒症的儿童，但家长不久就把孩子领走了。他们担心孩子在学校受欺负，跟不上其他儿童的学习进度，在学校生活不便等。目前这所学校没有肢体残障、智力残障或听力残障的学生。教师问卷也显示：只有 14% 的教师"曾经教过残障学生"，74% 的教师在教学中"从未教过"残障学生，只有 10% 的教师选择"现在教着"。但经过与该校校长和教导主任核实，这些学生为轻微的弱视、弱听和智力发育迟缓。

社会意识的改变绝非一时之事，但就残障儿童在普通学校接受义务教育而言，落后的意识必须通过有效手段迅速改变。我们可以借鉴国外的经验，在普通学校开展生命教育，体会残障儿童的日常生活，和残障儿童及家长座谈讨论、欣赏相关题材的影视作品等，以此扭转教师、学生和家长的认识，消除制约残障儿童在普通学校接受义务教育的障碍，从而更好地实现他们的受教育权。

教育是立国之本，残障儿童平等教育权的实现既是国民教育的重要组成部分，也是全面推进中国人权事业发展的必要一环。为此，应该客观看待残障儿童受教育权的现实状况，在反思的基础上尽快完善立法，加强教育行政部门的职责履行，督促教育机构依法落实全纳教育义务，并着力引导和培育保障残障儿童受教育权的社会意识，力争使残障儿童受教育权得到数量和质量上的更好保障，从而使适龄残障儿童也能像其他儿童一样在普通学校中学习知识、提高能力，成为社会的平等参与者和创造者。

Reflections on the Right to Education of
Children with Disabilities

Bai Rongmei, Wang Jing

ABSTRACT: The right to education is essential for children's development and enjoyment of other fundamental rights, as stated in the Convention on The Rights of Persons with Disabilities "Children with disabilities should fully enjoy all of the fundamental human rights and liberties as equally as other children." This paper analyzes the history and current situation of the education of children with disabilities in China by means of statistics, surveys and interviews in two public schools in Hohhot and Beijing. It concludes with some suggestions for how to ensure equal opportunities to education for all children with disabilities and improve the quality of the existing public education system for them.

Key words: Children with Disabilities; Right to Education; Reflection

通过社会工作增进精神障碍者
个人自主的深圳实践

——以《残疾人权利公约》为指引的质性研究

陈　博　黄士元*

摘　要：本文以国际人权法视角考察了精神障碍者个人自主在《残疾人权利公约》中的渊源，介绍了中国成年监护制度的现状以及协助决策制度的概念与要求。本文的质性研究还将指出，深圳的社会工作者如何在"案主自决"原则的指引下通过介入精神障碍者家庭关系，限制家长权威，增进精神障碍者的个人自主，以期提供一种在制度现状下通过推广社工实践履行中国作为《残疾人权利公约》缔约国义务的方案。在此基础上，对未来的相关研究与公共政策提出了若干期望。

关键词：精神障碍者　协助决策　案主自决　家长权威

一　精神障碍者个人自主的法律渊源

本文以《残疾人权利公约》① （United Nations Convention on Rights of Persons with Disabilities，CRPD，以下简称《公约》）中确立的原则——尊重固有尊严和个人自主，包括自由作出自己的选择，以及个人的自立——

＊　陈博，深圳衡平机构研究助理，汉堡大学法学硕士，中国政法大学法学学士。黄士元，山东大学法学院副教授。

① 《公约》及其《任择议定书》于 2006 年 12 月 13 日在纽约联合国总部通过，并于 2007 年 3 月 30 日开放缔约国签署。《公约》在有 20 个缔约国批准公约以及 10 个缔约国批准了《任择议定书》后，于 2008 年 5 月 3 日生效。可见联合国网站，http：//www.un.org/disabilities/countries.asp？id＝166，最后访问日期：2013 年 4 月 7 日。

为指引，通过对在广东省深圳市一个精神障碍者家庭以及为其服务的社会工作者（以下简称"社工"）的质性研究，试图描述精神障碍者的个人自主如何在现行成年监护制度尚未改革、协助决策制度尚未建立的情况下，经过专业社工的介入而得以增进。在质性研究的内容之前，对相关国际法、国内法原则与规定的背景做简要介绍。

1.《残疾人权利公约》与精神障碍者个人自主

中国政府于《公约》开放签署当日签署，并由全国人民代表大会常务委员会于 2008 年 6 月 26 日批准，[①] 因此《公约》对中国有国际法上的拘束力。在《公约》执行监督机构"残疾人权利委员会"于 2012 年 9 月 17 日至 28 日召开的第八次会议中，中国政府首次提交了履约报告并就执行公约情况接受了委员会审议。[②]

"残疾人"概念在《公约》第 1 条中得到体现：残疾人包括肢体、精神、智力或感官有长期损伤的人，这些损伤与各种障碍相互作用，可能阻碍残疾人在与他人平等的基础上充分和切实地参与社会。[③]《公约》序言中也强调"确认残疾是一个演变中的概念，残疾是伤残者和阻碍他们在与其他人平等的基础上充分和切实地参与社会的各种态度和环境障碍相互作用所产生的结果"[④]。这样的表述摒弃了残疾问题是因为个人缺陷的传统视角，而主张残疾是个人特征与社会观念和环境障碍相互作用的结果。[⑤]

同时，《公约》在第 1 条中确认：本公约的宗旨是促进、保护和确保所有残疾人充分和平等地享有一切人权和基本自由，并促进对残疾人固有尊严的尊重。[⑥] 并在第 3 条中将"尊重固有尊严和个人自主，包括自由作出自己的选择，以及个人的自立"作为《公约》的"一般原则"[⑦]。另外，《公约》在前言中也确认"个人的自主和自立，包括自由作出自己的选择，

---

① 中央政府门户网站，《全国人大常委会第三次会议批准〈残疾人权利公约〉》，http://www.gov.cn/jrzg/2008-06/26/content_1028670.htm，最后访问日期：2013 年 4 月 7 日。

② 联合国人权高专网站，http://www.ohchr.org/EN/HRBodies/CRPD/Pages/Session8.aspx，最后访问日期：2013 年 4 月 7 日。

③ 《公约》第 1 条。

④ 《公约》"前言"（五）。

⑤ 张爱宁：《国际法对残疾人的保护——兼评〈残疾人权利公约〉》，《政法论坛》2010 年第 4 期，第 141 页。

⑥ 《公约》第 1 条。

⑦ 《公约》第 3 条。

对残疾人至关重要"①。

《公约》第 12 条"在法律面前获得平等承认"② 确认：

> 一、缔约国重申残疾人享有在法律面前的人格在任何地方均获得承认的权利。
>
> 二、缔约国应当确认残疾人在生活的各方面在与其他人平等的基础上享有法律能力。
>
> 三、缔约国应当采取适当措施，便利残疾人获得他们在行使其法律能力时可能需要的协助。
>
> 四、缔约国应当确保，与行使法律能力有关的一切措施，均依照国际人权法提供适当和有效的防止滥用保障。这些保障应当确保与行使法律能力有关的措施尊重本人的权利、意愿和选择，无利益冲突和不当影响，适应本人情况，适用时间尽可能短，并定期由一个有资格、独立、公正的当局或司法机构复核。提供的保障应当与这些措施影响个人权益的程度相称。
>
> 五、在符合本条的规定的情况下，缔约国应当采取一切适当和有效的措施，确保残疾人享有平等权利拥有或继承财产，掌管自己的财务，有平等机会获得银行贷款、抵押贷款和其他形式的金融信贷，并应当确保残疾人的财产不被任意剥夺。③

这表明《公约》否认了法律能力的获得需要以认知能力为前提，④ 挑战了国内现行的成年人监护制度。残疾人权利委员会在对中国履约状况进行审议后所作出的《委员会第八届会议就中国初次报告通过的结论性意见》指出："委员会对建立法律监护关系的制度感到关切，该制度不符合

---

① 《公约》前言（十四）。

② 《公约》中文版本将 Legal Capacity 称为"法律权利能力"，但对此术语的使用颇受质疑，本文使用"法律能力"以回避术语上的争议，在对公约条文进行引用时也做了替换。残疾人权利委员会在诸多文件中均明确表明 Legal Capacity 不仅表示拥有权利的能力（capacity to have rights），也包括行使权利的能力（capacity to act）。可参见 Amita Dhanda, "Legal Capacity in the Disability Rights Convention: Stranglehold of the Past or Lodestar for the Future?" [2006 - 2007] 34 *Syracuse J. Int'l L. & Com.* 429, p. 454。

③ 《公约》第 12 条。

④ The Office of the Public Advocate Victoria, "Supported decision - making: Background and discussion paper." Last Accessed April 7, 2009, http://www.publicadvocate.vic.gov.au/file/file/Research/Discussion/2009/0909_Supported_Decision_Making.pdf.

《公约》第12条的规定。委员会注意到，缔约国完全缺乏一套承认残疾人有权自行作出决定，且其自主性、意愿和喜好有权得到尊重的协助决策措施。……委员会敦促缔约国采取措施，废止那些允许对成年人进行监护和托管的法律、政策和做法，并采取立法行动，用协助决策制度取代代替决策制度，在一个人依照《公约》第12条行使法律能力时，尊重其自主性、意愿和喜好。"①

由此可知，《公约》确认了精神障碍者获得个人自主的重要性，精神障碍者拥有平等的法律能力，并有权获得行使法律能力所需的协助。相应的，中国政府有义务通过《公约》第4条所规定的方式履行《公约》义务，实现精神障碍者的上述权利。按照残疾人权利委员会的解释，这意味着中国应当废止成年人监护制度，并实施协助决策措施，以尊重和承认包括精神障碍者在内的残疾人的"自主、意愿和喜好"。

2. 成年人监护制度

根据《中华人民共和国民法通则》（以下简称《民法通则》）的规定，行为能力有缺陷的人在实施某项其无法辨认的民事行为的时候，这项民事行为由他的法定代理人代理，或须得到法定代理人的同意。② 而无民事行为能力人和限制民事行为能力人的法定代理人是他们的监护人。③ 换言之，通过适用法律所设立的监护制度，无行为能力人或限制行为能力人参与民事活动的权利将由监护人代为实施，或需要经过监护人的同意。因此，监护制度被认为是"替代性决策模式"（substitute decision-making）④ 的主要形式，⑤ 即被监护人对自身生活的决策权由他人替代自己行使。

18周岁以上的成年人则被推定为完全民事行为能力人，⑥ 除非一个成年人

---

① 《委员会第八届会议（2012年9月17日至28日）就中国初次报告通过的结论性意见》，http://www.ohchr.org/Documents/HRBodies/CRPD/8thSession/CRPD-C-CHN-CO-1-en.doc，最后访问日期：2013年4月7日。

② 《民法通则》第12、13条。

③ 《民法通则》第14条。

④ The Office of the Public Advocate Victoria, "Supported decision-making: Background and discussion paper." Last Accessed April 7, 2009 http: www.publicadvocate.vic.gov.au/file/file/Research/Discussion/2009/0909_Supported_Decision_Making.pdf.

⑤ Robert D. Dinerstein, "Implementing Legal Capacity Under Article 12 of the UN Convention on the Rights of Persons with Disabilities: The Difficult Road From Guardianship to Supported Decision-Making." *Human Rights Brief* 19, No. 2, 2012: 8-12.

⑥ 《民法通则》第11条。

是精神病人，并且不能辨认或不能完全辨认自己行为的时候，才可以认为这个成年人的行为能力有瑕疵。① 而只有被法院宣告为无行为能力人或限制行为能力人的成年人才适用监护制度，由其配偶、父母、成年子女、其他近亲属、其他亲属或朋友在经相关居委会或村委会同意后担任该成年人的监护人。②

为成年人设置监护人的目的之一是保护被监护人的人身、财产及其他合法权益，③ 然而这套制度却逐渐面临诸如"被监护人自主权不足"④ "以全面牺牲被宣告人的行为能力和法律自治生活为代价"⑤ 等猛烈批评。

《公约》则是传统的成年监护制度面临的新挑战。《公约》第 12 条"在法律面前获得平等承认"是反对这种限制自主权的最为核心的一条，要求缔约国承认精神障碍者的法律能力，尊重精神障碍者的自主、意愿与喜好，为他们提供实践自身法律能力所需要的协助。这种"在协助下为自己做出决定并被社会承认"的措施被称为"协助决策制度"或"支持性自主决策模式"（supported decision – making model）。

3. 协助决策制度

按照学者的总结，"协助决策制度"可被定义为一系列的关系、实践、安排与协议，它们或正式或非正式，或紧密或宽松，旨在协助障碍人士能够就个人生活自主做出决定，并就这些决定与他人进行沟通。⑥

"协助决策制度"一词虽然并未直接出现在《公约》条文中，但事实上在联合国层面以及公民社会中已经成为被普遍认可的术语。例如，残疾人权利委员会在给各国的结论性意见中都直接使用了该术语，⑦ 并在给中国的意见中进一步描述了其核心内容："委员会建议缔约国与残疾人组织协商、编制、通过并实施一份协助决策制度蓝图，其中包括：（a）承认人人享有法律能力，并有权加以行使；（b）必要时提供照顾和协助，以行使法律能

---

① 《民法通则》第 13 条。
② 《民法通则》第 17 条。
③ 《民法通则》第 18 条。
④ 李霞：《成年监护制度研究——以人权的视角》，中国政法大学出版社，2012，第 36 页。
⑤ 李霞：《成年监护制度研究——以人权的视角》，中国政法大学出版社，2012，第 39 页。
⑥ Robert D. Dinerstein, "Implementing Legal Capacity Under Article 12 of the UN Convention on the Rights of Persons with Disabilities: The Difficult Road From Guardianship to Supported Decision – Making." *Human Rights Brief 19*, No. 2, 2012: 8 – 12.
⑦ 残疾人权利委员会已经做出的给各国的结论性意见可在联合国人权高专网站下载，http://www.ohchr.org/CH/HRBodies/CRPD/Pages/CRPDIndex.aspx，最后访问日期：2013 年 4 月 7 日。

力；（c）制定规章，确保提供的协助尊重个人的自主性、意愿和喜好，并建立反馈机制，确保提供的协助满足个人需要； （d）促进和建立协助决策的安排。"①

《联合国残疾人权利议员手册》也对协助决策制度进行了概括性描述："协助决策制度可以采取多种形式：可以是帮助一个人就她（他）的意图与其他人进行沟通，或帮助她（他）理解自己面临的选择；他们可以帮助其他人了解一个有着显著障碍的人自身在生活中的经历、兴趣和目标，并且可以行使自己的法律能力。"②

4. 小结

综上所述，我国现行的监护制度为符合一定标准的精神障碍者设置监护人，以监护人替代被监护的精神障碍者为个人生活的诸多方面进行决策。而《公约》则要求每位残疾人都有权在与其他人平等的情况下为自己的生活做出自主决定，只是有些人，例如精神障碍者以及那些需要更强有力支持的残疾人，③ 在此过程需要得到必要的辅助或支持，这种法律能力并不能因为障碍（例如精神障碍）而被剥夺。因此《公约》以及残疾人权利委员会"敦促"中国实施协助决策制度，以替代成年监护制度，以保障包括精神障碍者在内的所有残疾人的个人自主。④

二 精神障碍者个人自主的制度与实践空间

通过法律与政策改革，保障精神障碍者能够获得平等的法律能力，并

---

① 《委员会第八届会议（2012 年 9 月 17 日至 28 日）就中国初次报告通过的结论性意见》，http：//www. ohchr. org/Documents/HRBodies/CRPD/8thSession/CRPD – C – CHN – CO – 1_en. doc。

② "Handbook for Parliamentarians on the Convention on the Rights of Persons with Disabilities and its Optional Protocol." Last Accessed April 7, 2009, http：//www. un. org/disabilities/default. asp？id＝212.

③ 《公约》前言（十），中文版本称"包括需要加强支助的残疾人的人权"，英文版本中的表述是：Recognizing the need to promote and protect the human rights of all persons with disabilities, including those who require more intensive support。

④ 《委员会第八届会议（2012 年 9 月 17 日至 28 日）就中国初次报告通过的结论性意见》，http：//www. ohchr. org/Documents/HRBodies/CRPD/8thSession/CRPD – C – CHN – CO – 1_en. doc。

有权获得行使法律能力所需的支持，无疑是履行《公约》义务的措施之一，① 并能够为精神障碍者的个人自主提供制度保障。同时，本文认为在上述法律与政策改革完成之前，在制度层面（即依据《公约》要求进行法律解释）和非制度层面（即考察精神障碍者在日常生活中，个人自主得到尊重与增进的方法），在扩大精神障碍者个人自主的方向上都有探索的空间。

1. 依据《公约》原则对现行法律进行解释以扩大自主决策空间

根据《民法通则》，不能完全辨认自己行为的限制民事行为能力的成年人可以独立实施那些在其能力范围内可辨认的行为。② 而确认其是否能独立实施某个具体的行为可以从"行为与本人生活相关联的程度、本人的精神状态能否理解其行为，并预见相应的行为后果，以及行为标的数额"等方面认定。③ 结合《公约》要求，缔约国应当采取适当措施，便利残疾人获得他们在行使其法律能力时可能需要的协助。④《公约》要求可以与《最高人民法院关于贯彻执行〈中华人民共和国民法通则〉若干问题的意见》（以下简称"民通意见"）的有关解释相结合，即国家、相关群体或个人须在已经采取了适当措施、提供了合理便利和必要协助的前提下，对精神障碍者的判断力、自我保护能力、理解力和预见力做出相应评估和认定。只要在这些适当措施、便利和协助的帮助下，这个成年人能够拥有必要的判断力，能够理解自己的行为并预见行为的后果，就可以认为这个成

---

① 《公约》第 4 条规定了缔约国的一般义务：（一）采取一切适当的立法、行政和其他措施实施本公约确认的权利；（二）采取一切适当措施，包括立法，以修订或废止构成歧视残疾人的现行法律、法规、习惯和做法；（三）在一切政策和方案中考虑保护和促进残疾人的人权；（四）不实施任何与本公约不符的行为或做法，确保公共当局和机构遵循本公约的规定行事；（五）采取一切适当措施，消除任何个人、组织或私营企业基于残疾的歧视；（六）从事或促进研究和开发本公约第 2 条所界定的通用设计的货物、服务、设备和设施，以便仅需尽可能小的调整和最低的费用即可满足残疾人的具体需要，促进这些货物、服务、设备和设施的提供和使用，并在拟订标准和导则方面提倡通用设计；（七）从事或促进研究和开发适合残疾人的新技术，并促进提供和使用这些新技术，包括信息和通信技术、助行器具、用品、辅助技术，优先考虑价格低廉的技术；（八）向残疾人提供无障碍信息，介绍助行器具、用品和辅助技术，包括新技术，并介绍其他形式的协助、支助服务和设施；（九）促进培训协助残疾人的专业人员和工作人员，使他们了解本公约确认的权利，以便更好地提供这些权利所保障的协助和服务。
② 《民法通则》第 13 条。
③ 《最高人民法院关于贯彻执行〈中华人民共和国民法通则〉若干问题的意见》第 3 条。
④ 《公约》第 12 条。

年人有独立实施某个具体法律行为的行为能力。①

因此，本文认为如果能够依据《公约》要求对限制民事行为能力人的相关制度进行解释，仅将宣告无民事行为能力作为"不得已而为之"的最后手段，尽量为精神障碍者提供行使民事行为能力方面的支持，扩大自主决策的范围，同时严格执行，不得在有关精神障碍者没有被宣告为限制或无民事行为能力人的情况下否认其独立为自己做出决定的资格，便可以在法律改革完成之前有效扩大精神障碍者的个人自主。

2. 精神障碍者在日常生活中增进个人自主的本地实践

本文假定，现实中精神障碍者无法独立为自己的生活做出决定，并非基于监护人与被监护人的法定代理关系，而是一种在家庭环境中更为复杂的互动的结果，例如共同生活、情感依赖以及父权（或家长制）传统。相应地，增进个人自主也并非完全取决于法律制度的改革。

为了验证这一假定，作者联系曾有过合作的社工 S，请其介绍能够体现精神障碍者在日常生活中个人自主受到限制的个案进行了解并研究。在 S 看来，W 与 B 一家正是在她介入的个案中最能体现精神障碍者个人自主受到家庭因素限制的例子。本文希望通过对 S 提供的个案的质性研究，讨论在现行法律框架以及现实可获得的资源中，专业社工如何通过对家庭关系的介入而增进精神障碍者的个人自主。

本文关注的重点不在于"协助决策"制度，而在于实践中社工如何促进精神障碍者的个人自主。一个原因在于逐渐接触研究对象后，作者感受到了制度上的"水土不服"，即协助决策制度想要去解决的问题并非在本研究个案中限制精神障碍者自主权的原因。一方面协助决策制度是为了向障碍者提供支持，使其能够做出有效的决定（这也是许多形式的协助决策模式都需要一定形式的协议或者登记的原因②），以这种方式改善在替代性决策模式下被监护人自主选择与决定无法得到尊重的情况。其前提是监护制度剥夺了被监护人自主选择与决定的资格。而在本个案中，被监护人在生活中无法获得自主的原因并非简单的"身陷被监护的法律地位"，而在

---

① 黄裔：《现行法下的行为能力认定和监护制度》，http://www.mdrights.org/html/1021.html，最后访问日期：2013 年 4 月 7 日。

② Michael Bach and Lana Kerzner. "A New Paradigm for Protecting Autonomy and the Right to Legal Capacity Prepared for the Law Commission of Ontario." Last Accessed April 7, 2009 http://www.lco-cdo.org/disabilities/bach-kerzner.pdf.

于更复杂的家庭关系。另一方面，被监护人与家庭成员之外的主体进行交易时，又丝毫未受监护关系影响，即现行的监护制度并未在个案中被严格执行，也无法凸显对协助决策制度的需求。

三　社工介入与精神障碍者个人自主的理论述评

根据中国知网的检索，目前国内学术界与相关实务界并无直接针对社工介入如何增进精神障碍者个人自主的研究，但社会工作领域以及医学领域对此交叉问题都有一些文章进行讨论。就检索到的文献来看，社会工作领域的文章在本研究主题上的缺憾在于缺乏微观、具体的个案研究，而多在理念层面进行讨论（类似的缺憾在对"案主自决原则"进行讨论的文章中也存在）。而医学领域的文章倾向于将医务社工的工作看作对医护人员工作的辅助，缺乏对精神障碍者自身主体性的足够重视，遑论个人自主。

1. 从社会工作角度进行的讨论

刘继同教授关于精神健康领域的社会工作问题的讨论处在宏观的层面，其团队写作的两篇文章都是政策角度为中国精神健康社会工作实务模式的确立与发展进行分析与呼吁，并未直接涉及精神障碍者的个人自主或《公约》对中国的要求。[①] 姚红勋从康复的角度介绍了精神病人的特殊性以及社工介入的必要性，并更看重社会功能的恢复。[②] 李燕平[③]和蔡超恒[④]的文章从社区融合的角度分析了社工可能发挥的作用，强调社工能够整合社会资源，为精神障碍者及其家属提供急需的支持。然而这些讨论仍然是理论要求或对"应然"的描述，未涉及现实操作，也并未将个人自主作为重要考量。

另外，"案主自决"作为社会工作的基本原则，要求应该尽可能地允

---

① 刘继同、孔灵芝、严俊：《心理学与社会工作的本质区别及其对构建中国精神健康社会工作实务模式的启示》，《社会科学研究》2010 年第 3 期，第 14 页。刘继同、严俊、孔灵芝：《中国精神卫生社会工作实务模式的类型选择与发展战略》，《卫生经济研究》2010年第 7 期，第 41 页。
② 姚红勋：《社会工作在精神康复中的应用》，《社会福利》2011 年第 10 期，第 60 页。
③ 李燕平：《促进精神病患者社会融合的社工介入》，《中国社会工作》2012 年第 11 期（下），第 38 页。
④ 蔡恒超：《社区精神康复与社会工作介入》，《大观周刊》2012 年第 35 期，第 78 页。

许人们自己决定自己的行为与生活方式。① 虽然目前并未有文献直接讨论社工在介入精神障碍者生活时"案主自决"原则的具体适用，也缺乏操作层面的个案研究，但因该原则与个人自主直接相关，也值得对相关文献略作考察。

库少雄提出：案主自决除了本身就是社工基本价值之外，还是解决社会工作实务中价值矛盾与价值选择的方法。贯彻该原则有四点注意事项，即"社工应告知案主所拥有的选择""社工与案主关系平等并且案主是主要人物""社工可以提供建议"以及"在一些特定领域社工有保护社会的职能"。②

皮湘林③讨论了案主自决原则的哲学基础、道德性质及道德责任，并论证了案主自决是个人权利的延伸。然而在论及案主自决的限制时，皮湘林认为案主自决要求案主有理性判断能力。"有些案主如儿童、老人、智力障碍者、重病者等，常常出于无法控制自己的理智，很难自我决定。"需要指出的是，将理智作为自决的前提条件并不符合《公约》要求，因为《公约》禁止基于智力与精神障碍的歧视，承认这类人群的自主选择权的重要性，并要求保障他们在法律面前的平等地位。④ 与此类似，易钢等⑤与戴香智等⑥的文章也讨论了案主自决的渊源与受到的限制，并认为案主自决能力是案主获得自决的条件，说明"自决能力"问题值得更深入地研究。

王健的文章⑦讨论了案主自决原则在本土实践中遇到的障碍，并将之归纳为中国传统上助人行为与该原则的不兼容、儒家思想对个人独立性的影响、集体主义以及中国特有的"凡事都要从政府到民间"的"情境"，但并未对如何应对这种本土化做出更多讨论。高天源⑧同样认为助人行为

---

① 库少雄：《论案主自决》，《社会工作》2004 年第 2 期，第 26 页。库少雄是作者搜索到的唯一在案主自决问题上使用案例的作者。

② 库少雄：《论案主自决》，《社会工作》2004 年第 2 期，第 26 页。

③ 皮湘林：《案主自决的道德性质及道德责任》，《文史博览（理论）》2008 年第 9 期，第 44 页。

④ 《公约》第 5 条、第 12 条。

⑤ 易钢、吴斌：《案主自决的理论、实践及其选择》，《理论学刊》2007 年第 6 期，第 78 页。

⑥ 戴香智、侯国风：《"案主自决"的局限及其实践选择》，《湖南医科大学学报》（社会科学版）2009 年第 9 期，第 44 页。

⑦ 王健：《社会工作"案主自决"原则在中国本土实践中的困境》，《社会工作》2010 年第 3 期（下），第 14 页。

⑧ 高天源：《案主自决在中国的本土化对策》，《人民论坛》2012 年第 374 期，第 114 页。

中的角色混乱以及案主的自决能力都会限制该原则的实践，但与本研究相关的是，高天源明确提出了家长权威对案主自决的影响："中国独特的历史文化背景，使得父母对于子女的权威非常之大，而且深受传统家庭互动模式的影响，家长在子女很小的时候就开始干涉他们的日常生活，这种状态在子女成年之后也未见改变，子女的自主能动性在这样的生活环境下受到了很大的挤压。"

2. 从精神医学或精神科医院工作角度进行的讨论

周小杭[①]肯定了在精神疾病领域进行社会工作的介入是医疗社会工作的重要领域之一，介绍了现代医学模式的生物—心理—社会医学模式催生了"医务社会工作者"这一职业，认可了"医学的目的由单纯的治疗转向治疗与预防、治疗与康复相结合，由防止死亡、延长生命转向提升病人的生命与生活质量"。然而在介绍具体的介入方式时（包括纠正社会偏见、提供社会支持、提供法律保护、治疗与保护、精神疾病的防治）重点仍在保护与防治，没有明确提出在精神疾病领域"案主自决"的重要性或特殊性，没有将支持精神障碍者个人自主作为社工的工作价值。并且整篇文章都只是原则性的介绍，缺乏更具体、质性的分析。

唐容容[②]是极少数通过实例进行讨论的作者之一，然而并未直接论及专业社工的角色，对介入过程的描述与分析都略显不足。刘俊、廉杰等人[③]虽然认可精神卫生社工介入精神疾病社区康复的重要意义在于树立社区—心理康复的理念，突破了传统医疗仅在院内康复的局限，注重从生理—心理—社会—文化的综合角度去协助患者及家属，也赞同社会工作者的支持可以缩短治愈者对社会生活的重新适应期。然而现实的工作重点却在"宣传"，即在助残日和精神卫生日，社工人员与医护人员为社区居民发放宣传资料，增进居民对心理健康和精神疾病知识的了解，为精神疾病患者营造理解、宽容、关爱的社会氛围。对于精神卫生社工的定位，也倾向于"医生的助手、护士的伙伴、家属的陪伴者、资源协调者的作用"，

[①] 周小杭：《社会工作在精神疾病领域的干预研究》，《社会工作》（实务版）2006 年第 10 期（下），第 22 页。

[②] 唐容容：《对精神病人及家属进行心理干预有利于病情控制》，《中国社区医师（医学专业）》2011 年第 5 期，第 214 页。

[③] 刘俊、廉杰、任四宝、苏晟：《社会工作介入精神专科医院的探索——以山西省荣军精神康宁医院为例》，《社会工作》（实务版）2011 年第 11 期，第 12 页。

缺乏对精神障碍者本人尤其是其主体性和自主性的足够重视。

四 社工介入与精神障碍者个人自主的个案分析

本文所采取的研究方法主要是访谈法，也使用了档案记录、观察法等收集研究资料，属于质性研究的范畴。

（一）研究对象背景介绍

W：女，28岁，深圳户籍，与其父B居住在深圳市福田区某街道。毕业于广东某外语类大学，英语水平较高，2007年毕业后曾进入某外资会计师事务所工作，之后因工作压力太大，加之父母离异对其产生的心理影响，被深圳康宁医院诊断为"精神分裂症"。已办理《残疾人证》，类别为"精神残疾"，"监护人"一栏为其父B。根据深圳市与福田区针对拥有辖区内户籍并且持有《残疾人证》的残疾人的扶助政策，W每个月能够获得1000～2000元的"挂靠收入"，并由挂靠企业为其缴纳社会保险等。W从深圳康宁医院出院后便没有从事过长期、稳定的全职工作，曾偶尔从事过英语家教或义工工作，也曾参加过所在社区的残疾人职业康复中心（以下简称"职康"）的各类活动。从2012年3月开始，社工S应B与职康负责人的要求开始介入W的个案，直至2012年12月S因工作调动离开原岗位。目前并没有新的社工接替S对W家的介入。

B：男，五六十岁，深圳户籍，离异，与W一起生活。20世纪90年代来深圳工作，目前在所在街道的街道办事处工作，并利用深圳户籍可多次往返香港的便利从事"水客"工作以提高收入。最大的担忧是自己过世后，W的生活缺乏保障，希望能为W找到合适的、体面的工作让W感受到自己的价值。但可获得的工作机会太少，并且认为社会对精神障碍者的歧视非常严重。对W有很强的保护心理。

S：女，28岁，深圳市某社工机构社工。拥有五年的精神障碍领域的社工经验，毕业于福建医科大学社工专业，拥有一定的医学和心理学背景。2012年3月开始介入W与B一家，2012年12月离开原工作岗位，期间对W与B做过多次家访、辅导或一起外出活动。所服务的社区有二三百位精神障碍者，但只有她一名社工提供服务。

（二）资料的收集、分析与局限性

对此个案的研究持续进行了两个多月，使用了访谈、档案记录、直接观察以及参与式观察的方式搜集资料，包括：2013 年 3 月在深圳某机构组织的精神障碍者家属见面会上父亲 B 介绍的情况（整个家属见面会时长 4 小时），作者对社工 S 与父亲 B 之间交流的观察，作者与 B 就访谈其女儿 W 一事沟通过程的参与式观察，作者对 B 进行的访谈（近 1 小时），对 S 进行的多次访谈（总时长 4～5 小时），W 本人通过文字回答的开放性问题，以及 S 提供的《个案服务过程记录表》。这些资料可以体现 S 对 W、B 一家介入的全过程。

本研究所搜集资料的局限性主要是：由于父亲 B 对女儿 W 的保护心理非常强，认为 W 极易受刺激，控制 W 的社会交往，即要求作者如果和 W 初次接触不得谈及本研究或任何与"精神病"相关的内容，并必须由 B 以"帮忙翻译文件"之类的理由进行介绍。由于时间有限，无法进行更长的接触，也担心如果未经 B 同意与 W 见面会对其父女关系造成麻烦，更重要的是，由于作者缺乏心理学、社工或医学相关专业背景，便选择尊重社工 S 在"是否与 W 本人见面进行访谈"这个问题上的建议——虽然积极寻找机会，但也未再过分坚持，而选择通过 S 转达若干开放性的问题（例如"是否觉得家长对自己有过度保护？是否已经让自己感觉到不被尊重？"）由 W 用文字进行回答。这种情况可能导致 S 的某些判断无法得到 W 的确认，从而影响本研究的信度。

（三）研究结果与分析

经过资料分析，本文认为 W 的自主权受到限制的主要原因是 B 在家庭关系中的家长权威，而 S 作为专业社工在案主自决原则的指引下，通过重建亲子关系的方法对 W、B 一家的介入限制了 B 的家长权威，增进了 W 的个人自主。

1. 家长权威

案主 W 的个人自主被限制，主要基于原因复杂的"家长权威"，这种"家长权威"会因为 W 的精神病病史得到进一步强化。

W 在办理《残疾人证》时便已经被指定了父亲 B 担任她的监护人,[①] 然而与作者预想中不同的是,这个事实,或者说监护关系,并未影响到 W 对家庭成员之外的人自主做出决定的资格。这一点能通过以下事实得以证实:①W 在被诊断出精神分裂症并被送往康宁医院治疗,以及在出院后办理《残疾人证》之后,其信用卡并没有被注销或被降低信用额度,而是能够继续正常使用(但这一点也可能是因为银行系统与残联系统缺乏信息交换机制)。同时,从残联或当地政府等处获得的补贴、补助等收入,也都是直接打入 W 的银行账户,而非由其监护人 B 代为领取、管理、使用。②W 在消费时订立合同的行为能力也从未受到过合同相对方的质疑,B 也从未(基于自己监护人的身份)拒绝同意。B 就此问题在访谈时说:"她自己拿着信用卡,工作时办的,花钱自己能控制,也不会花太多。之前买电脑,她自己花了三千多元买了笔记本电脑,因为现在回家住也用不到笔记本电脑,她就害怕我发火。看我没发火,她还问我为什么不生气。"

因为 B 在法律上仍然拥有对上述交易的否决权,[②] 但从上述事实能看出 W 在日常生活中与家庭成员之外的人进行交易时,其交易主体资格以及个人自主并未因其是"精神残疾人"并被指定了监护人的身份受到限制。

然而这并不意味着 W 对自己的生活能够独立自主地做出决定与安排。W 在诸多方面都受到其父 B 的严格控制。社工 S 在开始接触 W 与 B 时有与本文作者同样的经历,B 要求由自己介绍 W 与 S 认识,并且隐瞒真实接触目的,即社工介入服务,而要以"交朋友"的名义。在 W 的医疗知情同意权上也存在类似问题:W 有资格接受福田区残联提供的免费体检机会,但 B 因为担心"残联"字眼引起 W 反感,向其隐瞒体检提供方的名字。更严重的是,B 会将精神类药物偷偷放在食物和水中喂 W 服食,但 W 对此并不知情。

这些限制并非基于严格意义上的监护关系,而是某种更为复杂的家庭关系。在 S 看来,其渊源便是"中国五千年的传统":"家里面就老爸最大

---

① 上文有提及,根据法律规定为成年人指定监护人需要法院宣告"无或限制民事行为能力人",但这一点并未得到严格执行;在现实中,未经宣告程序,在办理《残疾人证》时确定下来的监护人都会得到各政府部门以及司法部门的承认。

② 《民法通则》第 13 条,《合同法》第 47 条。然而这里同样体现出法律与现实操作的脱节,因为 W 已经被指定了监护人,但并未被宣告为"无民事行为能力人"或"限制民事行为能力人",以至于在法律上无法确定应适用何种规范。

么，我爸也这么说，'老子就是这样养你，老子养你还不能打你呀?! 打你也是为你好！'小时候就是这么干的。"

在 W 与 B 的关系中，除了保护的因素之外，另一个值得注意的角度是，很可能由于 W 的精神分裂症病史，导致这种家长权威有了更强的"正当性"。B 在访谈时被问及"是否与 W 出现过意见上的冲突或矛盾时"坦陈："哎呀得了这个病，人就变得很自私，不会考虑别人的感受……我自己就不和她争，医生和心理医生也这么说，不要和她争，所以我现在也不和她争什么了。"

然而，S 认为这种态度显示，B 因为 W 的病史而将其正常情绪波动"标签化"，导致了双方在沟通上产生障碍："她爸爸在她面前就是那种我不管你说什么，我都是好好好，你说的对，就是那种敷衍她的态度。因为你是精神病人，所以我体谅你。那 W 其实很抗拒这种态度，你有什么就说么，对不对，不要跟我用这种态度……照顾者太保护 W，甚至他一直强调社会对 W 是歧视的，他自己没有发现他自己对女儿有刻板印象。他已经不知不觉认为他女儿就是个精神病了。所以什么事都不能做，什么事都不能让她受刺激，什么话都不能讲只能去骗她。把女生本来就会有的情绪和脾气，就理解成，你看，她又发病了……我说女孩子，特别是在生理期的时候（会很容易发脾气），我觉得我现在的状态就是一天发一次脾气。我说如果我父亲认为我的状态是发病的话，那我早就该进去了。"

2. 专业社工的介入限制家长权威、增进个人自主

本文认为，此个案中专业社工的介入有效地限制了 B 的家长权威，并且切实地有利于 W 对自己生活的知情与自主选择。事实上，如果 S 后来并未因为工作调动离开 W 与 B 的家庭，这种对个人自主的增进效果会更加明显。然而同样是因为 S 的离开，使得 S 在类似事件中的作用与取得的效果可以有所对比。

（1）S 的理念与工作原则

S 明确以精神障碍者本人而非整个家庭作为案主，并具备心理学和医学知识与基本技能。作者在对此个案进行观察、研究的过程中，也曾就精神障碍者问题与其他社工沟通，发现有一些社工倾向于将整个精神障碍者家庭作为接受服务的案主，而非精神障碍者本人。在精神障碍者与其照顾者发生意见冲突时，他们并不倾向于任何一方，而是尊重双方内部机制下的决定。与此不同，S 虽然重视与照顾者 B 的沟通，花了更多时间与精力取得 B 的理解和支持，但很明确地以 W 作为案主。S 通过自己的介入，为 W 提供各种融入社会的信息与机会，在 W 与 B 之间进行沟通协调，并帮助 W 分析各种选择背后的利弊，获得更好的家庭生活与参与社会的机会。这很大程度上决定了 S 在维护 W 个人自主问题上更为主动的态度。

这一点在 W 一次失败的求职经历中能够得到体现。2013 年 3 月①，W 在 B 的介绍下，应聘小区附近的一家公司并接受了面试。应聘过程中在填写某份申请表时有一栏要求 W 提供 "疾病史"，W 填写了 "有"。面试官就此询问时，W 没有现场回答而是留下了 S 的电话，表示 "S 更了解情况"。S 问 W 是否要在公司询问时为其隐瞒精神分裂症的病史，W 明确表示 "不需要"，"希望将真实情况反映给公司"。这种态度也得到了 S 的认可。然而 B 却打电话要求 S "帮忙说假话"，并指责 W "太老实了！啥都实话实说"，并让 S "别听 W 的，要隐瞒，只能说失眠"。然而这家公司并未打电话向 S 了解情况，W 也因为 "打字速度不够" 等其他原因没有得到这份工作。当面对作者的问题 "假设你被推到极端的情况，不考虑别的因素，就是二选一，你会选择听 W 的如实说还是听 B 的进行隐瞒？" 时，S 表示："当然是 W。案主本人的意愿最重要，但是一定要学会去跟照顾者周旋，硬碰硬只会给案主造成不好的影响……我会尊重本人的意愿，但是在词语上会有所斟酌，尽量避免社会舆论对 W 的（负面）影响。"

另外一点可能与其他社工有所区别的因素是，S 具备较为充分的心理学与医学背景。S 在访谈中介绍："很多社工在做精神障碍这块的时候不敢跟精神病人吵，不敢跟家属吵。因为第一怕案主发病，第二怕家属觉得你们社工怎么这么工作，会觉得社工不专业，会告到你的主管单位去。我的一个争取就是，如果你真的把精神病人当人，你就不应该去否定观点上的差别。因为所有人之间都会有观点上的冲突，就是因为我把你当作一个正常人，我才觉得我应该跟你分享我的观点，我应该指出我不同意的地方。所以我会很直接地告诉她有些地方我是这么想的，同时我尊重你的观点，但我不同意。" 同时，医学背景让 S 能够把握 "底线" 在哪里，"不能过度地刺激她（W）"。

---

① 虽然 S 此时已经离开了直接介入 W 和 B 家庭的岗位，但由于已经建立起的信任关系，S 在 W 求职过程中需要协助时提供了帮助。

（2）建立信任

S 在接触 W 和 B 时，认为 W 应当了解自己介入的真实情况，并且在尊重和保障 W 知情权的同时，巧妙避免了和 B 为此问题产生冲突。

S 在第一次与 W 见面时，就已经开始对 B 的过度保护进行"抵抗"：由于 S 与 W 的会面是 B 安排并参加的，B 隐瞒 S 是残联社工的身份，只介绍 S 是一名义工，希望和她交个朋友。然而在见过面后，S 让 B 先离开，陪同 W 一起逛超市，并坦白了会面的真实目的："作为社工介入并为 W 和 B 提供服务。"S 在记录中写道："在此过程中，案主直接询问了此次谈话的目的，社工及时做了解释——包括如何与照顾者有接触等等，表明面谈以及相互认识的目的是照顾者希望案主多结交不同的朋友，而又刚好发现了社工是一个合适的人选。针对案主的敏感，社工选择直接表达自己的想法。包括直接询问案主对社工的看法以及对第一次面谈的感受。案主表示自己可以接纳社工，两人初步认同了下一次见面的可能性。"

（3）成果："体检表事件"

S 在得知 B 向 W 隐瞒了福利体检的真实情况后，在"尊重案主知情权"的指引下做了大量沟通工作。B 与 W 关于"W 在精神残疾人身份相关问题是应充分知情"达成一致，并且改善了双方的沟通态度与方式。

2010 年 5 月，福田区残联为残疾人开展免费体检。S 致电 W，询问 W 是否拿到体检通知。W 表示没有收到残联的体检通知，而是 B 告知自己所在公司有免费体检名额，让给 W 去体检。然而据 S 描述，W 看到了体检通知单上有残联的标志，已经表示怀疑并猜到了 B 所言不实并且质疑 B 为何要瞒着自己，进而引发了对 B 以前行为的回顾和不满。S 与 B 通电话以了解 B 与 W 沟通的过程，得知 B 因为害怕刺激 W，故而隐瞒了是残联体检的真相。S 告知 B，W 已经得知真相，并希望就这件事，B 要再与 W 进行沟通。B 仍然表示害怕 W 受刺激，并且希望是在 S 在场的情况下进行澄清，因此 S 决定进行家访。

根据 S 的记录，家访过程中，S 以营造轻松的谈话氛围作为自己的主要任务，比较轻松地带过关于体检的事。B 也配合地承认了自己在这件事上处理得"不是太妥当"，表明是出于案主的情绪稳定。在 S 的帮助下，W 向照顾者表示自己其实是可以接受这种体检的，"隐瞒反而带来更多的猜忌"。在此次家访后，W、B 以及 S 达成"协议"："以后在类似的事情上，照顾者会尽量向案主坦白事实，并且陪同案主度过情绪波动期，帮助案主学习，掌握控制自身情绪的方法。"

S 在个案记录中分析："这是社工第一次介入案主与照顾者之间的矛盾。社工采用直接介入的方式，让案主和照顾者第一次进行关于'精神病话题'面对面的沟通，为父女之间清除沟通障碍。一方面，让照顾者明白，案主不是他所想象的完全抗拒接纳患有精神病的事实，并且是有勇气，希望自己能够战胜疾病的；另一方面，也让案主明白照顾者的隐瞒并不是因为自己无能，而是出于过于保护的心态。"

S 在对第一次介入 W 与 B 之间的矛盾事件进行效果反馈调查时发现，"无论是案主，还是照顾者，都比较能够接受上一次讨论的过程和结果。且案主与照顾者都将继续遵照讨论的结果进行沟通。"

此外，S 还针对 W 在体检中的遭遇进行了心理辅导与支持：

> 案主告知社工此次去体检的过程，并非常坦诚地承认，自己在听到医生询问"你有什么残疾"的时候感到了害怕，并在医生说"是精神病吧"的时候无法控制自己的情绪，哭了一段时间。社工首先给案主的反馈是，非常肯定案主的坦诚，并且让案主明白"哭"是一种非常正常且非常好的情绪宣泄方式，提示案主感受哭完以后的情绪（轻松）。其次，社工让案主看到，她是多么勇敢地在康复的路上前进，并没有因为医生不佳的口气就放弃与社工见面，并且还十分主动地与社工分享了整个过程，是一个很大的进步。再次，案主这次选择了独立去体检，面对社会的挑战，也是勇于尝试的开始。最后，社工尝试为案主建立起一个比较安全的危机处理机制，希望自己成为案主的情绪反馈墙。在目前的情况下，能让案主获得安全感。

综上所述，S 在"体检表事件"中让 B 意识到 W 是具备一定的情绪管理和危机处理能力的（"照顾者基本认同社工的介入方法，表示看到了一定的效果"），并且借此机会，S 就 W 患病的过程进行更详细的了解，得知 W 非常希望了解父母离婚的具体情况，而 B 也同意尝试就此话题对 W 坦白一些。S 的工作促成了 W、B 与 S 三方定下协议，即关于残联和"精神病"方面的信息，B 一定要让 W 知道，并且保证 W 得知的信息是真实的。

（4）未完成：不知情的服药

在了解到 W 一直在不知情的情况下被 B 安排服药的情况后，S 便计划促成由 W 在充分知情的情况下自主决定是否服药，然而因为离开岗位而无法实现。

B 在与作者进行的访谈中坦陈自己在偷偷给 W 喂药："她自己不知道，我是把药偷偷放在她的饭里。关键是她自己不承认自己有（精神）病，吃药又会发胖，她自己更不愿意吃了，所以只能我来偷偷放在饭里，以这种方式喂她吃。"

据 S 介绍，用这种方式喂药是康宁医院医生的建议，而她自己则赞同香港社工的做法，跟精神障碍者解释情况是怎么样，这些药有什么副作用，吃药会有什么反应，不吃药又会有什么后果或者风险，再由本人选择是否服药。S 认为这种方式体现了"案主自决"原则，并计划在对 W 与 B 的工作中实践。

为了帮助 W 实现自己对服药的知情同意权，同时又不为父女关系制造新的麻烦，S 首先和 B 进行沟通，询问是否可以重新考虑。然而 B 极难被说服，以"曾经减药但病情出现反复"为理由拒绝。在这种情况下，S 约了一位心理咨询师，希望通过心理咨询师去做 B 的工作，"希望有更专业的人能专门去分析照顾者的心理"。对此过程，S 在访谈中回忆：

> 因为我当时和 B 已经辩过两次（偷偷喂药）这个问题，当我讲到这个问题的时候，他就会习惯性地说，不，你错了。他的口头禅就是这样。他每一句话的开头就是否定。所以我的想法是先从改变他的行为开始，改变他的说话方式，然后让他逐步去接受别人的观点。当时这是我的一个计划，一方面先通过心理咨询师或治疗师去做照顾者的工作，另一方面我会去跟 W 接触，告诉她有别的方式去发泄自己的情绪，比如说听音乐、看书、外出之类的。……但是后来因为我离开，这个计划没办法继续进行。我觉得这个世界上没几个人能和她爸这么吵，能顶得了她爸的。

（5）方法：重建亲子关系

在 S 看来，对于上述问题的有效处理得益于自己的心理学背景，即懂得通过心理学方法去打破传统的"家长制权威"，重建亲子关系，使得双方的"地位"能够变得更加平等。以 W 希望知道 B 和母亲离婚的事为例，根据 S 的理解，B 觉得"这是我的事情，我养你，那有些事情我就可以决定不说"。而 S 认为"如果有些事情你不说，可能就会让 W 产生疏离"，并且"如果你现在不说，万一以后她从其他渠道知道了怎么办？"

换言之，S 打破"家长制权威"的策略是：通过专业的角度告诉 B 如果这样做会有什么后果，不那么做会有什么后果。甚至在必要时"略作威胁"："那你不说，那我稍微透露出一点，那到时候你就必须得说了，就像那个体检表的事情一样。"这样就切断这种 W 与 B 之间已经很久的那种强势—弱势关系，即 B 是强势的爸爸，有权决定要不要告诉 W 这个事情。

五　讨论与期望

本研究力图指出，专业社工在"案主自决"指导下的专业服务是符合《公约》的原则和要求的。对本研究中这样的社会工作实践的推广，能够在《公约》要求的法律与政策改革完成之前，作为中国履行《公约》义务的有效方式。

本研究采取的研究方法是访谈法，属于质性研究，其优点是能够将视角设置得更深入、具体，从而为今后更多的研究提供思路，但无法在数据上提供更多的说服力，[①] 这是本研究的局限。本研究所描述的精神障碍者处于（医学话语中的）康复期，并且在社区居住，与正在住院或处在发病期的精神障碍者的情形可能有较大区别。

国内学界对《公约》的研究几乎处于空白状态，能搜索到的期刊文章多为新闻报道类的通讯，缺乏更加专业、深入、具体的解读与讨论。有一些学位论文涉及《公约》时会稍作介绍或讨论，但多数只是停留在相当宽泛、原则的层面，未能足够深入。《公约》是否要求废除成年监护制度以及"协助决策制度的具体要求与国外实践"等议题都需要更多具体、细致的研究供立法者参考。在"精神障碍者自主权边界""精神障碍者医疗知情同意权""家长制文化""社会工作的案主自决原则"等问题上也需要更多更深入、具体的研究，以增进对这些问题的理解，进而对实践产生影响。

在研究过程中，专业社工发挥的重要作用令作者振奋：在法学视角下对于精神障碍者个人自主的要求，在现实中通过社工"案主自决"原则下的专业工作得以落实。然而，在研究过程中作者发现，精神障碍者获得专业社工服务的机会远远不能满足需求。据 S 介绍，2009 年的数据显示深圳市有超过五千名拥有《残疾人证》的精神障碍者，与 S 拥有同等资历的精神障碍专业社工只有五六名，有能力介入精神障碍者个案的社工也不超过

---

① 风笑天：《社会学研究方法》，中国人民大学出版社，2009，第 258 页。

30 位。而每位社工合理的服务对象数量上限是 50 位，这意味着对专业社工的需求存在着巨大缺口。

然而，现有的资源却被投向大型精神病医院的建设。[①] 基于本文的分析，公共资源同样应当投向对精神障碍者提供支持的领域，诸如基于社区的服务以及专业社工的培养上。与此同时，作者也期望针对成年监护制度改革、协助决策制度等问题，能够出现更多的政策试点，为进一步的法律改革提供经验。

Promoting the Autonomy of Persons with Mental Disabilities through Social Worker's Intervention: A Qualitative Study Guided by the Convention on the Rights of Persons with Disabilities

Chen Bo, Huang Shiyuan

ABSTRACT: This paper examines the concept of "autonomy of persons with psycho – social disabilities" as stated in the Convention on the Rights of Persons with Disabilities (CRPD) from the perspective of international human rights law, and gives a brief introduction to the system of adult guardianship in China and the concept of "supported decision – making" model. This is followed by a qualitative study on how the intervention of professional social workers can limit the traditional parental power over a person with mental disability and thereby realize theself – determination of the clients and their autonomy. The paper thus argues that the promotion of social workers' intervention can be regarded as a measure of implementing the CRPD stipulations on autonomy in China before the reform of the adult guardianship system has been completed. A number of suggestions on relevant research and policies are provided in the last part.

Key words: Persons with Psycho – social Disabilities; Supported Decision Making; Self – determination of the Client; Parental Authority

---

① 例如深圳市康宁医院就投资 2 亿余元兴建新的住院大楼，参见《深圳市康宁医院新楼启用　缓解精神病人"住院难"》，《深圳晚报》2012 年 8 月 28 日，http://www. jobmd. cn/article/32085. htm，最后访问日期：2013 年 4 月 7 日。

中国智力障碍者生育权的保护与限制研究*

钱锦宇　任　璐**

摘　要：生育权是人作为人所固然享有的权利。尽管智力障碍者是一个特殊弱势群体，但他们仍然能够成为生育权的正当享有主体。中国智力障碍者生育权保障制度的法律建构，必须体现基于有效知情的自主选择原则和符合智力障碍者最大利益的原则。中国智力障碍者生育权保障制度的建构应当包括：生育权入宪，加强部门法对生育权的保护，加强相关法制宣传以及强化法律的正当程序控制。

关键词：生育权　智力障碍者　绝育　正当程序

根据最新公布的《关于使用 2010 年末全国残疾人总数及各类、不同残疾等级人数的通知》以及第六次全国人口普查结合第二次全国残疾人抽样调查显示，中国大陆地区的残疾人为 8502 万，其中智力残疾 568 万，精神残疾 629 万，多重残疾 1386 万。① 而根据《智力残疾康复"十二五"实施方案》的统计方案，将多重残疾人口中的智力残疾人口与单项智力残疾人口进行共同统计，中国大陆地区的智力残疾人口为 984 万，其中智力残疾儿童 173.9 万。作为一个典型的社会弱势群体，智力障碍者权利保护问题随着社会结构的转型而凸显出来。特别是 2005 年江苏某市福利院切除两

---

*　本文系瑞典罗尔·瓦伦堡人权与人道法研究所和武汉大学公益与发展法律研究中心"中国残障人权利多学科研究项目"的研究成果。

**　钱锦宇，西北政法大学行政法学院副教授，人权法研究中心执行主任，法学博士；任璐，法学硕士。

① 《中国残联发布我国最新残疾人口数据，全国残疾人口逾 8500 万》，《中国残疾人》2012年第 4 期。

名智力障碍者子宫的案件发生之后，社会公众和学术界对于智力障碍者的生育权予以了关注和讨论。但是社会公众对于智力障碍者是否享有生育权仍未能达成普遍共识，而多数学者虽然认为对于智力障碍者生育权应当实施有限度的保护，但是这种有限度保护应遵循何种理念，在建构我国智力障碍者生育权有限度保护制度的过程中又应当展开何种具体制度安排，学界态度仍然莫衷一是。

因此，本研究基于相关社会问卷调查和入户访谈，以智力障碍者作为生育权主体的正当性为起点，探讨对于智力障碍者生育权有限保护的理念构成和实施机制。

一 智力障碍者作为生育权主体的正当性证成

对于智力障碍者是否享有生育权，当下公众意见并不统一。笔者对我国某副省级城市高等法律院校中来自8个省、市或自治区、直辖市的110名法科学生发放了"关于智力障碍者生育权的社会调查问卷"（回收110份），结果如表1所示。

表1 全体受访者对于智力障碍者是否享有生育权的态度

	人数（人）	百分比（%）	备　　注
认　同	58	52.7	
否　认	25	22.7	
说不清	7	6.4	
视情况而定	20	18	其中80%的人认为如果智力障碍具有遗传性，应否认其享有生育权。

从上述调查数据来看，正在接受系统法学教育的青年人中，关于智力障碍者是否享有生育权的问题并未达成共识，仅有52.7%的受访者认同智力障碍者享有生育权。那么，智力障碍者享有生育权能否找到法理上的正当依据呢？

生育行为是人的本能行为，是人生来就享有的基本权利，也同许多权利一样，在一定社会历史条件下才演变为实体法上的权利。国际社会一直将生育权作为一项基于人的自然属性和社会属性而享有的权利。1966年联合国大会发布的《关于人口增长和经济发展的决议》就规定："任何一个家庭都有决定其家庭规模的自由和权利。"而 1968 年《德黑兰宣言》第 16 条明确指出："所有合法夫妻都享有自主决定生育子女数目和生育间隔的自由和权利，以及获得生育教育和获取生育信息的权利。" 1969 年联合国大会通过的《社会进步和发展宣言》、1974 年第一次联合国国际人口与发展大会通过的《世界人口行动计划》，都对此予以肯定和重申。1984 年《墨西哥城人口与发展宣言》和 1994 年在开罗人口与发展会议通过的《行动纲领》中，进一步将生育权与人权相联系，明确了生育权作为人权的性质。前者第 13 条指出："必须努力确保每一对夫妻和每个人，都能自由行使他们的基本人权，自主和不受任何干涉地决定其生育子女数目和生育间隔，获得生育教育和获取生育信息、手段的权利。但这一基本权利的行使并非没有任何限制，所有夫妻和公民都要考虑他们所育或者所希望生育的子女的最大利益以及社区利益。"后者规定，"蕴含在生育权利中的人权已得到各国法律和国际文件的承认。这些权利的内容主要包含以下几项：每一对夫妻和每个人都享有决定是否生育、生育间隔和生育子女数目，以及获取生育信息和获得生育教育、手段的自由及权利，以及实现性的生殖健康方面最高标准的权利。"

我国宪法没有对生育权作出明确规定，但是这不意味着宪法否认公民具有生育权。"生育是人类延续和亲属关系产生的基础。无论法律是否明文规定，生育权在人们的心目中向来被视为人的基本权利。"[①] 生育权是一个人自主决定其是否生育的自决权，是人类生息繁衍的手段，对人来说具有基本性。从权利本源来看，生育权属于人的天然权利。生育权的人权属性来源于生育行为的自然属性和社会属性。《宪法》第 49 条第 2 款规定"夫妻双方有实行计划生育的义务"，"显然，宪法所规定的计划生育义务是建立在夫妻共同享有生育权的基础上，只有共同享有权利，才能共同履行义务。"[②] 1992 年的《中华人民共和国妇女权益保障法》第 47 条则明确规定，"妇女有按照国家规定生育子女的权利，也有不生育的自由"。2001 年的《人口与计划生育法》第 3 章第 17 条规定："公民有生育的权利，也有依法实施计划生育的义务，公民是生育权的主体，

---

① 杨遂权：《婚姻家庭法典型判例研究》，人民法院出版社，2003，第 218 页。
② 汤擎：《单身女性生育权与代际平等——评〈吉林省人口与计划生育条例〉第 30 条第 2 款的合理性》，《法学》2002 年第 6 期。

计划生育既是公民的权利又是公民的义务，夫妻双方在实行计划生育中负有共同责任。"① 可见，中国政府对于生育权予以了法律上的肯定。

将生育权确定为人权，意味着每一个人所享有的生育权，是凭据"人之为人"的资格，而不是凭据公民资格。尊重人的生育权是"根源于社会生活的道德要求，它不仅适用于每个社会内部，而且适用于所有的人类关系"②。而在我们的调查中，绝大多数受访者均将生育权认同为一项人权，如表2所示。

表2　全体受访者对于生育权是否是一项人权的看法

备　　注	人数（人）	百分比（%）
生育权是一项人权	94	85.5
生育权不是一项人权	4	3.6
说不清	12	10.9

那么智力障碍者是否享有生育权呢？这个不该是问题的问题，却曾经在历史上就是一个大问题。

1883年英国科学家高尔顿发表了其著名论文《对人类才能及其发展的调查研究》，并在文中首次提出了"优生学"的概念。在优生学和基因遗传优选理论的支配下，美、德等国开始以立法形式否定智力障碍者的生育权。美国前总统西奥多·罗斯福曾鼓吹："一个良好的公民不可推卸的责任就是把他或她的血统在这个世界上留存。文明社会的一个重大社会问题，就是确保优等血统人口不断增加，劣等血统人口不断减少……除非我们充分考虑遗传对社会的巨大影响，否则这个社会问题不可能得到解决。我们非常希望能禁止劣等血统人种生育……犯罪分子应该被绝育，禁止低能者留下后代。"③ 在这种观念引导下，1907年美国印第安纳州通过了美国第一部绝育法，以法律的形式允许对其实施非自愿绝育。1924年，弗吉尼亚州通过了一项法律，允许对弱智群体实行优生绝育手术，以维护该法所主张的病人健康和社会福利权。20世纪20~30年代美国许多州兴起了

---

① 《人口与计划生育法》第17条规定："公民有生育的权利，也有依法实行计划生育的义务，夫妻双方在实行计划生育中负有共同的责任。"

② 参见〔英〕米尔恩《人的权利与人的多样性——人权哲学》，夏勇、张志铭译，中国大百科全书出版社，1995。

③ 高崇明、张爱琴：《生物伦理学十五讲》，北京大学出版社，2004，第139页。

对弱智、残疾人士的绝育及禁止入境的措施。到 20 世纪 30 年代中期美国已有半数以上的州批准对精神病人、智力低下者、癫痫病人及性犯罪者实施绝育手术。① 尽管 1942 年联邦最高法院有关判决宣告绝育法违宪，但是，强制性绝育手术一直维持到了 20 世纪 70 年代才基本停止。在欧洲大陆，1933 年德国政府颁布了《防止具有遗传性疾病后代法》，以法律要求对一切患肉体疾病和精神疾病的人实施强制绝育手术，并明确列举了以"精神病人"和"先天低能者"为首的九种遗传性疾病患者成为绝育手术对象。② 在德国《绝育法》实施的 12 年中（1933～1945 年），有 200 多万"劣等"德国人被实施了强制绝育手术。在纳粹德国的优生运动中，还有 600 多万犹太人被德国政府屠杀。

"二战"之后，国际社会开始认真反思种族优劣论和优生学说。20 世纪 60～70 年代，美国很多州废除了基于优生学和基因优选理论的绝育法。1980 年，华盛顿最高法院在"关于哈耶兹的监护权"一案中确立的判例掀起了"绝育法律改革运动"，强调要"通过对强制性绝育设立令人敬畏的障碍之方式，以保护智力障碍者的利益"。马萨诸塞州、纽约州、新泽西州、康涅狄格州等最高法院都予以效法。这种改革运动的产生伴随着人们对于残疾和智力障碍等观念的转换。在 1975 年联合国颁布的《身心障碍者人权宣言》③ 中，智力障碍者是指任何由于先天或后天在智力上的缺陷，全面或部分地丧失扮演其个人角色或符合社会之期望的人。这和以往将智力障碍者视为心智疾病和失常的观念存在质的差异。传统医学观点强调智力障碍属于大脑机能病变，其病理是不能变更的。但是现代认知发展方法论（cognitive developmental approach）的研究却认为，智力障碍只是大脑机能的缺乏而并非病变。具言之，智力障碍不是一种个体心智上的缺陷和疾病，而是一种在社会交往过程中由于偏见和歧视等观念和态度之下产生的障碍问题，而这种障碍更多地是由特定群体或社会的文化和观念所造成的。很多时候，正是由于特定形

---

① 〔美〕亨利·费莱德兰德：《从"安乐死"到最终解决》，赵永前译，北京出版社，2000，第 36 页。

② 〔美〕亨利·费莱德兰德：《从"安乐死"到最终解决》，赵永前译，北京出版社，2000，第 11 页。

③ 中国官方译法为《残疾人权利宣言》，本文译为《身心障碍者人权宣言》；下文《关于残疾人的世界行动纲领》也译为《关于身心障碍者人权宣言》。

态的社会文化、观念和态度（如歧视、恐惧等），才使得智力障碍者变成了智力残疾者。

一旦能够改变这种偏见与歧视所支配的社会观念，智力障碍者在本质上仍然是一个潜在的社会关系的参与者和建构者，并享有独立的人格、权利和尊严。正如《关于身心障碍者的世界行动纲领》指出的那样："障碍因此是对身心障碍者与其生存环境之间关系的一种作用。当身心障碍者遭遇文化、物质或社会阻碍，阻止他们参与其他公民可以享有的各种社会系统时，就产生了障碍。因此障碍是丧失与其他人平等参加社会生活的机会或是使这种机会受到限制。"在这种理念之下，对待智力障碍者的监护，也不应当采用隔离或关押的方式。相反，对智力障碍者的监护理念应该是使智力障碍者获得社会包容，尽可能发展能够促使他们独立而自主地生活所需的技能。为智力障碍者提供必要的社会保障，尊重智力障碍者的人格尊严，保护智力障碍者的基本权利，是物质文明、精神文明和政治文明发展到一定高度的文化表现和政治要求。

有条件地享有生育权，对于智力障碍者充分参与社会生活和发展而言，十分重要。在笔者的入户访谈记录中，① 受访监护人就明确谈到这一点：

> 笔者：小娟喜欢孩子吗？
>
> 监护人（母亲——001）：小娟可喜欢孩子啦。一有小孩来家里找她玩，她就高兴得不得了，能玩几个小时。领着一群孩子疯，笑得咯咯咯的。是个孩子头儿。
>
> 笔者：你家想过给小娟找个婆家？让她以后有个娃娃，老了么也有个依靠。
>
> 监护人（母亲——001）：哪个来找啊？她又是这么个情况，家里面条件又差。
>
> 笔者：那她养老咋个整？
>
> 监护人（母亲——001）：原来想给她办个低保，但是没整成，低保说她要独立有户口才能办。现在她的户口跟我们在一起，办不成。
>
> 笔者：那就给她单独上个户口嘛。

---

① 此次访谈地点为云南昆明海口某企业职工公寓，访谈时间为2013年1月5日。受访者为中度智力障碍者小娟（42岁）及其监护人（母亲，68岁）。

监护人（母亲——001）：哪有房子啊？要她有房子才能单独上户口，哪有房子啊？

笔者：不行么就领养一个娃娃嘛？她又能当妈，以后又有人照顾她。

监护人（母亲——001）：养活她一个人都够费力啦，哪里还能养娃娃？莫让娃娃来受罪啦。我和他爹退休工资就那么点儿，现在还能高低维持呢，等我们以后走掉了，也管不得那么多了。

笔者：你问过她，想当妈妈？

监护人（母亲——001）：……（用眼神暗示笔者不要当着小娟面问这个问题）

在本个案中，智力障碍者小娟一直有扮演母亲这一社会角色的欲望和冲动，当她能够进入适当环境时，她的精神便得到愉悦。当她带领和组织小孩子玩耍时，她正常的社会角色就在逐渐确立，社会交往能力也得以提升。

如果生育权是人权，那么作为享有尊严和权利的人，智力障碍者就固然享有此项权利。尤其是当智力障碍者具有强烈承当父母这种社会角色的冲动时，生育权对于他们而言就更为重要。

二　限制智力障碍者生育的理由与所应遵循的原则

在我们的调查中，多数认同智力障碍者享有生育权的受访者对于是否应当对智力障碍者的生育权实施一定的限制，还是持一种肯定观点，如表3所示。

表3　认同智力障碍者享有生育权的受访者对于限制智障者生育权的态度

	人数（人）	百分比（%）
应当予以一定程度的限制	38	65.5
不应当限制	16	27.6
说不清	4	6.9

那么这种肯定观点是否具有合理基础呢？

其实，任何权利都有其边界。虽然智力障碍者享有生育权，但这并不意味着智力障碍者生育权的行使就不受任何限制。联合国大会1971年《心智障碍者权利宣言》对生育权的限制作出如下规定："心智障碍者因有严重障碍而不能明确行使各项权利时，或必须将一部分或全部权利加以限制或剥夺时，用以限制或剥夺权利的程序务须含有适当的法律保障，以免发生流弊。这种程序必须以合格专家对心智障碍者所具社会能力的评估为根据，并应定期加以检查。还可向更高级的主管单位诉请复核。"可见，对智力障碍者的生育权进行某些限制并不是严格禁止。

传统的限制智力障碍者生育权的主张，往往是将其正当性立基于实现和维护社会利益最大化，认为限制智力障碍者的生育能够促进国民素质的整体提升，减轻社会负担，节省不必要的财政支出。但是新近主张则更多是强调为了更好地保护智力障碍者的自身利益而对其生育权予以限制。该观点认为应当依据不同等级的智力障碍者作出相应的法律限制。对于智力障碍者而言，生理器官的存在和其本身智力方面的缺陷，会给其身体带来极大的不稳定因素，导致其生育与自身利益的实现产生较为严重的冲突，而智力障碍者无法认识这些权利冲突并做出正确的判断。在这种情况下，就应当允许立法对某种"替代选择"作出规定，即允许某种主体替智力障碍者做出彻底放弃生育权的决定。[1] 因此，智力障碍者自身的利益最大化成为立法的首要考量因素。只有当对智力障碍者的生育行为进行限制，是为了维护智力障碍者的个人利益时，这种限制才具有正当性。

比较美、英、德等国家相关立法和判例，可以发现对智力障碍者的生育权予以限制，基本上必须遵循两大原则。

（一）知情自主选择原则

既然生育权是智力障碍者的一项人权，就应该尊重智力障碍者对于生育的自主选择权。然而，问题在于有的智力障碍者只有有限的认知和表达能力，其判断能力不一定准确。因此，必须对智力障碍者的自主程度予以区分，并做出相应的判断和结论。

---

[1] 曾争志：《智障者生育权的保护与限制》，载《厦门大学法律评论》第11辑，2006。

一般而言，现代临床医学将智力障碍者分为轻度、中度、重度和极重度四个等级，其临床特征如表4所示。①

表4 智力障碍者自主程度区分

智力障碍等级	智　商	自理能力	学习与工作能力	语言能力
轻度智力障碍	智商55～69	生活能自理	学习成绩差，经常不及格或工作能力差，能学会一些简单的生活技能	无明显言语障碍
中度智力障碍	智商40～54	具有简单的生活自理能力，但需帮助	不能适应普通学校学习，只会计算个位数加、减法；可从事简单劳动，但质量差、效率低	言语方面，能掌握简单的日常生活用语，但词汇贫乏
重度智力障碍	智商25～39	生活不能自理	不能学习和劳动，不会计算	不能进行有效的言语交流
极重度智力障碍	智商25以下	生活完全不能自理	社会功能完全受损，不会逃避危险	言语功能完全缺失

从中可以发现，首先，对于轻度和中度智力障碍者而言，他们通常是可教育、可训练的。对于可教育的智力障碍者，经过适当教育，就可以学会一些基本的学习和谋生技能。对于可训练的智力障碍者在适当的照料和指导下，也能学会一些简单的生活习惯和技能。轻度和中度智力障碍者经过适当的教育就可能具备一定的判断能力，进而对自己的利益做出判断。因此，知情自主选择原则对于这些轻度和中度智力障碍者是有现实意义的。

其次，对于重度和极重度智力障碍者而言，由于其能力极其低下，终身都需要他人照顾，难以具备有效的判断能力，所以无法真正理解结婚和生育的意义，但是绝育手术也同样应当适用知情自主选择原则。由于重度和极重度智力障碍者无法做出意思选择，实践中通常是由重度和极重度智力障碍者的监护人来做决定。那么监护人的选择决定是

---

① 张庆彬：《智能障碍和智能障碍的标准》，http：//www.xlzxzx.com/list.asp? id=72&key=1。

否符合正当程序呢？这就需要我们对程序正当原则进行明确的规定。

（二）符合智力障碍者最大利益原则

对轻度和中度智力障碍者采取避孕措施，对重度和极重度智力障碍者实施绝育措施。通常保护其利益，对智力障碍者家庭及其监护人和社会而言也是有利的。

上文已经提到，应当保证轻度和中度智力障碍者有生育的自主选择权，但对于重度和极重度的智力障碍者由其监护人替其做决定是不可避免的事情。那么监护人的决定就必须具有合理性和正当性。监护人在做决定时首先出发点应当具有善意，以智力障碍者的自身利益为考量，同时决策过程必须纳入正当法律程序的规制，从程序上对作为被监护人的智力障碍者的利益进行最大保护。但是在我们的调查中，大多受访者否认智力障碍者享有生育权的最大原因，并不是出于对智力障碍者本人权益的保护，而是强调对于下一代利益保护的可能性。极少受访者关注到保护智力障碍者人身健康的重要价值，如表5所示。

表5　否认智力障碍者享有生育权的最大原因

	人数（人）	百分比（%）
生育智力障碍的孩子概率较大，影响国民素质的提高	4	16
增加社会不必要的负担，增加财政支出	1	4
可能会伤害女性智力障碍者的人身健康	1	4
可能无法有效照管其所生育的孩子或对孩子造成伤害	19	76

1991年联合国大会《保护精神病患者和改善精神卫生保健的原则》中第11项原则第14条规定："仅在国内法许可，据认为最有利于精神病患者健康需要并在患者知情同意的情况下方可对患者实施重大内科或外科手术，除非患者没有能力表示知情同意，在这种情况下只有独立的审查后方可批准手术。"[①]

美国部分州法院的判例也显示，在进行智力障碍者最大利益考量之前，法院必须遵循某些程序并获得某些初步的结果，并以之作为保护智

---

① 陈新民：《残疾人权益保障：国际立法与实践》，华夏出版社，2003，第18页。

力障碍者利益的判断依据。一般而言，法院应该考虑以下九项因素：第一，智力障碍者怀孕的可能性有多大。如果医学证据表明性器官发育正常且没有证据表明其生育能力值得怀疑，则法院推定其具有生育能力。第二，如果智力障碍女性怀孕或分娩，遭受疼痛或心理上损害的可能性有多大；相反，如果对智力障碍女性实施强制性绝育，遭受疼痛或心理上损害的可能性有多大。第三，智力障碍者自愿发生性行为或遭受性侵犯的可能性有多大。第四，智力障碍者无力理解生育或避孕且无力理解很可能是永久性的。第五，在目前和不久的将来，采取其他温和的避孕措施是否可行、在医学上是否明智。第六，较之于在未来实施，在申请时实施是否更明智。虽然绝育不应该推迟到意外怀孕时，但是在绝育明显成为明智之举之前，法院应该慎重准许。第七，智力障碍者是否有能力照料子女，智力障碍者在将来结婚的可能性有多大，如果能够结婚，与其配偶共同照料孩子的能力有多大。第八，是否有证据表明在不久的将来科学的进步或医学的进步会使弱智状态得到改善或产生替代的、较温和的绝育方法。第九，实施强制性绝育的申请人必须出于善意，他们关心的主要对象是智力障碍者的最大利益而不是自己的或公共的便利。①

在澳大利亚，一智障女童玛里恩（Marion）的父母提出切除玛里恩子宫和卵巢的申请。该女童的父母认为玛里恩因重度智障，根本无法理解性行为、怀孕和为人之母的含义。如果从她的最佳利益出发切除其子宫和卵巢，能防止月经出血以及荷尔蒙分泌带来的心理和行为问题。法庭经过对有关证据缜密地审查后，也认为切除子宫和卵巢符合玛里恩本身的最大利益，从而允许该手术的实施。② 由此我们可以看出，为了最大限度地保护智力障碍者的利益，这类特殊的"非自愿性绝育"手术不是不可以做，但是必须要有严格的法律实体规定和相应的程序规定。

但在我国，即使是否认智力障碍者享有生育权的大部分受访者，对于采取强制绝育仍持否定态度，如表6所示。

---

① Steven J. Cleveland, "Sterilization of the Mentally Disabled: Applying Error Cost Analysis to the 'Best Intertest' Inquiry". 86 *Georgetown Law Journal.* (1997): 142 - 143.

② 曾争志：《智障者生育权的保护与限制》，载《厦门大学法律评论》第11辑，2006。

表6　否认智力障碍者享有生育权的受访者对于强制绝育的态度

	人数（人）	百分比（%）
可以采取强制绝育	1	4
不可以采取强制绝育	18	72
说不清	0	0
视情况而定	6	24

三　智力障碍者生育权保护的制度建构

在明确智力障碍者享有生育权，以及在限制生育的问题上采取合理区别对待的前提下，应当进一步建构和完善我国智力障碍者生育权保护的法律制度，尤其是填补立法空白，并制定严格的程序规范。

（一）填补我国立法空白，加强法制宣传

（1）将生育权载入宪法文本。生育政策必须建立在生育权是基本人权的基础之上。目前我国还没有制定专门针对智力障碍者生育权问题的法律规范，也没有法律对智力障碍者作为生育权主体的资格进行特别的限制。如何保护智力障碍者的生育权等相关问题都缺乏明确规定，立法明显滞后于实践。我国宪法只涉及计划生育制度，却没有对生育权的相关要素作出任何规范。提升我国对生育权的法律规范的等级，应将对生育权的概念和权利要素明确纳入《宪法》当中。

（2）完善部门法对生育权的保护。在我国，计划生育政策是以《宪法》为主导方向，由《人口与计划生育法》《婚姻法》等相关法律条文共同调控。《人口与计划生育法》作为规范公民生育行为最有发言权的法律，既是规范公民生育行为、保障公民生育权利的法律，又是规范政府对生育主体行使行政行为的法律。然而这部法律只对生育权有关问题做了原则性、概括性的规定。对于公民生育行为的引导、调节、限制、奖励与社会保障等具体的问题并没有相关的规定。它是通过授权各省级人大或其常委会通过制定地方性法规的办法来具体操控。

本研究认为《人口与计划生育法》应从以下三方面加以完善：第一，应明确规定生育权主体的权利行使与限制，包括对生育人群、性别和方式

等方面进行合法限制。第二，从社会福利方面加强对生育权主体的保护力度。保障公民的生育安全权、隐私权及知情权，尤其是保护智力障碍者的自主选择权，制定科学合理的避孕节育政策。同时，实行计划生育困难家庭扶助政策，依靠国家的力量为相关人群提供经济上的支持和保障。第三，完善实现生育权的相关程序规定。在立法上完善对智力障碍者进行绝育手术的实施程序，尤其是对智力障碍者绝育的申请与批准程序，使智力障碍者的生育权得到切实可行的法律保障。

另外，《婚姻法》作为民法的特别法，与生育立法有密切关系。保护生育权，需要对《婚姻法》的相关内容加以完善。应当增加生育权的享有、行使方式以及侵权责任等方面的内容。《婚姻法》将生育界定为婚内夫妻之间的一项权利，这缩小了生育权的主体范围。《婚姻法》应增加特殊生育权主体，包括智力障碍者。规定特殊主体实现生育权的方式，对特殊主体生育权行使进行必要的限制，即生育权行使的适用条件、行使方法及法律评价，给予其生育方式以合法地位以及制定严格规范的实施程序。

（3）加强相关法制的宣传。值得一提的是，在我国，关于智力障碍者权益保护的公约和条约并没有得到广泛宣传，如表7所示。应当采取多种途径，尤其是借助非政府组织的社会活动，对智力障碍者权利保护的相关国内法和国际法予以宣传。

表7　受访者是否知道1971年《心智障碍者权利宣言》和1975年《身心障碍者人权宣言》

	人数（人）	百分比（%）
都 知 道	4	3.6
只知道前者	2	1.8
只知道后者	2	1.8
都 不 知 道	102	92.7

（二）制定严格的程序规范

1. 规范有权主体的受理程序

如前文所述，对于无法自主选择的重度和极重度智力障碍者，由于他们智力上的严重障碍，使他们无法正确表达，也没有生活自理能力，这就导致不得不由其监护人为其做决定。但是绝育手术涉及公民的生育权和人身完整性，这就要求在对决定权主体的选择上应该非常谨慎。

对于监护人的绝育决策权，苏格兰法律规定：法院可以任命某人为智力障碍女性的"指定保护人，一旦得到任命，有权同意采取任何符合弱智者利益的生育政策，包括实施堕胎和绝育"。根据德国民法典的规定："弱智者的绝育只有经过特别照管人的同意才能实施。"同时还规定"特别照管人的同意必须获得法院的批准，而且绝育应该优先采用能够恢复生育的方法"①。更为重要的是，监护人在做决定时应当具有"善意"，这种善意要求其出发点必须是为不能表达自己意思的智力障碍者的利益考虑，最大限度维护被监护人的利益。

由于智力障碍者的生育行为涉及当事人的重大利益，同时与智力障碍者的监护人可能也有着重大利益冲突，在这种情况下很有可能会发生作为强势一方的监护人侵害处于绝对弱势地位的智力障碍者利益的事件。此时需要一个处于中立地位并且具有权威的机构参与其中对智力障碍者的生育权进行必要保护。绝育手术不同于其他的普通医疗手术，这是一个极容易产生道德风险的事项。因此，对于这样的手术获得许可的程序就必须有严格规范。目前我国《医疗机构管理条例》第33条规定："医疗机构施行手术……必须征得患者同意，并应当取得其家属或者关系人同意并签字；无法取得患者同意时，应当取得家属或者关系人同意并签字……"这一规定对于普通的医疗手术已足够，但是对于可能存在重大利益冲突的智力障碍者的绝育手术，这一规定似乎还无法真正保护智力障碍者的权益。笔者认为可以由智力障碍者的监护人享有提出绝育手术的申请，同时法律应当设置更加严格的程序规范，将最终决定权赋予最为中立的司法机关，比如由法院做出最终决定。整个决策程序应当采取严格的法定程序。法院在监护人、医学专家和相关社会机构的参与下，结合专业的医学意见，经过法庭的质证和审查，对智力障碍者的生育选择做出最终决定。法院依照正当程序，在民政部门、残疾人联合会以及其他社会机构的共同参与下，最大限度地保障智力障碍者非自愿性绝育决定的合法公正，以防止监护人的专断，避免自由裁量权的滥用。

2. 完善医学机构鉴定程序

对重度和极重度智力障碍者实施手术前，相关的医学鉴定程序必不可

---

① 张学军：《对于弱智女性实施强制性绝育的民事法律制度研究》，《当代法学》2006年第3期。

少。智力障碍程度是否达到重度或极重度，智力障碍者是否完全缺少生活自理能力，是否还具有生育功能等事实的认定都需要充分医学证据。规范的医学鉴定程序在对智力障碍者进行绝育手术前显得尤为重要，只有在智力障碍者生育功能的保有会对智力障碍者造成更大伤害时，对智力障碍者实施绝育手术才具有法律上的正当性。目前允许对智力障碍者实施非自愿性绝育手术的国家，都要求手术必须有医学上严格规范的鉴定程序，表明手术是必须要进行，从而使手术被滥用的风险降到最低。例如，南非法律规定：手术必须在国立医院进行，由两位执业医生论证是否应为其手术（其中一位为精神科医生）。还有的国家规定：在决定是否对其进行绝育手术前，听取与该智力障碍者长期接触和治疗的儿科或精神科医生的意见是手术必须具备的前置条件。[1]

3. 手术的具体实施及术后护理程序

通常情况下，避免生育的方式是多种多样的，如果可以通过绝育以外的方式避免生育，那么选择绝育对当事人来说就是不正当的——切除子宫这样的绝育会对受术者人身造成巨大伤害。被实施绝育手术的智力障碍者在经历了身体创伤后，心理也会出现损害。此时需要有专门人员对受术者予以细心的照顾和心理安抚。相关的医疗机构应当为受术的智力障碍者配备专门陪护人员，及时观察术后情况，尽可能营造一种轻松缓释的休养环境，及时发现术后可能产生的问题，与受术智力障碍者的监护人保持紧密联系，使受术者尽快地恢复正常的生活。

Research on the Protection and
Restraint of the Reproductive Right of Persons with
Mental Disabilities in China

Qian Jinyu, Ren Lu

ABSTRACT: Reproductive right is the inherent right of every person, including people with mental disabilities. This paper examines the attitudes and arguments among law students towards this right for people with mental disabilities

---

① 冒蓓蓓：《基本人权保障与智障者节育手术开展可能性讨论——着眼南通福利院智障少女子宫切除事件分析》，《医学与哲学》2005 年第 9 期。

through questionnaires. In order to construct a legal system for the protection of the reproductive rights of people with mental disabilities in China in line with the international standards set forth in the Convention on the Rights of Persons with Disabilities, two principles should be emphasized; informed choice and the pursuit of the best interests of the people with mental disabilities. Four legal measures should be taken, including incorporating the right to reproduction of people with mental disabilities into the constitution and other domestic legislation, enhance the legal popularization, and establish procedures for claiming these rights.

Key words: Reproductive Right; People with Mental Disabilities; Sterilization; Procedures

心智障碍者家庭权利体系研究：
以自闭症家庭为例*

陆奇斌　张　强　付　愈**

摘　要：个体的心智障碍不仅仅给个体带来不便，也导致整个家庭出现障碍，我们不仅要消除个体障碍，更要消除家庭的障碍。有别于以往心智障碍者人权保障研究集中在个体层面，本文以家庭为研究对象，探索心智障碍家庭的权利保护体系。研究揭示了自闭症者与自闭症家庭特殊的生命周期，并提出了基于需求层次与家庭抗逆力的"家庭存续权""家庭获助权""家庭公正权""家庭自由权""家庭发展权"家庭权利保护体系，为心智障碍者的权利保障研究提供参考。

关键词：家庭权利　人权　心智障碍　自闭症

一　研究缘起

作为一家自闭症儿童艺术康复中心的顾问和志愿者，笔者在和自闭症儿童的父母交往过程中，经常听到这样一些倾诉：

"自从有这个孩子，整个家全变了，我的生活全变了"，"孩子的父亲因为受不了这样的家庭，我们离婚了，我要了孩子，他要了自由"，"我不敢想他将来是否能够恋爱，结婚，生子"，"当别人在大马路上对

---

*　本研究得到了武汉大学公益与发展法律研究中心、瑞典罗尔·瓦伦堡人权与人道法研究所的支持，在此表示感谢。本文部分内容发表于《残疾人研究》2014 年第 6 期，题为《从残疾人权利向残疾人家庭权利转变：以自闭症为代表的心智障碍者家庭权利保护研究》。

**　陆奇斌，北京师范大学社会发展与公共政策学院，讲师；张强，北京师范大学社会发展与公共政策学院，副教授；付愈，北京市金羽翼残障儿童艺术康复服务中心，艺术康复总监。

我的孩子表露出厌恶的时候，我感到委屈和无地自容，因为那是我的孩子，那也是我的一部分"，"我希望我的孩子死在我的前面，这样我也算是照顾了她一辈子"，"我鼓起勇气怀孕，如果是个健康的孩子，我希望他在将来代替我能照顾他的哥哥，如果不健康，照顾一个也是照顾，照顾两个也是照顾"等等。

从这些倾诉中，我们看到的是以自闭症人士为代表的心智障碍者的家庭的挣扎和无助。有别于非精神类残障家庭，自闭症儿童家庭的遭遇更能够全方位展示出心智障碍者家庭面临的困难与挑战。正如一位自闭症者的父亲所说："自闭症不像有一些不了解的人说的是心理问题，其实这不是心理问题，而是一个生理性的问题。自闭症被称为精神癌症，很厉害的病。"

因此，本研究希望通过以自闭症儿童家庭为代表，研究这些家庭面临的挑战，探索对应的家庭权利诉求，从而从残疾儿童家庭权利保护的角度，来设计心智障碍者家庭的家庭支持体系。

二　文献回顾与述评

（一）自闭症概述

自闭症是一种严重的精神发育障碍，症状一般在 3 岁以前就会表现出来，主要特征是漠视情感、拒绝交流、语言发育迟滞、行为重复刻板以及活动和兴趣范围具有显著局限性等，并伴有终身社会性、沟通性和行为性障碍。自闭症患者对人和事物具有不同的理解和反应方式，而且自闭症是一个障碍性谱系，对每个患者的影响都是不同的，换句话说，每个自闭症患者之间所表现出的特点还存在差异。[①]

美国疾病控制和预防中心 2013 年 3 月 20 日公布的最新调查报告显示，对该国上万名 6～17 岁少年儿童进行调查后发现，与 2007 年相比，目前美国自闭症谱系障碍患儿比例从 1.2% 增至 2%，也就是说目前美国平均每 50 名少儿中就有一名自闭症患者，其中男孩患病比例从 1.8% 升至 3.2%，

---

① CDC. (2012). Community Report From the Autism and Developmental Disabilities Monitoring (ADDM).

女孩从 0.5% 增至 0.7%。① 如果根据《2010 年第六次全国人口普查主要数据公报（第 1 号）》，全国 0～14 岁人口为 2.2 亿人计算，按照美国数据类推，中国自闭症儿童应有 440 万，要远高于 2012 年 4 月 2 日北京师范大学中国公益研究院发布的《自闭症儿童现状分析报告》估算的 164 万人。

正如《自闭症儿童现状分析报告》指出的，中国自闭症儿童及家庭生存状态堪忧，自闭症儿童给家庭带来沉重的心理、养育及经济等负担。为此，有必要从家庭的角度来理解和思考自闭症儿童的发展问题。

（二）心智障碍家庭权利

1. 家庭权利

从传统到现代，家庭在人的出生、照料、教育、娱乐、劳动和技能传输等方面有着至关重要的作用。但家庭作为人的一项基本权利被重视，却是近期的事情。《世界人权宣言》《经济、社会和文化权利国际公约》和《残疾人权利公约》等国际性人权文件中规定了家庭权。第三次联合国大会通过的《世界人权宣言》第 16 条第 3 项规定："家庭是社会的基本单元，应受社会及国家的保护。"《残疾人权利公约》的序言第 24 条提道："深信家庭是自然和基本的社会组合单元，有权获得社会和国家的保护，残疾人及其家庭成员应获得必要的保护和援助，使家庭能够为残疾人充分和平等地享有其权利作出贡献。"但是，家庭权利的内涵，尤其是残障人的家庭权利内涵，以及如何将家庭权利纳入各国宪法作为公民的一项基本权利加以保护，各国还没有形成完全一致的认识。

2. 心智障碍家庭权利

目前，有关心智障碍家庭权利研究还未真正开始，即使是自闭症家庭的帮扶体系研究也还在探索过程中。目前有关自闭症及其家庭的研究主要集中在自闭症儿童的筛查、诊断与康复训练、儿童救助等方面，有关自闭症儿童的家庭支持等方面的研究还相对较少，有限的研究也集中在以自闭症儿童为中心的家庭训练方法和社会支持的建议上，个别关注到家长心理反应与需求，以家庭为研究单位，探索家庭支持的精神类残障人士的家庭

---

① Blumberg, S. J., Bramlett, M. D., Kogan, M. D., Schieve, L. A., Jones, J. R., and Lu, M. C., "Changes in Prevalence of Parent—reported Autism Spectrum Disorder in School – aged U. S. Children: 2007 to 2011 – 2012," *National Health Statistics Reports* Vol. 65: 1 – 12.

权利保护研究则相对较少。

（三）自闭症家庭的压力、需求和支持

构建心智障碍家庭的权利保障体系，必须了解心智障碍家庭面临的压力、需求和提供支持的现状，在此基础上才能提出有针对性的家庭权利建设意见。通过对国内外有关自闭症家庭研究方面文献的梳理，我们发现研究比较碎片化，缺乏一个完整的逻辑脉络。在以下的文献述评中，我们将按照"家庭应激来源—家庭应激反应—家庭服务需求—家庭社会支持"这样一个残障"灾害应对"逻辑次序进行归纳评述。

1. 家庭应激来源

自闭症人士对家庭产生的冲击按照应激来源来分，大致有诊断、照料负担、社会融合、经济负担、教育和未来担心等几个方面。

（1）诊断。在确诊为自闭症之前，家庭成员其实对儿童的表现和行为的异常性有所感知。但是在确诊的那天，儿童的父母仍然接受不了，那天成为他们"生命的分界线"，他们都会表现出吃惊、不信、愤怒、悲痛、绝望等应激反应。[①]

（2）照料负担。诸如自闭症类型的精神残障儿童家庭的照料者一般是儿童的父母，他们所遭受的自闭症儿童照料上的负担要远远大于其他残疾类型儿童的父母。这些负担，不但让父母身心疲惫，而且会导致抑郁和与社会隔绝，进而导致父母进一步的身心问题。尤其是与社会隔绝，特别能反映出自闭症儿童父母的照料负担之巨。[②]

（3）社会融合。作为残疾人父母，出于"羞愧"而不愿像以前一样与社会交往，这种"污名化"在中国的文化体系中仍然存在于大多数公众的头脑中。精神障碍的孩子也阻碍了父母带着孩子出门的动力，孩子不正常

---

① 李敬、程为敏：《透视自闭症：本土家庭实证研究与海外经验》，研究出版社，2010；第轶杰、杨丽、雷杰鹏、马润娟：《孤独症患儿父母的精神症状与应付方式》，《中国心理卫生杂志》2012 年第 10 期，第 771～774 页。陈瑜：《孤独症患儿家长复原力及相关因素研究》，硕士学位论文，南京师范大学，2007。

② 陈瑜、张宁：《孤独症患儿父母复原力的研究现状（综述）》，《中国心理卫生杂志》2007年第 5 期，第 298～300 页，第 309 页。陈瑜、张宁、裴涛：《国外孤独症儿童家庭应激研究现状》，《中国特殊教育》2007 年第 10 期，第 66～70 页。雨林：《孤独症儿童家庭应激研究现状》，《现代特殊教育》2007 年第 12 期，第 37 页。

的举动会让父母在公共场所羞愧难当。

（4）经济负担。国内几乎所有的研究都提到了经济负担这一问题，自闭症者就医和康复训练需要大量的开支，一般情况下自闭症家庭的开支要比普通家庭每年多出 4 万～6 万元。另外，由于照顾压力太大，缺乏自理能力和思维行为异常的孩子，使得父母必需花大部分时间在家里照料孩子。往往出现父母中的一位留在家里全职照顾孩子，一位在外面挣钱养家的现象。[①]

（5）教育。很多自闭症家庭不知道如何在家庭中开展自闭症孩子的教育，而且也不知道自闭症孩子是否应该上学，如果选择上学，是去特殊教育学校，还是选择融合教育的普通学校。[②]

（6）对自闭症人士未来的担心。很多自闭症家庭对于自闭症儿童的未来缺乏信心，不知道孩子长大以后如何融入社会，特别是在照顾者离世后，自闭症孩子如何生存的问题。[③]

2. 家庭应激反应

在上述应激源的冲击下，家庭成员将产生应激反应。目前的自闭症家庭应激反应的研究主要以自闭症儿童的父母为主，兼顾家庭其他成员。现有研究指出，自闭症对家庭成员产生了相当强的应激冲击，主要表现在心理反应、经济压力、生理压力、生活秩序失衡和家庭结构失调等方面。

（1）心理压力。自闭症儿童的父母相对于其他残疾儿童的父母出现抑郁、社会隔绝等负面状况的程度更大。[④] 主要原因是，自闭症这类精神障碍儿童的行为障碍和需要特殊且更多投入的照顾压力，使得自闭症儿童的

[①]　陈琳：《自闭症儿童家长的困难与愿望——对上海市三名自闭症儿童家长的社会支持需求情况的质的研究》，《文教资料》2011 年第 28 期，第 131～134 页。夏薇、王佳、孙礼、孙彩虹、梁爽、武丽杰：《孤独症患儿家庭环境及父母生存质量分析》，《中国学校卫生》2010 年第 2 期，第 136～137 页，第 140 页。

[②]　陈琳：《自闭症儿童家长的困难与愿望——对上海市三名自闭症儿童家长的社会支持需求情况的质的研究》，《文教资料》2011 年第 28 期，第 131～134 页。李敬、程为敏：《透视自闭症：本土家庭实证研究与海外经验》，研究出版社，2010。孙莹：《我国特殊困难儿童的福利需求分析及其应有的干预策略》，《青年研究》2004 年第 1 期，第 8～13 页。

[③]　陈琳：《自闭症儿童家长的困难与愿望——对上海市三名自闭症儿童家长的社会支持需求情况的质的研究》，《文教资料》2011 年第 28 期，第 131～134 页。

[④]　Blacher J., McIntyre, and L. L., "Syndrome specificity and behavioural disorders in young adults with intellectual disability: cultural differences in family impact," *Journal of Intellectual Disability Research* 50 (2006): 184 - 198.

父母身心俱疲。[①]

（2）经济压力。目前社会上自闭症康复的机构较少，康复和照料费用普遍偏高，基本占一般家庭收入的一半以上。而自闭症的康复和照料需要相当长一段时间，甚至是一生的时间，普通家庭的经济收入难以为继。[②]

（3）生理压力。学者们的研究进一步发现，家庭中父母双方，母亲承受的应激冲击更大，主要表现在持续增加的心理压力和低落情绪、不断下降的身体健康水平和疲劳感、时间压力增强、家庭脆弱性增强、对孩子依赖性增强的担心。[③]

（4）生活秩序失衡。从家庭整体出发，发现孤独症儿童家庭遇到的日常困扰还包括：没时间娱乐或度假、婚姻压力、父母没有闲暇时间、孩子缺少朋友、母亲工作受到影响以及为安全而担忧等。[④]

（5）家庭结构失调。一个自闭症孩子的出现会给家庭结构造成巨大冲击，由于家庭长辈对自闭症孩子的不接受、归因问题上夫妻双方的互相指责导致家庭破裂，这些都影响着家庭功能的发挥及其对自闭症孩子康复的支持。[⑤]

3. 家庭服务需求

（1）从关键要素角度来分析。大部分研究者并没有按照一定的需求类别分类表述自闭症家庭的需求，而是根据自闭症家庭直接表述的对外界需求内容进行了揭示，对这些研究结果的归纳发现，自闭症家庭需求不是单一的，而是多方面、复杂的。根据需求的迫切程度，自闭症家庭的需求主要表现为经济援助、教育支持、医疗服务、心理援助、法律保护、社会保障、知识与信息等方面的需求。[⑥]

[①] Schuntermann P. , "Pervasive developmental disorder and parental adaptation: previewing and reviewing atypical development with parents in child psychiatric consultation." *Harvard Review of Psychiatry* 10 （2002）: 16 – 27.

[②] 倪赤丹、苏敏：《自闭症儿童家庭支持网的"理想模型"及其构建——对深圳120个自闭症儿童家庭的实证分析》，《社会工作》2012年第9期，第44～48页。

[③] Rodrigue, J. R. , Morgan, S. B. , and Geffken. G. , "Families of autistic children: psychological functioning of mother." *Journal of Clinical Child Psychology* 19 （1990）: 371 – 379.

[④] Hutton, A. M. , and Caron, S. L. , "Experiences of families with children with autism in rural new england." *Focus on Autism &Other Developmental Disabilities* 20 （2005）: 180 – 189.

[⑤] 倪赤丹、苏敏：《自闭症儿童家庭支持网的"理想模型"及其构建——对深圳120个自闭症儿童家庭的实证分析》，《社会工作》2012年第9期，第44～48页。

[⑥] 倪赤丹、苏敏：《自闭症儿童家庭支持网的"理想模型"及其构建——对深圳120个自闭症儿童家庭的实证分析》，《社会工作》2012年第9期，第44～48页。

（2）从生理、心理和社会需求角度来分析。由于自闭症人士的父母遭受经济、照料负担、家庭秩序失衡等方面的压力，在生理和心理上都存在大量的支持需求。例如父母缺乏必要的休闲娱乐时间，在长时间的照顾压力下产生的负面情绪得不到纾解，使得很多照顾者出现了焦虑、烦躁、易怒、敌视他人等心理问题和身体疲惫、慢性疾病等生理问题。[1]学者进一步的研究还发现心理需求的程度要远高于生理和社会方面的需求。[2]

（3）从家庭需要外界帮助的对象来分析。研究发现自闭症家庭对康复机构支持、社团支持、政府支持、专业人士支持等具有强烈的需求。他们希望得到更多的康复机构在康复、行为矫正等方面的支持，希望得到公益慈善等社会组织在心理疏导、喘息服务、就业疏导等方面的资源链接和行动支持，希望得到政府在经济、教育资源、政策庇护等方面的照顾，希望得到医疗康复、心理咨询、专业社工等方面专业人士的智力支持。[3]

4. 家庭社会支持

关于社会支持的概念，目前尚无一致的定义。在自闭症的研究中，社会支持是一种为了使人们不受逆境损害，通过提供外界的普遍或特定的支持而提高人们社会适应性的行为。[4] 我们也按照这一定义来梳理自闭症家庭社会支持的文献。

（1）从家庭支持向支持家庭转变。目前，随着对自闭症理解的深入，人们将关注的重心从自闭症个体逐步转移到自闭症家庭。

正如国外家庭治疗和支持领域的学者所指出的，在应对家庭突发事件时，以积极的家庭支持取代被动的家庭参与可能会更好，[5] "改变家庭可能

① 陈琳：《自闭症儿童家长的困难与愿望——对上海市三名自闭症儿童家长的社会支持需求情况的质的研究》，《文教资料》2011 年第 28 期，第 131～134 页。
② 刘毓芬、胡心慈：《"破茧而出的意义"——一位自闭症儿童母亲之心路历程》，《特殊教育研究学刊》2005 年第 29 期，第 225～250 页。
③ 林云强、秦星、张福娟：《重庆市康复机构中自闭症儿童家长需求的研究》，《中国特殊教育》2007 年第 12 期，第 51～57 页。
④ Malecki, C. K., and Demaray, M. K., "Measuring perceived social support, development of the child and adolescents social support scales." *Psychology in the School* (2002): 1–18.
⑤ Blacher J., McIntyre, and L. L., "Syndrome specificity and behavioural disorders in young adults with intellectual disability: cultural differences in family impact," *Journal of Intellectual Disability Research*, 50 (2006): 184–198.

是改变个人最有效的办法"①。家庭对自闭症人士的支持更加如此，人们逐渐认识到对于自闭症人士的关注由"支持个人"为中心应向以"支持家庭"为中心转变，以家庭为中心构建支持网络，通过构建家庭内外条件的有机组合体系，可以提升家庭的抗逆力、减轻家庭压力，提高自闭症人士的家庭的生活质量。也就是说，解决自闭症造成的家庭冲击，保全家庭社会福利递送和家庭成员的抚养、赡养的基本功能，将对自闭症人士生存发展起到非常重要的作用。

（2）我国家庭内部对自闭症人士的支持非常脆弱。学者根据中国差序格局的人际关系特点，对目前国内自闭症人士的家庭支持现状进行了研究，按照从家庭内部支持网、家庭亲朋支持网、家庭社区支持网、家庭社会支持网由内及外的次序，构建了"四环同心圆"形式的自闭症人士家庭内外并存的社会支持网络，研究发现了当前自闭症家庭内部支持网非常脆弱，社会支持总体水平偏低等问题。②

（3）自闭症家庭的社会支持体系尚不健全。目前还没有建立起有效的自闭症家庭社会支持系统，构成社会支持系统的各大要素尚不成熟。自闭症者的父母对获得社会支持的期望较高，但现有的社会支持体系尚不足以满足父母对获得社会支持的需求。③ 目前，自闭症康复机构数量偏少、师资不足、资金短缺、研究水平偏低，自闭症社工机构较少，专业家庭服务社工缺乏，提供融合教育的机构较少，社区及普通学校普遍缺乏有关自闭症的知识，难以满足自闭症者的教育需求，社区融合能力不足，政府投入有限。④

（4）社会支持模式的策略建议。自闭症家庭需要得到社会支持已经成为学者们的普遍共识，在自闭症人士和家庭对社会支持需求总量不断提高的情况下，加大社会支持力度，要从宏观和微观同时着手，在提供正式社会支持的同时，兼顾非正式社会支持，以多元主体参与的方式，构建一套

---

① Nichols, M. P., and Schwartz, R. C. (2005). *The Essentials of Family Therapy*, Addison - Wesley.

② 倪赤丹、苏敏：《自闭症儿童家庭支持网的"理想模型"及其构建——对深圳120个自闭症儿童家庭的实证分析》，《社会工作》2012年第9期，第44～48页。

③ 高飞、杨静：《自闭症儿童家庭的社会支持现状研究——对河北省99个自闭症儿童家庭的调查》，《教育导刊（幼儿教育）》2008年第4期，第24～26页。

④ 陈琳：《我国自闭症儿童家庭社会支持系统研究的现状、问题与对策》，《南京特教学院学报》2011年第4期，第30～33页。

完整的社会支持体系。①

　　具体建议策略表现为要求政府、社会服务组织、专业机构、个体等全面参与到自闭症家庭的支持中来。例如，政府制定相应的支持政策，加大财政投入；开展大规模流行病学调查，加大自闭症排查力度；健全医疗、教育、康复体系，推动自闭症康复训练机构的发展，扩大和提高这些社会服务机构的服务覆盖范围和服务质量，适当提供相应的财政补贴、税收减免等支持。②

（四）理论分析中的问题

　　囿于有限的阅读，笔者没有完全涵盖国内外心智障碍家庭领域的全部文献。尽管有所疏漏，但综合以上文献回顾，围绕本文拟研究的问题，我们可以看到需要进一步展开的研究领域有如下几个方面。

1. 立足家庭角度的研究才刚开始

　　早期有关自闭症领域的社会支持研究，大部分都聚焦在如何支持自闭症患者的诊断、治疗、康复、教育等方面，有关家庭的议题也往往强调家庭在承担自闭症儿童养育、康复和教育方面的责任与义务。近两年的研究，已经开始考虑自闭症者带来的压力对家庭的影响，并有了一些研究，但才刚刚开始。很少有研究从家庭权利的角度来剖析自闭症家庭的社会支持体系，包括自闭症家庭的权利构成、权利诉求和权利保障体系构建等。此外，在自闭症家庭社会支持的研究中，往往不区分照顾者（如父母）和家庭之间的区别。

　　应该指出，目前的研究强调父母及家庭的压力等负面状态的较多，而很少涉及家庭良好适应和积极应对的探讨。家庭作为最小的社会单位，如同所有的系统一样，应该具备自我修复的能力——复原力（resilience）。而这点在自闭症家庭的权利研究中显得尤为重要。

2. 自闭症家庭的需求分析有待深入

　　需求是权利研究的基础。目前有关自闭症家庭需求分析研究的部分还

---

① 许新竹：《我国自闭症患者及其家属社会支持研究综述》，《社会心理科学》2012 年第 Z1 期，第 142～146 页。

② 杜元可：《自闭症儿童照顾者的社会支持网络研究——以江浙地区 10 个自闭症儿童照顾者为例》，硕士学位论文，中国青年政治学院，2011。温谋富：《自闭症儿童家庭的社会福利需要——以福州市为个案的研究》，《社会工作》2009 年第 6 期，第 42～45 页。

存在以下不足：一般没有区分自闭症家庭的压力和相应的需求，往往压力和需求混合在一起表述；大部分需求研究，基本上不做自闭症家庭需求的分类，即使有分类，也只是根据自闭症家庭口头提及的需求频次进行罗列而已；与应激源的因果关系一样，需求分类的研究都或多或少忽略了各个需求之间可能存在的因果关系。只有理解需求之间存在的因果关系，我们才有可能从系统设计的角度来探讨自闭症家庭的支持体系和他们的家庭权利。

此外，以往的研究往往只考虑自闭症人士的某一个生命阶段，比如大部分研究集中在自闭症人士的儿童阶段，而忽略了从自闭症人士的完整生命历程来考虑，尽管大家都认识到家庭的需求会随着自闭症人士的成长而面临不同的需求和挑战，① 应该从发展支持（developmental supportive）的角度，在其不同的生命阶段（从婴儿期到老年期），根据其具体特征制定个性化、连续性的终身计划，为发育障碍人士及其家庭提供合适的支持，以提高他们的生活质量，帮助其实现自我价值。② 但目前还缺乏完整的需求逻辑和在此基础上的系统权利保护。

三　研究方法与分析结果

本研究采用基于扎根理论的质性研究和文献分析相结合的研究方法。质性研究以个案访谈为主，并结合参与式观察法。个案访谈采用与自闭症人士照顾者深度访谈方式，访谈问题主要集中在五个方面：第一，从孩子确诊为自闭症到现在，家庭面临过哪些问题和困难；第二，和确诊前相比，家庭发生了哪些变化；第三，现在有哪些方面需要得到外界的支持；第四，自闭症家庭应该具备哪些权利，哪些已经具有，哪些还缺乏；第五，对未来有什么担心，有什么希望。参与式观察法采用作为志愿者的方式参与自闭症人士及其照顾者的活动，观察、交流、旁听他们所遇到的困境和权利需求以及现有社会支持的状况。

本研究长期观察的自闭症家庭为 11 个，历时 1 年，其中深度访谈自闭

---

① 倪赤丹、苏敏：《自闭症家庭的需求与社会工作介入——来自深圳 120 个自闭症家庭的报告》，《广东工业大学学报》（社会科学版）2012 年第 5 期，第 36～41 页。

② 黄辛隐、张锐、邢延清：《71 例自闭症儿童的家庭需求及发展支持调查》，《中国特殊教育》2009 年第 1 期，第 43～47 页。

症家庭为 5 个，获得 17 万字转录文本，进行编码分析。通过开放编码、主轴编码、选择编码三次编码过程，形成了自闭症人士的生命周期、自闭症家庭生命周期、家庭压力、应激反应、行为、需求、家庭权利 7 个范畴，共计 65 个概念。

按照扎根理论进行资料的分析、整理和总结后，有以下几个方面的发现。

（一）自闭症家庭面临巨大的压力

与已有的研究一致，自闭症家庭遭遇的压力非一般家庭所能比拟，家庭需要承担终生照料自闭症人士的责任，而在这个过程中，看不到未来的希望："还有一个难是什么呢，你比如说一个小生命的诞生，你对他的期盼转到一个残酷的现实。这个（需要）心理的转变的接受能力。对人的压力特别大！""崩溃了，受不了了。"

（二）自闭症家庭普遍缺乏家庭权利意识

本研究中的自闭症家庭绝大部分并不了解家庭权利的概念，他们对家庭权利的理解，更多停留在夫妻之间的照顾、对子女的抚养等义务，以及家庭财产支配、家里谁说了算等方面的家庭内部"权力"，而不是"权利"。他们大部分也并不认为自闭症家庭应具备有别于普通家庭的权利，他们对权利的理解更多体现在因为家庭面临困难，需要外界给予一定的帮助以渡过难关，这样一种社会帮助或社会支持的理念。

对于《残疾人权利公约》《国际人权公约》等普适性的权利表述，本研究中的自闭症家庭表示听说过，但没有具体去了解其中的权利内涵和权利种类，因为他们认为这些权利公约"过软"，很难要求社会支持体系有针对性地对自己的家庭产生深远的影响，总体上感觉这些公约离自己的生活太遥远。"我们能做的就自己做了，政府和社区其他人能帮就帮，帮不了也属正常的。"

正因为如此，大部分家庭更愿意自己主动维护既有的资源和改善自身的处境。他们自发组建了"北京孤独症儿童康复协会"。这些协会理事和成员基本上都是由自闭症儿童的家庭组成，负责协会中自闭症家庭的康复、培训、讲座、活动等各方面的信息交流，也通过各个家庭原有的社会网络与协会进行资源链接，将专业机构的社会服务，特殊教育和普通教育机构的融合教育服务，专业人士的医疗、康复、培训等方面的服务，志愿者的社会支持等，与孤独症儿童协会中的家庭对接。甚至在自己孩子的就业方面，自闭症家庭通过这种协会式的资源网络积极探索适合自身孩子特点的职业取向。残障者是一种特殊的人力资源，自闭症者也一样，他们又被称为天真者，还有一定比例的高功能自闭症人士，协会为他们寻找绘画、音乐、艺术表演、手工艺等方面的就业或自由职业的机会。

（三）自闭症家庭的生命周期与普通家庭不同

家庭生命周期的概念起源于 1903 年，由 Rowntree 最先提出。与此相类似的概念还有"生命历程"（life course）理论。与生命历程理论不同，家庭生命周期理论中的"生命周期"指的是为人父母在家庭结构与规模发生变化时所处的家庭不同阶段。生命周期理论以世代这个概念来分析个体或家庭的阶段，并对总结出具有普适性的人类共同阶段模式充满兴趣。① 而"生命历程"，指的是在个体不同的年龄阶段，将承担不同的社会角色和社会事件，重点认知的是构成个人或家庭发展路径的阶段或事件的先后顺序。②

美国学者按照美国人的特点将家庭生命周期分为青年新婚、青年父母、中年已婚有孩子、成年晚期、将要退休和已经退休六个阶段。③ 中国一般家庭生命周期略有不同，更加稳定且规模较大，大家庭的比例非常高。④ 但一般而言，一个典型的家庭生命周期可以划分为以下六个阶段：形成、扩展、稳定、收缩、空巢与解体。

在本研究中，通过对自闭症家庭的观察和访谈，我们发现自闭症家庭具有与普通家庭不一样的家庭生命周期。其主要原因是自闭症孩子给家庭带来的变化。

---

① 包蕾萍：《生命历程理论的时间观探析》，《社会学研究》2005 年第 4 期，第 120～133 页，第 244～245 页。
② Elder, G. H. J., "The Life Course and Human Development." In Richard M. Lerner（ed.）, *Handbook of Child Psychology*（Vol. 1: *Theoretical Models of Human Development*）New York: Wiley；李强、邓建伟、晓筝：《社会变迁与个人发展：生命历程研究的范式与方法》，《社会学研究》1999 年第 6 期，第 1～18 页。
③ 郭庆松：《家庭生命周期与家庭消费行为》，《消费经济》1996 年第 2 期，第 27～30 页。
④ 于洪彦、刘艳彬：《中国家庭生命周期模型的构建及实证研究》，《管理科学》2007 年第 6 期，第 45～53 页。

一般人类个体的生命周期，按照其社会属性，大致可以分为"出生—被哺乳—教育—就业（结婚、生育）—退休养老"五个周期阶段。但是自闭症人士与普通人不同，本研究中的自闭症孩子在出生时，一开始并不会被直接发现患有自闭症，而是他们的父母在发现其与其他孩子存在行为上的异常，才到专业机构或医院确诊为自闭症。这时整个家庭发生了天翻地覆的变化，原有预想的发展周期出现了颠覆性的改变。"有了他以后吧，我们的生活和别人家就不一样了，我从单位退回来，其实我挺喜欢我的工作的，现在他爸爸在外面拼命工作赚钱，我特别希望能自己开一家店，现在没有精力了。"

与正常儿童相比，自闭症人士生命周期最大的不同是，多了一个确诊期，从某种意义上讲，这才是自闭症人士的诞生之日，这个时期是儿童和家庭转变的分水岭。根据被访家庭的描述，并结合观察，自闭症人士生命周期可以分为"出生—被哺乳—康复（教育）—社会融入（就业、结婚、生育）—养老—失养（照料者离世）"这六个不同的阶段，自闭症人士的家庭生命周期也因此可以分为"形成—困惑期—确诊期（自闭症家庭诞生）—接受期—抚养（康复、教育、社会融入）—解体（照料者离世）"六个阶段。抚养期是自闭症家庭最困难的时期，涵盖了自闭症人士的康复、社会融入和养老整个确诊后的自闭症人士人生的大部分时间。

（四）压力源、需求产生的系列作用

根据上述自闭症家庭生命周期的不同阶段，发现被访家庭在不同阶段表现出较为一致的压力、应激反应、行为和需求，归纳整理如表 1 所示。

表 1 自闭症家庭不同生命周期的压力、应激反应、行为、需求归纳

生命周期	形成	困惑	确诊	接受	抚养	解体
压 力	—	孩子异常行为	对孩子的担心，对未来的担心，周围人的看法	经济压力、时间压力、心理压力、家庭结构失衡、家庭秩序失衡	经济压力、时间压力、心理压力、孩子的社会融入压力	孩子失去父母照料

生命周期	形成	困惑	确诊	接受	抚养	解体
应激反应	—	心理焦虑、担心，同龄孩子比较后的羞愧	心理焦虑、担心、恐惧	渴望康复机会，渴望家庭外部帮助	自我抗争，渴望帮助	对未来的担心
行　　为	—	寻找可确认这种特异行为的信息、熟人或机构	病情反复确认，寻找康复解决方案	接受事实，家庭重组（夫妻离异），寻找外部帮助	再生育，自建机构，建立互助网络，需要外部帮助	孩子的兄弟姐妹照料，托付机构，托付亲朋
需　　求	—	常识性的医疗信息，针对性的医疗机构信息	康复救治，信息需求	需要经济支持、需要心理支持、需要专业机构支持、需要日常生活支持，信息需求	政府支持、社区支持、专业机构支持、社会支持、信息需求	财产的转托，孩子有依托

1. 形成阶段

与普通家庭一样，在这个阶段，自闭症家庭完成了家庭的组建、新生命的孕育、生育、新生儿抚养、幼儿园养育等过程，不存在与普通家庭有别的压力、应激反应、行为和需求。

2. 困惑阶段

父母对孩子表现出的异常行为感到困惑，特别是当孩子到了学习说话等阶段时，与同龄孩子相比，发现孩子存在明显不同，开始怀疑自己的孩子是否存在残障。孩子行为异常这种压力会使父母产生心理上的焦虑、担心。有时自己的孩子在与同龄孩子相处时，自己孩子异常的表现，往往会使父母感到无地自容。因此，这时父母都特别渴望知道自己的孩子到底是哪里出现了问题。他们会通过互联网、亲朋好友寻找相应的解释，在觉得孩子确实有可能存在问题时，他们也渴望找到能准确诊断孩子病情的专业医疗机构。

3. 确诊阶段

通过到专业的诊断机构进行确诊，大部分父母在一开始得知孩子患有自闭症这一消息时，都不相信或不愿相信孩子会是自闭症，他们会去寻找认为最为权威的机构进行反复确诊。在某种意义上，这个阶段才是自闭症家庭的诞生阶段，因为从此自闭症家庭的家庭结构、家庭秩序、家庭成员的生命轨迹开始"偏离正常"模式，整个家庭进入与普通家庭完全不同的发展轨迹。

4. 接受阶段

父母开始接受孩子是自闭症这一事实，开始思考未来的生活应该如何来安排。这时带来的直接压力是经济压力、时间压力和心理压力，这时家庭的结构和秩序都受到很大冲击。因为面临这样一个特殊的孩子，父母对未来的生活充满了未知的恐惧、焦虑和担心等负面情绪。有的家庭夫妻一方回归家庭，另外一方在外工作养家，造成父母双方能够自由支配的时间非常少。甚至有的家庭出现夫妻离异，对于抚养者来说负面的压力更加明显。相对于其他家庭来说，自闭症家庭的收入来源减少，而家庭的开支因为需要给孩子支付高额的康复费用而变得庞大。

5. 抚养阶段

抚养阶段，一般是自闭症人士从开始步入学前教育阶段到自闭症人士的父母去世这一漫长阶段。

在这个阶段中，自闭症人士将经历教育、就业、婚姻、生育等社会融入的活动。但是大部分的自闭症人士在教育这一部分就遭遇了巨大困难，目前的融合教育还不能被证明完全适合自闭症人士的教育成长。而在后续的就业阶段，他们也很难像其他非心智障碍类残障人士那样找到就业机会，因此很多自闭症家庭为自闭症人士寻找的就业途径，是诸如绘画、手工等家庭职业或是自由职业。婚姻和生育到目前为止，在被访家庭中，还没有出现过。

在这个阶段，自闭症家庭从各方寻求支持。在经济方面，他们希望政府、机构、从业单位能够从增加儿童补贴、医疗费用援助、父母工作安排、弹性工作等方面解决部分经济压力。在日常生活方面，希望相关机构、志愿者、社工人员能够为孩子提供日常的看护等家庭服务。在康复治疗方面，希望医疗专业机构能够提供正确的康复建议、有效的康复治疗方案。在教育方面，希望通过增加特殊教育人员和改进教育计划来提供更多对普通学校随班就读的发展型教育的支持。在心理与情绪上，家庭渴望得到社会的接纳。在信息方面，希望得到与政策、诊断、康复训练有关的理念与方法等方面的信息。

从目前的情况来看，自闭症家庭得到的各方面支持还相对薄弱。大部分自闭症家庭采用的是，在积极获得外部支持的同时，依靠自闭症家庭这一群体形成一个自助互助网络，以达到最大化支持家庭的效果。有些家庭为了预防家庭进入到解体阶段，通过再生育的方式，为自闭症人士构建后续的养育体系。

6. 解体阶段

这个阶段，自闭症人士的父母去世，自闭症人士失去父母的照料，将面临看护、养老、医疗等一系列问题。如果自闭症人士是独生子女，其父母一般考虑将其送到专门的托管机构，或者是交由亲朋好友代为继续照料。也有的家庭通过再生一个孩子的方法，使自闭症人士的兄弟姐妹接替父母的照顾责任。这时，父母在考虑财产处置时，都将家庭财产如何能够保证自闭症人士的托养作为主要的考虑目标。

（五）心智障碍家庭权利体系的构建

1. 心智障碍家庭权利的界定

关于家庭权利有不同的理解。有的学者从家庭内部来理解，认为家庭权利是指家庭中的权利，或者说是家庭成员间的权利总和，如生育权、家庭成员地位平等权、监护权、财产共有权、继承权等。[1] 有的学者认为，家庭权利是指公民组建家庭和维持家庭正常运行，以发挥其各种功能的权利。[2] 费希特认为，家庭成员之间的关系是一种道德、自然关系，而不是权利关系，因此家庭权利是家庭作为主体之权利相对于其他权利主体而言的，家庭有权利获得有利于家庭健康发展的外部条件。[3]

正如个体人类一样，家庭也具有自身的生命周期，也应如人具有权利一样，具有家庭的权利。在本研究中，我们参照人权作为"人因其为人而应享有的权利"的表述，将家庭权利表述为"家庭因其为家庭而应享有的权利"。

本研究中的家庭因其自闭症家庭成员的存在，原有的家庭秩序被打乱，对未来生活的计划和预期发生改变，原有的生活节奏被迫调整，家庭存续所需的资源链条收紧或断裂，并因此带来一系列家庭的压力和冲击，

---

① 林喆：《婚姻家庭权：伦理与法律的纽带》，《学习时报》，2004。
② 杨遂全：《论国家保护婚姻家庭的宪法原则及其施行》，《中国法学》2001年第1期，第170~173页。
③ 陈炜强：《费希特论家庭权利——费希特权利哲学研究之一》，《北华大学学报（社会科学版）》2012年第6期，第89~93页。

增加家庭的脆弱性。而且，自闭症人士的父母或照料者与自闭症人士一起构成的家庭，以一个独立的整体，而不是单独以自闭症人士个体为主体，表达出一个整体的、相对于其他主体的权利诉求。

由此，我们同样参照"人因其为人而应享有的权利"的表述，将心智障碍家庭权利界定为"心智障碍家庭因其作为心智障碍家庭整体性的存在而应享有的权利"。

2. 心智障碍家庭权利的构成

"利益""主张"作为权利五个要素中的两个，与权利主体的需求基本对应，权利可以理解为社会可供资源与人的需求之间的一种契合、一个函数。[①] 基于基本权利的防御、受益和客观价值秩序三大功能，家庭具有要求国家不作为和一定作为的"主观权利"，也具有要求国家提供实现家庭良好秩序所需的社会保障制度、社会福利政策、税收优惠规定及婚姻家庭法等一些"客观权利"主张。因此家庭权利包括组建家庭、维持家庭存续、维护家庭和谐、维持家庭成员亲属关系的权利。[②] 根据上述自闭症家庭的六个生命周期阶段的需求内涵，我们可以梳理出自闭症家庭的权利构成。

（1）家庭存续权。被访的自闭症家庭主要的困难之一，是自闭症人士无法像普通人一样接受教育、参加就业，实现家庭正常运行所需要的投入收获循环，更多的是单向的投入和付出。另外，由于大部分自闭症人士生活不能自理，大大增加了家庭照料的经济、时间、情绪的付出，并且这一情况会伴随自闭症家庭完整的生命周期。例如某受访家庭照料者所言，"有一天，我媳妇跟我说，'这个我受不了。'她压力更大。她说'说不定什么时候我就那什么了'，我说'你可别'，就是互相劝呗。"因此，保证心智障碍家庭的存续，不至于因经济等方面的压力造成家庭解体，是心智障碍家庭首要的家庭权利。存续权是心智障碍家庭作为家庭的一种类型必须享有的权利。

（2）家庭获助权。家庭获助权是家庭存续权利的延伸，也是家庭存续

---

① 何志鹏：《权利冲突：一个基于"资源—需求"模型的解释》，《环球法律评论》2011 年第 1 期，第 38～47 页；夏勇：《权利哲学的基本问题》，《法学研究》2004 年第 3 期，第 3～26 页。

② 张燕玲：《家庭权及其宪法保障——以多元社会为视角》，《南京大学学报（哲学．人文科学．社会科学版）》2011 年第 4 期，第 141～149 页，第 160 页。

权的必要保障。与普通家庭不同，大部分心智障碍家庭如果单独依靠家庭本身的资源和力量，很难保证家庭的存续，还需要依靠外界的帮助和支持。被访自闭症家庭表达出的对政府帮扶政策支持、生活救助的需求，对社会服务机构专业服务的需求，都是出于家庭生存的压力。"谁都忙，不能要求别人，社区基本上就送个小册子，国家也不能要求，完全靠自己咯。""因为从我现在这种心态，我这种思想来讲，我希望社会多做一点，谁来问我都可以。"因此，出于人道主义，心智障碍家庭作为人类社会基本单位的类型之一，有获得政府、社会、他人等一切组织和个人帮助的权利。

（3）家庭公正权。心智障碍家庭的公正权利指的是心智障碍家庭应被当作普通家庭一样对待。被访的自闭症家庭普遍表示，社会由于对自闭症的不了解，对自闭症人士在公众场所表现出的异常行为表示厌恶，甚至自己在人际交往中，由于是自闭症人士的父母而被他人"消极"或"积极"歧视。"你这样的孩子，一看跟正常的孩子（不同），往往长得还漂亮，而你这怪异动作都是……你咋回事啊。你有精神病吧，你有毛病吧。其实他就是有毛病，但是人家很诧异。人家无法去包容你。"家庭公正权还表现为另外一个层面，也就是对家庭内部成员的公正。如再生育问题讨论时，关于是否还要一个孩子的认识上，自闭症家庭之间存在明显的分歧。

"我就怕这个问题，我特别担心这个问题。因为老二的出生，他本身来之前，就是带着使命来的，我觉得对老二不公平。好多人可能就觉得，你这理解不对。可是，我觉得就是。那你生老二的目的是什么啊？那你想帮助老大，让老大以后，等我们都老去了，或者怎么样，照顾不了他了，然后就让他妹妹或者弟弟带他，就照顾他，或者怎么样。那我觉得他就是带使命来的，因为他的压力很大。我就觉得，可能对老二不公平，那我干吗要老二啊？"

（4）家庭自由权。心智障碍家庭的自由权，涉及自闭症者的婚姻、生育、教育、就业、信仰的自由，家庭的迁徙和居住自由等。他们碰到的障碍与困惑表现在："我们去长春为什么不收我们，就说你们不是这儿的户口。""融合教育，特殊教育，最好能让你自由选择。""我们两个在一起的话对孩子没有任何的好处，对孩子更好一点，我觉得我们两个有必要离婚不在一起。如果老是天天吵架，对孩子的发展肯定也不好。""以前也参加过教堂的活动，教堂唱歌，带孩子去。唱歌，唱赞美诗什么的，唱唱呗。

有可能你去适应了，慢慢你被熏陶了就入了，入就入呗，如果你本身对这个就不感兴趣，那就不入呗。"

（5）家庭发展权。任何家庭都有追求幸福的权利，家庭的发展有助于家庭幸福的达成，心智障碍家庭也应该同普通家庭一样具有发展的权利。在被访家庭中，很多家长表达出尽管因为需要照顾自闭症孩子，放弃了自己的事业，但是如果在条件允许的情况下，还是希望能有机会去实现自己的理想。"我当时想去开个小店之类的，不知道他哪天又生病了，必须家长陪同，这个之间我也协调很久……策划很久了已经，可老是实施不了"。

并且，他们也表示，自闭症人士作为残障人也是一种生命的多样化形态，具有其独特的人力资源优势，完全可以通过自身努力为这个社会作出贡献，为这个家庭作出贡献，只是这些特殊的人力资源的价值还有待认识和挖掘。"有的孩子比如说他做一些简单工作。有的可能再继续上学，甚至上大学，你比如说 F 的孩子在澳门上大学，他程度好啊。你比如说 C 的孩子，他家孩子都结婚了。女孩相对结婚更容易一些。人家结婚了，那个孩子我见过，非常好，很稳定，说话、交流都没问题。"

3. 心智障碍家庭的权利体系

家庭权利是为了使我们更好地理解心智障碍家庭的诉求，在培育心智障碍家庭自身的生存、发展能力的前提下，保证他们能自由、平等和有尊严地享受人类文明发展带来的成果，而不应被看成是社会发展的障碍和包袱。我们强调帮助心智障碍家庭建立自我发展的机制，换句话说，心智障碍家庭权利的重要作用之一，就是要保证家庭自我发展机制的顺利建立和运行。

在研究中，并不是所有的自闭症家庭都无法适应自闭症孩子的出现，相反有些家庭表现出良好的应对压力的调节能力，甚至有些家庭的和谐关系要比以前更好一些。究其原因，可以发现是在对自闭症有了正确认识后，家庭接受事实，对孩子的期望有所调整。随着时间的推移，孩子在成长过程中，社会交往等各种能力逐渐提高，各种不良行为弱化。父母与孩子之间沟通更有默契，家庭照顾者对外界反应敏感性降低，这在一定程度上使得家庭内部的调节机制达到一个新的水平。[1] 而这种内部调节机制得

---

[1] Gray，D. E.，"Ten years on：a longitudinal study of families of children with autism"，*Journal of Intellectual & Developmental Disability* 27（2002）：215 - 222.

以建立的前提，除了外在帮助，还与自闭症照顾者的内在积极特质有很大关系，他们往往具有坚定信仰、乐观性格、感恩心理，以及良好的问题应对能力。这些能力使得自闭症照顾者在缓和冲击、调节压力等方面具有良好的反应。[①] 本研究也显示，来源于家庭外部的宗教组织、家族关系、医疗或公益服务机构等社会体系的支持对家庭调节机制的作用非常明显。这些外部力量对培育自闭症儿童父母的复原力起到了不可或缺的支撑作用。[②]

研究还发现，自闭症家庭的需求存在层次关系，类似马斯洛需求层次。

"首先是生存，对吧？"

"你能生存。如果呢，能够获得一些社会资源那更好，社会的一些支持，对吧。比如说社区等等社会资源的支持，你能生存，咱就说你这样的孩子，最次父母老了不能动了，你可以去一些福利的地方。"

"基本生活是没有问题的，你想逛逛玩玩就是了。"

"大病保险我在北京这块，有社会保险，单位这个，我在北京上着呢。"

"不能因为孩子把你父母的幸福也搭进去了，这是不合理的。"

"你像在国外，因为我看过国外的一些东西，比如说加拿大美国什么的，你这孩子诊断是这个问题的话，这国家和社会它要给你分担一部分压力，就是你父母该干吗干吗，你该工作工作。他们很少有这个父母方有一个不工作就专门带着孩子，没有。"

因此，我们提出以家庭存续权利为基础，以家庭获助权利为支撑，以旨在家庭复原力建设的家庭发展权利为核心，使心智障碍家庭的自由权和公正权利得以充分体现的心智障碍家庭的家庭权利保护体系。如图1所示。

心智障碍家庭作为家庭的一种形态，有权利获得政府、社会、专业人士、志愿者等组织和个人提供的各类帮助，以保证家庭的基本存续。国家应该制定相应政策，为其家庭存续提供便利，比如支持父母一方回归家庭，对由此产生的经济压力通过财政补贴方式加以解决，并且给还在工作

[①] Dunn, M. E., Burbine T., Bowers, C. A., and Dunn, S. T., "Moderators of stress in parents of children with autism," *Community Mental Health Journal* 37（2001）：39 - 52.

[②] Fleischmann A., "Narratives published on the internet by parents of children with autism: what do they reveal and why is it important?" *Focus on Autism and Other Developmental Disabilities* 19（2004）：35 - 43.

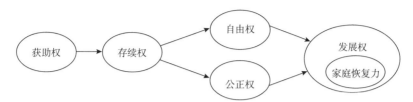

图 1　心智障碍家庭的权利保护体系

的一方更多弹性工作方式，使其能在家庭照料和工作之间取得相应平衡。社会应为心智障碍家庭提供相应的经济、专业知识、信息获取、情绪和身体调整等方面的专业化社会服务。

心智障碍家庭在存续权利得以保证的前提下，政府和社会应为他们在教育、职业、家庭衍生等方面的自由选择提供政策支持和便利，同时为这些家庭顺利融入社会，获得社会理解和支持提供必要宣传和疏导。

在根本上，获助权、存续权、自由权和公正权的保障，是为了心智障碍家庭发展权利的实现。而发展权的保护，具有两层含义，一方面心智障碍家庭的发展权利需要得到政府、社会在政策、资源、舆论等方面的支持和保证；另外一方面，这些支持应符合适度原则，即支持是为了激活心智障碍家庭内在固有的复原力，使其在外界帮助和自身努力下，共同提高家庭生活质量。

综上，本文以自闭症家庭为研究对象，提出了心智障碍家庭的生命周期分析框架，基于该生命周期，探讨了心智障碍家庭的权利保障体系并初步提出以家庭存续权利为基础，以家庭获助权利为支撑，以旨在家庭复原力建设的家庭发展权利为核心，使心智障碍家庭的自由权和公正权利充分体现的心智障碍家庭权利保护体系。

本文研究对象局限在城市的自闭症家庭，另外家庭中的自闭症人士特征尚未全部涵盖家庭生命周期，被访家庭的自闭症人士年龄最大不到20岁。在未来的研究中，应考虑拓展到不同类型的心智障碍家庭，并纳入大龄自闭症者的家庭，同时兼顾进行城市与农村家庭比较研究。此外还需要深入探讨心智障碍家庭的权利内涵、构成以及相关国家法律法规、社会保护、社会服务体系和与之对应的支撑关系。

Research on the Rights of Family with Members with Mental Disabilities: A Case Study of the Families with Autism Members

Lu Qibin, Zhang Qiang, Fu Yu

ABSTRACT: Families in which someone suffers from mental disabilities face a number of challenges in terms of financial burdens and social discrimination. There are very few educational and employment opportunities for autistic people, and this impacts greatly on their family members as well as the individual. In the past, research on the rights of mentally disabled people has only focused on the individual, without taking the challenges of the family as a whole into consideration. This paper is based on a long term sociological observation and interviews of 11 families with an autistic family member, to explore appropriate mode of the right protection for families of mentally disabled people.

Key words: Family Right; Human Right; Mental Disability; Autism

试论残障人的性权利[*]

田　阳^{**}

摘　要：残障人的性权利应当是残障人研究的重要组成部分。本文结合《残疾人权利公约》中对残障人性健康的相关规定，对性权利进行了界定，强调性和生育的区别和联系。残障人和非残障人的性行为方式存在一定的不同，但大部分残障人都可以完成性行为，然而在社会环境中存在各种障碍。本文结合实例探索了残障人性权利的概念，反思了相关研究方法，并提出相应的对策建议。

关键词：残障人　性权利　性行为

"我们国家是个人口大国，所以残疾人也较多。8000 多万残疾人，加上他们的直系亲属，涉及全国 2.6 亿人口，这是个庞大的社会群体，给残疾人工作带来相当大的压力，应当引起政府、社会更大的重视。"①

一　何为残障人的性权利

性权利是否存在？作为人个体有没有权利和他人发生性行为，在满足性行为的参与者"自愿、成年、私密"②的前提条件下，这是一个非常难

    *　本文的形成，要感谢武汉大学公益与发展法律研究中心和瑞典罗尔·瓦伦堡人权与人道法研究所提供的学习、研讨条件和资助。
  **　田阳，北京大学人口研究所 2012 级博士研究生，北京青年政治学院社会工作系讲师。
　①　《第二次全国残疾人抽样调查主要数据手册》，华夏出版社，2007，第 31 页。
　②　这是我国著名社会学家李银河主张的性行为（权利）的标准，笔者认为这个标准在目前看来是比较合适的。有兴趣的读者可以网上搜索"李银河三原则"。

给出答案的问题，不管是在理论上①还是在实践中②。如果我们不在语言上追求这一词语"有"或者"无"的判断，而是看到性及性权利所能够涵盖的内容及其发展变化的话，我们就可以姑且认定性权利是"有"的，或者说性权利的认定是一个"从无到有"的渐进的过程。比如在当前的我国，笔者觉得对婚前性行为的苛责已经成为哗众取宠的笑料了，③ 没有看过黄色录像或视频的年轻人也已经比较少见了。因此，尽管我们在性权利的全部内容上还没有达成共识，但我们——特别是性社会学界——已经在性权利的一部分内容上达成了共识。残疾人作为权利主体，并不天然被排斥在这些内容之外。

还有一点，性权利中的性（行为），并非仅指阴茎插入阴道的狭义性交，广义的性（行为）包括含有性意味的拥抱、接吻、手或口或身体其他部分对自己和他人的生殖器官或身体其他部分的刺激等，还包括"享受"含有性意味的影视作品、表演等。性的研究范畴还包括性与爱的关系、性取向、异常性行为（恋物癖、露阴癖、窥阴癖等）等。这种性（行为）的狭义和广义的区别，在任何一本译自国外的性学教材式的书籍中都会涉及。比如在《性与生活——走近人类性科学》这本书的第9章"性技巧和行为方式"中，就区别并较为系统地介绍了"独自完成的性行为（手淫、性幻想）"和"与他人发生的性行为（前戏、接吻、抚摸、对乳房的刺激、口交和狭义性交）"④，这些都是（广义的）性行为。这是一个性学领域中比较专业的知识体系，⑤ 并且这些性行为在实践中已经非常普遍。

在我国性社会学研究中，已经有学者能够较为系统地表述性权利的含

① 比如，配偶一方有没有和非配偶的异性（或同性）发生短期的或长期的性行为的权利？卖淫嫖娼是不是一种道德上的"恶"？
② 以性工作为例，各国对其在法律上的界定有很大区别，一个对亚洲一些国家（地区）的归纳，参见安·D. 约旦《亚洲商业性工作者：人权法中的盲点》，《妇女与国际人权法（第二卷）》，生活·读书·新知三联书店，2009，第534～603页。
③ 可以看凤凰视频的网络节目：《全民相对论：贞操是最贵重的陪嫁》，http：//www.tudou.com/programs/view/RGF5rPASWMg/，最后访问日期：2012年8月8日；《该不该提倡婚前守贞？》，http：//v.ku6.com/show/PgQiMTubBhU0rHuWcKV‐5w...html，最后访问日期：2012年8月8日。
④ 〔美〕Spencer A. Rathus等：《性与生活——走近人类性科学》，甄宏丽等译，中国轻工业出版社，2007，第185～200页。
⑤ 在一次小规模研讨会上，一位台湾学者认为"性权利"不能一个人实现，必须得有一个伙伴。笔者即刻就表达"I can do it myself"。这也说明性和性权利研究中的专业知识，与社会公众的理解还有距离。

义了。比如，由潘绥铭、黄盈盈完成的《性社会学》中有"性权利"专门一章。① 其指出，"1999 年 8 月 23 ~ 27 日，世界性学会（World Association for Sexuality）在中国香港召开第 14 次世界性学会议，会上通过了《性权利宣言》。"② 有学者又把性权利分解为以下 11 项与性有关的权利，"（1）性自由权；（2）性自治、性完整与肉体安全权；（3）性私权；（4）性公平权；（5）性快乐权；（6）性表达权；（7）性自由结合权；（8）自由负责之生育选择权；（9）以科学调查为基础之性资讯权；（10）全面性教育权；（11）性保健权。"③ 尽管这种列举不无可以商榷的地方，但可以说是较为全面地概括了性权利的方方面面。

在当今社会最广阔的范围内达成的有关残障人权利的共识是《残疾人权利公约》。该公约尽管和现有的所有人权公约一样都没有提到性权利，但在该公约第 25 条"健康"中提道："缔约国确认，残疾人有权享有可达到的最高健康标准，不受基于残疾的歧视。缔约国应当采取一切适当措施，确保残疾人获得考虑到性别因素的医疗卫生服务，包括与健康有关的康复服务。缔约国尤其应当：（一）向残疾人提供其他人享有的，在范围、质量和标准方面相同的免费或费用低廉的医疗保健和方案，包括在性健康和生殖健康及全民公共卫生方案方面。"

公约中提到的性健康和生殖健康（sexual and reproductive health）的含义是什么？世界卫生组织（World Health Organisation，WHO）认为，健康是指身体、精神和社会完好状态，而不仅仅是指没有疾病和不适；生殖健康涉及生命各阶段的生殖过程、功能及系统。生殖健康意味着人们能够进行负责、满意和安全的性生活，具有生殖能力和决定是否、何时和间隔多长时间生育的自由。④ 由此，可以认为，性健康是性权利的重要部分，指人们能够进行负责、满意和安全的性生活。残障人的性权利、性健康也就有"残障人能够进行负责、满意和安全的性生活"的意思。

需要特别指出的是，《残疾人权利公约》和世界卫生组织都是把性和生殖健康放在一起定义、论述的，但本文试图把这两者加以区别。原因如下：

其一，性和生殖，从生物学上来看，毕竟是两个不同的内容。性从最

---

① 潘绥铭、黄盈盈：《性社会学》，中国人民大学出版社，2011，第 133 ~ 141 页。
② 潘绥铭、黄盈盈：《性社会学》，中国人民大学出版社，2011，第 136 ~ 137 页。
③ 潘绥铭、黄盈盈：《性社会学》，中国人民大学出版社，2011，第 137 页。
④ 郑晓瑛：《生殖健康导论》，中国人口出版社，1997，第 10 页。

广义上来看，必然包括生殖，但有些没有生殖的性（行为）也是性，比如前述的一个人的性行为，或者各种避孕行为，或者观看成人视频（Adult Video，简称 AV）的行为。生殖固然是性（行为）的结果，但毕竟只是性的一个结果。完成了生殖的结果以后，人们依然可以进行性（行为），却可以不是以生殖为结果的性行为了。

其二，从人们个体认识、实践的生殖过程上来看，性和生殖有着很大的区别。如今的年轻人，谁的第一次或最开始若干次性行为是以生育为目的？在日本、欧美等国广泛流行的描绘性行为的视频在数量上一定大大超过介绍生殖的（科学）视频。在中国被法律所惩罚的卖淫嫖娼违法人员的口供中也必然很难找到要生殖的意愿。

其三，结合到残障人研究中，残障人的生育（权）和残障人的性权利更是两个不同的内容。残障人的生育（权）是残障人研究中的一个热点问题，具体说来，最重要的一个问题就是一定程度的智力残障人有没有权利生育的问题。由于这个问题的异常复杂性，笔者无法在本文中给出论述和判断，但笔者却知道一些智力残障人有性欲，其性欲的强度甚至超过非残障人。[①] 笔者理解，一些智力残障人对性行为中的快乐的理解和追求正像小孩子对玩具的理解和追求一样，像一些年轻人对歌星、影星等偶像的理解和追求一样，也许就像笔者对学术研究、事业发展的理解和追求一样。一些智力残障人的生育对社会可能是一种负担，但满足或帮助满足这些智力残障人的性欲则是大大的正当，正如给小孩子玩具那样正当。

这样，笔者理解，残障人的性权利，最重要的就是残障人能够享受负责、满意和安全的性生活的权利，我们的国家、社会要确保残障人能够实现这一点。

二　残障人的性权利的实践状况

总体说来，和正常人相比，残障人权利的实践状况堪忧（因此才特别需要《残疾人权利公约》），人的性权利（假定存在）和人的其他权利相比，实践状况堪忧，那么残障人的性权利是不是堪忧中的堪忧？以下简要介绍几个国内外相关研究调查和实例。

---

① 我国残疾人研究专家马洪路先生告诉我这个信息。

其一，残障是丧失性行为的原因。有社会工作专家指出，"恋爱关系往往会随着残疾的确诊而终止，这令人非常痛苦。因为它不仅意味着恋爱关系本身的丧失，而且还使其意识到，自己曾经爱和信任的那个人对自己的爱，无法经受残疾的考验。"① 在爱和性为一体的社会心理的影响下，② 致残又失去恋人的人是很难实践性行为的。

其二，智力残障人容易成为性骚扰、性虐待和性犯罪的受害者。③ 有学者指出："70% ~ 85%患有发展性障碍④的患者在 18 岁之前会受到虐待。男性发展性障碍患者受虐的比率为 1/7，相应的女性受虐比率为 1/4，99%的施虐者是案主的熟人。如上所述，由于发展性障碍案主的习惯性顺从，他们惯于对任何事情说'是'，因此非常容易受到虐待。"⑤ 而对于"发展性障碍案主的习惯性顺从"，有学者举例为：

> "你是要去上学吗?"
>
> "是的。"
>
> "你是来一份三明治吗?"
>
> "是的。"
>
> "你是要金枪鱼三明治吗?"
>
> "是的。"
>
> "你喜欢我吗?"
>
> "是的。"
>
> "我能摸一下你的乳房吗?"
>
> 你应该可以猜到答案是什么。⑥

需要特别指出的是，这里的性骚扰、性虐待和性犯罪，需要谴责的不是

---

① 〔美〕Juliet C. Rothman：《残疾人社会工作》，曾守锤、张坤等译，华东理工大学出版社，2008，第 129 页。

② 请读者（特别是女性读者）思考：自己能否和不爱的人发生性行为?

③ 参见香港电影《弱杀》。故事讲述一名弱智少女被人强奸，但在法庭上受害人因智商问题不能作供，疑犯被当庭释放。

④ 智力残疾的一种类型。

⑤ 〔美〕Juliet C. Rothman：《残疾人社会工作》，曾守锤、张坤等译，华东理工大学出版社，2008，第 196 页。

⑥ 〔美〕Juliet C. Rothman：《残疾人社会工作》，曾守锤、张坤等译，华东理工大学出版社，2008，第 163 页。

性，而是暴力。福柯认为，"如果我们惩罚强奸，我们只是在惩罚身体的暴力，而不是其他。这只不过是身体侵犯的一种：用拳头击打某人的脸和把阴茎插到他人的……这两者之间没有什么原则性的差别。（强奸）不是性，而是必须受到惩罚的身体暴力，但却不需要把性的问题考虑在内。"①

如果不知道这一点，就会把性当成一种恶来加以谴责，并在对智力残障人的教育中贯彻着"不被别人伤害，不伤害别人"的教育理念。② 这是把性和伤害等同起来的不正确的性教育理念。

其三，残疾人缺乏结婚以前、婚姻以外的性行为实践途径。有学者具体说明，"无须否认，这里确实存在需要解决的道德窘境，例如，在残疾人自己不能进行手淫时，要帮助他们进行手淫……"③ 在性工作者可以被称为一种"职业"或"行业"的国家或地区，这个任务可以由性工作者来完成，④ 当然这也许要通过残疾人本人及其亲属的寻觅或残疾人社会工作者的"转介"。而在像中国大陆这样视性工作者为违法人员的环境中，这样的寻觅尽管不难完成，却的确是"道德窘境"了。笔者也没有看到中国残联有相关的为残疾人提供性服务的学术文章或者是工作总结。⑤ 在百度搜索引擎中输入"残疾人的性权利"或"残疾人性生活"，就会发现《英国关注残疾人的"性权利"，网友争论》这篇文章，⑥ 大意是英国、丹麦、荷兰等国通过一些方法鼓励性工作者为残疾人提供性服务。

性工作者的存在对满足男性残障人的性需求有怎样的作用？世界闻名的美国性学家金西曾经认为，"一些男人去找性工作者是因为他们在与女性建立性关系中存在或多或少的障碍。有身体损伤、听力障碍、视力障碍、严重腿部伤残、瘫痪和其他残障的人，寻找异性进行性交是非常困难的。"⑦

尽管残障人的性权利及其实现有上述困难，但从生物学和医学上来看

---

① 李银河：《福柯与性——解读福柯〈性史〉》，内蒙古大学出版社，2009，第146页。
② 在一次残障人研究的研讨会上，笔者指出对残疾人性教育的缺乏，有实务部门的专家就是指出了"不被别人伤害，不伤害别人"的性教育理念。
③ 〔英〕迈克尔·奥列弗、鲍勃·萨佩：《残疾人社会工作（第二版）》，高巍、尹明译，中国人民大学出版社，2009，第65页。
④ 参见香港电影《金鸡》中吴君如饰演的性工作者与残疾人的情节。
⑤ 在残疾康复医学领域可能会有。
⑥ http://news.xinhuanet.com/world/2010-09/17/c_13517123.htm，最后访问日期：2012年10月6日。
⑦ See Alfred C. Kinsey, *Sexual Behavior In The Human Male*, W. B. Saunders Company, Philadelphia and London, 1948, p.608.

残障人的性行为，国外有相当的研究。有教材式的性医学研究专著中就专门论述了精神疾患与性、脊髓损伤病人的性问题、智力障碍者的性问题、盲人的性问题和聋人的性问题。① 在性学教科书中，对于残障人的性也有专门论述。② 笔者引用国外学者的研究结论作为残障人性行为的研究小结："总之，对性欲和残疾人概括为三点：（1）他们一般会有性需要和性欲；（2）他们经常有与强壮、智力正常的人十分相似的性反应；（3）确实需要更多的信息和交流，来研究各种各样的残疾人，其中哪些人可以有性行为，而哪些人不能有。"③

三 残障人性权利的研究方法及存在的问题

总体说来，对残障人的性权利、性行为至少可以从医学、心理学和社会学（含社会工作）三个角度进行研究。笔者这里主要介绍一下从社会学（含社会工作）的角度进行研究的问题。

社会学是一门实证科学，得出的结论必须是有事实作为依据，并且必须通过科学方法从事实材料中得出结论，这有别于人文科学。社会学存在的意义在于用科学的方法描述、解释和预测社会现象。具体的研究方法有：（抽样＋问卷）调查研究、质性研究、实验研究和文献研究。具体到残障人的性权利、性行为的研究中，笔者认为质性研究是最为恰当的，④从理论上讲，可以通过对残障人的性行为的参与观察和访谈来完成。

但是，在一个对性的公开谈论还存在这样和那样忌讳的社会中，这样的质性研究存在着一定的困难。研究必然要了解他人的隐私，必须得到他

---

① 吴阶平等编译《性医学》，科学技术文献出版社，1983，第 224～233 页，第252～245 页。
② 如：〔美〕Spencer A. Rathus 等：《性与生活——走近人类性科学》，甄宏丽等译，中国轻工业出版社，2007，第 338～340 页；〔美〕珍妮特·S. 海德、约翰·D. 德拉马特：《人类的性存在（第 8 版）》，贺岭峰等译，上海社会科学院出版社，2005，第 251～254 页。
③ 〔美〕珍妮特·S. 海德、约翰·D. 德拉马特：《人类的性存在（第 8 版）》，贺岭峰等译，上海社会科学院出版社，2005，第 254 页。
④ （抽样＋问卷）调查研究的目的旨在对总体的科学描述和解释，由于残疾人的异质性极大、分布范围极广，研究将非常费时费力。实验研究对研究设计的要求很高，并且"性行为能否实验"又涉及一个重大的研究伦理问题。而对残疾人的性权利、性行为的文献研究应当是可以完成的，比如分析一定数量和类型的文学、影视作品中的残疾人的性行为的描写（如小说《废都》中柳月嫁给市长的残疾儿子，电影《阿甘正传》中在越战中失去双腿的人光顾性工作者的情节）并阐述其反映的问题。

人的同意。在访谈中，他人愿意回答并且是"如实"回答研究者提出的问题、向研究者讲述自己的性经历，需要研究者相当高超的访谈技巧。① 此外，研究者能否参与观察残障人性行为？是不是有"聚众淫乱"、多 P 之嫌？② 当然，在这一点上，中国和日本的刑法有天壤之别，日本几乎所有的 AV 女演员都有多 P 行为，这在中国则属于犯罪。如果研究者要规避这个"聚众淫乱"，为了研究残障人的性行为，在残障人的同意下，能否和残疾人真的发生性行为——这里特指阴茎插入阴道的狭义性行为？

如果我们去掉残障人这个因素，仅仅是研究性行为本身，研究者能否和研究对象发生性行为？这是一个研究伦理问题，一个极难回答的问题。笔者现在的理解是，伦理本就是相对的，在社会科学研究中也是。具体的研究伦理涉及性这一具体问题：性是不是一种恶？性是不是容易引发恶？如果出现了恶，那个恶的"原因"是不是就是性？并且，笔者也没有看到有研究伦理的专著认为研究者绝对不能和研究对象发生性行为，③ 就像中国的教育系统没有规定高校教师不能和高校学生发生性行为一样。但是，在社会工作领域，美国有类似的规定，社会工作者不能和案主发生性行为。美国社会工作者协会（National Association of Social Workers）伦理守则中，1.09（a）项明确："社会工作者在任何情况下都不可以和当前的案主发生自愿的或是强迫的性行为或性接触。"什么职业或活动不可以和某种人发生性行为——这是一个具有学术意义的问题。当然，潜在的问题依然是对性的较为科学的认识。

本案例中，笔者试图对一个残障人的性行为进行质性研究。她是笔者的一个学生，属于肢体残障中的脊柱畸形和侏儒症（身高不超过 130 厘米的成年人）。她从小生长在非残障人的环境中，通过高考从外地考到北京，

---

① 对非残障人的有关性的话题的质性研究，有兴趣的读者可以参见潘绥铭、方刚的各种专著。

② 参见南京某某大学副教授马尧海的案件，http://news.sohu.com/s2010/huanqi/，最后访问日期：2012 年 10 月 7 日。多 P 是指三人以上同时完成性行为（其实这个也很难界定，待笔者有精力和兴趣时另行撰文阐述）。

③ 在武汉大学公益与发展法律研究中心举办的一次研讨会上，笔者就这个问题请教了在座的若干位美国教授，他们的意见是：在美国的社会学研究中，有研究伦理审查委员会，研究者如果在研究计划中写明了要和研究对象发生性行为，那么这份研究计划就根本无法得到批准（并且得不到资助）。也就是说，在美国的社会学研究中，研究者绝对不能和研究对象发生性行为。笔者的挑战问题是，若想了解这个人的性功能怎么样，就非得和他/她发生性行为不可。

在同学中是比较好学的一个，和笔者有比较好的沟通经历，英语能够通过四级。^① 尽管如此，笔者作为一个 30 岁左右的男性教师，同这一名 20 岁左右的女同学在一起谈她的性，还是具有难度的。这不仅仅是性别、年龄、阅历、权力关系上的差异，更重要的是她也许不能理解笔者这项研究的意义。当然这和笔者是性研究和残障人研究领域内的无名之辈有关系。

为避免可能的任何窘境，笔者选择用 QQ 聊天工具作为试图向她说明此项研究的途径。笔者一直以为 QQ 聊天工具在信息沟通的效度上不及电话（有声音）和面谈（声音、神态），但为避免给笔者的学生造成任何可能的困扰，避免老师给学生造成的任何"压力"，只能选择 QQ 聊天工具。如果选错了研究方法，则证明笔者的社会学研究的稚嫩吧！

这份 QQ 聊天记录以 WORD 的形式保存在笔者的电脑中，即使是事后看来，笔者和她谈起性的话题来也是前后都有过渡、铺垫，以避免给她造成的任何突兀或是压力。为了保密起见，笔者在此仅仅摘录一部分内容，并且按照笔者的理解，再用括号和注释解释相关的信息：

（前面隐去一些过渡）

我：我问你个事

她：嗯嗯

她：您请问。（不是"嗯嗯　您请问"，而是她分两次敲的回车键）

我：我有一个课题，"残疾人的性权利"，你是否愿意参与？（直接告诉她，没有隐瞒）

她：没这个兴趣啊，老师（她的回答非常果断，证明我没有给她造成任何困扰和压力。这里的大的空格，我是为了保持 QQ 聊天的"原汁原味"，没有作处理）

我：嗯，那好，这个绝对不可以勉强

我：这是研究伦理的要求

我：看来你学得不错^②（这三句，是我在为我的"冒失"作解释，现在看来，有点书呆子气，但确实是自然地流露）

---

① 北京青年政治学院在笔者写作这篇文章时还是大专层次的高校，英语通过四级能够说明该学生学习水平较高。

② 笔者曾经给大一的学生讲授过"社会调查方法"的课。

她：嗯，虽说我是残疾人吧，但是说实在的，我自己也不怎么在意这个身份。因为我对我现在的生活状态表示基本满意。（她其实是比较反感别人——特别是她的老师——给她贴着个残疾人的标签的。但是，我也只能那样问）

我：嗯，我能感觉出来

她：而且我对我以后的生活要求也不高。

我：嗯，婚姻，想过吧？（我想接着她的话转移到婚姻这个话题，并且，通过婚姻这个话题还能够转移到性这个话题）

她：这个，这都这么大了，肯定也考虑过（实话）

她：不过，还不着急这个事儿（也是实话）

她：但是那次去了中山公园后，就觉得很震撼①（学生能够记得并联想到这个，说明这个学生是不错的）

她：不过，目前，我也不必须着急。

我：我的意思是，看你能否认识到婚姻和性对你的重要意义，和实践的途径。这个你想过吗？（我作为教师，"终于"能够点到她这一点了，也是我还想试图和她一起进行研究的努力）

她：说实话，真没有（我当时有种预感，她就是这个答案）

我：是呀，中山公园那些人在像你这么大的时候，我估计也没想过

我：她们想到的时候，不就晚了？（残疾人的性行为和残疾人的婚姻的关系，也在这里）

她：嗯。我觉得您说得对。

她：但是，现在考虑这个问题，也有点早啊。（她一直在强调"有点早"）

我：我的那个探究课题中，包括和你一起探讨你如何认识和可能实践这些话题

我：你已经21岁了，并且以前从没有想过这个问题，你还觉得早吗？（我又想"明示"她的错误）

---

① 笔者在另外一项研究中得知北京中山公园有老年父母为子女寻找配偶的场所，就带着学生进行了实地观察的教学活动，这是笔者安排的"老年文化精讲"课程的一部分。那里聚集着很多愁眉苦脸的老年人——因为自己的子女还没有结婚。

她：我觉着，顺其自然，走着说着

我：嗯，那好吧，我尊重你的意见。不过，中山公园中30好几的父母的情景，确实让人心痛（我的感情的自然流露）

她：我觉得也许不早了。（她即刻按照我的思路走！说明她不想违背老师的意思）但是我还是好好上学吧。（原来，她还是一个几乎全部心思在"好好上学"的学生）

她：嗯。我父母肯定不会这样的。

我：嗯，我尊重你的意见（我看她没有同意，开始想结束话题）

她：我爸对我的要求也不高。

我：嗯，相信你能够走好这条路

她：老师，您可以找找别的朋友啊。我对这个话题真的是没兴趣，而且也觉着我不适合做这个研究。（她比较聪明，知道我还是一直想找她研究这个话题）

我：说实话，我就是想研究残疾人对性的认知及实践，你没兴趣我绝对不勉强，这是涉及个人隐私的问题（我见她还是为我考虑，再一次重申了我的意见）

她：嗯。我几乎不和人聊这方面的话题。我自己也不考虑。（这是她的实话）

我：嗯，好的，此话题就此打住（我发动"权力"，结束话题）

她：嗯。

（后面隐去一些别的话题）

尽管笔者没有和她真正具体探讨残障人的性行为，并且笔者目前认为以后和她探讨这个问题的可能性也不是很大，但通过这次沟通，笔者知道了她——作为一个残障人个体——对于别人想要对她的性行为、性观念进行了解的态度：她不想提及这个问题。这对于今后再研究类似的问题具有一定意义。

社会研究除了以上这种试图正襟危坐的研究以外，在非正式的谈话中，也可以得到有关残障人的性行为的信息。比如，笔者曾经和男性视力残疾人士闲谈，知道他们比较喜欢声音比较柔美的女性，对于容貌长相则基本上不考虑了。这个信息也许对于一些女性有非常大的意义。

并且，对残障人的性权利、性行为的研究，对研究者有一定要求。如果是为残障人工作的专业人士则容易与残障人发展出较为密切的关系，而像笔者这样的研究者就存在一定难度了。

四 对策及建议

综上所述，笔者认为，在有关残障人的性权利、性行为的问题中，我们可以做好下面三个工作：

第一，残障人自身和社会对残障的认识要科学。要依照《残疾人权利公约》和我国相关法律的规定来理解残障和残障人。这方面，从我国残障人事业的发展历史、现状和未来趋势上来看，笔者认为是可以完成的。从残障人研究未来的深度、广度和影响力来看，笔者是乐观的。①

第二，残障人自身和社会对性的认识要趋于科学。这个认识的逐渐转变，一定是比残障人事业更难的事业。中国有两千多年的封建思想，我们的社会对性的认识还远远谈不上科学。对性的讨论和研究，很难和别的话题的讨论和研究在同一个条件下进行。如果社会对性的宽容度高，残障人的性权利就容易得到一定的实现。在一定程度上讲，残障人的性权利、性行为的问题的实质是人的性权利、性行为的问题。从"策略"上来看，残障人主张性权利的实践可以成为人的性权利逐步实践的突破点。② 性也许在终极真理意义上没有一个归宿点，但我们通过实践总会趋近于这个终极真理。

第三，目前最急迫的事情，应当是对残障人（和非残障人）开展性教育，③ 并且是正确的性教育。绝对不能进行把性同伤害等同起来的教育，或守贞教育。也包括要对残障人的教育者进行教育，可以但不限于按照周恩来生前对性教育的重要论述来进行。④ 由于残障人教育和非残障人教育

---

① 截至本文完成之时，北京大学、中国人民大学、山东大学、吉林大学、南京大学和武汉理工大学，在中国残疾人联合会和中国残疾人事业发展研究会支持下成立中国高校残疾人事业发展研究中心。可以预见，一些高水平的研究会在这些大学的平台上产生。
② 在一次社会工作领域的讨论会上，台湾一个维护性工作者权益的机构（日日春）的一位干事曾经介绍，台湾对于性工作者的法律、政策在出台前要经过一定的公众参与阶段。当时就有一些残疾人在"立法会"的公众参与会上发言，讲性工作者的合法化对于他们实践性行为的不可替代的意义。相关内容可在网上检索"台湾日日春"获得。
③ 一位视力残障人告诉我，他知道有的20多岁的男性视力残障人连避孕套都不知道。
④ 周恩来生前对性教育的重要论述在性学界可谓无人不知，笔者在此不再赘述。具体内容可以网络搜索"周恩来（空格）性教育"。

的不同之处，理想的状态是，根据各种残障类型设计开发性教育的材料，这需要残障人教育界和性教育界的共同努力。

On the Sexual Rights of Persons with Disabilities
Tian Yang

ABSTRACT：The sexual rights of persons with disabilities, usually excluded from the public discourse, ought to be a part of mainstream disability research. This paper defines sexuality and sexual rights based on the related statements in the Convention on the Rights of Persons with Disabilities. Although the majority of persons with disabilities are physically able to have a sexual life, they are facing plenty of social prejudices and obstacles in this regard. Through interviews, this paper explores the concept of sexual rights of persons with disabilities, reflects the sociological methods such as interview to study this issue and makes some recommendations as to how the sexual rights of persons with disabilities can be better protected in China.

Key words：Persons with Disabilities；Sexual Rights；Sexual Behavior

脊髓损伤者生育权利现状调查研究

张金明　刘根林　高宇辰　陈素文[*]

摘要：本文基于对 17 名成年未生育子女的脊髓损伤者的经验研究，了解其生育愿望、影响因素与生育服务现状，探讨解决脊髓损伤者生育困难的方法和措施。脊髓损伤者生育愿望普遍而迫切，而社会对此问题关注不够、认识不足、服务缺失。本文建议从改善环境、提高认识、普及知识、专业培训、建立制度等方面对脊髓损伤者提供专业化服务，解决其生育困难，保障其生育权。

关键词：脊髓损伤者　生育权　社会服务

脊髓损伤是指由于各种致病因素（外伤、炎症、肿瘤、畸形）引起的脊髓结构和功能的损害，造成损害平面以下功能（运动、感觉、反射等）的障碍。[①] 脊髓损伤往往造成不同程度的截瘫或四肢瘫，严重影响生活自理能力和社会参与能力。高处坠落、交通事故、工矿事故、运动损伤及暴力行为等是导致脊髓损伤的常见外伤原因。

脊髓损伤后，人们对性的需求一般是没有改变的。男性脊髓损伤者生育能力影响明显，扮演父亲角色抚育孩子会变得困难；女性脊髓损伤者受伤前具有生育能力者，脊髓损伤后仍具有生育能力。[②] 脊髓损伤对女性生

---

* 张金明，首都医科大学康复医学院、中国康复研究中心，硕士、副研究员。刘根林，首都医科大学康复医学院、中国康复研究中心，副主任、主任医师；高宇辰，美国圣迭哥继续教育院（San Diego Continuing Education，USA）学生；陈素文，本文通讯作者，首都医科大学附属北京妇产医院。

① 中国残疾人联合会主编《残疾人工作基本知识读本》，华夏出版社，2009，第 41 页。
② World Health Organization，*Promoting Independence Following a Spinal Cord Injury*，Geneva：2002，p. 85.

育能力的影响非常小。无论男性还是女性脊髓损伤者，绝大多数都有生育子女的需求。

我国脊髓损伤者约 100 万人，而且以每年 1 万人的速度在递增。[①] 统计显示，脊髓损伤多为青壮年，80% 以上为生育年龄的男性。[②] 脊髓损伤后，人体的生殖功能会遭受不同程度的障碍，造成生育困难。

一　研究概述

本研究目的在于了解脊髓损伤者生育需求及其影响因素、生育服务现状。为解决这一群体的生殖困难、满足生育需求、制定措施、提供专业化服务提供依据，以保障这一群体的生育权利。本研究的具体方法如下：

调查时间：2011 年 2 月至 2012 年 12 月。

调查对象：17 名访谈对象来自正在和曾在中国康复研究中心接受过康复治疗的脊髓损伤者，其年龄均为 18 岁以上且未生育子女。

依据调查目的编制访谈提纲，内容包括：调查对象的一般情况（性别、年龄、受教育程度、经济状况等），对脊髓损伤的认知情况（脊髓损伤截段、残疾程度、康复知识、生殖功能影响等），生殖愿望情况（对脊髓损伤后生育知识的知晓、生育需求、需求影响因素、子女对婚姻家庭的影响等），生育服务情况（性与生育问题解决方式、得到生育服务状况、对生育服务的期待等）。

调查人员：接受过社会调查技术培训的专业人员。

调查实施：调查采取非随机抽样方法，通过脊髓损伤者主管医生约见调查对象。调查地点选定在调查对象方便到达且感觉舒适、放松的地方或由调查对象决定调查地点。调查对象在理解调查目的、内容、方式等情况后表示愿意参与调查。访谈采取匿名制，允许调查对象在中途随时退出研究。经调查对象同意，对访谈内容进行录音。

---

① 《脊柱损伤后的康复》，医学论坛网，http：//www.cmt.com.cn/detail/22526.html，最后访问日期：2012 年 6 月 15 日。

② Rajasekaran M，Monga M，"Cellular and Molecular Causes of Male Infertility in Spinal Cord Injury."*Androl*，20（1999）：326 – 330.

二 脊髓损伤者的生育愿望

本研究访谈对象共 17 人，其中男性 14 名，女性 3 名；城镇 12 人，农村 5 人；年龄最小 20 岁，最大 34 岁，平均 25.4 岁；未婚 13 人，已婚 4 人；文化程度，小学及以下 1 人，初中 6 人，高中及中专 6 人，大专或大学及以上 4 人；脊髓损伤颈椎节段 3 人，胸椎节段 12 人，腰骶节段 2 人；完全性损伤 6 人，不完全性损伤 11 人。

1. 调查对象普遍具有生育子女的愿望

尽管脊髓损伤后生殖问题普遍持续存在，但这一障碍并没有打消这一群体生育子女的愿望。生育愿望受社会、文化、家庭、个人等各种复杂因素的影响，但多数脊髓损伤者表达了强烈的生育子女的愿望，体现出人类繁衍后代的自然需求。此外，受访对象对脊髓损伤群体——不只是自己——生育愿望的认识，也反映出这一群体生育愿望的普遍程度：

"没有认真想过要小孩的事，我还小呢，过几年我会考虑的。"
"现在不是特别想要，以后会要的，要看老婆是不是想要，原来我们谈过这个问题，最近没有提。"

"想要，当然想，孩子是生命的延续啊。""我们（脊髓损伤者）都想要孩子。我想要，我很喜欢孩子。""我们（脊髓损伤者）这些人肯定都有要孩子的想法，你不用问也是这样。要是估计嘛，十个人有九个想要。""都想要（孩子），就是能不能生育的问题。""平时这个问题互相谈得少，但都想将来有自己的孩子。"

"现在没法要啊，受伤以后，不能勃起，就是勃起也感觉不到，怎么让老婆怀孕啊？想要要不了啊！"

"我想要，听说女孩受伤也可以怀孕，是真的吗？要是我男朋友还能和我继续交往，以后结婚就好了，这种事都说不定呢。"

2. 影响生育愿望的多种因素

生育子女本是人类自然愿望之一，而对于脊髓损伤者，由于生殖功能的障碍，这一愿望的产生、变化和强烈程度受到很大干扰。以下是调查发现的几个主要影响因素——脊髓损伤程度、经济状况、受教育水平、传统观念和他人生育经历。

（1）脊髓损伤越重，生育愿望越低。访谈发现，受访者脊髓损伤程度越重、身体功能状况越差，对生育子女的愿望越低。原因主要是脊髓损伤越严重，其运动功能越差，生活自理水平越低，运动功能的障碍给脊髓损伤者带来巨大的不自信，包括生育。

> "我自己活动都不方便，怎么结婚？更不想要孩子。"
>
> "自己还需要人照顾，更不要说再养个孩子了，太不方便了。"
>
> "我伤得这么严重，没法要孩子啊。"
>
> "现在主要是怎样锻炼身体，活动得更好些，生孩子的问题以后再考虑。"

实际上脊髓损伤的严重程度与生育能力不是正相关，特别是对女性而言。但这一点并不为脊髓损伤者普遍知晓。

> "是啊，我想伤得重，生殖功能一定影响也重啊。我现在下肢完全不能活动。"
>
> "我的例假还算正常，但我不知道还能不能怀孕，一直没有再想这些问题。没有人告诉我，也没有问过别人。"

（2）经济状况对生育愿望影响不大。尽管养育孩子的费用很大，对脊髓损伤者的生育需求产生一定的抑制作用，但较差的经济条件并没有对脊髓损伤生育需求产生明显影响，特别是来自于相对贫穷的农村地区的脊髓损伤者。

> "也考虑了经济原因，就是因为养孩子太费钱了。受伤之前，我们两个还没有想着要孩子，挣钱花销很大，现在一受伤，花钱的地方很多，更不想生孩子的事了，没有那么好的经济能力。"
>
> "我们没有那么多钱，但穷也可以生孩子，现在是没有考虑这个事，以后也许考虑。"
>
> "钱少可以穷养。如果有可能还是生个孩子好。我家在湖北农村，还是想生孩子，最好是男孩。"
>
> "不会考虑钱的问题，还有很多经济条件不如我们的。我们愿意生个孩子，没钱也没关系。只要能生就行。"

（3）教育水平越高，生育愿望越低。通常教育水平对人们生育问题的认识影响较大。调查发现，教育水平越高，生育孩子的愿望越不强烈，同时教育水平高者对生育问题的考虑显得更加全面、客观和理智。

> "我不打算将来生孩子，我们结婚后这几年都没有考虑生孩子，现在更是放弃这个念头了，两个人生活方便一些。有孩子我们很累，将来也给孩子添麻烦。"

> "不想要孩子。结婚现在也不考虑了。身体稳定后，做些能做的事情，我大学时学计算机专业，以后坐在轮椅上也能操作电脑，自己养活自己就行了。"

> "我本来就计划要孩子，现在生育有问题了，我想以后到别的医院去看一看。家里条件还好，有了孩子老人也可帮助看管。如果医学水平不能解决，那就没办法，顺其自然吧。"

（4）传统观念对生育需求影响较大。调查发现，传统对生育需求的产生有着很大影响。特别是农村地区，传宗接代的传统观念仍然存在，这个无形的力量使许多尚未生育子女的脊髓损伤者产生了生育子女的愿望，尤其这个脊髓损伤者是家中唯一的男孩时，尽管当事人有些是不情愿的。

> "我家在农村，父母特别想让我能有个孩子。我有一姐，家里只有我一个男孩。我现在也不知怎么办好。"

> "将来娶媳妇也困难，这样子谁愿意嫁啊！倒是可以娶更穷地方的女孩。就算娶到了，也很麻烦，将来能不能跟你过一辈子也很难说。"

（5）其他脊髓损伤者的生育经历影响受访者的生育愿望。尽管受访者大多表示脊髓损伤者之间很少谈及生殖问题，但是他们都关注着别人的妻子是否怀孕、如何受孕等问题。当有人知道求医受孕的途径后，别人也会跟随而至。也就是说，脊髓损伤者的生育成功经历会大大激发这个群体的生育愿望。

> "和老婆不能性生活，怎么怀啊。听说以前这里住院的一个人，出院后做试管婴儿，老婆怀上了，不知道他的精液怎么取出来的，我也想试试。"

"也不知道现在哪里能看这病（脊髓损伤后生育困难），我的一个病友现在正在找医院呢，准备做试管婴儿，以后要是他成功了，我们也去做。"

"有成功的，我看到网上说有成功案例，最近我正想联系那个做成的哥们（脊髓损伤后生育成功者），问问他是怎么做的，回头咱也看看去，呵呵。"

3. 有些调查对象不知道脊髓损伤后可以生育子女

脊髓损伤后，人体的生殖系统功能受到不同程度的影响，特别是对男性影响更加明显，如勃起障碍、不能射精、精子质量下降等。[①] 生育困难成为脊髓损伤者不可回避的现实。通过现代医学手段（如体外受精等），脊髓损伤者生育子女已经成为可能。[②]

"不知道。估计我不能怀孕了，以后生不了孩子了。"

"我能勃起，但不能射精。受伤后，我就知道没法要孩子了，家里也没和我谈过这个问题。"

"开始时我想，完了，以后没有后代了。但我从网上看到可以人工取精，做试管婴儿。咳，现在老婆还没有呢，这事就别提了。"

"这个我知道，要是不能通过性交怀孕，可以做试管婴儿。我们也打算这么做呢。要是结了婚早要孩子，就好了。您知道哪里能做吗？"

三　脊髓损伤者生育的意义与障碍

1. 受访对象普遍认为孩子对婚姻的稳定具有重要作用

生殖功能障碍严重影响着夫妻性生活、婚姻稳定和家庭和睦。[③] 脊髓

---

① 李建军、周天健主编《脊髓损伤及其所致残疾的预防与预后》，人民卫生出版社，2006，第868页。

② 王一吉、周红俊、陈素文：《脊髓损伤男性患者的生殖功能障碍》，《中国康复理论与实践》2010年第3期，第219～220页。

③ Susan Booth, Melissa Kendall, "Training the Interdisciplinary Team in sexuality Rehabilitation Following Spinal Cord Injury: A Needs Assessment." *Sexuality and Disability* 21 (2003): 249 – 261.

损伤对婚姻的冲击无疑是巨大的，脊髓损伤者的婚姻更容易发生变故。[①]
无论是否有生育子女的愿望，绝大多数调查对象认为孩子对婚姻的稳定发
挥着重要作用，特别是在有生育愿望的调查对象中，均对孩子稳定婚姻的
作用给予肯定。

"是啊，有了孩子就不容易离婚了。即使离婚，他也会慎重
的——这也是我想要孩子的原因之一吧。"

"当然重要了。孩子能带来很多乐趣啊，要是生个孩子，我们的
感情也会好些的。虽然最近他没有再提离婚，要离就离吧……"

"身体不能动了，两口子关系也说不好什么时候就到头了，也没
有必要勉强。要是有孩子，可能不会离婚，或离得慢点。"

"我还没结婚呢，但我估计要是结婚后能生个孩子，两个人的关
系肯定好些，因为都要考虑孩子嘛。"

2. 受访对象优先考虑通过医疗和康复机构解决性与生育问题

性和生育问题在脊髓损伤发生后立即就会出现。医疗和康复机构成为
解决这一问题的首选对象，这表明医疗和康复机构仍是最可信赖的服务来
源。这不仅是因为医疗和康复机构的专业性和权威性，也因为性与生育问
题带有较强的隐私性。这一结果提示医疗和康复机构应率先为脊髓损伤者
提供性与生育的相关服务。

"这方面的问题我不好意思跟别人说，还是要找医生问。"

"我不和父母谈这方面的事情，他们也不懂。我先在网上搜索，
现在网上什么问题都有回答，基本就知道怎么回事了。"

"有时候看看书，但找书太慢，上网查查比较方便。其实自己的
问题还是要到医院去，不能完全相信网上的。"

"问医生，但好像医生也不知道该怎么办。医生知道我身体的情况，
解释得很清楚，但他也不知道到哪里能解决，好像国内没有地方治。"

3. 受访对象表示难以得到生育方面的专业服务

调查发现，虽然生育愿望强烈、性与生育问题普遍，但脊髓损伤者得

---

① Zhang Jinming, "Survey of the Needs of and Services for Persons with Physical Disability in China." *Asia Pacific Disability Rehabilitation Journal* 18 (2007): 49 - 84.

到专业化服务的情况却非常不理想。患者及其家庭，甚至医疗机构似乎都在有意无意地忽视这一问题。访谈过程中，15人表示在过去一年里，从未得到过生育方面的专业服务。

"我的生殖问题，从来没有人问过，也没有人来帮助解决过。"

"我去过专科医院，那里的医生好像都不知道脊髓损伤是怎么回事。他把我的生殖问题跟那些普通患者的生殖问题一样看待，我一看，那医生还不如我知道得多呢，算了，不看了。"

"没有地方能解决这问题。这些问题大家都不提，医生也解决不了这问题，都是想着怎样帮助提高运动能力，没有人想着怎么能生个孩子。"

4. 受访对象渴求设立专门的性与生育康复服务部门

调查结果显示，脊髓损伤者对设置专门的性与生育康复服务部门非常关切，渴望有专业人员提供服务，希望设立针对脊髓损伤者的性与生殖方面的专门服务部门。

"设立这种专门部门？好啊，太有必要了！""多少人需要啊？！大家都有这方面的问题，没地方去问啊！"

"当然有必要了，现在我们的生殖问题没人管啊，也没人研究，这专门的康复医院都没人想这问题。""设立这样的专门医院当然好啦。其实我觉得先要给现在医院里的所有医生培训培训，起码让他们有这方面的意识。让他们别忘了我们的生殖问题也要治疗。"

四 脊髓损伤者实现生育权利的路径

上述调查结果反映出绝大多数脊髓损伤者对生育问题进行了思考，有些还在积极探索解决的途径，尽管其中经历着一次次困惑、无助、失望。解决脊髓损伤者的生育问题涉及医学、社会、心理等众多学科的专业技术问题，而且需要遵守有关政策。因此，解决脊髓损伤者生育权利问题要从多方面共同努力，包括技术的、政策的，也包括思想意识的改变，这些具体措施应该包括但不限于：

1. 摸清底数，掌握需求

为推进脊髓损伤者生殖康复学科的发展，需要掌握脊髓损伤者的基础数据，包括当前脊髓损伤者人口数量、发生率、损伤级别、主要康复需求等基本情况。通过摸底调查，建立数据库，对生殖康复需求及相关影响因素进行分析，在此基础上提出可行性措施和建议。另外也要掌握相关资源情况，了解不同地区脊髓损伤医疗康复干预的机构数量、级别、分布、可提供的服务内容、专业人员数量、水平等。这些基础工作将为专业的科学化发展提供基础数据，为后期专业机构建设、人才培养等提供依据。这些工作的完成需要由相关卫生部门牵头负责，制定规划，组织医学、社会学、康复学、流行病学、统计学等领域的专家共同完成。

2. 改善环境，增强意识

由于各种原因，脊髓损伤者的性与生育问题，在我国一直未得到足够的重视。人们更多地关注脊髓损伤者运动功能康复，也关注其教育、就业等问题。但对于他们的性问题、生育问题却处于一种忽视状态。忽视不表明问题不存在，更不能解决问题，只会使问题越积越多，更加严重。这其中有着文化原因，比如在中国人们常常对性和生殖问题的讨论还较为羞涩，认为性和生殖问题不及运动障碍等其他问题重要。这一错误认识导致脊髓损伤者自身沉默、家庭回避、相关服务空白。因此改善公共环境，提高公众对性与生殖问题的关注至关重要。通过努力使人们能够以看待脊髓损伤者运动功能障碍的态度来看待他们的生育问题，这样有助于消除观念层面的障碍，促进脊髓损伤者生育权利的实现。

3. 普及知识，开展培训

应用人工取精、体外受孕等现代医学方法，可以使脊髓损伤者生育子女。在美国，年轻脊髓损伤患者受伤初期，医院会建议将男性精子取出进行医学储存，日后患者有生育障碍时，取出的精子可用于人工培育试管婴儿，满足脊髓损伤者成为父亲的愿望。这也应该是我国医疗康复机构向脊髓损伤者提供生育服务的方向。向脊髓损伤者和公众普及相关知识，首先要培训为其提供服务、受其信任的医务人员。重视脊髓损伤者性与生育问题，并提供专业服务是人文关怀的体现，也是保障脊髓损伤者生育权利的体现。普及相关知识的对象不仅是脊髓损伤者及其家庭，还应该包括普通公众、专业医务工作者。在内容上，普通公众了解简易知识，医务工作者进行专业化培训。卫生主管部门应将残障人的性与生殖康复纳入医疗培训常规工作中，制定培训规划，组织有关专家编制培训大纲和教材，逐步实现培训系统化、规范化。此外，对于不同层级的普通医疗机构和生殖专科机构提出不同要求和培训目标。

4. 建立制度，提升服务

行业管理部门应该制定有关工作制度，提高专业人员的技术水平，率先在康复机构和生殖专科医疗机构开展服务，规范服务流程，有计划地改善脊髓损伤者生育服务的质量，扩大覆盖面。同时，在各级各类医疗、康复机构设立脊髓损伤生殖康复门诊，规范管理，在设施设备方面给予支持，并将此项业务纳入医疗康复机构评级考核内容。国家应该鼓励、支持相关科学研究，借鉴国外先进经验，逐步提高我国为脊髓损伤者提供性与生殖康复服务的专业水平。特别是建立科研奖励机制，鼓励广大医疗工作者、社会工作者、心理工作者等合作共同开展生殖康复工作，培养脊髓损伤生殖康复领域的专门人才。

5. 鼓励创新，加大投入

政府应鼓励有关脊髓损伤者生殖康复的专业技术创新和资金投入。为脊髓损伤者生殖康复医疗、心理、社会等学科人员的专业提升创造机会，向发达国家和地区学习、引进新技术，改善目前该学科水平落后的局面。包括采取"请进来，送出去"的方式，加快推进我国脊髓损伤者生殖康复技术的发展，带动专业人员素质的提高和专业机构的建设。

残障人的性与生殖健康权利往往被忽视，身体残障、经济贫困、社会歧视、心理自卑等因素使他们进一步受到不平等待遇。[1] 由于社会缺少专门针对残障人（本研究中具体为脊髓损伤者）性和生殖的专业服务人员和服务机构，其生育权利的实现遇到很多障碍。相对于数量庞大的生育年龄段的脊髓损伤群体，本次调查的样本量较小，只能对脊髓损伤者生育困难与服务需求现状做出简要描述：脊髓损伤者这一残障群体生育困难普遍存在，而生育愿望强烈。满足他们的生育需求，对于实现残障人士平等的生育、家庭权利，以及社会公平、正义、和谐，均意义重大。

---

[1] WHO, UNFPA, *Promoting Sexual and Reproductive Health of Persons with Disabilities*, Geneva: WHO, 2009, pp. 3 – 25.

Research on the Right to Reproduction
of Persons with Spinal Cord Injuries

Zhang Jinming etc.

ABSTRACT: This study explores the factors and related services influencing the chances for the persons with spinal cord injuries (SCI) to have children, which is an equal right for them stated in the Convention on the Rights of Persons with Disabilities, but denied in practice due to the lack of rights awareness, medical knowledge and institutional support. 17 persons with SCI aged above 18 and who had not yet had children were interviewed as part of this sociological research. It was found that while the great majority of the persons with SCI wish to bear their own children, however, they are not sure about their ability nor their rights to do so as no necessary information or consultation is provided. A special rehabilitative in stituation is also greatly needed by these people. Therefore, it is necessary to improve the social environment, disseminate knowledge and establish institutions to provide professional services to eliminate the barriers and protect the reproduction rights of persons with SCI.

Key words: Persons with Spinal Cord Injuries; Reproduction Rights; Social Service

女权与残障：基于身份政治的
思考与观察

陈亚亚[*]

摘　要：本文通过文献分析、访谈和网络在线观察等方式，考察残障女性的生存状态、身份认同，同时调查女权主义者对残障议题的认识以及残障运动者对女权主义者的认识，并探讨这两者之间的关联度。

关键词：残障女性　女权　身份政治

一　研究背景及方法简介

一般在谈到残障时，大众往往会有几个认识上的误区：①残障只涉及少数人。然而根据世界卫生组织的数据，全世界共有 6.5 亿残障人，约占总人口的 10%。如果再加上残障人的直系亲属，因此受到影响的人，则超过 10 亿。而据我国 2006 年抽样调查的数据显示，我国共有残障人 8296 万，占总人口的 6.34%，这个比例也是很高的。②残障是个人生理健康问题。然而很多研究都显示，残障与诸多社会因素如阶级、种族、性别乃至社会制度等有关。例如我国 2006 年的调查发现来自城镇的残障人仅占 24.96%，农村则高达 75.04%，两者差异巨大。

残障人在一个偏好某些身体功能的文化里往往会被置于不利处境，其充分地参与社会发展的机会也因此受到阻碍。女性也面临着类似困境，因为在一个不考虑女性生理差异的社会里，她们带有某种先天缺陷。在国际上，残障被认为与其他少数（边缘）群体一样，具有身份政治的意义。有女权主义学者曾提出，将残障作为一个分析类别和表述整合进来，将有助

---

*　陈亚亚，上海社会科学研究院，博士。

于拓宽和挑战既有的女权主义理论。而在国内，很少有女权主义者关注残障议题，将性别与残障关联起来的研究也相对匮乏。

笔者以为，造成该现象的原因比较复杂：一方面是当前女权主义者的关注面较为狭窄，另一方面也可能源于残障人集体失声的现状使之更容易被忽略。这种状况亟须得到改变，这也是本文的研究目的之一，即通过了解残障女性的生存处境和生活体验以及相关人士对残障、女权议题的认识，探讨残障运动和女权运动两者可能的结合点。

本文的研究方法主要包括：

（1）文献分析。即对收集到的资料、文献和数据等进行梳理、分析。

（2）机构走访。笔者走访了重庆自强残疾人服务站，共访问了 4 位工作人员和 3 位志愿者。该机构位于重庆比较贫困的地区，主要为当地生活的伤残工友、贫困残障人提供各种服务。

（3）访谈残障女性，均为面访。主要由重庆自强残疾人服务站介绍，共访谈了当地残障女性 14 人，其中肢残者 10 人，视力障碍者 3 人，多重残障 1 人；男性 3 人，其中视力障碍者 2 人，多重残障者 1 人。这些残障者大多生活于社会底层，相当一部分依靠低保生存，这也是笔者选择面访的主要原因，因为他们很少或是没有机会上网。

（4）网络在线观察。主要观察天涯论坛的天涯杂谈、情感天地两个板块，百度贴吧的兰草之恋、残疾人吧，一共记录整理了 28 位残障人的发言（23 女 5 男）和 3 位残障人亲属的发言。同时还观察了网络（天涯、百度贴吧、新浪微博）上一些相关的讨论内容。

（5）访谈相关从业者，主要通过邮件、QQ、新浪微博私信模式进行。对象包括女权行动者 5 人，性别研究学者 4 人（2 男），残障事业工作者 6 人（5 男），性权倡导者 2 人（1 男），公益机构 2 人（男），微博"大 V"1 人（男）。

二 残障女性的生存现状和身份认同

由于残障和性别上的双重弱势，残障女性的生存状态往往非常艰难。然而，公众大多只知道极少数如张海迪、桑兰这样被媒体广泛宣传过的名人。对于更多默默无名的残障女性，她们是如何艰难生存的，我们几乎一无所知。我国曾做过两次关于残障人的全国抽查，其中分性别的数据不多，但从中仍可看出些问题。①

第一，从残障类别来看。根据 1987 年和 2006 年的全国抽样调查，盲人、精神病残障人、综合残障人中女性比例偏高，其原因是女性所处的生活环境比男性更差，比如农村女性经常烧火做饭，常年烟熏火燎，易患眼疾。环境限制导致女性的活动范围窄，社会支持匮乏，心理承受能力较弱，容易因恋爱、求职、婚姻与家庭纠纷等导致精神分裂。此外，在一个重男轻女的社会中，女性也可能因为照顾的疏失、救治不及时等导致残障。

在笔者的走访和观察中，发现残障成因与性别有一定关联。因为许多残障都不是先天的，而是后天境遇所致。例如在农村，贫困家庭的小孩因为生活和医疗条件差，更容易变成残障。同理，社会性别差异（重男轻女观念）也可能导致女性更容易受伤致残，例如笔者在访谈中发现，因为家里经济困难，有妹妹为了供哥哥上大学，自己辍学出去打工，最后工伤致残的。

第二是教育。1987 年，我国 6 岁以上的残障女性中 80% 是文盲、半文盲，在所有文盲、半文盲残障人中男性占 40%，女性占 60%，可见残障女性的受教育程度偏低。到 2006 年，情况稍有好转，6 岁以上的残障女性中 61.04% 是文盲、半文盲。此外，小学至中学文化的残障人中，男性占 65.36%，女性占 34.64%；大学文化程度者中，男性占 72.98%，女性仅占 27.02%。可见两性之间仍存在明显差异，尤其在高等教育领域。

残障女性的学历偏低，这可能跟重男轻女的观念有关联。例如前文所介绍的妹妹辍学的案例。此外，也有家人因为想保护孩子（尤其是女孩），不愿让她在外遭受欺负以及女孩不能忍受别人的嘲笑（尤其当残障体现为容貌或形体缺陷时），自己放弃上学的案例。不但在普通学校里残障女性少，特殊学校也有类似的情况。笔者访问的一位盲人就提道："在盲校，男生比女生多。男的二三十个，女的只有几个。"然而，并没有生理依据表明男性更容易失明，是其他社会文化因素导致了这个结果。

第三是就业。1987 年城镇 15～59 岁的残障人就业率为 50.54%，其中残障女性就业率仅为 37%；2006 年，在经济快速发展的同时，残障人的就

① 参见中国残障人联合会的官方网站，http://www.cdpf.org.cn/sytj/sytj.htm，最后访问日期：2013 年 4 月 10 日。

业率却降低为30.38%，其中残障女性就业率仅为21.88%。这点从残障人的经济来源上也有所体现，如1987年残障女性靠家庭和亲戚供养的比例为77.03%，2006年增加到80.56%。可见残障人（尤其是女性）的就业遭受到了更为严重的障碍，导致其生存依赖性增强。

笔者在访谈中发现，残障男性尽管就业困难，但更倾向于也更容易创业。例如前文提到在盲校就读的朋友，他的男同学几乎都是自己创业（开按摩店），女性却不是这样，有的只是在别人的按摩店里打工。另一位残障男性在访谈时一直抱怨找工作困难，事后却有人告诉笔者，该男性常年在做生意，家里已经买房，经济条件不错。综合来看，笔者访谈的残障男性几乎都已就业，而残障女性却多半是家庭主妇或者只有不稳定的兼职。对于这些女性而言，生活也许不成问题，但在精神上则可能有很大压力。如一位残障女性所说："那种滋味不好受的，人家给你点脸色，拿你发火，你都得默默忍受。为什么忍受呢？原因很简单，我们什么都不能做，要靠人家生存啊！"

第四是婚姻。1987年，18岁以上残障人中未婚率为15.12%，其中男性为25.6%，女性为5.2%。2006年，15岁以上残障人中未婚率为12.44%，其中男性为19.56%，女性为4.96%。可见残障男性未婚率较高。然而，调查同时显示残障女性的婚姻状态不稳定，离婚率比普通女性高。2009年《广东省残障女性婚姻观念调查》显示，残障女性在婚姻上最大的困难是难以找到合适的对象（71.1%），有近三分之一的人希望与同性成为伴侣。[①] 由此可看出，残障女性的已婚率虽高于男性，但更多的可能是迫于生活压力，而非自由选择。

笔者在访谈中发现，尽管多数残障人（包括女性）都认为残障男性择偶更困难，因为底层男性比女性更多（计划生育选择的结果），但也有不少人指出，残障女性易择偶是个相对概念，实际上其可选择的范围很窄。她们的配偶大多家境贫穷或者也是身有残疾，所选的婚姻更多是生活所迫，没有什么感情基础。一位受访残障男性总结道："残障男性找到健全女性的相对比较多，大龄单身的也比较多，而残障女性在这两个问题上都正好相反，找到健全男性的相对少，大龄单身的也相对少。"

---

① 何小英、唐立新、邓爱玲、何波、杨秋苑：《影响广东省育龄残疾妇女婚姻因素的调查分析》，《中国康复》2008年第4期，第257页。

多数残障女性反映择偶很难，有人感到绝望："爱情，距残疾人很远，远得就像我希望找回自己失去的听力一样遥远。"一位残障女博士生甚至考虑跟没有共同语言、大自己7岁、中专学历的工人交往。而另一位收入颇丰的公司白领干脆自我封闭起来，开始死亡规划："我知道总有一天自己抑郁成疾。但有什么办法，永远摆脱不了世人对自己的看法。是吧，残疾就意味着累赘，意味着拖累。怎么努力，怎么真心对待别人，都仍是一句话：你是好女人，但生活上不方便……"

在已婚者中也有不少悲剧，例如一位残障女性这样描述自己的婚姻状态："婚姻没有意思呀，残疾人的婚姻就更没有意思……我是一个结了婚的女人，当初我丈夫找我，也就是看中我家里的条件。结婚后我们过得并不怎么样，白天他对我吼来吼去，晚上他就变成了一个强奸犯，从谩骂到打骂。"不过，也有女性意识到这种状态是不对的，从而勇敢地选择了离婚："我摆脱掉了那段失败的婚姻，那个令我痛苦的男人！……我想啊，我都残疾了，我的后半生一定要幸福些。"

在既往的调查或研究中，似乎没有对残障女性的身份认同进行过考察。笔者的调研中刻意关注了这个问题，在面访和网上观察时都有心收集过这方面的资讯。从文本分析中可以大致看出有以下几个问题：

1. 残障身份：在阶层差异与性别差异之间

在笔者访问和观察到的残障女性中，多数人对自己的性别身份不敏感。尤其在访问底层残障女性时，当问到"你是否注意到性别差异时"，通常回答是没有关注过或者说残障男性的处境更不利（残障男性更多地表达了这类观点）。当问到"你是否遭遇过性别歧视"时，多数人矢口否认，甚至无法理解这个问题。少数人在进一步沟通后承认遇到过重男轻女的现象，如父母对弟弟更为重视等，但普遍持有一种理解的态度。例如说"老人就是这样，也没有办法，关键要靠自己调整"等。受访对象尤其对残障女性的政治参与关注度不够，例如当笔者询问一位女残联代表残联组织中是否存在性别差异时，她肯定地说没有，但在随后找出的代表合影中，我们却发现男代表的数量超出女代表4~5倍，具有明显差异。

笔者认为，这是因为在底层社会中，家庭倾向于将更多资源分配给更可能在未来给家庭经济提供支撑、传承家族血脉的男性。这种做法背后的理念已经深入人心，从现实境遇而言也具有一定合理性，从而得到了多数人的理解。而且残障女性在生活上往往依赖于自己的家庭，这也可能使得她们忽略了自己基于性别所做出的牺牲。此外，作为性别刻板印象的表现，残障女性如多数女性一样，对政治议题漠不关心。

总的来说，在残障女性中，阶层差异带来的影响普遍大于性别差异，所以她们大多对阶层身份更为敏感。这表现在她们更关心与阶层相关的议题，如是否能接受较好的教育、是否能找到好工作、家庭收入情况如何等。再者，作为残障人，她们对残障身份也大多非常敏感，会讨论一些相对实用的问题，如残障给自己的生活造成哪些影响、残疾人证的具体用途等。此外，另一个对残障身份的常见态度是极力否认它，或者尽量回避这个问题。

2. 对性别生存体验的敏感

看起来多数残障女性对于性别身份不敏感，但这只是表现为她们面对性别歧视时感到无话可说。事实上，当我们对她们的语言进行分析时，就能发现她们的性别生存体验极其丰富，主要表现在对自己容貌、形体的关注上："虽然不影响工作，不影响生活，不影响我读书，不影响我奋进，但作为一个女孩子，毕竟不好看。""有时真希望我自己是瘸子，能让我拥有正常的面孔，现在让我感觉容貌越来越重要了。""由于容貌我不喜欢跟任何人去力争什么，我知道那只是无谓的争取，到最后什么也不是你的，到最后还会被人看不起。"

在网络帖中，笔者还发现了两个极端案例。一是某男性上网诉说女朋友有残疾，遭到父母强烈反对，而当网友询问是何种残疾时，他回答说耳垂少了一小块。另一个是某男性诉说与妻子恋爱三年、成婚两年后，才偶尔发现妻子的手少了个指尖："我不禁想起她的右手一直都是这样。我想起3年前，我们谈恋爱时，她喜欢我牵着她，每次她都站在我的右边，也就是左手抓住我；想起她打字喜欢用一个手指头，我还戏称她为'一指弹师太'；想起她用左手吃饭、打乒乓球，却用右手写字，努力把食指压到大指根部，手型很别扭……曾经的一切，现在都恍然大悟了。我老婆的残疾不在手上，而是在心里。仅仅断了一个指头尖，这个在常人眼里很平常的事，她为什么藏了这么久，几乎瞒住了所有的人。"

以上这些轻微的残障甚至根本称不上残障（如耳垂尖的缺失），它们几乎不影响实际的生活，却给当事人带来了极大的痛苦。从那个连最亲密的丈夫都要费尽心机隐瞒的妻子身上，我们看到残障女性的生存困境不仅仅来自生活的不便利，更来自社会、他人对于女性的一些基于性别的规范和要求，例如女性应该是美丽的，女性是靠容貌、身体来取悦男性的……
这一类根深蒂固的思想，给她们带来了巨大的精神压力，导致她们的生活
变得艰难。

3. 权利意识的匮乏

就笔者观察到的情况来看，残障女性对性别身份缺乏认同，对残障身
份有一种排斥心理。例如一位残障女性这样说过："从 4 岁的时候我的身
体就跟残疾画上了等号，可是我一直都不认为我是一名残疾人，我不喜欢
听到任何人在我面前提到残疾二字，也许这是我强烈的自尊心在作祟吧，
但我就是不能接受别人说我是残疾人的事实。"又如这位女性为避免登机
前的体检（带有假肢），让家人找关系通融的事："还是和以前一样去海南
过冬了。在机场没有安检，老爸可能知道我心情一直不好，在去之前提前
找人了，没有安检直接进去了。"

这种否认、掩盖自己残障身份的行为，在现实中很常见，在女性中尤
甚，因为她们大多自尊心更强，更不愿意暴露自己的缺陷。这种现象是现
实社会对残障歧视的一种表现，但它也同样起到了减少残障可见度（visi-
bility）的作用。而当我们看不到残障人的身影、听不到他们的声音时，我
们又怎么会对他们的生活乃至权利有所关注呢？又怎么可能基于同情同理
心来支持他们的维权活动呢？

这种对于残障人权利保障、残障运动发展现状的认知匮乏，在高阶
层、高学历的群体中也普遍存在。例如一位具有博士学历的残障女性就表
达了这样的观点："有时候我就想，这个社会本质就是优胜劣汰，我身体
不好本身就已沦入被淘汰的行列。如果我是在动物界，像我这种的就该是
那些食肉动物的口中食了。"而她的具体做法则是消极地接受这种现状，
放弃竞争，如不争取进行手术、跟男友提出分手等。

三 女权与残障的关联是什么？

世界卫生组织将"残障"定义为："残障是一个总称，包括损伤、活
动受限以及参与的限制。损伤是身体功能或结构方面的问题；活动受限是
人在执行任务或行动时遇到的困难；而参与的限制是参与个人生活时遇到
的问题。"《残疾人权利公约》则提出"残疾是一个演变中的概念，残疾是
伤残者和阻碍他们在与其他人平等的基础上充分和切实地参与社会的各种

态度和环境障碍相互作用所产生的结果"。基于以上定义，并非一定肢体有残缺、功能有缺陷才算残障，由生活环境造成的某些能力障碍也是残障。

从这个角度而言，有人指出女性也类似于残障人。在生活中，许多女性都有过被轻视、被贬低的体验，例如人们通常认为女性更容易迷路、女性不会使用机械工具、女性的电脑技术差、女性不擅长当领导等。这其中很多都不是生理上的差异（或至少没有科学证据），而主要是受到文化环境影响所致。其实所有的正常人（包括肢体健全、具备正常智力的男性）都会在生命中的某个时刻处于"残障"状况，例如受伤、疾病、短暂意识不清等，人们却不会认为这是能力上有缺陷的缘故，正如有男性不符合性别刻板印象中的角色期待时，会被认为只是个体差异而非群体特征。

某些研究残障的学者（如 Garland - Thompson）认为残障人并非在能力上有缺失，而是在一个偏好某些能力的文化中被置于不利处境之中。例如当一个有视力的人进入盲人世界时，他就将处于不利的地位，因为这个世界是为盲人设计的。女性的状况也正是如此，在一个完全不考虑女性权益的男权社会里，她们的自我发展带有某种"先天的"缺陷。基于此，如果我们允许这个社会将某些人视为残障（基于某个偏好的品质或者低等的概念），也就等于间接承认了女性的低下性。① 简单而言，当我们倾向于从差异的角度来解释残障议题时，就跟女性议题有了共通之处。

比较而言，国外的女权主义者更关注残障议题。例如自身有残障的女权主义学者内斯特拉·金（Ynestra King）就曾试图从残障人的立场出发来建立一种女权主义理论。尽管她认为残障是社会问题而非自然悲剧这一观点没能得到太多响应，但她对这一新兴领域的探索却十分具有启发性。另一位学者罗斯玛丽·汤普森（Rosemarie Garland - Thompson）也提出过女权主义的残障理论，认为如果将残障作为一个分析的类别和表述的系统整合进来，将有助于拓宽和挑战既有的女权主义理论。然而在国内，将两者结合起来进行研究的人几乎没有。

那么国内的女权主义者是如何看待残障议题的呢？当前的女权主义者（包括性别研究者）对女权和残障议题之间的关联持有不同的看法，但也

---

① "Hope：Society Disables Women." Accessed April 10，2013. http：//serendip. brynmawr. edu/exchange/node/3009.

有许多共同之处。

（1）多数人很少关注残障议题。

部分人解释说这是因为时间和精力有限，以致无法关注到那些与自己生存体验关联性不大的议题。在访谈中，有一位女权主义者提到，尽管很少关注残障，但因为自己怀孕时体会过行动不便的感受，所以现在"经常会在混乱地段帮盲人过街找车站啥的"。另一位女权主义者讲述了一段与残障有关的个人体验："去年在美国割伤了脚后跟，发现美国的设施，包括机场服务都很周到，人们态度也很坦然，没有人会觉得你一瘸一拐的很怪或多看你一眼，虽然有人发现后会和你说起自己伤筋动骨的经历。但回到国内立马就不一样了，首先设施几乎对残障人完全不友好，各种不方便。然后行人的眼光都是充满怜悯或好奇，会目送我一直远走到他们视线外。"

由此可见，女权主义者不关注残障议题的主要原因是由于与自己的生活不太相关或者尚未认识到残障与自己生活的相关性。要改变现状，需要双方的持续努力，即一方面通过残障运动来提升残障人的可见度，另一方面女权主义者也需要有意识地增进这方面的认识。

（2）多数人都认为两者有关联。

尽管绝大多数受访者认为这两个议题有关联，但具体是何种关联，每个人的理解和认知都有所不同。有的只是泛泛地提到所有议题都与性别相关，残障当然也不例外；有的进一步谈到残障女性承受了性别和残障的双重弱势，却没能获得足够的关注，在残障运动中处于被遮蔽的状态。也有人指出这两者都是为弱势者争取权利，自然具有一定的关联，这不但表现在理念上，也表现在权益诉求的方式上。例如一位具有留学背景的女性对此这样解读："我认为残障和女权的关联在于'不同'，存在和感到自在的方式都不同于主流社会，同时在争取社会资源更加艰难上也有相似性。"

虽然有女权主义学者认为这两者并无关联，但她随即加了一句："如果残障的定义是生理机能残缺和功能障碍的话。"可见两者是否有关联，在一定程度上与怎么定义残障、怎么看待残障紧密相关。在反思为何会有人觉得两者无关或关联度不大时，一位女权主义者这样说："歧视深入人心，使绝大多数'正常人'都不愿承认和残障有任何关系，似乎这是羞耻。女权主义者虽然处于弱势（被歧视——作者注），但很多人仍觉得和残障有隔阂（不愿像残障人那样被歧视——作者注）。"

（3）需要联合行动，但缺乏具体措施。

一般认为两者有关联的受访者也会认为需要联合起来行动："应该联合，因为团结力量大。都需要找到更有效的各种方式、渠道发出声音，争取更多社会资源，也可以互相借鉴。"但与上一个问题的答案类似，尽管多数人赞同要联合，但谈到具体有什么可联合的行动时，就语焉不详了。有的说还需要再想想两者的可能结合点，有的承认自己对残障议题（或女权议题）不了解，有的坦言要结合起来很难，说联合只是一种理想状态。而在回答了这个问题的人中，被提到最多的是要增强残障女性的可见度、提升其领导力，也许这是当前最有可能的一个连接点。

我们已经看到在一些倡导性别平等的活动中，谈及对人员的选择时会加上"女性""残障者优先考虑"等字样。在相关活动中，也开始有意识地引入这类主题，如在性别主题的论坛中，增加涉及残障女性的话题或者在残障主题工作坊中，搭配性别意识提升的环节。这些尝试尽管不算很成功，但它们正在为将来可能的合作提供难得的经验。

国内的残障人事业主要由政府组织和承担，如残联等。但近年来一些NGO组织也开始参与到残障人事业中，发展势头良好。笔者曾参加过数次NGO的相关活动，发现组织者大多是男性，积极参与者也以男性居多，主要议题围绕如何为残障人争取权益展开，很少或较少涉及性别差异。笔者调查了一些残障事业工作者对性别议题的认识，了解到的情况大致如下。

（1）多数残障NGO从业者对性别议题不熟悉。

当残障NGO从业者被问到是否关注女权议题时，有人回复说自己的机构"关注残障者的教育与发展，现在还没有涉及女权问题"。另一个工作者认为两者无关联，因为"女权以反家暴为主，残障以消除残障歧视为主。一个以家庭为主，一个以社会为主，有本质区别，无法放一起讨论"，并且还进一步强调："女权问题随着时代进步已大为改观甚至妇女已凌驾于男人之上，原因就是物以稀为贵，男女比例严重失调且在社保方面也偏重于女方。"这一认知甚至在其接受了一次性别意识提升活动之后仍然没有改变。还有的工作者不明白这个问题的意思，将其理解为询问某个残障女性具体做了什么。

可见相当多的残障工作者对女权议题不熟悉也不关注。这表现在他们不谈及此议题或者认为这两者的关联度不大，至少暂时不用在自己的工作中考虑此议题。这点比起女权主义者对残障议题的陌生而言，有过之而无不及，可见在残障运动中提升性别意识非常重要。

（2）较多人认为两者有关联。

许多残障 NGO 从业者对女权议题不熟悉，但有相当多的人认为这两者之间有关联，尽管具体是什么样的关联，大多语焉不详。在这类受访者中，具体提到的有以下几点：一是认为残障女性的权益属于女权的一部分，所以显然有关联。二是认为残障可以与任何议题有关联，因为残障在各种群体中都普遍存在，所以与女权也肯定有某些关联，尽管不太确知是什么关联。这与第一种认识其实是一致的，只是不那么具体而已。三是认为这两者的关联在于都为弱者争取平等权。

（3）需要联合但缺乏具体策略。

多数受访残障 NGO 从业者认为，残障工作需要和女权工作联合起来，但同时又感觉困难很大。有的说虽然应该联合，但目前时机还不到，因为两个群体的力量都太小了。有的说对于残障女性而言，很难同时具备两种权利主体的角色认同，兼顾两个权益议题。有的坦承自己目前只有性别平等理念，未能真正践行。此外，有少数人对如何联合提出了具体建议，大多从个体角度出发，如认为女权运动可以用于预防女性致残，对残障女性进行女权思想的启蒙，帮助其更好地改善自己的生活等。

四 女权与残障的可能结合点

在国际上，残障议题长久以来一直被忽略。联合国原有的 7 个人权公约中，均没有与残障相关的内容。直到 2006 年，联合国才通过了《残疾人权利公约》，而《消除对女性一切形式歧视公约》早在 1981 年就已生效，可见两者差距之大。在国内，当女权运动萌芽并逐渐升温时，残障运动却长期寂然无声。一般人（包括女权主义者）都不会认为女性与残障有什么实质关系，即使提及，也集中在如何帮助残障女性的单一议题上。

笔者认为，女权主义者对残障议题的忽略以及残障运动者对女权议题的陌生感，有一定的共通性。归纳起来大致有以下原因：①互相之间缺乏认识，不了解对方的宗旨和目标是什么，也不清楚当下对方的关注点；②无论女权运动还是残障运动，都属弱势，所拥有的资源有限，导致关注面相对狭窄。而要改变这种现状，需要从以下几方面进行努力：

第一，女权议题的拓宽。近两年来女权关注和倡导的几乎都是城市女性议题，如占领男厕所、地铁防骚扰、求职就业中的性别歧视等。这些议题不但与农村女性关联度不大，与残障女性的关联度也较弱。因为即使是生活在大城市的残障女性，由于无障碍设施的不完备，也很少外出和参加各种活动。在这种背景下，残障女性很难加入女权运动中来，因此也很难被女权主义者关注到。然而，关注残障女性的生存体验（即引入残障视角）对于女权运动而言很有必要。大多数调查都显示，残障女性在家庭内外都面临更大的风险，她们缺乏教育，很难就业，少有经济来源，生活上依赖父母、亲戚或者丈夫，自主独立性差，更易遭受暴力、伤害、忽视和虐待。可以说，残障女性以一种极端的方式彰显了男权社会中的性别不平等，从另一个维度证明了女权运动的必要性和迫切性。其次，残障运动提倡从差异和多元的角度来认识残障，要求致力于消除环境中的障碍，反对基于身体差异的歧视，这与女权主义的理念不谋而合，给女权主义理念和实践提供了一个极有价值的参考角度，对女权运动的开展具有启发性。所以女权主义者不但有义务，也有责任支持和参与残障运动，因为这与其自身的权益诉求息息相关。

第二，残障运动需要引入性别视角。在当前的残障运动中，性别议题相对是被遮蔽和忽略的，这表现在活动的组织和主要参与者多为男性，所讨论的相关议题、发起的相关活动中很少涉及性别差异。例如在残障人照护问题上，我们就很少考虑到性别差异。事实上照顾残障人的主要是女性，造成这种现象的原因有：首先，受传统"男主外，女主内"观念的影响，女性更多操持家务，于是顺理成章地承担起了照顾的职责；其次，当家中有残障人要请保姆或者护工时，由于女性更多从事家政类工作，也就更容易成为被雇用者；最后，女性基于日常生活中的经验，更容易对"照护"工作产生认同和责任感，从而更可能选择以此作为自己的事业。

"照护"一向被视为低级劳动，无法与拿薪酬的正式工作相比。在我国，"照护"更被认为只是家务，政府并不给予补贴。其实，照顾残障人的工作非常繁重，因为从居家起坐乃至整个社会环境，几乎都对残障人不友好。例如很少有装修公司懂得如何在家庭中安装无障碍设施，很少有房产商在社区建设时设置无障碍设施，公共领域的残障通道不健全等。这些都给残障人及其照料者带来了很大的麻烦。要改变这一现状，政府决策者必须学会倾听残障人及其照料者的声音，而女性如何通过"照护者"的角色进入公共议程，更是导致改变的关键所在。

正如苏珊·贝克福特所言："身份是一种通过我们的言语与行为面向积极的再创造敞开的个人力量和政治力量。"① 在国际上，残障已被认为与其他少数群体身份一样，具有某种身份政治上的意义。例如在伊莱·克莱尔（Eli Clare）被称为"酷儿"政治和残障政治的破冰之作"The Classics Edition of Exile and Pride：Disability，Queerness & Liberation"中，她就将残障与"酷儿"（包括女同性恋）政治、性政治等整合起来，归结到如何诉求社会公正的运动之中。在国内，随着近年来对残障议题的逐渐聚焦和升温，可能会有越来越多的学者注意到这一趋势，将残障议题整合进自己的研究和关注的领域之中。

笔者以为在此进程中女性（尤其是女权主义者）基于类似的弱势边缘处境和照护者的特殊角色体验，有望成为残障人运动中最坚定和核心的支持力量之一。当然，这同时需要残障运动家敏锐地意识到这一点，及时引入女权主义的理念，与女权主义者结成互为联动的同盟者，在行动中积极实践。

Feminism and Disability：Reflections and Observations on the Basis of Identity Politics

Chen Yaya

ABSTRACT：This paper reflects on the lives and self – identity of women with disabilities through sociological methods including interviews, online web-sites and chat groups and literature reviews. The specific rights problems caused by the intersectionality of being female and disabled are depicted and analyzed. To address the double discrimination and oppression suffered by women with disa-bilities, efforts of feminism and disability rights movement shall be combined. This paper reviews the mutual perception between feminists and those people who are working for the disability rights and finds that they both agree it is important to integrate the two perspectives but cannot find feasible approaches in practice.

---

① 〔英〕露丝·里斯特：《公民身份：女性主义的视角》，夏宏译，吉林出版集团有限责任公司，2010，第59页。

It is then suggested that the feminist movement should expand its agenda to rural area and covering the disabilities issues, while the disability research and advocacy shall pay more attention to the experience of women with disabilities and women working for persons with disabilities.

Key words：Women with Disabilities；Feminism；Identity Politics

因爱之名，以医之义？
从权利角度看精神病院住院女性的体验

马志莹*

摘　要：本研究用非结构访谈的方式探索精神病院住院女性的体验，了解她们的权利状况和影响因素。住院女性往往体验到家属以爱与保护为名义，用医药监控、束缚其行为，尤其是当家庭矛盾纠纷较多或女性在家中地位较低时。住院女性感受到的自由权、婚育权、健康权的被剥夺是家庭和精神医学联手规训的产物。为改变家庭－机构圈所带来的失权现象，需要把精神医疗中的替代性决策转变为支持性决策，在家庭和封闭式机构之外寻找新的照料方式，也需要我们反思爱与健康的含义。

关键词：残疾人权利　精神疾病住院女性　家庭　性别关系　医学模型

一　引言

（一）性别、精神残疾与《残疾人权利公约》

2007 年 3 月 30 日，中国政府签署了联合国《残疾人权利公约》（以下简称《公约》）。2008 年 6 月 26 日，《公约》由全国人民代表大会常务委员会批准。[①]　自此，《公约》对中国有国际法意义上的约束力。《公约》非

---

　*　马志莹，芝加哥大学比较人类发展系、人类学系博士候选人。

　①　《中国批准公约》，互动百科，http：//www.baike.com/wiki/% E4% B8% AD% E5% 9B% BD% E6% 89% B9% E5% 87% 86% E5% 85% AC% E7% BA% A6，最后访问日期：2013 年 4 月 12 日。《全国人民代表大会常务委员会关于批准〈残疾人权利公约〉的决定》，全国人民代表大会，http：//www.npc.gov.cn/wxzl/gongbao/2008 -12/24/content＿1467395.htm，最后访问日期：2013 年 4 月 12 日。

常重视性别与残疾问题的交叉，把男女平等作为一般原则，"确认残疾妇女和残疾女孩在家庭内外往往面临更大的风险，更易遭受暴力、伤害或凌虐、忽视或疏忽、虐待或剥削"，并在多条规定中反复强调缔约国需确保和促进女性的一切人权与基本自由。① 本研究正是响应《公约》号召，关注中国精神残疾女性的生存状况。

《公约》虽带来了中国残疾人研究和实务工作的春天，但目前关于中国残疾女性的专门研究仍然较少，其中大部分是从康复服务和社会福利角度出发的，② 从权利角度出发的研究凤毛麟角。关于残疾女性权利仅有的专门研究包括：李红芳、郭华茹把个体因丧失对自己生活的决定权和行动权而感受到的能力和自信降低称为失权，指出女性残疾老人失权的原因在于个人心理、生理、人际关系的改变，社会支持网络缺失（丧偶、亲友因对残疾的观念障碍而逃避），环境设施障碍，社会文化观念歧视，社会保障制度缺陷，养老资源不足等。③ 何小英等人通过问卷调查发现，广东省育龄残疾妇女的婚姻需求大，其婚姻权利受阻的主要原因是难以找到适合的对象，缺乏经济能力，以及遭受社会歧视。④ 潘璐关于农村智障女性婚姻状况的研究似是唯一关于残疾女性权利议题的田野研究，她发现农村男性择偶难的社会现实使得智障女性容易获得婚姻，但这些婚姻并不以尊重智障女性自主权为前提。相反，婚姻只是女方家长用女性生育功能与男方交换，以求减轻自身照料负担的方式。在这样的婚姻中智障女性极易遭受歧视和性侵害。⑤ 这些研究都提示，残疾女性的生活体验和权利状况与其在婚姻家庭中的弱势地位息息相关，这点会在下文继续探讨。在这

---

① 《公约》中明确提到性别或女性问题的有：序言第 16、17、19 款；第 3 条 "一般原则" 第 7 款；第 6 条 "残疾妇女"；第 8 条 "提高认识" 第 1、2 款；第 16 条 "免于剥削、暴力和凌虐" 第 1、2、4、5 款；第 25 条 "健康"；第 28 条第 2 款。联合国《残疾人权利国际公约》，http://www.un.org/chinese/disabilities/convention/convention.htm，最后访问日期：2013 年 4 月 12 日。
② 当然，从康复和社会福利角度出发的研究对了解和推动残疾人权利水平也有重要意义，作者将在案例分析相应处提及可参考的研究。
③ 李红芳、郭华茹：《我国女性残疾老人的增权问题研究》，《江苏工业学院学报》2009 年第 1 期，第 26～29 页。
④ 何小英、唐立新、邓爱玲、何波、杨秋苑：《影响广东省育龄残疾妇女婚姻因素的调查分析》，《中国康复》2008 年第 4 期，第 257～259 页。
⑤ 潘璐：《农村智障女性的婚姻获得与权益缺失——对河北省 × 县两村的田野观察》，《中国农业大学学报》（社会科学版）2010 年第 1 期，第 107～112 页。

里作者想要讨论的是，正如 Matthew Kohrman 关于《公约》出台前中国残疾人事业的研究所指出，无论是残联救助还是公众话语，都对残疾人做出男与女、肢体残疾与其他残疾的区分。其中肢体残疾男性受到重视，成为中国残疾人的典型形象（archetypal image），相反，残疾女性往往被忽视，精神障碍者因其污名，更是在国家规定的残疾类别[①]里最受轻视。[②] 这种关注的不均衡持续到了《公约》面世之后，也扩展到了学术界，我们就可理解为何目前少量关于残疾女性权利的研究中，尚无一例关注精神残疾女性。本研究希望填补关于中国精神残疾女性权利研究方面的空白。

研究中国精神残疾者的生存状况，一个首先要了解的事实是：他们绝大部分人所能接受到的唯一服务是封闭式住院治疗。[③] 而与其他国家的实践相比，在中国，决定住院服务的往往既不是残疾人本身，也不是医护人员。根据潘忠德等对全国 17 个城市精神卫生中心精神障碍者入院方式的调查，自愿入院者仅占全部住院者的 18.5%，以医生建议而家属送院的"医学保护入院"方式收治的占 59.5%，因危险行为而由公安机关或家属强制送入院的则占 22%，[④] 后两者都属非自愿入院。从残疾的医学模式看，长期住院会使 86.54% 的精神分裂症和精神发育迟滞伴有精神障碍的患者致残，[⑤] 因而了解住院者的心理感受和社会境遇对于预防残疾非常重要。何况从残疾的社会模式看，不管住院者生理条件如何，非自愿住院所伴随的活动限制和强制医疗，本身就可能是一种社会环境障碍导致的残疾。因而要了解精神残疾，我们就需要密切关注收治制度和住院

---

① 2011 年 5 月 1 日实施的《残疾人残疾分类和分级》国家标准把残疾分为视力残疾、听力残疾、言语残疾、肢体残疾、智力残疾、精神残疾和多重残疾。此分类与 Kohrman 著书时并无显著区别。《中华人民共和国国家标准：残疾人残疾分类和分级》，中华人民共和国国家质量监督检验检疫总局、中国国家标准化管理委员会，2011 年 1 月 14 日发布，http://www.zgmx.org.cn/before/NewsDefault-9915.html，最后访问日期：2013 年 4 月 13 日。

② Matthew Kohrman, *Bodies of Difference: Experiences of Disability and Institutional Advocacy in the Making of Modern China*, Berkeley: University of California Press, 2005.

③ 对于封闭式住院治疗是对精神残疾者的服务还是限制，在中外都有很多争议。作者在此不作先入为主的判断，而是在研究中探讨住院治疗对精神残疾者及相关人员的意义。

④ 潘忠德、谢斌、郑瞻培：《我国精神障碍者的入院方式调查》，《临床精神医学杂志》2003 年第 5 期，第 270~273 页。

⑤ 吕红艳：《精神疾病患者长期住院致残分析》，《广西医学》2002 年第 8 期，第 1182~1183 页。

者权利状况。①

本研究试图从权利角度探索精神病院住院者——尤其是其中比例最大的"医学保护入院"者——的体验，选择关注其中的女性住院者。研究表明，市场经济并没有提高女性地位，反而更强调女性作为家庭生育工具和抚育者的"自然"性别角色，使其成为家庭内外的"第二性"。②而家庭恰恰又是非自愿收治的主体。故作者预期精神病院住院女性的入院和治疗体验可能与其在家庭中的低下地位及家庭矛盾息息相关。另外，已有研究提示，在婚育问题上受到不同形式的歧视和剥削，可能是精神残疾女性住院体验的重要维度。

（二）权利、家庭与日常生活

目前关于权利的研究主要集中在法律和制度分析方面，本研究则从个人体验、生活史、家庭和机构中的互动入手，探讨看似微不足道的日常生活如何与法律制度、社会经济、文化观念相互形塑。女性主义研究者指出，现代民族国家所预设之参加公共领域社会契约的自由个体是健全男性，这个社会契约的基础是性契约（sexual contract），即公民作为家长支配家中（私人领域）妇女儿童，满足生活基本需要（如饮食、照料和繁殖后代）——这种支配通常以对弱者的保护和爱为名。③社会契约与性契约的合谋产生了公与私、男与女、权力与正义和情感与伦理等相互重叠的区分，④使得女性及其他受剥削的人群面对社会政治安排带来的日常生活不

---

① 目前对于 disability 中文翻译的问题，学术界、倡导界和服务界多有争议。认同医学模式者认为 disability 源于个体身心的残缺和疾病，故多译成"残疾"；而认同社会模式者认为 disability 是由社会环境对个体的障碍造成，故多译成"（身心）障碍"；认为个体缺陷和社会障碍交互构成 disability 者，则译成"残障"。本文关注的是个体所面对的社会境遇和权利状况，故多采用"住院者""障碍者"等词。不过为了突出精神医疗和政策领域的实践，故有时会采用该领域对个体的标签，如"病人""患者""残疾人"等。

② 宋少鹏：《资本主义、社会主义和妇女——为什么中国需要重建马克思主义女权主义批判》，《开放时代》2012 年第 12 期，www.opentimes.cn/bencandy.php? fid = 341&aid = 1693，最后访问日期：2013 年 7 月 13 日。Zhiying Ma, "When love meets drugs: pharmaceuticalizing ambivalence in post - socialist China." *Culture, Medicine, Psychiatry*: 36, 51 - 77. Veronica Pearson, "Goods on which one loses: women and mental health in China." *Social Sciences and Medicine*, 41 (1995): 1179 - 1153.

③ Carole Pateman, *The Sexual Contract*, Stanford: Stanford University Press, 1988. Veena Das, *Life and Words: Violence and the Descent into the Ordinary*, University of California Press, 2006.

④ Seyla Benhabib, "Models of public sphere: Hanna Arendt, the liberal tradition, and Ju·rgen Habermas." In J. B. Landes (Ed.), *Feminism, the Public and the Private*, Oxford: Oxford University Press.

公，其不满和苦痛却只能被（自己和他人）当作私事和私人情感，不能翻译为集体行动和社会改变的诉求。本研究正是依循女性主义"个人即政治"（the personal is political）的视角，① 拒绝对生活世界的公私二分，探寻精神病院住院女性的日常体验——包括女性本人不认为或不知道与权利相关的体验——如何揭示家庭、机构和社会的权力关系与权利实施情况。

当精神残疾者被宣告缺乏行为能力、需要亲属代为决策的时候，他们也从承认公民权利的公共领域被转移到了家庭关系的私人领域，其声音可能不被倾听。Das 和 Addlakha 在其关于印度残疾女性的研究中提出"家庭的公民权（domestic citizenship）"概念，即家庭往往决定着残疾人是否享有公民权，残疾是一个人的责任还是在照料网络中共同承担，谁来为残疾发声。② 由此，本研究虽不直接考察家庭送治疑似精神障碍者的过程，但预期精神病院住院女性对入院、疾病、治疗、人身自由的体验与家庭矛盾纠纷——尤其是家长认为何种行为有害家庭秩序——相关。上文已提到，当代中国女性经常被"自然化"为承担家庭照料和生育功能者，成为从属男性的第二性。因此本研究预期若精神残疾被认为损害女性照料和生育功能，则家庭赋予女性的权利就更少，住院女性感受到的限制、忽视和剥削就更多。

（三）医学化与残疾的医学模式

精神病院住院女性的失权（disempowerment）体验不能简单理解为家庭对女性的恶意压迫，而应与生物医学对个人和社会关系的塑造相联系。家属违背本人意愿送治（疑似）精神障碍患者这一程序，我国精神病学界称之为"医学保护入院"③，说明家庭关系和行为被医学化了。"医学化"（medicalization）是指把人的（个人、人际或社会的）生存境遇、问题、痛苦和行为逾矩定义为个体的生理疾病，从而对疾病个体作药物治疗、医

① Carol Hanisch. "The Personal is Political." Accessed April 13 2013. http：//www. carolhanisch. org/CHwritings/PIP. html.

② Veena Das and Renu Addlakha，"Disability and domestic citizenship：Voice，gender，and the making of the subject." *Public Culture* 13（2001）：511 – 531.

③ 参见潘忠德、谢赋、郑瞻培《我国精神障碍者的入院方式调查》，《临床精神医学杂志》2003 年第 5 期，第 270 ~ 273 页。另见 Yang Shao，Bin Xie，Mary – Jo Good，and Byron Good，"Current legislation on admission of mentally ill patients in China." *International Journal of Law and Psychiatry* 33（2010）：52.

学研究和机构控制等。① 在当今中国，随着精神医学的推广，医学化不是个别行为，而是弥漫在整个制度设计和文化观念中的话语。它塑造着家庭关系，使家属把家庭中逾矩、异常的行为视作疾病症状求助；它塑造着主体，而且医药技术对身体产生切实影响，使个人把自身体验为生物性的病躯；它甚至塑造着整个社会态度，使大众按照精神病学、统计学、遗传学的知识，关注精神障碍者的潜在危险行为和疾病的遗传概率，从而支持和参加对精神障碍者的控制和歧视。②

"医学保护入院"一词告诉我们，正是精神医学对社会和家庭生活的医学化，以及家庭以保护和爱的名义规训个体的行为，两者合力，才使得被送院者进入病人角色。而中国的精神医学实践常自动认定严重精神障碍者无民事行为能力，由近亲属监护，③ 所以社会二分为公民享受权利的公域和"弱者"被代表、可能受保护也可能受剥削的私域（包括家庭和精神病院），精神病院住院者只有在接受正常化（normalization）之后才能重新享有公民权利。这种残疾的医学模式是《公约》明确反对的，联合国残疾人权利委员会 2012 年对中国履约情况的审议结论就明确提出要以"残疾的人权模式"取代"残疾的医学模式"："在人权模

---

① Kevin White, *An Introduction to the Sociology of Health and Illness*. SAGE：p. 42.

② Michel Foucault（2003）. *Society Must Be Defended：Lectures at the Colle·ge de France*, 1975 – 1976（1st Picador pbk. ed.）. New York：Picador. Michel Foucault（2006）. *Psychiatric Power：Lectures at the Colle·ge de France*, 1973 – 74（G. Burchell, Trans. J. Lagrange Ed.）. Basingstoke, Hampshire England；New York：Palgrave Macmillan. Zhiying Ma（2012）. Psychiatric subjectivity and cultural resistance：experience and explanations of schizophrenia in contemporary China. In A. Kipnis（Ed.）, *Chinese Modernity and the Individual Psyche*. New York：Palgrave MacMillan.

③ 《民法通则》规定精神病人监护人的确定需要经过法院宣告，备选人员包括"（一）配偶；（二）父母；（三）成年子女；（四）其他近亲属；（五）关系密切的其他亲属、朋友愿意承担监护责任，经精神病人的所在单位或者住所地的居民委员会、村民委员会同意的。"见《中华人民共和国民法通则》，http：//www. china. com. cn/policy/txt/2012 – 01/14/content_24405953. htm，最后访问日期：2013 年 4 月 14 日。然而，无论是在作者和其他研究者观察到的精神医疗实践中，还是在 2013 年 5 月 1 日起实施的《精神卫生法》里，（严重）精神障碍者都被自动与监护人绑定在一起。例如《精神卫生法》中在谈到诊断和治疗知情权等问题时，多处提到"患者或其监护人"而不加区分，实际上就容易造成监护人代行权利或代负责任。而且监护宣告阙如，《精神卫生法》规定"本法所称精神障碍患者的监护人，是指依照民法通则的有关规定可以担任监护人的人"，即任何近亲属。见《中华人民共和国精神卫生法》，http：//www. gov. cn/jrzg/2012 – 10/26/content_2252122. htm，最后访问日期：2013 年 4 月 14 日。另外，关于中国成年人监护制度法律及实践的探讨，参考李霞《成年监护制度研究——以人权的视角》，中国政法大学出版社，2012。

式中，残疾人是独立的、自主的权利享有者。"①精神障碍者或住院者自然也是《公约》所赋予权利的享有者，他们的权利不应因个人身体、行为等未达到某个标准（如疾病治愈）而被搁置，这是本研究的理论出发点。

站在残疾的人权模式对医学模式进行反思，本研究在选取被访者和聆听其倾诉体验时，并不以医学标准衡量哪些人适合接触，或者哪些人受症状支配缺乏自知力而不足信。相反，作者尽量聆听和尊重不同住院者的声音。在分析中作者有时会使用病人或患者等词，但这并不代表作者认同医学模式，而只表明个体在特定场域中的身份境遇。作者希望把住院者受到医学模式和家庭秩序塑造的体验与社会政治、文化观念联系起来，转译成权利话语，从而使学术界、社会大众和精神残疾者本人能了解残疾人的权利状况，提高认识，改变制度。

综上，本研究用非结构访谈的方式探索精神病院住院女性——尤其是经"医学保护入院"者——的体验，从而了解精神病院住院女性的权利状况和影响因素。研究预期住院女性对医院、疾病和治疗的体验与其在家中的低下地位和家庭矛盾纠纷相关，其被指为病态的行为往往是不见容于家庭秩序、与"贤妻良母"性别角色不符的行为。而医学模式带来的病人身份又可能加重她们在家庭中——尤其是婚育问题上——的失权状态。在中国残疾人权利运动进行得如火如荼、《精神卫生法》也将开始实施的今天，本研究将为推动残疾的人权模式，了解和提高残疾女性的权利和社会地位有重要作用，也会为对当代中国生命政治（biopolitics）、家庭关系感兴趣的学者提供实证参考。

二 研究方法

（一）研究地点、时间

为更好地了解精神病院住院女性的典型体验，本研究选择在华南 A 市

---

① 《残疾人权利委员会就缔约国依据〈公约〉第 35 条提交的报告做出的审议结论：中国》，联合国残疾人权利委员会第七次会议（日内瓦，2012 年 9 月 17 ~ 28 日）发布，http://www.ohchr.org/Documents/HRBodies/CRPD/8thSession/CRPD - C - CHN - CO - 1_en.doc，最后访问日期：2013 年 4 月 13 日。

的 B 精神病院[①]分裂症科女病区进行。A 市经济较发达，B 精神病院软硬件水平在市内和附近地区都处于领先水平，因此住院者的体验与缺医少药、医护人员专业知识不足等因素无关，能够代表较符合中国标准的精神医疗给住院者带来的感受。选择分裂症科是因为精神分裂症是我国重性精神疾病中最重要的病种，占了非自愿住院人数的 72.6%，情感障碍和神经症患者则多数门诊治疗，余下部分自愿入院。[②] 目前联合国残疾人权利委员会和中国关于《精神卫生法》的讨论都关注非自愿入院，所以本研究选择调查分裂症科。作者调查的病区中常年有 90 个左右病人，5 个以上主治医生（1 男 4 女），他们每位手下都带有实习医生，病区还有十余位护士（除 2 位男性外均是女性）。

本研究的实证材料收集于 2010～2012 年的三个暑假，即《精神卫生法》正式实施之前。虽然法律现已实施，但作者从最近与家属和精神科医生的交谈中得知，我国精神卫生制度的改革才刚开始，日常实践的变化更是相对缓慢。因此了解《精神卫生法》实施之前的典型实践，对于了解中国精神残疾人的权利现状和探讨改革的方向仍有重要意义。

（二）被访者

本研究共采访病区中 22 位住院女性，年龄均在 18 岁以上，以避免儿童特有的监护问题使研究过于复杂。病区中绝大部分住院者的诊断是精神分裂症，但也有很少一部分是情感障碍（双相障碍或抑郁）等，这种分布也反映在被访者的选取中。病区中除了两位曾经杀人的住院者外，其余的人都是以医学保护入院形式来此，本研究所选取的被访者因此也全是被家属送入医院。研究者选择被访者时注意覆盖尽可能多的病种、病程、婚姻、职业和地域状况。由于在病区签字程序比较敏感，所以研究者向所有被访者征求了口头而非书面的知情同意。所有被访住院女性的基本资料见表 1。由于篇幅关系，本文只在综合所有被访者体验的基础上选择部分个案进行报告。研究者也采访了部分医护人员和探访家属对于精神疾病和住院治疗的体验、看法，但由于并非本文重点，所以不专门列出这部分被访者的资料。

---

① 为保护被访者（包括住院者、家属、医护人员）的身份不被查出，本文所有人名、地名都是化名。
② 参见潘忠德、谢赋、郑瞻培《我国精神障碍者的入院方式调查》，《临床精神医学杂志》2003 年第 5 期，第 270～273 页。

表 1　被访住院者基本信息

被访者化名	年龄	婚姻状况	诊断	住院次数
李杏花	31	已　婚	偏执型分裂症	2
廖　芝	53	离　婚	偏执型分裂症	2
甘彩萍	57	已　婚	偏执型分裂症	5
蔡　霞	33	已　婚	偏执型分裂症	13
蓝莉儿	20	未　婚	未定型分裂症	2
李丽萍	42	未　婚	未定型分裂症	4
吕明珠	49	已　婚	未定型分裂症	多次
赵思思	26	未　婚	未定型分裂症	1
冯静童	43	已　婚	分裂症残留型	2
方彤艳	71	已　婚	未定型分裂症	3
伍念慈	51	未　婚	（未记录）	4
宫　梅	27	未　婚	偏执型分裂症	3
李颂丹	30	未　婚	未定型分裂症	2
梁凤姣	20	未　婚	双向情感障碍	1
金　峰	62	已　婚	偏执型分裂症	10
牛育斌	42	未　婚	偏执型分裂症	4
王美娟	29	已　婚	未定型分裂症	4
宋飞飞	36	已　婚	未定型分裂症	1
张艳明	29	未　婚	偏执型分裂症	1
赵之娣	21	未　婚	偏执型分裂症	1
楚湘红	29	未　婚	未定型分裂症	4
陆诚敏	48	未　婚	（未记录）	5

（三）研究程序

为了与住院者建立平等、自由、亲密的交流氛围，本研究结合了参与观察和非结构访谈的方法。[①] 研究者以独立于医院的研究者身份进入病区，

---

① 陈向明：《质的研究方法与社会科学研究》，教育科学出版社，2006。

除了每天早上跟医生查房，观察医生和住院者的互动之外，其余大部分时间研究者都是在没有医生陪同的情况下在病区与住院者个人或群体交流，询问她们为何入院，对住院和治疗的体验如何，对被诊断的疾病作何理解，感受到的限制和需求，对未来生活的希望。每天下午住院者亲友可以进病区探访，研究者就在征得访视者和被访视者同意的前提下在旁观察他们的互动。探视后，研究者会询问被访视者对访视和家庭关系的感受。另外，研究者也会单独采访医生和部分访视者对住院者入院、疾病、治疗及权利的看法。观察和访谈笔记用扎根理论分析，得出住院者体验中的重要主题，主题之间的联系及体验主题与被访者处境、人际关系、机构制度等之间的联系。

三　精神病院住院女性的体验

（一）爱与药的提线木偶

目前关于我国精神病院收治制度的批判性讨论大部分是关注健全人因利益纠纷而首次被家属或单位等贴上精神病标签的过程（俗称"被精神病"）[1]，而我们不了解的是按医学模式而言确患精神疾病的人如何被以治疗为名干涉生活，从而多次住院、逐渐丧失自主权利、受药物控制。本研究的被访者不少是多次住院的，她们共同的体验是：首次住院有时确实是因为发病出现幻觉妄想，使自己感到不适甚至不能自控。当时住院用药物治疗确实能（至少暂时）消除幻觉妄想，因此事后她们也理解家人当初把自己强行送院的决定。但之后屡次被送入院都只是因为行为略有异常，家人要"防患于未然"。但被访者表示，家人并不理解自己这些"异常"行为的原因，或者不愿给时间和机会让被访者自己以非医药的方式解决问题。另外，基于医学模式中精神疾病的迁延性，精神科医生一般建议精神障碍者在首次发病出院后还要服药 2 年维持疗效，[2] 第二次出院之后 5 年，

---

① 黄雪涛、刘佳佳、刘潇虎：《中国精神病收治制度法律分析报告》，深圳衡平机构发布，http：//ishare. iask. sina. com. cn/download/explain. php？fileid = 16130529，最后访问日期：2013 年 4 月 15 日。

② 《中国精神障碍防治指南（试行）》，卫生部疾病控制司、中国疾病预防控制中心精神卫生中心、中华医学会精神病学分会、北京大学精神卫生研究所 2003 年 8 月联合发布，http：//ishare. iask. sina. com. cn/f/6797693. html，最后访问日期：2013 年 4 月 18 日。

第三次之后则需终身服药。而且医生往往会特别嘱咐家属看管在家病人服药，因为擅自减药停药会引起病情反复。故不少家属仅仅在曾住院者拒绝服药时就会选择再次送其入院，让医院用强制手段使其服药。殊不知很多女性拒绝服药是因为精神科药物使得她们月经不调、发胖、第二性征改变。这样，家属判定障碍者需要入院的门槛越来越低，障碍者本身对服药和入院越来越抗拒，双方便陷入了痛苦的拉锯战中，障碍者所享有的自主权和获得适当健康服务的权利就越来越少。下面我们以两个例子说明这一过程：

案例一：王美娟

在跟医生一起查房时，我注意到一位容貌姣好的年轻女性，她脸上时常保持的微笑中带着愁容，不停向人点头哈腰，有礼貌得几近胆小谨慎。医生向她问话时她除了像很多住院者那样坚持自己没有病，还战战栗栗地说："对不起，我做错了。我是乡下妹，不会讲话，总是得罪人。"于是我跟她攀谈起来，问她什么做错了。她告诉我她叫王美娟，29岁，A市某城中村人，考过一个会计资格证，前几年一直以帮父亲收房租为业。8年前她与一邻村村民结了婚，婚后除了收房租就是操持家事。结婚不久，美娟因腹中胎儿夭折而大受刺激，觉得周围都是鬼在控制她，听到满世界的人都在哭，且觉得自己快死了。虽然父亲把她送进了精神病院，但她觉得真正救了她的，是丈夫一直的陪伴。那次出院之后美娟就搬回娘家，父母监督她吃药，其后又把她送进医院两次。访谈之前半年，美娟搬回了丈夫家。因为她想生孩子，也感到周围的亲戚村民希望她生孩子，她便没有再吃会影响怀孕和胎儿的抗精神病药物。本来搬到夫家后她也想回娘家探望父母，但因为之前都是她父亲强行送她到医院，所以她一到娘家门口就害怕、头晕，只能转身而去，也不愿意再帮父亲收房租了。而在夫家，她因为操持家务和装修房子，整晚整晚地不睡觉，不成想婆婆和父亲却以自己不吃药、不睡觉、在父亲家有幻觉为由，第四次把她强行送到了精神病院治疗。

在医院里，美娟对主治医生和我都反复诉说她"每次进来都是被人逼进来的"。她一面坚持自己没病，主治医生就一面坚持她父亲陈述的病史："你一发病就不想回你父亲那儿，是因为觉得那儿有脏东西，但又不肯说吧？"其实连美娟的丈夫也承认，美娟不想回父亲家就是因为每回都是父亲抓她上医院。而且对背叛母亲在外"包二奶"的父亲，美娟也一直心存芥蒂。另外，美娟的妈妈曾向作者暗示美娟这次入院是亲家母的问题，亲家母嫌美娟不够机灵。但妈妈仍劝美娟在婆婆和丈夫来探望时表现得情绪稳定一些，便可早日出院。正因为自觉被送入院是缘于不遵守家庭秩序（如尊敬父亲），"做错了"，所以美娟在医院里不停对人点头哈腰道歉，如履薄冰。

可以看出，美娟要遵守的行为准则，既是医院所定的精神病康复者的任务（按时吃药、睡觉、听家人话），也是作为孝顺女儿、贤妻良母、能干儿媳的性别角色，而这些角色有时是相互冲突的（比如坚持吃药和生下健康孩子）。当医学化和住院成为家庭中最权威者的决定时，即使其他家属对于医疗有不同意见，也会为了维护家庭稳定规劝住院者服从。在这样的医学和家庭秩序中，女性越为自由挣扎，只会陷得越深。

案例二：李颂丹

李颂丹是病区里唯一一个公开信佛吃斋的人，她告诉我她的信仰来源于以往的疾病和治疗体验。她今年30岁，从学校毕业之后一直跟着姐姐在A市做生意。两年前她恋爱不顺，情绪暴躁，加上总是看到屋顶上有黑影，以为是鬼，又听见有人在耳边议论她，心里害怕，便大吵大闹。于是她自愿住进了A市另一家精神病院。但使她失望的是，药物不仅不能驱鬼，而且严重扰乱了她的月经周期，于是出院之后不久她便自行停药。直到后来她看到佛影在她面前飞过，她从此确认佛祖的存在，皈依佛门，便慢慢不再怕鬼，甚至能与其中一些声音成为好朋友。她坚信吃斋念佛、广结善缘可以使自己积德，心情平静，在鬼怪面前得佛祖庇佑。可是正当她感觉自己走上了正途时，她长期依靠的姐姐却阻止了她的脚步。因为看见颂丹长期拒绝服药，偶尔仍有暴躁，姐姐担心她精神疾病复发，便以姐妹吃饭为名把她用车送到了B医院。

颂丹向我倾诉了自己对姐姐这一决定的失望，她希望姐姐给时间给机会让她尝试用自己的方法解决脾气暴躁的问题："我让他们（姐姐和姐夫）给我机会他们也不给，让他们给我两三个月不吃药、不住院，他们根本就说那句：'你想不想像上次进院那样啊？'我问他们：'你们能不能给我时间看看我会不会发病啊？'他们就这样跟我说我怎么办？'是药三分毒，我可以自己做，为什么要吃药呢？'"从姐姐的角度看，医药是对病中的妹妹唯一的关心方式，感觉认知无异于常人是她衡量妹妹生命健全和幸福的唯一标准。但对妹妹而言，健康生活包含着更丰富的内容，比如神佛等其他朋友：

> 我（研究者）：那你如果不吃药，你打算怎样去对抗那些声音？
>
> 颂丹：那些声音不是问题。
>
> 我：那就是像多个朋友跟你说话一样。
>
> 颂丹：没错没错，你这么说我很喜欢。
>
> 我：你觉得不用治？
>
> 颂丹：是啊。那个声音可以跟我聊天。我有什么心事或者解决不了的事，它又可以教我为什么、怎么做。那多好，我为什么要解除呢？

《公约》中提到的自主权，个体不应只在遵循社会既定的身体或感受标准时才享有，而应是其拥抱多样化生活的基础。然而，在家长的以爱为名义的保护和规训中，在医药如绳索般绑定了"正常"的范围之后，生活的含义便随着一次次住院而越来越窄。医生自己作为女性，私下里有时也对家属对正常的定义太死板、动辄以住院管束女病人感到不平。[①] 病区陈医生在与同事闲聊时提到一位躁狂病人，愤愤地说："她老爸比她还有病，女儿手指头动一动他就说她有病。女儿枕头脏了，把整个枕头拿到水里泡，他就说女儿发作，要送来医院。"另一位赖姓医生在评论因为与神鬼对话而被丈夫送入院的冯静童时也说："静童在家里就是有点幻听，但做事都是可以的，也坚持吃药。但没办法，她老公一定要她住院，想彻底治疗。"当医生都觉得家属将医药的绳索扯得太紧时，这种无孔不入的规训

---

① Paul Brodwin 在其新近关于美国精神卫生社会工作者的研究中特别提出，要关注专业人士在日常工作中的伦理性评论，因为这些一闪而过的自我怀疑最能从实践角度直接反映体制内深刻、不可动摇的问题。参见 Paul Brodwin, *Everyday Ethics: Voices from the Frontline Community Psychiatry*, Berkeley: University of California Press, pp. 3－4。当然，因为本文主要不是关于专业人士的研究，所以不会在此深入探讨这些伦理性评论的来源、优点和局限性。引用女医生们的评论（以及下文中的干预）只是为了表明住院女性所面对的问题可能是中国社会普遍的性别关系问题，只是被精神医学制度放大，因而女医生们有理解和同情的可能。引用女医生们的评论也是为了提示精神医学也许有不同的制度和实践可能。

下的生活，即使再正常，也会像李颂丹所说那样："（我）好像提线木偶，拉我到这里我到这里，拉我去那儿我去那儿。我一点反抗能力都没有。"

（二）身体之重，婚姻之轻

针对西方传统女性主义研究仅把精神疾病或疯癫作为一种控制或反抗的话语而非身体现象，Elizabeth Donaldson 提出要关注精神疾病的体现（embodiment）维度，一方面研究关于病人身体的历史性隐喻，另一方面也要分析特定的身体感觉如何被话语和技术塑造出来——总之，精神疾病女性的身体不是自然如此，而是历史性的、被制造的真实。[1] 在 B 医院的女病区中，我们清楚地看到遗传学知识和精神科药物如何塑造危险和残缺的女性身体。正如精神医学界已经承认的那样，抗精神病药物会引起多种副作用。[2] 其中最困扰住院女性的是闭经、泌乳和体重增加，严重影响她们的体像（body image）、情绪和性生活——当然，从医学模式看，为了控制精神疾病，再多的副作用也是值得的。另外，抗精神病药物很可能通过血液使胎儿畸形，或通过乳汁损害婴儿的正常发育，所以医生一般会建议计划怀孕的女精神病人停药。而停药有可能引起病情复发，所以不少女精神病人都被医生告知不宜生育。[3] 再者，遗传学反复强调，父母中的一方是精神分裂症时，其子女患精神分裂症的概率是 4%～14%，约是一般人群的 10 倍。[4] 虽然"父母中的一方"并无明确的性别指向，但在目前中国的性别话语中，女性往往承担生育和为男方传宗接代的角色，其人格价值与身体的生育功能相挂钩，再加上生育观念本身已被优生学知识——后代在生理意义上的正常和质量——所宰制。[5] 所以女性一旦被诊断为精神分裂

[1] Elizabeth J. Donaldson, "The corpus of the madwoman: toward a feminist disability studies theory of embodiment and mental illness." *NWSA Journal* 14 (2002): 99-119.

[2] 《中国精神障碍防治指南（试行）》，卫生部疾病控制司、中国疾病预防控制中心精神卫生中心、中华医学会精神病学分会、北京大学精神卫生研究所 2003 年 8 月联合发布，http://ishare.iask.sina.com.cn/f/6797693.html，最后访问日期：2013 年 4 月 18 日。

[3] 汤世明：《女性精神病人能否要孩子？》，《中国社区医师》2004 年第 22 期，第 45 页。

[4] 《中国精神障碍防治指南（试行）》，卫生部疾病控制司、中国疾病预防控制中心精神卫生中心、中华医学会精神病学分会、北京大学精神卫生研究所 2003 年 8 月联合发布，http://ishare.iask.sina.com.cn/f/6797693.html，最后访问日期：2013 年 4 月 18 日。

[5] Ann Anagnost, "A surfeit of bodies: population and the rationality of the state in post-Mao China." In F. Ginsburg & R. Rapp (Eds.), *Conceiving the New World Order: The Global Politics of Reproduction*, Berkeley: University of California Press, pp. 22-41.

症等重性精神疾病，她们的生育权很可能被各种"软性力量"剥夺，其在婚姻家庭中的地位和未来岌岌可危，对自己身体的"缺陷"也会感到十分焦虑和自卑。

案例一中的王美娟正是陷入了由生育任务、药物和遗传学知识构建的"第二十二条军规"① 之中。一方面，结婚八年，美娟说夫家人甚至邻里村民都很期待她生儿子。由于她长期没有生育，婆婆已经有让儿子离婚另找儿媳的举动。另一方面，美娟如果停掉抗精神病药物而去生育，婆婆、父亲等家人又会担心她发病，密切注意她行为举止的异常，轻易送她入院。主治医生透露，前次出院后得知美娟不愿吃药，建议家人带她来打长效针剂，但美娟都回复说精神科的针不打，只打补气益血的益母草针剂等。结果证明，这种反抗是徒劳无功的。美娟母亲暗示说女儿这次入院都是她婆婆的问题，也就是因为在此家庭中婆婆最关心生育秩序的维持和家系的繁衍，因此成了病人的监控者和"第二十二条军规"的执行者。

这种因性别化的身体功能缺陷而带来的失权体验、经历并非个别。比如老病人金峰三十多年前在婚后不久就被诊断为患精神分裂症而住院治疗。出院后怀上孩子，但丈夫说害怕她的病会遗传，便带她做了人工流产。多次发病之后，丈夫虽没有跟她离婚，却选择永远把她留在医院。病区陈医生介绍，根据她从医多年的经验，"如果男的发病一般老婆都不会放弃，女的发病则不同。虽说法律不允许与患精神病的配偶离婚，② 但很多女的都是被家人骗去签字，或者是自己傻傻地说要跟老公离婚"。因为意识到生育问题是导致女病人丧失婚姻的重要因素，所以陈医生自己常出于对女性的同情试图转移家属和病人对此问题的关注。当她觉察到宫梅的同居男友打算抛弃宫梅，而宫梅自己也为此焦虑时，她便对男女双方说了一个善意的谎言——出院后宫梅只需服药半年，然后就可以正常生育。当

---

① 语出美国作家约瑟夫·海勒同名小说——《第二十二条军规》，原指某空军基地规定"疯子可以免于飞行，但申请必须由本人提出，而本人申请说明该人头脑清醒，关注自己安全，则没有疯"，引申为一种荒谬的两难要求。

② 《中华人民共和国婚姻法》并没有规定夫妻一方是否可以与婚后患精神疾病的配偶离婚，只有第10条规定"婚前患有医学上认为不应当结婚的疾病，婚后尚未治愈的，婚姻无效"，而未明确精神疾病是否包含在"不应当结婚的疾病"里。参见《中华人民共和国婚姻法》，http://www.gov.cn/banshi/2005-05/25/content_847.htm，最后访问日期：2013年4月18日。另一方面，即将施行的《中华人民共和国精神卫生法》第9条规定"精神障碍患者的监护人应当履行监护职责"，"禁止遗弃精神障碍患者"，而排名首位的监护人就是夫妻。但该法实施后离婚是否算作遗弃，目前仍未明确。

然，并不是每个医生（哪怕女医生）都会做这种在医学模型之外甚至违背医学模型的干预。另一位刁姓女医生就说："如果是女病人，她丈夫要跟她离婚，这个是人家的私事。我们只能把该做的做到，不会干涉超过这个范围的问题。"

（三）从此亲人成路人

当家庭用医药的绳索一步步把"正常"的范围勒得越来越紧时，障碍者"异常"行为越来越多，当药物带来的副作用使得障碍者的身体成为自己生活和他人照顾的负担、需要更多的医药来减轻时，当精神医学的话语和技术宣告女性障碍者所被期许的性别功能——尤其是生育功能——丧失时，家属就难免思考未来自己是否能够、应该或值得承担这一"混乱"之人、残缺之身了。如上提到，医生经验表明不少女性障碍者的丈夫会选择用各种手段与妻子离婚，而女性障碍者对此种可能或现实会分外焦虑。宫梅的男朋友对陈医生说准备等宫梅出了院就送她回老家（作为孤儿，宫梅已经在那儿举目无亲）。当陈医生劝告他等宫梅出院仍要照顾宫梅时，他回应"我又不是救世主"。男友虽然没有把这番打算直接告诉宫梅，但宫梅感受到他在自己入院之后的态度转变，跟我说"怕自己在里面吃几万块钱的药，男的在外面潇洒"。她总是跟陈医生请求出院，笔者私下问她是否因为怕男友变心，她皱着眉头承认。

除了像宫梅男友那样通过离婚、分手等方式直接把障碍者推到社会的家属，不少家属会选择让所谓的慢性病人长期住院，终此一生。这是因为当前在中国绝大部分地区，精神障碍者的康复只有家庭和精神病院两处可以选择。对家属而言，把障碍者的公费医疗或（部分）退休金交给医院，由后者托养障碍者，既是消除了自己的负担，或者也算是对"病入膏肓"的障碍者的一种照顾。另外，由于中国精神病院目前只对监护人负责，采用"谁送来，谁接走"的实践准则解决出院标准的问题，所以一旦送院家属离世，也没有配偶或其他直系亲属可以成为监护人时，住院者就相当于无"家"可归，只能终生被困在医院。对被迫长期住院者而言，无论哪种情况都是一种令人心碎的遗弃。在研究者所采访的22位住院女性中，就有4位的余生要在医院的封闭病房中度过（金峰、方彤艳、伍念慈、陆诚敏），其中1位（陆诚敏）是只有舅舅一个亲人在世，其他3位都是近亲属主动把障碍者托付给医院。62岁的住院者金峰在一次访谈中告诉研究者，她现在唯一的希望就是家人能来看望她。她声音颤抖着、涨红了脸说，她家人已经跟医院签订了协议，要她在医院度过余生，她的毕生积蓄和每个月的退休工资都交给了医院接收。她说街道一个月给她发三百块当零用，她弟弟收起了。"他们拿一点，也应该给我留一点啊！"说着，她让研究者记下她弟弟和妹夫的电话，请他们来看她。① 她说虽然她已经决定在医院一生一世，但还是希望逢年过节可以回家吃顿饭。"人肯定有私的观念，会想自己的家庭"，她问我，"你也是这样的吧？"说到这些事情时金峰情绪激动，用手擦去了脸上的泪珠。

当这样的未来日日摆在眼前时，病房里就难免弥漫着担忧和焦虑。住院者廖芝就在天天紧张地思索和追问自己治疗费来源问题：女儿一个月工资只有 1500 元，肯定不会帮她出住院费——如果帮她出的话，则女儿的钱用完了她就总有要出院的时候。她说女儿肯定是用她的医保卡和工资让她住院，这样的话就怕她女儿会把她当包袱一样扔在医院里。而医生也会利用住院者对被抛弃和老死医院的恐惧，诱导住院者接受精神医学的规训。比如李颂丹准备出院时，陈医生提醒她要配合恢复治疗："你有幻听，要静心休养，你不吃药的话很快又有病。你现在家里人还理解你，你也看到了。但里面有些老病人被家属遗弃在里面一辈子，更加惨。我现在好心跟你说，到时候你下一次来住院就不是现在这个情况了。"

四 讨论：当代中国的家庭－机构圈及其突围

综上所述，本研究发现，在《精神卫生法》实施之前，部分精神病院住院女性体验到家属以爱与保护为名，用医药将其束缚在一个"正常"的行为范围内。当家庭矛盾纠纷较多或女性在家中地位较低时，这种束缚尤为明显。当精神疾病的迁延性和长期药物依从必要性话语重重裹挟病人时，家属出于防患于未然的心态对病人严加监控，愈加缩小"正常"的范围。家属不愿意理解病人"异常"行为的背景，也不接受病人寻找非医药的途径解决问题，越来越倾向于将其强行送治。由于抗精神病药物的副作用极大地改变了服药者的体像和性功能，与遗传学话语一起制造了一个危

---

① 研究者事后确实致电金峰弟弟，向他转告姐姐的期盼。他只说"知道了"，但直到研究者一个半月后离开医院，他也没有来看望过姐姐。

险的母体，所以在女性被"自然化"为家庭生育者的当代中国，精神病院住院女性的生育权往往被剥夺，容易被配偶以离婚、分手等方式抛弃。另外，由于中国精神病人目前基本只有家庭和封闭性精神病院两个容身之处，所以当病人在家庭和医药的双重束缚下深陷病人身份，踏上功能退化从而更加依赖医药的下坡路时，家属为减轻自己的负担往往会选择将病人永远托付给医院。这使被托养者深感被遗弃，其他住院女性也会对其家庭关系和自身未来感到恐惧、焦虑。

　　社会学家戈夫曼指出，精神病院是一个典型的全控机构（total institution），通过把住院者与外界隔绝，将住院者置于单一的权威之下，以全方位、事无巨细地规定和控制住院者的行为。① 因此，住院者体验中的方方面面都会打上精神病院的烙印。由于篇幅关系，作者无法在此介绍住院者的所有体验，如医生对住院者理解的标签化、住院者通信权被剥夺等戈夫曼及其后继者已经研究透彻的方面，而只能集中讨论住院者体验中与中国社会文化尤其是女性地位、性别关系相关的方面。有批评者认为戈夫曼只把全控机构作为一种抽象的社会形式放在历史真空中研究，而不考察全控机构与社会其他部门的联系、所在社会的意识形态和权力分布等。② 针对这一缺憾，本研究正显示，在当代中国，市场经济不但没有消灭封建家长制文化，反而使家庭成为有限的经济、社会、健康资源在家庭成员之间分配的决策者，成为医药知识与技术的主要消费者。③ 为了培养正常的市场经济参与者和控制不正常的危险源，一些家庭便与精神医学合作，形成家庭 - 机构圈：前者请求后者用医药规训逾矩者，后者通过前者把医药的控制渗透到日常生活中的亲情关系中，联合家庭权力要求病人服从。④ 当然，家属最初求助医院，可能只为得到迅速解决病人精神问题的"魔法药丸"（magic pill），但精神疾病的迁延性话语和抗精神病药物带来的副作用及药

---

① Erving Goffman, *Asylums: Essays on the Social Situation of Mental Patients and Other Inmates*. Garden City, NY: Anchor Books.

② Julius Rubin, "Total institutions. In George Ritzer (ed.)," *Encyclopedia of Social Theory*, SAGE: 844 - 846.

③ Michael Phillips, "Strategies Used by Chinese Families Coping with Schizophrenia." In S. H. Deborah Davis (Ed.), *Chinese Families in the Post - Mao Era*, Berkeley: University of California Press.

④ 西方社会也有类似的精神医学——家庭回路，参见米歇尔·福柯在 *Psychiatric Power* 一书中的讨论。

物化生存方式，却使迅速解决成为奢望。家庭与病人一样，被长期卷入医学模式，前者更要承担照料、监控和经济支付等责任。因此，当发现病人无法被重塑为正常的生产者——尤其是女性无法再成为正常的生育者，其危险性也已不可或不值得由家庭控制时，部分家庭就会选择从此监控系统中抽离，转移或放弃照顾障碍者的责任。由此可见，如果说封闭式精神病院（去机构化运动之前的）在西方社会中造成权利真空的话，在当代中国，家庭－机构圈则常以爱、治疗和正常化为名，减损精神障碍者的自由权、婚姻家庭权、生育权以及以适当方式获取健康资源的权利。在此社会系统中，权利成为正常化之果，而非保证生活幸福和多样化之因。

需要说明的是，并非所有精神障碍者家庭或者家庭对精神障碍者生活的所有参与都会导致障碍者失权。作者在长期研究中也发现了家庭支持的许多积极因素，未来将另文探讨。即使是对于部分精神病院住院女性的失权体验，本文也并无以之批评具体个人或机构之意，更不希望"妖魔化"中国家庭。精神医学话语进入日常生活、成为解决家庭问题主要途径的过程，于许多家属而言都是无意识的，医学化并非恶意的推卸责任。研究者从对部分家属的访谈中得知，许多家庭一开始求助于精神医学，只是为了找到迅速解决个体问题的方法，并没有想到这会把病人和整个家庭都拉入痛苦的"入院—强制治疗—出院—反抗"的恶性循环之中，最终选择与病人分开或让其长期住院，也是在医学和经济双重负担下的无奈之举。作者希望做的，是通过揭示"私事"之中的权利与权力关系，对制造此种关系的普遍性制度和观念因素提出批评建议。

那么，如何改变家庭－机构圈造成的精神病院住院女性失权状态呢？其实，《公约》就提出了解决问题的指导性原则。2012年9月，联合国残疾人权利委员会审议了中国对《公约》的履约情况，审议结论多处批评中国否认（疑似）精神病人（精神残疾人）法律行为能力，实施以"第三方决策者（例如家庭成员或监护人）授权"为基础的非自愿住院治疗和人身限制，对被非自愿收治人士采用不人道、有辱人格的行为矫正治疗。审议结论敦促中国政府"废除现有的允许对成年人进行监护或托养的法律、政策和实践，并在立法上以'支持性决策'取代现有的'替代性决策'模式"。"支持性决策"模式要求"承认所有人的法律行为能力，和行使法律行为能力的权利"，并为之提供必要的便利和支持，使"本人的自主权、意愿和选择得到尊重"①。换言之，精神障碍者应从被治疗、控制、正常化的客体变成行使权利、享受支持和服务的主体。

要做到精神障碍者支持性决策，首先要改变社会各方面包括家庭对于精神障碍、爱与保护的观念。在替代性决策模式里，健康和幸福生活的标准是感知觉和行为无异于某个固定的医学标准、无异于常人，故对于违反此标准而不"自知"的人而言，爱与保护就意味着对他们强加医疗、矫正和限制。而在支持性决策模式下，健康和幸福生活的含义应该是多元化的，每个人的意愿、选择和感知世界的方式在不损害他人的情况下都应得到充分尊重——比如李颂丹的宗教信仰和体验。多元并不意味着任何精神状态都无所谓、精神障碍概念的消解，相反，它要求我们重视个体所感受的痛苦、不适，比如困扰颂丹的脾气暴躁。但在保证自主权和多元化基础上的支持和爱，就要求家庭和社会在进入和理解障碍者的意义世界之后对其进行引导和帮助，以及尊重乃至辅助障碍者以非医学的方式来解决困扰的尝试。

其次，要超越作为替代性决策之基础的医学化和残疾的医学模式，就应该关注精神障碍的社会、文化、心理——而非仅仅是生物学——维度，为障碍者消除应激源，尤其是对那些身处不平等和压迫性社会关系的障碍者调节和改变社会关系。从本文的案例可知，不少女性的精神障碍都与物化女性的社会文化、其在家庭中的低下地位或具被剥削性且自相矛盾的性别角色有关。从微观上帮助障碍者及其家人觉知、改变伤害性的家庭和性别关系，从宏观上促进性别平等和女性赋权（empowerment），使大小环境都更具支持性，应是支持性决策的题中之意。

再者，支持性决策除了要求观念改变之外，还需要政策和服务设计的改变。前文已述，本研究是于《精神卫生法》实施之前进行的，其时家属所界定的正常和医学所界定的健康标准联合决定是否违背病人自身意愿对其实施封闭式住院治疗。而 2013 年 5 月 1 日正式实施的《精神卫生法》明确规定"精神障碍的住院治疗实行自愿原则"，非自

---

① 《残疾人权利委员会就缔约国依据〈公约〉第 35 条提交的报告做出的审议结论：中国》，联合国残疾人权利委员会第七次会议（日内瓦，2012 年 9 月 17~28 日）发布，http：//www.chchr.org//Documents/HRBodies/CRPD/8th Session/CRPD – C – CHN – CO – I_en.doc，最后访问日期：2013 年 4 月 13 日。

愿住院治疗必须符合危险性标准——患者的行为已经或可能危及自身或他人。① 从消极意义上，自愿原则要求障碍者一般情况下人身自由免受他人干涉，而从积极意义上，它意味着医疗决策过程应为一个开放的对话，让障碍者作为服务使用主体参与甚至决定关于自己的决策。这项规定为精神医疗更尊重个人自主权和生命多元化带来了新的希望，作者在未来的研究中也会持续关注这一规定对精神卫生实践和患者权利体验的影响。

要突破控制性的家庭－机构圈，实现支持性决策，除了要在精神医疗实践中强调引入障碍者本身参与决策，还要引入对障碍者及家庭、机构的专业支持和调解人员，即社会工作者。社会工作的原则是案主自决，这与《公约》中的支持性（自主）决策原则相合。② 而国外已有的制度实践表明，在精神医疗领域引入社会工作者，可以协助审查非自愿住院申请中的家庭和社会关系，减少病史收集过程中经常出现的家属"一言堂"或多方"罗生门"（如本研究中王美娟的案例）。社会工作者也可以调解家庭与社会的冲突，改变不健康的家庭生态和性别关系，为障碍者减少社会心理压力源（如王美娟、宫梅等案例）。另外，社会工作者还可以为障碍者和家庭联结社会资源，支持障碍者（如金峰）融入社区生活，使照料不再局限于全控机构和家庭。③

最后，要突破家庭－机构圈，必须改变现行服务资源配置和福利制度，使照顾责任社区化、社会化。前文已述，家属把障碍程度并不严重的患者送进封闭式医院，通常是因为后者是获得医疗服务的唯一途径。《精神卫生法》虽然要求无危险则不强行住院，但仍把封闭式机构作为精神卫生服务主要载体④，没有为无须住院的精神障碍者提供其他服务方式。另外，本文所述的家属遗弃精神障碍者或长期让后者住院的情况，部分是由于家庭不堪过重的照顾负担。《精神卫生法》虽规定家属不得遗弃精神障碍者，但仍把家庭作为照料和监管精神病人的最重要主体，并没有强制规定政府或社会在家庭照顾负担过重时给予何种帮助，或家庭因成员

---

① 《中华人民共和国精神卫生法》。

② 详见本书中陈博、黄士元的研究《增进精神障碍者个人自主的深圳实践——以〈残疾人权利公约〉为指引的个案研究》。

③ 桑兹：《精神健康：临床社会工作实践》，何雪松、花菊香译，华东理工大学出版社，2003。

④ 参见《中华人民共和国精神卫生法》。

矛盾等各种问题不愿提供照顾时有何种出路。甚至部分地方政府还在强化机构化和家庭的照料负担，利用公共资源大力发展封闭式托养机构牟利。据报道，广东省正在建设"心智障碍人士终身托养试点"，接受精神病人进行终身托养，"根据托养对象年龄从 10 岁到超过 59 岁等不同而一次性收费 55 万～91 万元不等"①。这种做法恐怕将加重家庭"因病致贫"的情况，使精神残疾人进一步物化和失权，也在家庭之间制造不平等。

如今，去机构化和建设社区医疗早已成为全球精神卫生体系发展的大趋势，中国对精神障碍者的服务也当从善如流。联合国残疾人权利委员会审议结论建议中国"在废除非自愿民事收治和机构化托管的同时促进家庭以外的社区化服务和替代性医疗模式"。② 国外的社区化服务通常有日间病房、中途宿舍、服务公寓等模式，③ 目前国内北京、深圳等城市已经开始试点引入，其他城市可逐步效仿。另外，针对家庭照顾负担过重的问题，陆奇斌等学者已提出家庭应享有生存权、发展权。④ 具体而言，家庭尤其是年迈父母照顾成年精神障碍者，已经超出了其抚养义务，政府应对照顾者提供适量补贴。

精神病院住院女性所体验到的自由权、婚育权、健康权的丧失，与当前中国的社会政治制度、文化观念、经济水平以及每个家庭的实际关系等有着千丝万缕的联系，没有一蹴而就的改善方法。但医疗制度建设和资源分配作为改变呼声最高、影响也可能最直接的因素，当值得在位者重视和社会各界推动。同时无论是从提高精神病院住院女性权益的角度，还是从每个中国人的生活角度着眼，本文中看似极端的例子都要求我们做普遍性的思考：亲情之爱的含义，究竟是过度保护和替代决策，还是支持和尊重每个个体的自由发展？健康的内涵，

---

① 大洋网，《穗试点设残疾人公办托养机构 精神病人可申请》，http://news.dayoo.com/guangzhou/201212/20/73437_27985315.htm，最后访问日期：2013 年 4 月 19 日。

② 《残疾人权利委员会就缔约国依据〈公约〉第 35 条提交的报告做出的审议结论：中国》，联合国残疾人权利委员会第七次会议（日内瓦，2012 年 9 月 17～28 日）发布，http://www.chchr.org//Documents/HRBodies/CRPD/8th Session/CRPD - C - CHN - CO - I_en.doc，最后访问日期：2013 年 4 月 13 日。

③ 李敬、程为敏：《照顾的困境突围：成年心智障碍者及其家庭福利政策初探》，国防大学出版社，2012。

④ 参见陆奇斌等在本书中的研究——《心智障碍者家庭权利体系研究：以自闭症家庭为例》。

究竟是人臣服于医学的单一标准，还是医学和其他资源皆为我所用，创造更丰富的生活？

In the Name of Love or Medicine?
Understanding the Experience of Female Psychiatric
Inpatients from the Perspective of Rights

Ma Zhiying

ABSTRACT：This study examined the experience of Chinese female psychiatric inpatients with unstructured interview, in order to understand the situation of their rights and the factors that shaped it. As the results indicate, the female inpatients often experienced that their families used biomedicine to monitor and control their behavior in the name of love and health. Since the side effects of antipsychotics and the eugenic discourse together produced a dangerous "mother", thus in a country where women were "naturalized" as baby-making machines, the reproductive right of the female inpatients was often jeopardized. Besides, in order to reduce the burden of care, it was not rare for the families to hospitalize the persons with psychosocial disabilities for the rest of their life, which made the inpatients feel abandoned and fearful. I argue that the female inpatients' felt deprivation of their rights to freedom, reproduction, and health came from the families and biomedicine's joint discipline. In order to find a way out of the family-institution circuit of control, we need to change psychiatry's substitute decision-making into supportive decision-making, to find new ways of care beyond the family and the total institution, and to reflect upon the meanings of love and health.

Key words：Rights of Persons with Disabilities；Female Psychiatric Inpatients；Family；Gender Relations；Medical Model

残障人社会公益组织建设与发展研究*

梅运彬　　王国英**

摘　　要： 残疾人社会公益组织是我国社会组织的有机组成部分之一，在残疾人社会公益慈善事业中发挥着重要作用。残疾人社会公益组织是随着我国残疾观的转变和社会公益事业的兴起而发展起来的。残疾人事业发展的社会氛围和制度氛围形成了残疾人社会公益组织发展的良好社会环境。但是，残疾人社会公益组织的发展也面临着定位尴尬、信任危机、利益偏好、社会条件制约等现实困境。通过对残疾人社会公益组织的考察，可以发现其发展呈现本地化、社区化、组织化、专业化的发展趋势，组织的发展应因地制宜、因人而异地选择合适的发展模式。

关键词： 公民社会　残疾人社会公益组织　组织发展趋势

一　残疾观的转变与社会公益事业的兴起

（一）残疾观的演变

对于残疾的理解，人类社会经历了一个从漠视到人道主义、从个体型残疾观到社会型残疾观的思想形成过程。从漠视残疾人权益到人道主义残疾思想的转变体现为"医疗模式"的个体型残疾思想，从个体型残疾观到社会型残疾观的转向表明了人类社会的自我反思和调整，促进残疾人社会融合的社会化模式的构建证明了社会从观念到行动的发展历程。

---

　*　基金项目：国家社科基金项目"我国残疾人社会支持研究"（12CRK020）；中央高校基本科研业务费专项资金资助项目"重度残疾人护理补贴对家庭生活的影响研究"（2014 – IB –012）。

**　梅运彬，武汉理工大学马克思主义学院；王国英，国防信息学院。

"医疗模式"的个体型残疾观认为，残疾人所经受的问题是他们自身伤残的直接结果，因此专业人员的主要任务是使残疾人适应残疾后的特殊条件。这种任务主要包括两个方面的工作：一是身体调整，即通过康复计划，使身体尽可能康复到接近正常状况；二是心理调整，即帮助每个残疾人认可身体限制的事实。这种残疾观虽然推动了残疾人康复事业的发展，但是它将残疾作为一种社会包袱，忽视了残疾人的内在需求和权利需要。

社会型残疾观认为，身体障碍是一种社会现象，并非完全是个人悲剧，残疾人具有与其他人一样的独立、自主的自我意识和公平、公正的社会参与机会。对残疾的理解应该强调残疾人在社会环境中受到的障碍，而非其本人的缺陷。[①]

国内对残疾的理解，也正在发生从医疗保障到权利保障的观念变化。从残疾人定义的理解上看，从"残废"到"残疾"，再到"障碍"，体现着残疾人权利日益受到普遍重视，对"障碍"的理解逐渐由表面的有形障碍向深层的无形障碍转变。这颠覆了对残疾人的传统理解，引发了一场以"全纳"为终极目标的社会建设变革。在这场变革中，要求我们以实现残疾人权利为根本，以满足残疾人需求为旨趣，以为残疾人提供公平合理的生存与发展机会为目标，用一种全新的视角对早已习以为常的社会进行重新设计，努力建设一个使残疾人"正常化"的全纳社会。

（二）残疾人社会公益组织的兴起

社会组织可以弥补市场失灵，灵活地沟通政府与社会，是社会安全与和谐发展不可或缺的关键性因素。社会公益组织一般是指那些非政府的、不把利润最大化当作首要目标，且以社会公益事业为主要追求目标的社会组织。早先的公益组织主要从事人道主义救援和贫民救济活动，很多公益组织起源于慈善机构。西方一些学者把公益组织统归于非政府组织，我国一些学者则把它称作第三部门或非营利机构，以区别于政府组织和企业组织等。关于社会公益组织的概念，目前还没有一致的、普遍认可的定义。较为普遍的看法是，社会公益组织是一种合法的、非政府的、非营利的、非党派性质的、非成员组织的、实行自主管理的民间

---

① 〔英〕迈克尔·奥利弗：《残疾人社会工作》，高巍、尹明泽，华夏出版社，2009，第55～60页。迈克尔·奥利弗：《残疾人社会工作》，华夏出版社，1990。

志愿性的社会中介组织，其主要活动是致力于社会公益事业和解决各种社会性问题。

残疾人社会公益组织是一个较为宽泛的概念，主要是指面向残疾人的社会组织。一般而言，这一类残疾人社会组织主要从事的就是为残疾人提供康复、服务、救济、维权等公益活动，既包括以残疾人为服务对象的社会公益组织，也包括残疾人自组织（DPO）。按照中国残疾人联合会组织的"残疾人社会组织调查"的定义，残疾人社会组织包括在民政部门注册的社会团体和民办非企业单位以及基金会、工商部门注册的非营利性机构、残疾人自办的网站以及因各种原因没有注册的残疾人社会组织。残联系统外的残疾人社会组织包括：为残疾人服务的社会组织及以残疾人为主体的社会组织。残联系统内的残疾人社会组织包括：专门协会、康复协会、新促会等。

由于具有鲜明的为残疾人服务的属性特征，在社会各部门的支持下，国内的残疾人社会组织蓬勃发展起来。以北京市为例，截至2011年底，全市共有各类残疾人社会组织1001家，两年增长了80.7%。北京市政府专门成立了智力、精神、聋儿、孤独症、综合类五个行业协会，并自主制定服务制度，促进自我管理，促进残疾人社会组织的自我发展。①

（三）残疾人社会组织的类型

从社会组织的价值与功能的体现来看，体制外的民间慈善公益组织（自下而上的草根角色）与体制内的慈善公益组织（自上而下的威权角色）发挥着各自的角色作用，两者体现出不同的特点（民间慈善与政府公益）。本文的研究目的是为了探讨残疾人社会组织在公益慈善领域的"体制内"与"体制外"问题，为残疾人社会公益组织的自我发展与社会组织管理提供政策上的建议。

因此，本文的研究对象既包括"体制内"（系统内）的残疾人社会组织，也包括"体制外"（系统外）的残疾人社会组织。其中，"体制内"的残疾人社会公益组织以残疾人联合会及其相关组织为研究对象，"体制外"的残疾人社会公益组织以民间社会组织为研究对象。

---

① 中国残疾人联合会：《北京市率先推动社会组织管理创新对残疾人社会组织发展带来的机遇与挑战》，《残疾人工作通讯》2012年第2期。

二 残疾人社会公益组织的社会环境

(一) 残疾人社会组织发展的社会氛围

1. 公民社会为残疾人提供一个表达自己利益诉求的渠道

公民社会是指围绕共同的利益、目的和价值的非强制性的集体行为，不属于政府，也不属于营利的私营经济，处于"公"与"私"之间。哈贝马斯认为它介于私人领域和政治系统之间，主要是独立自主的个体及其所组成的自治社团进行自主交往和自由辩论的一种非官方的文化批判领域。通常而言，它包括了那些为了社会的特定需要，为了公众的利益而行动的组织。①

随着公民社会理念在国内的发展，残疾人或者有志于为残疾人服务的普通人，通过在这一领域的合理交往形成公共意志和公共观点（公共舆论），表达残疾人需求，保护残疾人权利，形成了一种可以表达残疾人群体利益诉求的社会氛围。

2. 政府部门高度关注并发挥社会组织的力量

社会组织的发育状况不仅是衡量一个国家和社会自由发达程度的标准，也是社会发展和公民权利的客观需要。我国政府部门越来越认识到，只有大量的组织参与到公共服务和社会管理实务中，才能有效弥补公共服务及社会管理的"市场失灵"和政府"缺位"，弥补政府公共财政与服务不足，形成政府与民间"共同治理"的结构，从而推动传统政府向现代公共服务型政府转变。②

我国残疾人公益事业的发展也受到了政府部门的高度关注和大力支持。《中国残疾人事业"十二五"发展规划纲要》要求，将志愿助残工作纳入国家志愿服务总体规划，开展"志愿助残阳光行动"。建立健全助残志愿者招募注册、服务对接、评价激励、权益维护等机制，促进志愿助残服务的专业化、常态化和长效化。

---

① 俞可平：《中国公民社会研究的若干问题》，《中共中央学校学报》2007 年第 6 期。
② 陈丽君：《残疾人社会保障中政府与非营利组织的合作模式研究》，《法制与社会》2012 年第 7 期。

3. 公众舆论放大了残疾人社会公益事业的正能量

公民社会的一个显著特征是公众舆论成为推动社会发展的主要力量之一。各种媒体，尤其是网络媒体已成为公共领域的重要组成部分和推动公民社会发展的重要力量。社会舆论对残疾人的关注，对残疾人公益事业的报道，形成了残疾人社会公益事业发展的良好社会氛围。

4. 自主意识的萌生促进了残疾人社会公益组织的自我成长

残疾人和所有人一样，是人类社会的平等成员，享有同等的尊严，都是社会的一分子，都是社会文明的创造者、建设者。曾经需要"怜悯"关爱的残疾人个体及其社会公益组织，也逐渐形成了独立自主精神。这种自主意识的萌发和个人意愿的表达，促进了残疾人社会公益组织的自我成长。[①]

（二）残疾人社会组织发展的制度氛围

1.《残疾人权利公约》（CRPD）

中国是世界上最早倡议并积极推动联合国制定关于残疾人权利的国际公约的国家之一，也是首批签署和批准《残疾人权利公约》（以下简称《公约》）的国家之一。中国参与发起及实施《公约》意味着中国残疾人人权保障融入国际人权机制并处于国际监督之下。《公约》对中国残疾人状况的改善和平等权利的实现，对全社会人权意识的提升，对中国的社会进步都有着深远影响。

对于残疾人社会组织而言，《公约》促进了国内各政府部门残疾人工作的协调合作，并使残疾人组织能够发挥更大作用，尤其是残疾人及其代表组织也受邀参与监督政府残疾人权益保障和履约工作的全过程。这一履约监督机制一定程度上增强了民间社会特别是残疾人个人和组织表达利益诉求的话语权，赋予残疾人和残疾人组织维护自身权益新的法律依据。

2.《残疾人保障法》

2008 年 7 月 1 日起施行的《残疾人保障法》依据前述公约规定的人权标准和国内实际情况，对之前的法律进行了全面修订。尤其

---

① 吴佳：《我国残疾人服务需求与社会组织供给研究》，《人口与经济》2010 年 51 期（增刊）。

是在禁止对残疾人歧视、消除对残疾人的影响和外界障碍、保障残疾人平等权益的实现等方面，为残疾人社会公益组织的发展提供了制度保障。

3. 相关专门性文件的政策保障

此外，我国政府进一步制定了一系列专门文件，为残疾人事业的发展作出了政策要求。对残疾人社会公益组织而言，这些专门性文件也有较高的政策保障作用。《中共中央、国务院关于促进残疾人事业发展的意见》（中发〔2008〕7号）是一部指导新时期我国残疾人事业发展的纲领性文件，规定要"充分发挥残疾人组织和残疾人代表在国家经济、政治、文化、社会生活中的民主参与、民主管理和民主监督作用，拓宽残疾人组织民主参与渠道"。为了落实文件，国务院发布了《国务院办公厅转发中国残联等部门和单位关于加快推进残疾人社会保障体系和服务体系建设指导意见的通知》（国办发〔2010〕19号），强调要"发挥残疾人组织作用"，并对发挥残疾人组织作用进行了详细说明。

三　残疾人社会公益组织发展的现实困境

（一）定位尴尬

残疾人社会公益组织的社会定位较为尴尬，主要体现为与政府的关系"尴尬"。目前我国绝大多数社会服务仍然是由政府单方面提供的，并且政府掌管着社会组织的生死大权，社会组织的发展离不开政府的推动和影响。因此，中国的社会组织"先天"就与政府不是"平等关系"，而是一种"依附关系"。残疾人社会公益组织的定位也是如此。在某种程度上，残疾人社会公益组织必须顺从政府的"指示"，否则便无法"生存"。理论上讲残疾人社会组织与政府应该是一个平等的"伙伴"关系，但实际运作过程中，社会组织与政府存在的却是"伙计"关系。

（二）信任危机

与其他社会公益组织一样，残疾人社会公益组织也面临着"信任危机"。社会组织面临的信任危机主要来自于两个方面，即政府和社会大众。就前者而言，由于社会组织具有一定的公益性与自发性，因此它在发展的过程中必然会"挤占"国家或政府的传统空间。并且，一旦社会组织集聚了社会力量，在一定程度上会影响国家或政府的社会基础，所以国家或政府部门对于社会组织的态度十分"暧昧"，不会过度限制，却也难以大力鼓励。另一方面，绝大多数社会组织的建立是由政府发起的，而非自愿结社，因此社会组织更多代表的是政府利益，而非社会成员的利益。由于社会组织的服务仅限于公益互助领域，难以获得社会的普遍认同，再加上一些社会组织缺乏自律机制，社会公信度低，透明度不高，甚至出现贪污、挪用、卷款潜逃等恶性事件，也会在某种程度上影响社会大众对于社会组织的信任。①

（三）利益偏好

社会组织本应是出于让世界更美好、让更多的人分享人类文明进步成果的良好愿望而出现，旨在提供多样性的公共物品，满足社会成员的个性化服务需求。但是，一些社会组织以营利和避税为目的，在建立之初打出公益社会组织的名号，一旦成立之后，许多社会组织开始追求自身利益的最大化，服务对象仅限于组织的"成员"，而普遍表现出在提供公共物品时的"公益性不足，互益性有余"的现象。② 部分残疾人社会公益组织也存在利益驱动的选择偏好，在公益项目的选择上，科学性不足，往往为了满足资助方的要求而放弃自主发展的基本原则。

（四）社会条件制约

残疾人社会公益团体的组织发展得到了国家鼓励和社会支持，但由于人权问题的敏感性，残疾人社会公益组织在发展过程中依然受到诸多的条件制约。这些社会制约条件可以概括为三大类：主观条件限制、社会环境制约与政策制度束缚。

社会主观条件的限制是指我国主流的社会价值观尚未形成成熟的公益慈善意识，残疾人社会公益事业依然被排斥在主流社会意识之外。正如林语堂认为中国人"缺乏公共精神"，费孝通在《乡土中国》中

---

① 郑虹：《多方协作发展残疾人社会组织——基于"残疾人公益机构调查"的思考》，《学会》2012年第12期。

② 解玉喜：《社会服务视域下的中国残疾人组织建设研究》，载《残疾人社会保障与服务国际论坛暨第三届残疾人事业发展论坛论文集》，2009。

指出中国人最大的毛病在"私"一样，即使我国社会从"私"的传统发展到"公益"的当下，"私欲"的国民意识仍然强于"公益"的国民意识。

社会环境制约是指政府和社会提供的社会支持明显不足。一方面，残疾人社会公益组织要想获得政府的资助很困难，因为资金不足，这一类社会团体也难以招募到素质及能力较高者作为工作人员，或者无法为他们提供较高的工资及福利待遇。另一方面，政府对于结社、社团的警惕也在一定程度上束缚了残疾人社会公益组织的发展，且残疾人社会公益组织也较难取得社会大众的信任和支持。

政策制度束缚是指残疾人社会公益组织的发展过程中依然面临着一些政策限制和制度樊篱。政府将民间慈善公益事业定位为"补充"，体现了一种"强政府，弱社会"的格局，这种结构在公益事业中表现为各级政府在制定社会公益慈善政策时通常会小心谨慎地处理。

四 残疾人社会公益组织的发展探讨

（一）W市Y视障人士自助会的案例分析

以W市Y视障人士自助会为例，该组织在W市自我生长约10年时间，但一直处于组织松散、人员流动大、专业化水平不高的组织发展困境之中。其中，面临的发展问题主要为如下三个方面。

1. 社会合作

作为草根组织，Y视障人士自助会与政府部门间的关系一直不太友好，更谈不上合作。究其缘由，是由于自助会在早期发展时，创始人的个性较强，组织的排外性也较为明显。第一次与相关部门打交道，是因为互助会是由一些乐器爱好者组织起来的一个业余乐团，长期以来在公园开晨会，引发周边居民不满，进而投诉至城管部门。城管部门驱之不去，引发自助会、城管（政府）、市民之间的零和博弈。此事件爆发以后，该自助会就成了政府部门的"钉子户"，欲拔之而后快。

2. 专业水平

草根组织的发展有赖于专业人做专业事。但是，由于该自助会的排外感较强，一直排斥非核心成员的扩充。而组织的核心人员都是视障人士，在组织的发展、日常活动的组织方面，均存在一定障碍，即使志愿者加入，也无法改变组织发展的业余性质。曾经有另一草根组织希望与自助会合作，为他们提供帮助，却因为在资金管理、人员培训、组织架构改造等方面存在不同意见而作罢。

3. 社会公信力

正是由于在财务、管理、内部治理上的业余性，该互助会的社会信任度较低。从资金筹措的渠道来看，主要是从互助会成员的亲友当中筹集（其中一名组织者的亲人是当地一名较有影响力的企业家，主要资金来源于他。同时，正由于有这位企业家的政治影响力和经济资助，该互助会才有较强的性格和敢于与相关部门"叫板"的勇气），几乎没有其他资助方的资助。该互助会的背景特殊、与当地居民的关系处理不当也导致了互助会的社会公信力明显不足。

4. 社会影响力

Y视障人士自助会的活动形式单一（音乐、票友活动）、活动范围过窄（面向视障人士辐射所在区域）、活动经费捉襟见肘（主要来自亲友捐助），因此社会影响力有限。不过，由于该互助会经常去学校、周边农村进行义务演出，在 W 市的教育领域和村民中有一定的美誉度。

（二）残疾人社会公益组织的发展趋势

随着我国经济文化的发展、社会公益慈善氛围的加强，我国残疾人社会公益组织的发展也取得了较大成绩。在与港、澳、台以及国外公益慈善组织的交流过程中，残疾人组织建设也从"作坊式"逐步向"社团"过渡，在组织建设的过程中呈现出本地化、社区化、组织化、专业化的发展趋势。

1. 本地化

由于大部分残疾人社会团体的辐射范围仅局限在该组织的所在地域，因此残疾人公益组织的发展呈现本地化的基本特点。以 W 市 Y 视障人士自助会为例，其公益活动主要以 W 市为主，同时，即使在 W 市本地，由于志愿服务资源有限，演出活动的开展地区也仅限于 W 市部分地区。因此，如何走出本地，走向全国乃至世界，这不仅是观念上的问题，更是残疾人社会团体自身资源条件的问题。

2. 社区化

残疾人社会公益组织在从事残疾人服务和残疾人权利倡导的过程中需要"接地气"，尤其是残疾人服务的提供，不可避免地需要同社会的基层单元——社区进行对接，因此往往呈现社区化的基本特点。在社区，这些组织通过举办免费医疗、法律、文化服务等活动，提高公益活动的质量，提升社区居民与人为善的公益慈善意识，同时实现组织发展与公益活动的社区化。

3. **组织化**

残疾人社会团体的组织化是残疾人社会公益组织未来的发展趋势之一。[①] 目前，公益慈善组织的发育成熟度较低，这是因为：一方面受制于自身素质，如缺乏专业训练和系统的公益慈善理念；另一方面则受制于当地的政策管理环境。若其所在地的政府支持民间慈善建设，不歧视、不排斥残疾人组织加入，那么组织往往能迅速成长；反之，则举步维艰。

4. **专业化**

专业化也越来越成为残疾人社会公益组织的基本共识之一。目前，我国残疾人社会公益组织的专业化程度还需要加强，而国外以及港、澳、台地区的公益慈善组织大多采用现代组织策略和精细化的科层制进行管理，非常强调"慈善专业化"。例如，台湾很多公益慈善组织的工作人员原本就是社会福利、志愿服务、心理辅导等方面的专业人员。而且，其工作人员，包括普通的义工、志工，都需要经常参加业务进修或培训，以确保其公益服务的品质。

（三）残疾人社会公益组织的建设模式与路径思考

为了突破各种制约残疾人社会团体从事公益慈善事业的障碍或樊篱，有必要在综合我国国情的基础上，提出符合我国残疾人社会公益组织建设的合适路径。本文在考察多个残疾人社会团体的组织建设的基础上，结合其他地区第三方部门和 NGO 组织建设情况，根据残疾人社会公益组织规模的大小，提出如下组织建设的模式与路径。

---

① 方英、谢建社：《残疾人联合会与残疾人社会组织的关系定位——论残疾人联合会的社会管理创新》，《学会》2012 年第 3 期。

1. 作为"主办机构"的组织建设模式

作为"主办机构"的残疾人社会公益组织，一般应是具有较强经济实力和较大社会影响力的公益慈善组织。这类组织具有较丰富的社会资源、动员能力及项目活动的操盘能力。作为主办机构，在其他协办机构或支持机构充分认同的基础上，根据分工与协作安排，主导公益慈善项目活动的全过程，与其他机构资源共享，实现公益慈善事业的目标。这一类社会团体的组织建设应追求正规化、现代化、专业化、国际化的目标。

2. 作为"协办机构"的组织建设模式

作为"协办机构"的残疾人社会公益组织，一般是经济实力和社会影响力较弱的公益慈善组织，此类公益慈善组织能够发挥特长，在自身所擅长的领域或利用所拥有的优势资源协力促成某一公益慈善项目的发展。例如，W市Y视障人士自助会就主要在视障人士的文化服务领域，作为协办方可以参与政府组织的"送戏下乡"等公益活动。这一类社会团体应追求专业化、精细化的组织建设目标。

3. 作为"支持机构"的组织建设模式

作为"支持机构"的残疾人社会公益组织，一般没有太多力量去单独完成某一项公益慈善事业，也无能力作为协办方分担某部分公益慈善项目，但是，可以作为支持机构，为公益慈善项目提供物资、资金、人力、专业经验或技术、社会关系等必要的资源和条件。[1] 虽然提供的支持并不够丰富，但也能起到事半功倍的效果。这一类社会团体的组织建设应以自身组织的生存为建设目标，不可贪多求大，而应该合理定位，固本求源，促进自身组织发展。

4. "主办—协办—支持"相互促进的组织建设模式

实际上，对于残疾人社会公益组织而言，并没有一成不变的组织建设与发展的模式或路径。在从事公益慈善活动的过程中，可根据自身组织的实力与其他公益慈善组织建立合作，形成如图1所示的"主办—协办—支持"相互协作的组织建设模式，强调开放、平等、协作，共同承担残疾人事业发展的社会责任。

---

[1] 梅运彬：《我国老年残疾人及其社会支持研究》，武汉理工大学出版社，2010。

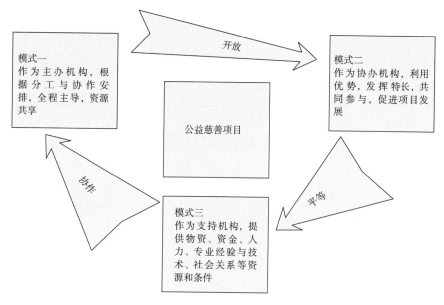

图1 "主办—协办—支持"组织建设模式

Research on the Disabled People's Organizations and Their Development in China

Mei Yunbin, Wang Guoying

ABSTRACT: Disabled people's organizations (DPOs) are an essential part of NGOs in China, often providing welfare services for persons with disabilities, which is an essential supplementation for the government. Through the case study and interviews of a grassroots DPO, this paper finds that DPOs develop with the change of public attitude towards disability and the rise of social charity. However, to fulfill their function of serving local persons with disabilities, DPOs shall be supported with more political space and built capacity to engage with local communities. The challenges for the further development of DPOs lie in their informal status, lack of social trust, bias of interest and limitations of the social environment. Through the case study of DPOs, it is found that they will be localized, community based, well organized and more specialized in the next phase of development.

Key words: Civil Society; Disabled People's Organization; Development Tendency

从儿童福利机构的功能演变看
如何保障残障儿童权利*

陶书毅**

摘　要： 本文以 W 市儿童福利院为个案，描述了它从一所传统育婴堂逐步发展到今天的现代化儿童福利院的全部历程，其定位逐步由单一的儿童救助养护机构转变为当代儿童福利资源中心，其服务功能逐步由补缺型福利服务转变为适度普惠型福利服务，其服务理念与内容也已逐步由基本生活救助转变为以儿童为中心的多样化、社会化服务。其间，政府主导、机构实施、社会参与共同使得残障儿童的各项权利得到了相应发展。最后，本文建议儿童福利机构在向当代儿童福利资源中心转变的进程中，进一步促进服务对象的参与权及发展权的实现。

关键词： 残障儿童　福利机构　权利视角

儿童系指 18 岁以下的任何人。联合国在《世界人权宣言》中宣布"儿童有权享受特别照料和协助"，以后又在《儿童权利公约》中明确了儿童的生存权、发展权、受保护权和参与权四项基本权利。残障儿童是儿童中的一个特殊群体，他们在肢体、精神、智力或感官上有长期损伤，这些损伤与各种障碍相互作用，可能阻碍他们在与他人平等的基础上充分和切实地参与社会。① 在中国大陆②，残障儿童的总数约为 500 万，占全国儿童

＊　本课题得到瑞典罗尔·瓦伦堡人权与人道法研究所、武汉大学公益与发展法律研究中心共同合作的"中国残障人权利多学科研究项目"的资金和技术支持，在此鸣谢。

＊＊　陶书毅，民政部社会工作研究中心研究人员。

①　本概念借鉴自联合国《残疾人权利公约》中对"残疾人"的表述。

②　此处及后文中"中国""我国""全国"等表述，若无特别说明，均仅指中国大陆地区。

总数的 1.6%，占全国残障人总数的 6%。① 作为儿童和残障人的双重弱势角色，残障儿童更加需要得到特别照料和协助，其家庭也需要获得必要的保护和援助，以使残障儿童"在确保其尊严、促进其自立、有利于其积极参与社会生活条件下享有充实而适当的生活"。②

残障儿童一直是儿童福利体系的主要照顾对象。然而在不同的儿童福利模式下，价值基础、服务内容、服务主体与服务方式都存在很大差异。目前，中国的儿童福利事业基本处于社会救助为主、教养取向发展和狭义社会保护为辅的阶段。在承认父母抚养义务的同时，也强调国家与社会对于儿童保护的责任。③ 其中，儿童福利机构的角色十分特别。《中国儿童发展状况国家报告（2003~2004 年）》显示，2003 年中国拥有 192 个专门儿童福利机构，近 600 个综合福利机构中设有儿童部，共收养孤（残）儿童5.4 万名。

儿童福利机构在整个儿童福利体系中发挥着"骨干"作用，自改革开放以来发生了深刻变化。一方面其传统功能正在逐渐深化与完善，如服务内容由"以养为主"扩展到"养、治、教与康复并重"，越来越符合孤残儿童的特点及需求。另一方面，其辐射功能正在逐渐加强，通过向社区残障儿童家庭提供综合服务、为社会散居残障孤儿家庭提供指导监督等，日渐朝着儿童福利资源中心的方向发展。

本文以 W 市一家国办儿童福利机构的发展轨迹作为观测点，通过考察其在发展过程中为残障儿童所做的服务与努力，描绘残障儿童福利的演进历程，并从权利视角探讨残障儿童权利保护的现状与未来。

在这里，首先需要对本文中使用的如下概念进行界定和澄清：

（1）儿童的年龄界定。在我国，儿童常指 14 周岁以下的人，如《中华人民共和国行业标准（MZ010—2001）儿童社会福利机构基本规范》中所述。除此之外，还有一个与儿童相类似的概念——"未成年人"。《中华人民共和国未成年人保护法》所称未成年人是指"未满十八周岁的公民"。由于本文是基于联合国《儿童权利公约》的探讨，故采用该《儿童权利公

---

① 本数据系根据 2006 年第二次全国残疾人抽样调查数据推算得出。引自北京师范大学社会政策研究所、联合国儿童基金会联合发布《中国儿童福利政策报告》，2010 年 6 月。
② 参见联合国《儿童权利公约》。
③ 刘继同：《儿童福利的四种典范与中国儿童福利政策模式的选择》，《青年研究》2002 年第 6 期。

约》第 1 条规定，认为"儿童系指 18 岁以下的任何人"。

（2）残障与残疾。在我国当前的公共话语体系中，"残疾人"一词使用最为普遍，根据《中华人民共和国残疾人保障法》，是指"在心理、生理、人体结构上，某种组织、功能丧失或者不正常，全部或者部分丧失以正常方式从事某种活动能力的人"。从这一定义中可以看出，这是一个基于生物医学视角的判断，强调"残疾"的个人性和生物性特点。然而，《残疾人权利公约》中已指出残疾是一个"演变中的概念"，承认造成残疾的社会性原因。因此，为了与生物医学视角的"残疾"相区别，本文采用"残障"这一概念，认为残障是"伤残者和阻碍他们在与其他人平等的基础上充分和切实地参与社会的各种态度和环境障碍相互作用所产生的结果"。①

（3）儿童福利机构与国办儿童福利院。根据《中华人民共和国行业标准（MZ010—2001）儿童社会福利机构基本规范》，儿童福利机构是指"各类、各种所有制形式为孤、弃、残儿童提供养护、康复、医疗、教育、托管等服务的儿童社会福利服务机构，如儿童福利院、社会福利院、S.O.S 儿童村、孤儿学校、残疾康复中心、社区特教班等"。本文以儿童福利机构中的国办儿童福利院作为主要考察对象，主要考虑是：其一，国办儿童福利院从发展历史上可以回溯到中国在前现代社会时期的育婴堂等福利设施，能够反映出残障儿童福利的纵向发展情况；其二，当前国办儿童福利院在服务内容上涵盖了生活照顾、医疗康复、教育发展等多个方面，能够较好地反映出当前残障儿童福利的横向服务现状。

一　从育婴堂到儿童福利机构——以 W 市儿童福利院为个案②

W 市儿童福利院的诞生可以追溯到 1924 年，发展至今先后拥有过"H育婴堂""W 市育幼院"以及"W 市儿童福利院"三个名称，经历了其名称背后所代表的近 90 年来我国儿童福利事业的历史演变。

（一）1924～1950 年：H 育婴堂

W 市儿童福利院的前身名为"H 育婴堂"。在我国，育婴事业（即指

---

① 本概念借鉴自联合国《残疾人权利公约》中对"残疾人"的表述。
② 本个案主要基于历史文献研究。

对父母无力养育或遭遗弃的婴孩进行抚养与资助的一种传统慈善行为）盛行于清朝，特别是雍正二年（1724 年），雍正帝表彰京师育婴堂并通令各地推广后，掀起了全国性育婴建设高潮。① 台湾学者梁其姿 2001 年对全国 2600 多个地方志进行整理分析，统计出明清时期全国有各类善堂 3500 余个，其中育婴类善堂 973 个，远多于其他类型的善堂。其中 W 市所在的 H 省共有 41 个州县设有各类育婴堂 51 个，占全国总数（973 个）的 5%。育婴堂是育婴事业中最为普遍的一类机构。② 发展至晚晴时期，欧美各国教会纷纷进入中国，以创办育婴堂、孤儿院和在教堂从事育婴活动等形式，加入到育婴事业行列中。其中，1861 年天主教江西主教罗安当在南昌设立筷子巷育婴堂，成为教会在中国内地开办的第一家育婴堂。③

1858 年（咸丰八年）外国传教士纷纷进入 H 省，"自咸丰八年至民国五年（1858～1916 年）的 56 年间，新教与天主教已在 H 省 54 个州县设置教堂，兴办文教、医疗及慈善等事业，对 H 省社会产生了相当的影响"。④ W 市儿童福利院的前身正是由美国天主教 W 教区首任主教艾原道于 1928 年创办的"H 育婴堂"。据《W 市志》记载，1924 年 12 月 10 日，W 教区主教开办圣约瑟诊疗所，对外施诊时即暗收少数婴儿。不几年，收婴数目日渐增多，到 1927 年接受洗礼的有 220 人。后在当地觅得房屋数栋，取名 H 育婴堂，自 1928 年公开收婴，直至 1951 年被 W 市人民政府接收为止。

（二）1951～1993 年：W 市育幼院

1951 年 6 月，W 市人民政府接管 H 育婴堂后将其改名为"W 市育幼院"，自 1952 年开始成为全市收养弃婴的场所。W 市育幼院自 1951 年更名成立，至 1993 年再次更名为"W 市儿童福利院"为止，这段时间恰好是中国大陆现代儿童福利从萌芽至发展、从停滞至恢复的历史时期。从 1952 年开始，W 市育幼院中已满周岁的婴幼儿由院内抚养，并给予一定的津贴，这种代养方式一直持续到 1956 年底。1958～1960 年是三年困难时

① 陈显、黄永昌：《1891 年长江流域教案与湖北育婴》，《法制与社会》2007 年第 3 期。
② 吴琦、黄永昌：《传统慈善中的官方角色——以清代湖北育婴事业为例》，《三峡大学学报》（人文社会科学版）2008 年第 5 期。
③ 杨大春：《晚清政府的教会育婴政策述论》，《贵州师范大学学报》（社会科学版）2000 年第 4 期。
④ 董宝良、熊贤君主编《从湖北看中国教育近代化》，广东教育出版社，1996 年版第 53 页。

期，车站、码头弃婴增多，由 W 市育幼院和 12 个临时育幼院收养。这三年间，市、区、街育幼院累计收养弃婴 3929 名。到 1963 年初，弃婴显著减少，临时育幼院相继撤销，各院婴幼儿转市育幼院收养。1967 ~ 1978 年，受"文化大革命"影响，许多儿童福利机构因为政治运动而处于瘫痪或无法正常运转的状态，直到 1979 年在拨乱反正、恢复重建中逐步得到恢复与发展。① 在 20 世纪 70 年代，W 市育幼院收养婴儿明显减少，但 20 世纪 80 年代又有增加。1951 ~ 1985 年，W 市育幼院累计收养婴儿 4204 名。②

（三）1993 年至今：W 市儿童福利院

自 20 世纪 90 年代开始，中国大陆的儿童福利政策与儿童福利服务体系快速发展，并加快了制度化建设。国务院于 1990 年制定了第一个中国儿童发展十年纲要，其后相继制定了《中国儿童发展纲要（2001 ~ 2010年)》与《中国儿童发展纲要（2011 ~ 2020 年)》。《未成年人保护法》《防范未成年人犯罪法》《收养法》《社会福利机构管理暂行办法》等法律法规也相继出台。另外，中国大陆的儿童福利事业开始与国际接轨，联合国《儿童权利公约》于 1992 年 3 月 2 日经全国人民代表大会批准，于 1992 年 4 月 1 日正式对中国生效。自此，儿童福利服务范围显著扩大，服务内容显著增多，福利机构空前多样，儿童福利与保护参与主体更加多元，服务人员身份、角色、地位与社会作用空前多样化、专门化、国际化和专业化。③

在这一时期，W 市育幼院于 1993 年与专门收养 7 ~ 16 岁儿童的原 W 市儿童福利院合并，成为现在的 W 市儿童福利院。现在的院舍占地 23 亩，建筑面积 1.7 万平方米，设有床位 500 余张，正式职工 120 人，合同用工百余人。作为政府举办的 W 市唯一一所儿童福利事业单位，与"W 市中山特殊教育学校"和"W 市伤残儿童康复中心"一同属于"一套班子三

---

① 刘继同：《当代中国的儿童福利政策框架与儿童福利服务体系（上）》，《青少年犯罪问题》2008 年第 5 期。

② 20 世纪 80 年代院中收养婴儿数量增多的原因之一可能是 20 世纪 70 年代和 80 年代早期民政部曾经要求各地把寄养在乳妇家中的儿童收回到福利院。此观点引自李金莲《新中国成立后的育婴福利政策与乳妇命运》，《商丘师范学院学报》2012 年第 4 期。

③ 刘继同：《儿童福利的四种典范与中国儿童福利政策模式的选择》，《青年研究》2002 年第 6 期。

块牌子"。①此外，W市儿童福利院还成立了"育苗艺术幼儿园"、全国第一家"孤儿艺术团"等。近年来，W市儿童福利院贯彻"养、治、教"结合的方针，坚持社会福利社会化的道路，逐步实现由封闭型向开放型、由救济型向福利型、由经验型向专业型转变，逐渐往儿童福利资源中心的定位靠拢，并陆续获得了社会认可，相继荣获"全国十佳儿童福利机构"等奖项。

总之，从1924年至今，W市儿童福利院已经走过了近90个年头。1924～1950年H育婴堂时期，面临着政局变更、战乱纷争、灾害四起的历史环境，同时承担着教会性质育婴堂的特殊属性。1951～1993年W市育幼院时期，伴随着当代中国的儿童福利政策框架与儿童福利服务体系的萌芽—发展—停滞—恢复等变迁而演变。1993年至今的W市儿童福利院时期，随着当代中国儿童福利的快速发展以及制度化进程日趋成熟，正在朝儿童福利资源中心的方向靠拢。

二 儿童福利机构的功能演变

从H育婴堂到W市育幼院，乃至现在的W市儿童福利院，这个机构在性质、管理方式、服务对象、服务方式与内容等方面呈现出巨大的功能变迁（如表1所示）。

表1　W市儿童福利院的功能演变（自1924年至今）

时　期	机构性质	管理方式	服务对象	服务方式与内容
H育婴堂时期	民间组织	自我管理	贫民的婴儿	院舍集中养育
W市育幼院时期	国办单位	政府主管	全市弃婴（0～6岁）	院舍集中收养，委托居民代养，领养管理与回访
W市儿童福利院时期	国办单位	政府主管	全市弃婴、孤儿，社区与社会中的困境儿童	院舍养育、家庭寄养、收养、特殊教育、医疗康复、家庭指导等

① 参见武汉儿童福利院介绍，http://www.96596.com.cn/usermodels/child/default.htm，最后访问日期：2013年3月1日。

（一）H 育婴堂时期的养育情况

这一时期的 H 育婴堂是民间教会组织，管理方式主要是自我管理，收养贫民的婴儿并给予院舍集中养育。出于历史、人为的因素，[①] 该育婴堂的婴儿死亡率较高。据该堂残存资料《方济各会士在中国》杂志记载，H 育婴堂在 1927～1938 年的 11 年间，共收婴 7813 名，幸存 130 名，死亡率为 98.3%。

（二）补缺式儿童福利机构——W 市育幼院

自 1951 年起，育婴堂被 W 市政府接管并更名为 W 市育幼院，负责收养 W 市全市 0～6 岁的弃婴。在这一时期，儿童福利服务的对象主要是失去依靠的弃婴、孤儿等困境儿童，国家儿童福利机构只对不幸儿童与困境儿童给予救助保护，补缺式福利色彩浓厚。不过，弃婴、孤儿的福利服务水平在这个时期得到了跨越式提高，在服务方式上由集中养育扩展出委托代养、领养，在内容上囊括了生活照料、医疗康复、领养的管理与回访等多个领域。以安置为例："收进弃婴抚养 3～5 个月后，仍无亲属认领者，准予领养，其余养到七八岁，即转儿童福利院读书。属于痴呆、瘫痪或弱智儿童，则送社会福利院安置。育幼院建有走访领养制度，关心婴幼儿领养后的抚养情况，保障儿童权益。新中国成立初期，采取个别走访，1953 年后，领养数增加，市、区组织人员集中调查访问。在查访中，发现绝大多数被领养的婴幼儿进入新的家庭后，其养父母爱如亲生，阖家欢喜，注重对养子女的培养。20 世纪 60 年代初，外省农村领养数占很大比例，1962～1964 年，市、区组成访问组，分赴领养婴儿集中的社队，逐户走访。1983 年 5 月又组织调查组去河北曲周、河南洛宁两县对 141 户领养家庭中的 65 户作重点走访。其家庭均生活无虞，关系融洽，无虐待现象。"[②]

---

① 除当时政局动荡、战乱、自然灾害、经济与医疗水平等历史因素外，该育婴堂管理人员也存在争议。据张笃勤（1994）所述，1951 年 H 育婴堂被揭发虐杀幼儿内情，时任主教郭时济被以虐杀儿童罪逮捕，并于 1953 年公审后驱逐出境。

② 武汉市地方志编撰委员会：《武汉市志（1840－1985）》，参见武汉市地情文献网站，http://www.whfz.gov.cn：8080/pub/dqwx/dylsz/mzz/，最后访问日期：2013 年 3 月 1 日。

（三）适度普惠式儿童福利机构——W 市儿童福利院

进入 20 世纪 90 年代后，随着儿童福利相关法规政策的完善与执行，以及联合国《儿童权利公约》的正式生效，中国大陆的儿童福利开始由狭义转向广义，逐步认识到儿童作为易受伤害、虐待和剥削的弱势群体，需要国家和社会的特殊保护。

就 W 市儿童福利院所发生的转变而言，首先，儿童福利制度环境的转变为儿童福利机构带来了规范化、可持续化发展的良好机遇。《未成年人保护法》《残疾人保障法》《收养法》《福利机构管理暂行办法》《家庭寄养管理暂行办法》等法规制度使儿童福利机构的管理有法可依。1997 年民政部、国家计委、财务部、国家教委、卫生部、交通部共同印发《关于进一步发展孤残儿童福利事业的通知》（民福发〔1997〕3 号），对儿童福利机构建设、收养儿童的生活费标准、收养儿童接受义务教育和高等教育等事项提出了支持措施。《中华人民共和国行业标准（M2010—2001）儿童社会福利机构基本规范》提出了此类机构的建设与服务规范，《"儿童福利机构建设蓝天计划"实施方案》（民发〔2007〕12 号），为儿童福利机构的修缮完善提供了资金支持。2009 年 2 月和 6 月，民政部先后下发了《关于制定社会散居孤儿最低养育标准的通知》和《关于制定福利机构儿童最低养育标准的指导意见》两个重要文件，孤儿最低养育津贴制度自此建立。

其次，服务对象由院舍收养的弃婴、孤儿，逐步扩展到社区中的困境儿童。该院利用良好的师资力量和设施资源，实行开门办院，将院内特殊教育、学前教育以及医疗康复设施向社区居民开放，尝试与社区共驻共建、资源共享。院内 W 市特殊教育学校和 W 市伤残儿童康复中心分别对外开放，社会上60 余名残障儿童来院接受康复与特教服务。[①] 此外，W 市儿童福利院还将服务辐射到其他福利院。如该院成为脑瘫康复示范基地后，多次到省内兄弟儿童福利机构进行筛查，行程近万里，走访福利机构 20 余家，检查残障儿童近千名，确定适宜的康复土壤温度救治对象。[②]

再者，服务内容更加多元，服务水平进一步提高。该院每名儿童都有

---

① 李剑华：《儿童福利机构管理困境与对策——以武汉市儿童福利院为例》，《社会福利》2009 年第 2 期。

② 彭莉莉：《武汉市儿童福利院全力推进康复工作》，《社会福利》2011 年第 10 期。

保健、病历档案，按时进行体检、计划免疫，严格消毒工作，控制疾病的传染与流行。同时，院内不断加大医疗投入，购置婴儿培养箱、心电监护仪等现代化监测、治疗和生化检验设备，改善医疗服务设施，不断提高医疗救治水平。此外，1994 年 5 月，该院与多家媒体联合举办了"寻找爱心家庭"大型公益活动，并于 1995 年在全省率先启动家庭寄养工作，先后建立 2 个社区寄养点，约有 100 余孤残儿童生活在寄养家庭中。其经验被称为"W 社区家庭寄养模式"，在全国推广。在寄养家庭服务方面，W 市儿童福利院从 2008 年开始，与 W 市按摩医院合作，借助该院力量协助开展针对寄养儿童的医疗康复工作。

最后，社会力量的加入。2000 年国务院转发民政部等部门《〈关于加快实现社会福利社会化意见〉的通知》（国办发〔2000〕19 号），提出"儿童福利机构在今后一段时期仍以政府管理为主，也可吸纳社会资金合办，同时通过收养、寄养、助养和接受捐赠等多种形式，走社会化发展的路子"。W 市儿童福利院通过财政拨款、福利彩票公益金资助以及吸纳社会慈善资金等方式，使得硬件设施更加规范。

三 基于残障儿童权利的当代儿童福利资源中心

（一）残障是儿童福利院养育儿童的主要人口特征之一

W 市儿童福利院中的儿童具有如下人口特征：第一，历年来残障儿童所占比例较大。1956 年收养 167 名，残障儿童占 96.4%；1962 年的比例为 56% 以上；1972 年、1973 年均为 98%；1980 年减为 46.5%；1985 年又增至 56.6%。第二，残障婴幼儿多为畸形、瘫痪、痴呆、疯癫。最近几年，该院常年收养儿童 640 余名，其中 90% 是残障儿童，新增入院儿童中95% 以上为残疾儿童，且每年数量和比例稳中有升。①

从这里可以观察到：残障导致儿童易遭遗弃。据《W 市志》中称，在W 市育幼院时期"多数弃子女者……是所生子女为残疾，弃而再育"，该院历年来入院儿童中残障儿童比例较大的事实也间接证明了这一观点。究其原因，这与社会经济水平、医疗康复水平、社会保障与福利水平以及人

---

① 李剑华：《儿童福利机构管理困境与对策——以武汉市儿童福利院为例》，《社会福利》2009 年第 2 期。

们对残障的认知等因素密切相关。

（二） 儿童福利机构中残障儿童权利保护的历程

以福利院收养的残障儿童作为考察对象，探讨其在院舍发展的不同时期各项权利保护的状况如表 2 所示。

表 2 残障儿童权利保护的历程

权利保护 时期	回归家庭	生活照顾	医疗康复	教育发展	参与社会
H 育婴堂时期	无	有，水平较低	有，水平较低	极少	极少
W 市育幼院时期	有	有，水平提高	有，水平提高	—	较少
W 市儿童福利院 时期	有	有，水平较高	有，水平较高	有，水平提高	有，水平提高

注："—"为空缺，因 W 市育幼院仅收养学龄前婴儿和幼童。

1. 回归家庭

在 H 育婴堂时期，由于其教会背景，切断了被收养婴儿与原生家庭的关系。如《W 市志》中记载，"H 育婴堂大门平日紧闭，在门右侧墙上开一小洞口，供呼叫传讯，指派一老太婆守门专收婴儿。送婴者不准入内，由堂方将婴儿收下后，开给收条，上写'收到婴儿，以后不准领取，不准看望，生死存亡不准过问'等字样"。

到 W 市育幼院时期，出现了一些鼓励儿童回归家庭的实践，主要表现在"准予领回"和"领养管理"两个方面。①"准予领回"是指亲生父母或亲属可以向育幼院申请认领。《W 市志》中记载，"育幼院收容的弃婴和孤婴幼儿，其亲属生活好转，或其父母反悔，到院要求认领，经查考收容记录，验证情况属实，且未作处理者，准予领回"。自新中国成立初至1956 年，"累计被亲属领回 48 名，占收养数的 0.9%。1960 ~ 1962 年累计领回 215 名，70 年代每年领回 5 ~ 9 名，1982 年为 11 名"。②关于"领养管理"，新中国成立初期，订有弃婴领养办法，规定领养人应持有证明函件，签订领养协议，造册登记。不久，该办法又作补充：领养条件是"领养者有正当职业，收入足以维持婴幼儿的生活，家无子女，其家庭成员无传染疾病"，领养手续是"持当地政府或单位证明书，确认无子女和无生育能力"，此外，年龄稍大的幼儿，需征得自愿。在 1952 ~ 1985 年间累计被领养 2481 名。

到 W 市儿童福利院时期，孤残儿童回归家庭的途径更加规范化和多元化，该院做了一些积极的具有针对性的努力。自从 1995 年开展家庭寄养之后，该院在实践中发现"寄养家庭不太愿意寄养残疾孩子"等问题，于是在 2000 年 10 月召开"家庭寄养工作新闻发布会"，经过多种形式的专门宣传和招募，20 个家庭当场与该院签订了 3 个月的试寄养协议，使得 20 名残障儿童首次走进寄养家庭。3 个月后，福利院在考察后与这批家庭续签了一年的服务期限。2004 年，该院在 W 市近郊增建了一个以中度残障孩子为主的残儿养育基地，有近百名孩子在那里生活。

2. 生活照顾

在 H 育婴堂时期，《W 市志》中记载道："几十个婴儿并肩比首，饮食便溺均在一张床上。仅有几个十二三岁的盲残孤女照看，每日以米汤菜羹喂养。"不难看出此时残障儿童的生活照顾水平属于较低水平。到 W 市育幼院阶段，婴儿已有统一的生活标准：20 世纪 60 年代，规定 3 岁以下孩童每人每年 192 元，3~7 岁 156 元，到 1985 年下半年，每人每年生活费增为 552 元。到 W 市儿童福利院时期，尤其是 2009 年 6 月，民政部下发《关于制定福利机构儿童最低养育标准的指导意见》后，针对福利机构儿童残疾比例高、残疾种类多、营养康复和医疗需求大的特点，经测算论证，建议福利机构儿童最低养育标准为每人每月 1000 元。残障儿童的生活照顾经历了由低水平向较高水平发展的历程。

3. 医疗康复

残障儿童的医疗康复水平同样经历了由低到高的发展历程。这是伴随着社会经济的发展，尤其是医疗康复技术的进步而演进的。其中，福利院残障儿童康复水平的提高，离不开国家对儿童福利事业的重视与投入。据《W 市志》记载，1956 年，W 市育幼院收养残疾婴幼儿 161 名，经送医院检查测验，能矫正治疗者，均予医治，无法治愈者进行培养锻炼，提高其生活自理能力。历年收养的兔唇、豁嘴、狼咽的婴儿，大都缝合，其生理缺陷得到修复。

到 20 世纪 90 年代以后，残障儿童的医疗康复水平得到进一步提高，政府和民间都涌现了一批专项康复项目。如 2004 年民政部印发的《"残疾孤儿手术康复明天计划"实施方案》，实施目标是"从 2004 年至 2006 年的 3 年期间，确保为 2.8 万名，力争为 3 万名残障孤儿有效实施手术矫治和康复"。W市儿童福利院根据"明天计划",仅在2005年就新完成了手术或矫形56人次。①

4. 教育发展

起初,残障儿童在H育婴堂时期仅是从事简单家务劳动,到W市儿童福利院时期,院内已有特殊教育老师来进行认知能力训练和职业教育,促进残障儿童更好的发展。例如从1994年底,福利院在社会各界帮助下,成立了全国首家孤残儿童艺术团,促进残障儿童发挥专长、建立自信等。

5. 参与社会

早期的儿童福利机构都是偏向封闭式管理,因此无论是H育婴堂时期还是W市育幼院时期,院内残障儿童参与社会的机会较少。到W市儿童福利院时期,随着"社会福利社会化"的影响,院舍开始致力于为残障儿童打造社会化环境。该院的做法主要是:①将院办幼儿园、附小面向社会招生,让孤残儿童和社会中的一般儿童共同学习和交往;②组织在院儿童走出院门参与社会实践活动,如参观名人故居、旅游景点等;③有计划地接纳社会各界人士尤其是院外学生来院进行联谊活动。

总之,考察1924年至今的W市儿童福利院发展历程,可以看出儿童福利机构所养育的残障儿童,其在回归家庭、生活照顾、医疗康复、教育发展、参与社会方面的权利均得到跨越式提升,尤其是回归家庭、生活照顾、医疗康复三项服务发展迅速,如今保障水平较高。然而,生活在社会中的一般残障儿童,他们的权益保护和福利服务是如何呢?下面我们将通过当代儿童福利资源中心的功能来做进一步探讨。

(三) 基于残障儿童权利保护视角的当代儿童福利资源中心解构

1. 当代儿童福利资源中心的形成轨迹

儿童福利机构演化为当代儿童福利资源中心,其中两个文件起到了关键作用。2000年,国务院转发民政部等部门《关于加快实现社会福利社会化意见的通知》(国办发〔2000〕19号)中提出了"社会福利服务网络"的建设思路,指出要建设"以国家兴办的社会福利机构为示范、其他多种所有制形式的社会福利机构为骨干、社区福利服务为依托、居家供养为基础的社会福利服务网络"。服务对象由国家供养的"三无"对象(无劳动

---

① 陈显、黄永昌:《1891年长江流域教案与湖北育婴》,《法制与社会》2007年第3期。

能力、无生活来源、无法定抚养人或赡养人）、孤儿等特困群体扩大到全社会的老年人、残疾人。这一规定的出台确定了国办儿童福利院中服务对象由自身收养的困境儿童向社会中的残疾儿童转型，及其角色定位向"社会福利服务网络"中的示范角色转型。

2007年1月22日，民政部印发《"儿童福利机构建设蓝天计划"实施方案》（民发〔2007〕12号），主体内容是在"十一五"期间（即2006～2010年）通过民政部部级福彩公益金、地方民政部门留成的福彩公益金以及地方财政投入，从中央到地方投入资金60亿元，用于"在全国大中城市建设和完善集养护、救治、教育、康复、特教于一体的儿童福利机构，为孤残儿童提供功能完善的福利服务场所和设施，为多种养育模式提供必要的依托和载体，辐射和带动社区孤残儿童服务的开展"。其目标是"推动儿童福利机构由救济型向福利型、单纯供养型向供养、康复及教育型转变，逐步完善适合中国国情的儿童福利服务体系"。"蓝天计划"对儿童福利事业影响深远，[①] 由此确定了儿童福利院向儿童福利资源中心演进的基调。未来的儿童福利机构应当是"集婴幼儿护理、儿童养育照料、医疗康复、特殊教育、技能培训、家庭寄养指导监督以及临时庇护、权益保护等多种社区服务功能于一体的、专业的儿童福利资源中心"[②]。

2. 当代儿童福利资源中心在残障儿童权利保障中的功能

以当代W市儿童福利院为例，作为一家儿童福利资源中心，如何进行保障残障儿童权利的实践？这些做法包括：服务对象逐渐由孤残儿童等传统对象扩大到社会中的一般残障儿童；秉承儿童为本的理念服务；在面向孤残儿童的传统功能方面，开展收养、领养、寄养等多种养育模式，并向儿童本身、向寄养或收养家庭提供多元服务内容；在面向社会的辐射功能方面，分别向其他福利院、社会散居孤儿、社区残障儿童提供服务，服务内容涉及直接服务（医疗、康复、特殊教育等）和间接服务（协调儿童福利网络、开展从业人员培训、对社区的示范与指导等）。残障儿童的生命权、参与权、发展权在此间获得了相应保障（如图1所示）。

---

① 侯梅：《"蓝天计划"对儿童福利事业影响深远》，《社会福利》2007年第10期。
② 邹明明：《儿童福利机构的功能定位与发展方向——浅析重庆市儿童福利院的探索与实践》，《社会福利》2008年第10期。

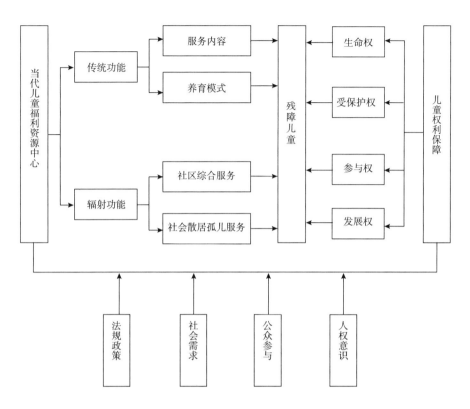

图 1　基于残障儿童权利保护视角的当代儿童福利资源中心的结构

在儿童福利资源中心开展儿童权利保障服务的历程中，相关因素起到了推动作用。首先，相关法规政策的出台，指引残障儿童服务的整体发展方向。例如在我国《收养法》第 8 条规定"收养人只能收养 1 名子女"，但"收养孤儿、残疾儿童或者社会福利机构抚养的查找不到生父母的弃婴和儿童，可以不受收养人无子女和收养一名的限制"。这一规定体现了国家鼓励公民收养残障儿童的政策。由于残障儿童被收养的机会往往比一般儿童要少，法律规定适当放宽收养人的收养条件，有利于增加残障儿童回归家庭的机会。其次，社会需求的增多使得儿童福利资源中心必须加速提供各项服务。据 2006 年第二次全国残疾人抽样调查数据推算，中国有约 500 万名残障儿童，其中生活在儿童福利机构中的人数只占极少的一部分，绝大部分残障儿童是生活在福利院舍之外。2006年的抽样调查结果同样显示，在所有残障儿童中，平均有 61% 的儿童从未接受过任何服务或扶助①，儿童福利服务的社会需求巨大。再次，公众参与的增多使得儿童权利保障服务的开展得以快速、良性发展。资源是束缚服务提供的一个主要因素，随着公共慈善事业与志愿服务事业的发展，个人、企业、非营利组织等不同群体纷纷加入儿童服务的提供主体中来，此时，儿童福利资源中心开始发挥资源链接作用，将这些不同的主体汇集成一个儿童福利服务网络，发挥整体优势。而儿童权利保障服务也在社会多元主体的介入下，得以快速、良性发展。最后，人权意识的提高使得以儿童为中心的儿童权利保障服务得以确认。《儿童权利公约》明确了儿童的人权不受性别、伤残等因素的干扰。《残疾人权利公约》中也确认"必须促进和保护所有残疾人的人权"。随着有关法律法规的通过和实施，公众的人权意识逐渐提高。儿童福利资源中心的服务理念亦开始转向以儿童为本，围绕残障儿童的需要提供相应服务。

四 结论与建议

综上所述，本文描述了一个儿童福利机构的发展历程，它从1924年的H育婴堂逐步发展到今天的W市儿童福利院，其定位由单一的儿童救助养护机构转变为当代儿童福利资源中心，其服务功能由补缺型福利服务转变为适度普惠型福利服务，其服务理念与内容也已由基本生活救助转变为以儿童为中心的多样化、社会化服务。其间，可以看到政府部门在规范和引导儿童福利服务发展上的主体作用，可以看到社会力量的加入与积极参与，共同使得残障儿童的各项权利得到了相应发展。

然而，以儿童福利资源中心的视角考察残障儿童的保护现状，仍然存在一些不足。首先，在促进传统服务对象的参与权及发展权方面有待进一步加强。现有资源较多支持的是改善院舍中残障儿童的生活照料水平与医疗康复水平，在促进儿童的教育发展、社会参与两方面仅属于地方性、福利院自身的服务创新，尚缺乏全国性的规范与引导。

① 此处"服务或扶助"即指医疗服务与救助，残疾人辅助器具，康复训练与服务，教育费用补助或减免，职业教育与培训，就业安置与扶持，贫困残疾人救助与扶持，法律援助与服务，无障碍设施，以及无障碍获取信息、生活服务和文化服务。参见联合国儿童基金会、国务院妇女儿童工作委员会办公室、国家统计局社会和科技统计司共同发布的《中国儿童发展指标图集》，2010，第115页。

其次，对扩展服务对象的辐射功能有待进一步加强。城镇社区中的残障儿童及其家庭尚未获得全部覆盖，而农村地区是目前儿童福利机构辐射服务的盲点。据 2006 年残疾人抽样调查结果显示，残障儿童的城乡分布存在较大差异，0～17 岁的残障儿童中，仅 19.9% 居住在城镇地区，80.1% 居住在农村地区。然而，从福利服务机构的分布看，现有儿童福利院、社会福利院等机构主要分布在城镇，农村则主要由五保供养服务机构来"逐步开展面向农村残疾人的各项生活服务"。① 目前，我国广大农村地区残障儿童在生命安全、生存环境、医疗康复、接受教育和参与社会生活等权益保障方面尚存在问题。② 因此，如何将儿童福利资源中心的辐射触角延伸到城镇和农村中的每一个残障儿童及其家庭，是一个现实而紧迫的问题。

How to Protect the Rights of Children with Disabilities: A Study on the Functional Evolution of Child Welfare Agencies in China

Tao Shuyi

ABSTRACT: This is a case study based on historical documents and statistics of a children's welfare center in city W which was supposed to protect the rights of children with disabilities but not equipped to deal with its tasks. It describes the development process of the Center from 1924 until today. Its position has changed gradually from children support center into the current children welfare resource center; its service has changed from residual welfare into universal – type social welfare; its service concept and content has changed from basic living relief into children – oriented diversified and socialized service. During the process, the development and realization of disabled children's rights are achieved with the leading role of government, implementation of institutions, and participation of social charities. It is then suggested that all the children welfare resource

---

① 参见《民政部关于农村五保供养服务机构建设的指导意见》（民发〔2006〕107 号）。
② 严妮：《农村残疾儿童生存权和发展权状况值得关注——基于〈儿童权利公约〉和〈残疾人权利公约〉的分析》，《残疾人研究》2012 年第 2 期。

centers should enhance the participation and development of children during the similar reform process.

Key words：Children with Disabilities；Welfare Agencies；Rights Perspective

视障者对受版权保护作品的获得权

——WIPO《为视障者获得已出版作品提供便利的马拉喀什条约》评析

陶　月　冯洁菡*

摘　要： 全世界有超过 3.14 亿盲人和视力障碍者，而在全世界每年出版的 100 万册图书中，仅有 5% 的书能为全世界的盲人、视障者或其他阅读障碍者所获取。比重如此悬殊的原因是在世界范围内，为便利视障者和阅读障碍者获取书籍而建立版权限制与例外规则的国家很少。因此亟须建立一项更加适应当前技术发展并且更加灵活的版权制度，为视障者扫清获取书籍的障碍。经过多年的协商与坚持不懈的努力，2013 年 6 月，世界知识产权组织（WIPO）在摩洛哥召开了一次高水平的外交会议，达成了《为视障者获得已出版作品提供便利的马拉喀什条约》。本文将首先介绍当前国际环境下视障者享有的权利及存在的问题，进而对 WIPO 下进行的相关协商进行分析，最后结合我国目前视障者权利保护的现状对我国立法提出相关建议。

关键词： 视障者　人权　版权　限制与例外

版权的限制与例外是指允许个人或者被授权组织在一定条件下无须获得版权所有者的授权即可使用一项作品。早在 1983 年，世界知识产权组织（WIPO）以及联合国教科文组织（UNESCO）就提出了适用于残障人的版权保护例外模式。1985 年，一位 WIPO 专家曾经呼吁达成一项便于跨境分

---

* 陶月：武汉大学法学院 2011 级法律硕士研究生。冯洁菡：法学博士，武汉大学法学院教授。

享受版权保护的作品的协议。2003 年，智利在版权及有关权常设委员会（SCCR）会议上提出应对该问题加以探讨。2007 年 3 月，巴西、智利、尼加拉瓜和乌拉圭提出在此领域制定一项工作计划，意在最终制定一份视障者的版权例外国际条约，该条约将对所有 WIPO 成员同等适用一套强制性的限制与例外规则。自 2008 年始，WIPO 各方就此问题展开了长期艰难的磋商。2013 年 6 月底，世界知识产权组织成员国大会最终通过了《为视障者获得已出版作品提供便利的马拉喀什条约》。该条约目的在于保护视障者平等获取受版权保护作品的权利，缔约方批准该条约后应在其国内法中增加对版权的限制与例外规定，允许将受版权保护作品转换为盲文、有声读物等可供视障者使用的无障碍格式版本，并进行复制、发行。

一 视障者有权获得受版权保护的作品

（一）视障者的定义

根据世界知识产权组织成员国大会 2013 年 6 月 27 日在马拉喀什外交会议上通过的《关于为盲人、视力障碍者或其他印刷品阅读障碍者获得已出版作品提供便利的马拉喀什条约》①，本文所讨论的视障者范围包括无论身体有无其他残疾的下列三类人：（1）盲人；（2）有视觉缺陷、知觉障碍或阅读障碍的人，无法改善到基本达到无此类缺陷或障碍者的视觉功能，因而无法像无缺陷或无障碍者一样以基本相同的程度阅读印刷作品；（3）在其他方面因身体残疾而不能持书或翻书，或者不能集中目光或移动目光进行正常阅读的人。②

据世界卫生组织（WHO）统计，世界上约有 3.14 亿人口为视障者，目前约有 90% 即 2.83 亿视障者居住在发展中国家。③ 根据欧盟报道，发达

① WIPO. 2013. "Marrakesh Treaty to Facilitate Access to Published Works for Persons Who are Blind Visually Impaired, or otherwise Print Disabled. 2013." Accessed June 28. http：//www. wipo. int/meetings/en/doc_details. jsp? doc_id = 241683.
② 参见最终文本第三条，WIPO. 2013. "Marrakesh Treaty to Facilitate Access to Published Works for Persons who are Blind Visually Impaired, or otherwise Print Disabled." Accessed June 28. http：//www. wipo. int/meetings/en/doc_details. jsp? doc_id = 241683.
③ Intellectual Property Watch. 2013. "WIPO Negotiators Reach Breakthrough On '3 - Step Test' In Treaty For Blind." June 28. Accessed http：//www. ip - watch. org/2013/06/24/wipo - negotiators - reach - breakthrough - on - 3 - step - test - in - treaty - for - blind/.

国家的视障者仅能获取年发行图书量 5% 的盲文或者其他无障碍格式版本的图书，如有声读物、电子书和大字书等。而与发达国家相比，技术水平以及经济环境都相对处于劣势的发展中国家能够提供给视障者的作品则少之又少。据欧盟报道，发展中国家的视障者每年只能获取年发行图书量 1% 的图书，仅为发达国家的 1/5。① 对于发展中国家而言，在目前的法律框架下，未经版权人的允许不得获取无障碍格式版本的作品。其中，有的国家仅仅规定了关于盲文的版权例外条款，而更多国家连此类的规定都没有。由于版权法的地域性，在《马拉喀什条约》通过之前，国际上并无一部允许无障碍格式版本跨境交换的强制性条约，因此即使在国内法规则相近的两个国家之间，无障碍格式版本作品也无法流通，使得本就有限的资源只能发挥更加有限的作用。视障者面临着一场书籍饥荒，而这种情况在非洲等地区更为明显。

非洲盲人联合会（AFUB）残障人士权利与主张项目官员彼得·科迪（Peter Anomah‐Kordieh）在接受"知识产权观察"访问时，介绍了非洲视障者获取书籍的困难。在非洲，无论是在城市还是农村，绝大多数的图书馆都没有方便视障者阅读的版式，网吧中也没有任何一台机器安装能够帮助视障者的软件。因此在非洲，盲人完成教育的方式绝大多数要依赖于其他能够看见的学习者或者指导者为他们朗读教材。而贫穷加大了获取教育资源的难度，从而导致更加贫穷的恶性循环。科迪表示，如果非洲政府想减少或根除贫穷，他们就需要考虑残障人的需求，完全实现《残疾人权利公约》中关于资源获取、法律平等、信息获取以及生活和社会保护标准等方面的规定。②

（二）视障者有权获得受版权保护作品的权利依据

1. 从美国 Hathi Trust 案例说起

美国法院在 2010 年 10 月对美国作家协会（Authors Guide）、澳大利亚

---

① 参见中国科学院国家科学图书馆著作权网站，《美国和欧盟阻止为盲人制定获取书籍的条约》，http://copyright.las.ac.cn/news/7f8e56fd548c6b2776df963b6b624e3a76f24eba52365b9a83b753d64e667c4d768467617ea6，最后访问日期：2013 年 2 月 3 日。

② 参见中国保护知识产权网，《世界知识产权组织视障人士条约：来自非洲的声音》，http://www.ipr.gov.cn/guojiiprarticle/guojiipr/guobiehj/gbhjnews/201212/1716886_1.html，最后访问日期：2013 年 2 月 18 日。

作家协会（Australian Society of Anaesthetists）、魁北克作家协会（UNEQ）及八位作家诉 Hathi Trust 数字图书馆（Hath Trust Digital Library，简称 HDL）项目及五所美国大学版权侵权案的判决很值得我们探讨。该案中，原告认为被告将其图书馆藏书制作成数字化版本等行为违反了美国版权法第 106 条和 108 条，侵犯了该项目中所涉及的大部分作品的作者版权。被告辩称其图书数字化措施是出于方便保存、文字检索以及便于视障者使用的目的，应适用版权例外规定，法院在判决中对其表示支持。该案判决书写道："被告提供不显示任何受版权保护资料的高级检索功能、对被告易损书籍的保护——以及也许是最重要的——使阅读障碍人士获得前所未有的平等机会与视力正常人士竞争的做法符合《美国残障人法》规定范畴，其对被告作品副本的上述处理属于合理使用。"①

法院主要根据《美国版权法》第 107 条所建立的"合理使用"的四项标准对该案进行了裁判。该条规定：任何特定案件中判断对作品的使用是否属于合理使用时，应考虑：①该使用的目的与特性，包括该使用是否具有商业性质，或是为了非营利的教学目的；②该版权作品的性质；③所使用部分的质与量与版权作品作为一个整体的关系；④该使用对版权作品之潜在市场或价值所产生的影响。

法院在审理中认为，HDL 项目的目的是高级检索功能而非对受版权保护材料的实际获取以及为便利阅读障碍人士获取而制作数字化版本，其对作品的使用是出于转换目的。因为对于出版商和作者来说，阅读障碍人士并非是其市场的主要构成部分，甚至都不能构成潜在市场。原作品的使用目的是被视力正常人士享受和使用，而对数字化版本的使用与该目的完全不同，因此该使用是出于转换目的的。被告由此满足了合理使用的第一个要素。② 而当艺术创作作品被出于转换目的而使用时，第二个因素即关于版权作品的性质只能发挥有限的作用。③ 合理使用所要考量的第三个因素

---

① Intellectual Property Watch. 2013. "US Court Rules On Fair Use For Blind Users, Digitization, Amid Treaty Talks." Accessed January 3. http：//www. ip－watch. org/2012/10/19/us－court－rules－on－fair－use－for－blind－users－digitisation－amid－treaty－talks/.

② United States District Court Southern District of New York Opinion & Order：The Authors Guild, Inc. against HATHI TRUST, et al. 第 18 页, http：//www. ip－watch. org/weblog/wp－content/uploads/2012/10/Hathi－trust－court－decision－Oct－2012. pdf, 2012 年 10 月 28 日浏览。

③ United States District Court Southern District of New York Opinion & Order：The Authors Guild, Inc. against HATHI TRUST, et al, 第 18 页。

是根据使用目的判断用量是否合理。本案中，对作品的完整使用对于实现被告的便利搜索和阅读障碍人士获取来说显然是必要的。第四个因素是考察该使用对版权作品市场产生的影响。本案中，因对作品的使用为非商业性的，所以原告必须提出有力证据证明该使用未来具有损害市场的可能性。原告虽然提出了可能损害市场的几项主张，但均被驳回。值得注意的一点是，法院认为阅读障碍人士获取的条款同样不会危及市场。[①] 实际上，只有 32 名有阅读障碍的学生参加了密歇根大学的项目，这证明此案所涉阅读障碍人士仅仅是极少数，因此涉案项目的商业目的"几乎无从谈起"。

法院认为对合理使用因素的整体衡量说明版权法的目标是促进科学进步，而允许对作品的使用比限制使用更能够达成这一目标。甚至可以说，HDL 的高级检索功能为学术研究增添了新的方法，比如文本挖掘，这显然促进了学术研究的发展，与版权法的立法目的相契合。[②]

本案的法理基础在于阅读障碍人士有同等获取受版权保护的信息的权利。而关于这一权利的条款在《美国残障人法》以及 1976 年的修订草案中均有规定。《美国残障人法》的推动力是国会专门规定的条款，美国国会认为，人人都应该享有在平等的基础上同等竞争的机会，这正是民主社会的精神所在。残障人士却因为资源获取机会的缺失而长期流离于社会发展视野之外。信息时代来临，盲人学生更是在残缺的基础上参与社会竞争。该残缺并不仅仅是视力上的残缺，更是获取信息机会的残缺。[③]《美国残障人法》为消除残障人士所遭受的不公平待遇规定了清晰而全面的授权条款。国会命令一些组织承担为残障人士提供同等获取的义务，并称"随着科技的进步，将来可能需要这些组织提供一些附加的帮助以及服务，因为在当前环境下要求其承担这样的责任会科以其过重的负担"。[④]

根据版权法修正案，允许被授权实体复制或发行已出版的非戏剧文学

---

① United States District Court Southern District of New York Opinion & Order：The Authors Guild, Inc. against HATHI TRUST, et al，第 21 页。
② United States District Court Southern District of New York Opinion & Order：The Authors Guild, Inc. against HATHI TRUST, et al.，第 16 页脚注 22。
③ United States District Court Southern District of New York Opinion & Order：The Authors Guild, Inc. against HATHI TRUST, et al.，第 22 页。
④ United States District Court Southern District of New York Opinion & Order：The Authors Guild, Inc. against HATHI TRUST, et al.，第 22 页。

作品的特殊版本，专供盲人以及其他残障人士使用。被授权实体是指非营利性组织或者政府机构，其首要任务是为盲人或者其他残障人士提供与培训、教育、适应性阅读或者信息获取相关的特殊化服务。《美国残障人法》要求教育机构图书馆的首要任务是为阅读障碍人士复制或发行其所收藏的图书，以使每一个图书馆都可能成为符合版权法修正案规定的"被授权实体"。[①]

因此，法官在判决书中写道："（我）无法想象，被告 MDP 项目中出于转换目的的使用会不符合合理使用的界定，因为这对科学进步和艺术创作都做出了无价的贡献，并且践行了《美国残障人法》所推崇的信仰。"[②]

众所周知，图书馆在作品传播领域充当着保护作者版权与维护公众合理获取作品的中介。正如图书馆界人士所言："图书馆是公共权利与版权的交汇点，图书馆既是实现法律平衡的重要机构，也是由法律规定的利益平衡所塑造的产物。"因此，基于公共利益的版权限制必须为图书馆等公益事业提供必要的特权。[③]

从国际背景来看，该法院的判决也可以找到合理依据。2002 年 8 月国际图联《格拉斯哥宣言》中宣布："不受限制地获取、传递信息是人类的基本权利"，全体会员应当"遵循《世界人权宣言》的精神，支持、捍卫并促进获取知识自由的权利"，并强调："维护获取知识自由是全世界图书馆和信息服务机构的主要职责，图书馆和信息服务机构应起到发展及维护获取知识自由的作用，协助捍卫民主价值和世界人权。"[④]

2. 以人权文书为依据

版权作为知识产权的重要部分，是权利人所享有的重要权利。如果想要对其加以限制，必须要有正当理由。促进基本人权的实现，保障人人平等，成为限制版权的重要理由。

---

① United States District Court Southern District of New York Opinion & Order: The Authors Guild, Inc. against HATHI TRUST, et al. , 第 23 页。

② United States District Court Southern District of New York Opinion & Order: The Authors Guild, Inc. against HATHI TRUST, et al. , 第 22 页。

③ 张今：《版权法中私人复制问题研究——从印刷机到互联网》，中国政法大学出版社，2009，第 100 页。

④ 胡秋玲编译《自由获取知识与信息——〈格拉斯哥宣言〉、〈国际图联因特网声明〉和〈图书馆可持续发展声明〉发表》，《图书馆建设》2003 年第 2 期，第 101~102 页。

（1）《世界人权宣言》《发展权宣言》与《残障人机会均等标准规则》

潘恩说，人具有一致性，"所有人都处在同一地位"，只有"善和恶是唯一差别"。① 现代人权中的人人平等原则就是这种思想的体现。1948 年，联合国大会通过了《世界人权宣言》。其中第 27 条第 1 款确认"人人有权自由参加社会的文化生活，享受艺术，并分享科学进步及其产生的福利"。虽然该宣言不具有约束性，却是一部旨在维护人类基本权利的重要文献。其精神被 1993 年联合国大会通过的《残障人机会均等标准规则》所传承。该规则第 25 条确认了残障人的需要与他人的需要具有同等的重要性，"必须适当地运用所有资源，确保每一个人都有同等的参与机会。"因此，任何公民，无论其年龄、性别、种族以及身体健康状况，都应该享有对文化生活全面参与、分享科学进步及其产生的福利的权利，这是一项基本人权。

1986 年 12 月，联合国大会第 41/128 号决议通过了《发展权宣言》。该宣言第 1 条指出，发展权利是一项不可剥夺的人权，每个人和所有各国人民均有权参与、促进并享受经济、社会、文化和政治发展，在这种发展中，所有人权和基本自由都能获得充分实现。1993 年《维也纳宣言和行动纲领》再次重申，《发展权宣言》所阐明的发展权利是一项普遍的、不可分割的权利，也是基本人权的一个组成部分。概括来说，发展权就是平等地参与、促进并享受经济、社会、文化和政治发展进程与其结果的权利。② 全球化时代来袭，视障者作为普遍联系的世界的一员，有权利享受经济、社会、文化和政治发展所带来的利益成果，促进自身发展。要保证视障者发展权的实现，就必须保障其获得信息的权利的实现。

（2）《残疾人权利公约》（CRPD）

2006 年联合国通过的《残疾人权利公约》第 1 条明确规定，"本公约的宗旨是促进、保护和确保所有残障人充分和平等地享有一切人权和基本自由，并促进对残障人固有尊严的尊重。残障人包括肢体、精神、智力或感官有长期损伤的人，这些损伤与各种障碍相互作用，可能阻碍残障人在

---

① 潘恩：《潘恩选集》，马清槐等译，商务印书馆，1982。
② 衣淑玲：《国际人权法视角下〈TRIPS 协定〉的变革研究》，厦门大学出版社，2010，第 194 页。

与他人平等的基础上充分和切实地参与社会。"该条款说明残障人应与普通人一样不受歧视，机会均等地享有自由权、生存权、发展权、工作权以及无障碍的参与及融入社会等一切权利。鉴于包括视障者在内的残障人士往往由于各种障碍的存在而不能正常行使权利，因此为实现残障人士需求的多样性和差异性，应当赋予其作为特殊人群所享有的特殊支持。

该公约第2条界定了以"适当的形式和技术"进行"交流"的含义。"交流"包括语言、字幕、盲文、触觉交流、大字本、无障碍多媒体以及书面语言、听力语言、浅白语言、朗读员和辅助或替代性交流方式、手段和模式，包括无障碍信息和通信技术。这些定义能够为保护视障者参与人权条约中规定的三个领域内的活动——文化参与、政治参与和受教育以及为参与上述活动而获得信息提供广泛和明确的保护。公约第21条规定："确保残障人能够行使自由表达意见的权利，包括在与其他人平等的基础上，通过自行选择本公约第2条所界定的一切交流形式，寻求、接受、传递信息和思想的自由。"公约第24条第3款规定残障人士应享有受教育权："确保以最适合个人情况的语文及交流方式和手段，在最有利于发展学习和社交能力的环境中，向盲、聋或聋盲人，特别是盲、聋或聋盲儿童提供教育。"公约第30条确认了残障人士的文化权利："以无障碍模式提供文化材料、电视节目、电影、戏剧和其他文化活动。"

传统意义上的版权保护旨在激励文学和艺术创作，而忽视了视障者在这一体系下难以参与社会的文化生活，也不能享受艺术、科学进步及其产生的福利。视障者无法在与他人平等的基础上接受以及传递信息，更无法自由选择交流方式，因此国家及社会应为其创造资源与条件使其获取信息以融入社会，以辅助他们在实质上尽可能与普通群体实现平等。

3. 以知识产权条约为依据

利益平衡素来是国际版权法的追求。历史上各国一直试图通过采取某些限制与例外规则，如在某些情况下允许使用人未经权利人授权而使用作品，或者免除使用人向权利人支付版税的义务等，来实现作者权利和公共利益之间的平衡。视障者平等接受信息以及参与社会等权利，是社会所保障的基本公共利益的应有之义。

知识产权条约中的"限制与例外"规则由来已久。1886年签订的《保护文学和艺术作品伯尔尼公约》是历史上第一部国际版权条约，该条约及其后的各次修订，均包括了"限制与例外"的规定，其主要包含了两项内容，一项是合理使用，另一项是法定许可使用。

所谓"合理使用"，是"在法律规定的条件下，不必征得著作权人的同意，又不必向其支付报酬，基于正当目的而使用他人著作权作品的合法行为。"① 其具体内容体现在《伯尔尼公约》第 10～11 条。具体包括对短引文、新闻报道和教学解说等情况下的豁免。除这些情况以外，"在某些特殊情况下……只要这种复制不损害作品的正常使用也不致无故侵害作者的合法利益"，就可以经各国政府规定，成为其他限制与例外规则。

所谓"法定许可使用"，是指"根据法律的直接规定，以特定的方式使用已发表的作品，可以不经著作权人的许可，但应向著作权人支付使用费，并尊重著作权人的其他权利的制度。"② 《伯尔尼公约》对复制权、公开表演权、广播权的规定，同时包含有对这些权利的法定许可使用的内容，见于第 9 条第 2 款："成员国国内法有权允许在某些特殊情况下复制本公约保护的文学艺术作品，只要这种复制不与该作品的正常利用相冲突，而且不给作者的合法利益带来不合理的损害。"该款规定即为"三步检验法"，可将其视为对视障者版权例外的最低限度的支持。事实上，"三步检验法"的本意就是，因国际条约无法对所有的权利限制与例外进行穷尽式的列举，故而采用开放式的兜底条款，以便成员国创设新的限制与例外，只是此种创设仍要满足"三步检验法"的要求。在司法实践中，已经有些大陆法系国家开始利用"三步检验法"的开放性，对本国法律中没有明确列举的权利限制与例外进行扩大解释。例如，在 1999 年汉诺威技术信息图书馆案件中，法院扩大解释了德国法律中关于私人使用的规定，允许图书馆应读者要求复制并提供科学论文。法院认为，图书馆的行为并不与作品的正常使用相冲突，只要依据"三步检验法"向权利人付费，就可以继续向读者提供这种服务。③ 因此，"三步检验法"不应该成为对新的权利限制与例外的形成的阻碍，而应该充分发挥其作为开放性兜底条款的灵活性，满足保护公共利益的需要。

1995 年世界贸易组织《与贸易有关的知识产权协议》（TRIPs）确认"知识产权的保护和实施应有利于促进技术革新、技术转让和技术传播，

---

① 吴汉东：《著作权合理使用制度研究》，中国政法大学出版社，1996，第 144 页。
② 吴汉东：《著作权合理使用制度研究》，中国政法大学出版社，1996，第 152 页。
③ 薛虹：《论开放的版权限制与例外》，《中国版权》2012 年第 6 期，第 12～15 页。

有利于生产者和技术知识使用者的相互利益，保护和实施的方式应有利于社会和经济福利，并有利于权利和义务的平衡"。该协议对版权人的权利进行限制，以便利视障者对受版权保护作品的获取，保证其基本人权的实现，是版权人所应承担的社会义务之所在。

1996 年 12 月，世界知识产权组织通过了两个新条约，即《版权条约》（WCT）和《表演和录音制品公约》（WPPT）。这两个条约将《伯尔尼公约》第 9 条第 2 款确定的限制与例外的原则扩大适用至公约规定的其他特殊情形，即各国在某些不与作品的正常使用相抵触，也未无理由损害作者合法权益的特殊情况下，可以将限制和例外延及到数字环境中，也可以为数字环境自行规定适合的限制和例外。众所周知，数字环境下技术的飞速发展为视障者获取无障碍格式版本作品带来了新希望，他们只需要简单地操作，例如下载一个有声读物，就能获取知识，并且会大大降低无障碍版式如盲文出版的费用。因此，这两项条约为便利视障者获取信息开辟了新的限制与例外规则。

（三）当前国际社会为视障者建立版权例外规则的立法及实践概览

2009 年 1 月，WIPO 建立了一个利益攸关者平台，旨在探查版权权利人和阅读障碍人士的特殊需求和关注的问题，并让视障者代表有机会与出版商一起进行共同探讨。该平台于 2010 年 1 月 1 日起推出了 TIGAR 项目，即"具有公信力的中介机构全球资源无障碍项目"，该项目将方便出版商向具有公信力的中介机构提供其出版书目，让这些中介机构制成无障碍格式，以便相互之间以及与专业图书馆之间共享。① 不仅如此，WIPO 视障者版权例外条约的各协商方也为保障视障者权利做出了很多努力。

在美国，法律已为保障视障者的权益做了全面而充分的规定，包括在《版权法》中规定了相关的限制与例外，通过《美国教材无障碍标准》和《残障人个体教育法案》为阅读障碍学生及获得授权的机构提供满足其需求的教材版本，同时还为视障读者颁布了十分周详的图书馆服务法规和服

---

① 世界知识产权组织，"利益攸关者平台推出方便视障者获取印刷作品的项目"，http://www.wipo.int/pressroom/zh/articles/2010/article_0043.html，最后访问日期：2012 年 12 月 23 日。

务标准等。①

2010 年，欧洲的一些著名版权学者共同起草了《欧洲版权法典》。该法典将版权限制分为五类，其中第三类为："为达到社会、政治、文化目标使用作品的行为（包括残障人使用、公务使用、教育及公共信息机构非商业性存档使用）。"虽然该项研究并不具有法律上的约束力，但反映了该领域先进的学术研究成果，表明学者对视障者权利的关注，并在一定程度上代表了欧盟版权法变革的方向。②

2011 年 5 月，英国伊恩·哈格里夫斯（Ian Hargreaves）教授在题为《数字化机遇：知识产权和经济发展审查报告》中对该国版权法的修改提出了若干建议。随后英国政府对这些建议进行广泛宣传并向公众征询意见。2012 年 12 月，英国政府证实将对英格兰和威尔士版权法的法律框架进行一系列修改。其中，政府计划引入一项新的例外规定，即允许残障人士以某种易于获取的形式，取得在市场上无法获取的受版权保护的作品。③

2012 年 5 月，印度通过了对《印度版权法（1957）》的修订案，此次修改允许将书籍转换成视障者或盲人可使用的格式。2013 年，印度一直在致力于制定一项《残障人权利法案》草案。其中有关信息和交流技术获取的第 51 条规定，需要采取措施使以任何形式（如音频、印刷或电子）存在的所有内容，都可以以盲人和视障者可使用的格式被残障人士获取，残障人士能够通过音频描述、手语翻译或隐藏式字幕等方式获取电子媒体材料。④

2013 年世界各国都掀起了版权法改革的热潮。澳大利亚、尼日利亚以及巴西都计划针对数字经济中的版权例外规定进行改革。⑤ 由此可以看出，世界各国都愈发重视建立视障者版权例外规则，这也为历经近十年的磋商之后最终达成条约奠定了基础。

---

① 王清：《版权与有关权：限制与例外》，《武汉大学学报》（哲社版）2001 年第 7 期，第 54 页。
② 薛虹：《论开放的版权限制与例外》，《中国版权》2012 年第 6 期，第 12～15 页。
③ 中国保护知识产权网，"英国政府公布其对新版权例外规定征询意见的反馈"，http://www.ipr.gov.cn/guojiiprarticle/guojiipr/guobiehj/gbhjnews/201302/1727423_1.html，最后访问日期：2013 年 2 月 2 日。
④ 中国保护知识产权网，"印度对 WIPO 视障人士条约谈判的看法"，http://www.ipr.gov.cn/guojiiprarticle/guojiipr/guobiehj/gbhjnews/201302/1730377_1.html，最后访问日期：2013 年 2 月 20 日。
⑤ 人民网，"2013 年国际版权重大事件之预览"，http://ip.people.com.cn/n/2013/0128/c136655-20345685.html，最后访问日期：2013 年 1 月 29 日。

二 WIPO《为视障者获得已出版作品提供便利的马拉喀什条约》评析

2006 年《残疾人权利公约》通过时，WIPO 的成员国中有 30% 在国内法中为视障者获得无阅读障碍版本规定了例外。而 2010 年 11 月再次进行调查时，184 个成员国中有 64 个回应，其中 40 个国家的国内法明确为视障者规定了限制和例外，15 个国家未作任何规定，19 个国家作出了一般性规定。与 2006 年相比，为视障者获取版权例外作出规定的国家仅增加了 3%。① 这凸显了制定具有约束力的专门国际条约的重要性。从 2004 年 11 月第十二届会议至今，每届版权及有关权常设委员会（SCCR）会议都会就为教育、图书馆和视障者及阅读障碍人士实行版权及相关权例外与限制的问题进行讨论。

（一）条约磋商过程中的争议焦点

在长期的国际多方磋商中，关于《为视障者获得已出版作品提供便利的马拉喀什条约》的主要争议焦点如下。

1. 无障碍阅读版本的跨境交换

虽然前述各项国际条约以及各国立法中都有一些关于版权限制与例外的规定，但是规定得过于笼统。而且在实践中，各国国内法的规定也有较大差异。在当今数字时代，为了保障视障者获取信息的权利，跨境交换十分重要。如丹·派斯柯德（Dan Pescod）所言，"西班牙相关组织曾经有超过 10 万本译本图书想直接赠送给拉美国家，但是由于存在版权障碍却不能这样做。拉美国家——哥伦比亚、尼加拉瓜、墨西哥、乌拉圭和智利的图书馆只能获取其中的 9000 本图书。"②

无障碍格式版本的作品制作成本高昂，如果每个国家都在制作无障碍

---

① WIPO, "Study on Copyright Limitations and Exceptions for the Visually Impaired" Standing Comm. Copyright & Related Rights, 15th session, Sept. 11 - 13, 2006, WIPO Doc. SCCR/15/7 (Feb. 20, 2007), http://www.wipo.int/edocs/mdocs/copyright/en/sccr_15/sccr_15_7.pdf, 最后访问日期：2013 年 4 月 22 日。

② 中国科学院国家科学图书馆著作权网站，"美国和欧盟阻止为盲人制定获取书籍的条约"，http://copyright.las.ac.cn/news/7f8e56fd548c6b2776df963b6b624e3a76f24eba52365b9a83b753d64e667c4d768467617ea6，最后访问日期：2013 年 2 月 3 日。

阅读版本却不能共享，就只能导致重复制作，尤其是针对同语种国家而言。如美国国内法规定，禁止将为视障者准备的无障碍阅读格式的版权作品出口到其他国家。因此，美国就不能向加拿大、牙买加、印度等主要使用英语的国家出口无障碍阅读版本，这是对资源的极大浪费。同时，志愿者组织也无法通过跨境合作进行相互帮助。为了节约成本，并且最大化保护视障者的利益，条约磋商各方一致认为，应该建立无障碍格式版本作品的跨境交换制度。条约最终文本①第 5 条对无障碍格式版本作品的跨境交换作出了详细规定。此外，为了促进无障碍格式版本作品的跨境交换，条约最终文本第 9 条第 1 款规定，"缔约各方应鼓励自愿共享信息，帮助被授权实体互相确认，以努力促进无障碍格式版的跨境交换。世界知识产权组织国际局应为此建立信息联络点。"各缔约方业已承诺尽快增加已出版作品的供应，而这种合作将是实现这一目标的重要一步。

与跨境交换制度密切相关的还有商业渠道可获取性条款。在条约磋商过程中，各方对这一条款争议颇大。2013 年 4 月的条约草案文本中曾经规定，可以转换成为无障碍格式版本并向视障者予以提供的作品，只能是已出版的版权作品，且仅限于视障者既无法根据市场中的合理条件也无法通过商业渠道获得的作品。该条款曾经附加了一项非强制性规定，即要求授权实体在为书籍制作无阅读障碍版本前，应对该书籍在国内市场中合理情况下（例如价格）的可获取程度进行审查。关于本条款的内容，欧盟、英国、美国等国的国内法中均有相关规定。该条款有一定的合理性但是增加了实际实施的难度。

最终达成的条约文本将无障碍格式版本的跨境交换与商业渠道的可获取性相分离，在第 4 条"关于无障碍格式版的国内法限制与例外"中以非强制性的方式规定："缔约方可以将本条规定的限制或例外限于无法从商业渠道以合理条件为该市场中的受益人获得特定无障碍格式的作品。利用这种可能性的缔约方，应在批准、接受或加入本条约时，或者在之后的任何时间，在向世界知识产权组织总干事交存的通知中作出声明。"之所以保留了该条款，是为了保障本条约不会影响到在其国内法中已经合法建立的为受益人服务的市场秩序。在第 5 条"无障碍格式版本的跨境交换"中

① 最终文本参见 http://www.wipo.int/meetings/en/doc_details.jsp? doc_id = 241683，最后访问日期：2013 年 6 月 28 日。

则删除了商业渠道可获取性的要求，因为该条已经建立了"三步检验法"的标准并且规定了相应责任以保障权利持有人及作品出口国的权利。该条约考虑到几种不同的情况，针对仅批准了《伯尔尼公约》的缔约方、仅批准了TRIPs的缔约方或者仅批准了WCT的缔约方分别进行了不同的规定，为每种不同的情况都设置了相应的解决办法，以解决不同国家的不同标准问题，既富有弹性又与其他的国际条约保持一致。①

2. 翻译权

由于条约的受益方不仅仅包括使用一国官方语言的视障者，还有可能包括使用少数民族语言的视障者，因此，在条约中规定翻译权对发展中国家而言十分重要。对于翻译权条款的争议主要集中于翻译权应覆盖何种语言，以及通过何种标准来选择这些语言。在曾经的草案中提到过如下几种标准：国家宪法认定的官方语言、用于教育目的的语言、无法从商业渠道获取的语言抑或所有语言都应入选。最终文本第4条的脚注4规定："各方达成共识，对于与视力障碍或其他印刷品阅读障碍人士有关的翻译权而言，本款既不缩小也不扩大《伯尔尼公约》所允许的限制与例外的适用范围。"② 根据这一声明，翻译权的问题最终仍应根据缔约国的国内法解决。

3. 技术保护措施

采取技术保护措施作为版权人和版权相关权人的一项权利，是版权法对信息技术带来冲击的回应，也是信息网络环境下保障版权人和版权相关权人权益的必需。但任何权利都需要恰当的制约以及实施才不致被滥用。依据1996年WCT第11条和WPPT第18条，我们可以这样来理解技术措施的保护：第一，对技术措施的保护要以"适当"和"有效"为限度，而并非只要是权利人所采取的技术措施，就应当受到保护；第二，权利人有权对其作品采取技术措施，但所采取的措施妨碍到使用者的合理使用时，该技术措施可以被合法规避。

---

① IP Watch. 2013. "How The Main Issues Of The Marrakesh Treaty For The Blind Were Solved In The Nick Of Time." Accessed July 3. http：//www. ip – watch. org/2013/07/01/how – the – main – issues – of – the – marrakesh – treaty – for – the – blind – were – solved – in – the – nick – of – time/? utm_source = daily&utm_medium = email&utm_campaign = alerts.

② IP Watch. 2013. "How The Main Issues Of The Marrakesh Treaty For The Blind Were Solved In The Nick Of Time." Accessed July 3. http：//www. ip – watch. org/2013/07/01/how – the – main – issues – of – the – marrakesh – treaty – for – the – blind – were – solved – in – the – nick – of – time/? utm_source = daily&utm_medium = email&utm_campaign = alerts.

虽然版权或者有关权持有人主要是针对非法盗版者来采取技术措施，但技术措施提供的保护不同于法律保护，法律是以明确的条文对权利规定了限制与例外，从而保障社会公益，但是技术设施的采取在客观上也可能将合理使用排除在外。① 因此，视障者同样面临技术保护措施的限制。技术措施不应妨碍例外条款的实施，因此，应该为视障者的合理使用行为建立规避技术措施的手段，以实现其享受版权例外的权利，保证其在使用通过合法方式获得的无障碍格式版本作品受到技术措施的控制时，能够得到版权人的必要帮助从而实现对该作品的合法使用。

最终文本第 7 条"与技术措施有关的义务"规定，技术保护措施不应损害条约受益人根据限制与例外所享有的利益。同时考虑到被授权实体可能会采取技术措施以减轻工作负担并且能够更好地发行无障碍格式版的作品，第 7 条增加了一项议定声明："各方达成共识，被授权实体在很多情况下选择在无障碍格式版的制作、发行和提供中采用技术措施，本条的任何内容均不对符合国内法的这种做法造成妨碍。"②

（二）争议的实质

1. 赋权条约还是侵权例外条约

长期以来，权利的限制与例外制度在立法以及司法实践中都被视为抗辩侵权责任的理由，有学者称之为权利的"背面"。③ 然而随着对权利的限制与例外研究的深入，学者以及政府都逐渐意识到，对版权独占性的限制与例外制度也有其正面作用，即对公众，包括视障者的权利和自由的保护。因此，视障者版权例外条约究竟是赋予视障者作为使用者以使用作品的权利还是依然只是提供一项对侵权责任的抗辩理由呢？本文倾向于将其认定为一项赋权条约。加拿大最高法院的一个判例也支持了这个观点，该判例承认了版权法中的使用者权。在该案中法院认定，版权的限制与例外不仅仅是抗辩理由，更是版权法不可分割的组成部分，版权的限制与例外构成使用者的权利。④

---

① 韦景竹：《版权制度中的公共利益研究》，中山大学出版社，2011，第 131 页。
② 最终文本参见 http：//www.wipo.int/meetings/en/doc_details.jsp？doc_id＝241683，最后访问日期：2013 年 6 月 28 日。
③ 谢琼：《残障人士权利与福利制度》，《残疾人研究》2011 年第 1 期，第 53 ~ 57 页。
④ 谢琼：《残障人士权利与福利制度》，《残疾人研究》2011 年第 1 期，第 53 ~ 57 页。

维护公共利益与保障基本人权有着直接的联系，为此，法律赋予公共利益"法益优先价值"。公共利益是相对于特定的个人利益而言的，是指权利人以外的不特定多数人的利益以及社会的整体利益。相对于享有版权的作者来说，广大的社会公众，也即其作品的受众应该享有使用者权，且使用者权可以被视为一项公共利益。公共利益原则是版权法的一个重要原则，在相当意义上，版权法就是出于公共利益的考虑而创设的。① 权利的产生、发展与消灭是一个过程，对权利的限制也是一个过程。就某项权利而言，根据该项权利对于公共利益的关系度的变化，对该权利的限制也会发生改变。②

然而，在各国的立法实践中一直坚持"版权中心主义"，以创作者权和传播者权作为立法的重心，仅将作品使用者的权利视为对版权的限制，而忽视了使用者的主体地位，导致版权法价值目标的偏离和利益的失衡。因此版权保护制度开始倾向于保护作者的经济利益、增强其经济竞争力，而非为了促进科学、社会的进步、发展和繁荣，导致了版权人与作品的使用者之间利益失衡。

知识财产具有非绝对性，非绝对性的意义在于"对新财产权利的适当限制，其目的是防止权利过于垄断，以保障知识的正当传播"。③ 知识产权具有垄断的属性，而其之所以合法是为了鼓励知识和技术创新，从而促进社会进步。其立法原旨要求建立作品利益的分享机制而不是独占保护机制。版权法对作品使用的保护，是对整个社会创新环境和使用者群体利益的保护，这是版权法的立法目的和政策工具属性。④

发达国家的版权法历史也支持这一点。例如在美国的司法实践中，权利限制与使用者的宪法权利紧密结合在一起，体现了对公共利益的优先保护。早在 1909 年，美国国会委员会在关于版权法的报告中就指出，作者对作品享有的自然权利是基于服务公共福利的需要。⑤ 1948 年，美国最高法

---

① 秦珂、豆敏、李姝娟：《图书馆著作权管理问题研究》，知识产权出版社，2010，第 169 ~ 170 页。
② 杨晓龙：《论对著作权的限制及其过程性》，《华章》2013 年第 6 期，第 40 页。
③ 吴汉东：《论财产权体系：兼论民法典中的财产权总则》，《中国法学》2005 年第 2 期，第 80 页。
④ 王国柱：《作品使用者权的价值回归与制度构建——对"著作权中心主义"的反思》，《东北大学学报》（社会科学版）2013 年第 1 期，第 80 ~ 85 页。
⑤ 参见 H. R. Rep. No. 2222, 60th, Cong., 2dSess7（1909）。

院坚持版权法"对权利人的报偿是作第二位考虑的"。① 2002 年 9 月,英国知识产权委员会公布了《知识产权与发展政策的整合》,其中提出"特权授予个人或单位应当完全是为了产生更大的公共利益"的立法定位,在世界范围内引起很大反响。国际条约中也承认公共利益的优先价值。TRIPs规定成员可以采取必要的措施保护公共利益,著作权的行使不得损害公共利益。1996 年,WIPO 确认维护作者的权利和"更大的公共利益"是版权法的要义。

版权是作者利益与社会公益之间的一种妥协,是一种暂时的利益平衡。对版权的保护只是达成推动知识共享、提高社会的受教育水平以及增强知识创新能力这一版权法最终目标的中间环节。② 因此,马拉喀什条约是为了实现版权法终极目标而赋予作品使用者权利的赋权条约。

2. 人权 VS 知识产权

国际人权文件承认个人对其知识财产的权利,承认智力创作作为人类创造力和尊严的表达,具有内在价值。③

2006 年 1 月,联合国经济社会文化权利委员会发布了第 17 号一般评论④,对《经济、社会和文化权利国际盟约》第 15 条第 1 款 (C) 项作出了权威解释,指出并非知识产权权利的所有属性都具有人权的性质。委员会认为:人权具有与生俱来性,是根本的,而知识产权是国家为鼓励发明和创造,促进创造性和创新性产品的传播,以及为了发展文化认同,为社会整体利益保护科学、文学和艺术作品的完整性而采取的必要措施。与人权相比,知识产权通常具有临时性,可被撤销,或许可他人使用。在绝大多数知识产权体制下,知识产权权利,除精神权利之外,通常受到时间和范围的限制,可以交易、更改甚至被剥夺,而人权则是对人基本权利的永恒表达。通过对人所创作的科学和文学、艺术作品的精神和物质利益的保护而实现的人权,保护了作者及其创作之间的个人联系,也保护了人民、

---

① 参见 United States v. Paramount Pictures, Inc., 334 U.S. 131 (1948)。

② 秦珂、豆敏、李姝娟:《图书馆著作权管理问题研究》,知识产权出版社,2010,第 169 页。

③ 例如,《世界人权宣言》第 27 条和《经济、社会和文化权利国际盟约》第 15 条。

④ U.N. Commission on Economic, Social & Cultural Rights, General Comment No. 17: The Right of Everyone to Benefit from the Protection of the Moral and Material Interests Resulting from Any Scientific, Literary or Artistic Production of Which He Is the Author (Article 15, Paragraph 1 (c), of the Covenant), U.N. Doc. E/C. 12/GC/17, Jan. 12, 2006.

社区或其他团体与其集体的文化遗产之间的联系，以及使作者能享有适当生活水准必要的基本物质利益，而知识产权制度主要保护商业、公司利益和投资。此外，第 15 条第 1 款（C）项所规定的对作者精神和物质利益的保护范围，并不必然与国内立法或国际协定中被称为知识产权的权利相一致。因此，重要的是不要将第 15 条第 1 款（C）项所承认的人权与知识产权画等号。

在承认知识产权与人权体系间存在差异的同时，委员会也进一步指出，知识产权的一些属性，产生于所有人的固有尊严和价值，这些属性因而受到《经济、社会和文化权利国际公约》和《世界人权宣言》的保护。

笔者认为，作为具有人权属性的知识产权与作为法定财产权的知识产权有着根本的区别。具有人权属性的知识产权通常关注的是对创造、人类尊严以及公共产品的保护，其目的是促进人类福利而不是经济利益的最大化。而作为法定财产权的知识产权是制度设定的，是国家寻求促进发明和创造的一种方法。从《世界人权宣言》第 27 条和《经济、社会和文化权利国际公约》第 15 条规定的顺序来看，人权国际条约首先确认的是普通公众对知识财产享有合法的利益并有从中受益的权利。知识产权作为一项人权，其实现应当考虑其他人参与文化生活、享受科学进步及其应用所产生的利益这一人权，对创作者利益的保护不能以损害基本人权为条件。此外，人权条约也承认科学和技术发展的重要性，以及私人利益和社会公共利益在分享科学进步所带来的利益方面可能存在的冲突。这就要求国家政策制定者在创作者的利益和社会公共利益之间谋求平衡。对二者的平衡首先应以社会公共利益为主。国家设定知识产权制度的目的不仅在于保护创作者从其劳动中获得适当利益的权利，更在于使知识产权有利于整个社会的科技、文化和经济的繁荣与进步，有利于人类整体福利的实现。

三 中国当前的视障者权利保护现状及相关建议

（一）中国的视障者权利保护现状

根据残联〔2011〕第 13 号文件①，中国有视力残障人 1691 万，其中

---

① 中国盲人协会：“关于印发《视力残疾康复十二五实施方案》的通知”，http：//www.zgmx.org.cn/before/NewsDefault-47527.html，最后访问日期：2013 年 4 月 20 日。

低视力 1113 万，90% 有康复需求，有盲人 578 万。实际上，自新中国成立以后，我国就已经开始关注盲人及视障者的图书获取问题，并于 1953 年成立了中国盲文出版社。2011 年建成了中国盲文图书馆，其中提供盲文图书、盲文有声读物、大字书以及电子文献共计 25 万册。根据中国图书出版网的统计，中国 2012 年共出版了图书 37 万种，而其中盲文书只有 1000 多种，所占比例为 2.7‰①。出现这种情况的主要原因是盲文书的制作成本高昂，体积大不便于存放。为盲人提供数字阅读形式的作品成为一大趋势。我国"十二五"规划指出：各级图书馆应设盲人阅读室，以国家财政为基础，以各级图书馆为支撑，并以先进阅读技术为载体。由此可见，我国正在努力为视障者能够获取图书创造资源。

中国目前已经签署了《为视障者获得已出版作品提供便利的马拉喀什条约》，这要求及时审视我国目前的相关立法并作出相应的修改，以切实承担起保障视障者平等获取信息的义务。

我国目前对残障人士的保护集中规定于 2008 年《残障人权益保障法》中，其中有相当部分的条款规定了对盲人获取信息的权利的保护。具体包括：第 43 条第 2 款规定："政府和社会组织扶持盲文读物、盲人有声读物及其他残障人读物的编写和出版，根据盲人的实际需要，在公共图书馆设立盲文读物、盲人有声读物图书室。"该条款为扶持盲人全面发展而建立公共基础设施提供了法律基础。第 54 条规定："国家采取措施，为残障人信息交流无障碍创造条件；国家和社会研制、开发适合残障人使用的信息交流技术和产品。"

（二）相关建议

我国著作权的立法工作启动于 20 世纪 80 年代初，至今已逾 30 年。2012 年我国公布了《著作权法》的修改草案。在该草案中，"权利的限制"已经不再仅仅作为单薄的一节内容，而是经过调整，与权利的内容、权利的行使等并行，成为单独一章。这是我国对著作权限制问题愈加重视的体现。但上述草案并未对视障者获得受版权保护作品作出新的规定，依然承袭 2010 年《著作权法》第 22 条："在下列情况下使用作品，可以不

---

① 中国图书出版网，"2012 年全国出版图书达 37 万种"，http：//www.bkpcn.com/Web/ArticleShow.aspx？artid＝113710&cateid＝A0510，最后访问日期：2013 年 5 月 6 日。

经著作权人许可，不向其支付报酬，但应当指明作者姓名、作品名称、作品出处，并且不得侵犯著作权人依照本法享有的其他权利：……（十二）将已经发表的作品改成盲文出版。"

利益平衡是永恒的立法原则，也是《著作权法》的精髓和宗旨。而无论何时，法律只能根植于特定的国家、民族及具有时代特色的土壤，符合本国家、本民族的利益。鉴于我国仍有 1600 余万名视障者因无法获取足够的教育、信息等资源而丧失其参与社会生活的权利，我国有必要对《著作权法》进行符合人权标准与国际义务的修改，逐步促进视障者获取已出版的作品，实现其平等参与社会生活与个人发展的权利。

因此，结合我国实际国情，以我国签署并批准的国际人权公约以及知识产权条约为基础，国家和社会应该根据马拉喀什条约的具体内容修订《著作权法》。囿于篇幅，本文仅在此处提出一些应增加或者予以完善的规定，主要包括著作权限制与例外规则的受益人范围；允许复制、发行以及提供无障碍格式版本的被授权实体的资格；无障碍格式版本的跨境交换的程序以及检验标准；翻译权的权利范围和限制以及可以规避技术保护措施的合法情形等，使得为视障者提供便利获取受版权保护作品的例外规则能够真正得以实施。

On the Rights of Visually Impaired Persons
to Copyrighted Books

Tao Yue, Feng Jiehan

ABSTRACT: There are almost 314 million visually impaired persons in the whole world. But among all the 1million books that are published each year, only 5% of them can be accessed by people with visual impairment due to the strict regulations of copyrights. Only a few countries have established a system of limitations and exceptions on copyright to facilitate access to resources for the visually impaired. So a more flexible copyright system is necessarily to reduce the barriers faced by visually impaired persons to copyrighted books. With years of negotiations and efforts, the World Intellectual Property Organization (WIPO) held a high – level Diplomatic Conference in June 2013 and has reached a treaty. This article introduces the rights of visually impaired persons under the Convention on the Rights of Persons with Disabilities, then analyzes the process of negotiation at WIPO to improve access to copyrighted book, and ends with an assessment of the current situation of protecting the rights of the visually impaired in China and some recommendations on how the present relevant legislation can be improved.

Key words: Visually Impaired Persons; Human Rights; Copyright; Limitations and Exceptions

残障者法律援助机制创新探究：对"中央专项彩票公益金法律援助项目"的实证分析[*]

李　敬[**]

摘　要：中国法律援助基金会组织实施的彩票公益金法律援助项目包括残障法律援助，本文将其放在整个残障法律服务政策与实践的背景中，对彩票公益金法律援助项目制管理方式的运作特点进行了初步分析、总结。笔者认为，在残障者法律援助服务领域中制度缺失、管理机制不畅、实践中配套保障措施不到位等诸多挑战下，通过彩票公益金法律援助项目制管理方式可在切实维护残障者无障碍获得优质法律援助服务的同时，探索多元法律援助管理与服务，提供主体的有机协调与合作机制形成的可能性。彩票公益金法律援助项目制管理方式创新了残障者法律援助与法律服务管理、运行与服务体系、机制与网络等内容，形成了符合新时代要求的残障者法律援助管理与服务新体系。

关键词：残障者　彩票公益金　法律援助项目

最近三十多年，残障人事业跟随改革开放的经济社会发展步伐，取得了全球瞩目的成绩。2006年第二次全国残障者抽样调查按比例推算当年全国残障人口有8296万，2011年底根据第六次全国人口普查的数据，上面

---

[*] 本文写作资料来源于中国法律援助基金会委托项目。文章写作得到瑞典罗尔·瓦伦堡人权与人道法研究所"中国残障人权利多学科研究"项目的支持。本部分内容曾以《残障者法律援助服务与彩票公益金法援"项目制"创新模式研究》为题发表于《西部学刊》2013年第12期。

[**] 李敬，中国社会科学院社会学研究所助理研究员。

数据调整为 8502 万,① 2012 年底持证残障者为 2600 万人。②

本文要讨论的残障者③法律援助问题，就是在国内不断变化的社会环境及中国法律援助基金会彩票公益金法律援助项目④针对残障者法律援助服务的背景下展开的。

一　研究背景

（一）残障者法律服务、法律援助、法律救助⑤等政策发展脉络梳理

法律服务分有偿和无偿，针对残障者的法律服务，经常因该类人群的购买力不足或需要服务的事项基于个体障碍或社会无障碍的保护措施不足而呈现出更加复杂的状态。在对障碍者的法律保障领域，经常使用的概念包括法律援助、法律救助、司法救助等。自 1994 年起，中国已开始探索适合国情的法律援助制度的建设之路,⑥ 法律援助制度正式建立则以 2003 年国务院颁布《法律援助条例》为标志。

1. 1996 ~ 2005 年：探索残障法律援助服务体系的雏形

1996 年司法部第一次与中国残联联合发布《关于加强残疾人合法权益保障，做好残疾人法律服务工作的通知》（司发通〔1996〕023 号），该文件要

---

① 近年来残联体系建立了残疾人人口基础数据库管理系统，http://rkk.cdpf.org.cn/，2600万人的数据来源于 2012 年中国残疾人事业发展统计公报，http://www.gov.cn/jrzg/2013 - 03/28/content_2364263.htm，最后访问日期：2013 年 5 月 15 日。

② 我国对残障人群通称为残疾人，但本文考虑到我国已经加入《残疾人权利公约》且残障的社会模式观念正在国内深入推进，所以行文中作者采用残障人群或残障者的称谓，除非引文本身使用残疾人的说法。

③ 2009 年 7 月，经国务院批准，财政部正式对司法部、中国法律援助基金会上报的中央专项彩票公益金法律援助项目进行立项。同年年底财政部安排彩票公益金 5000 万元专门开展针对农民工、未成年人、残疾人、老年人与妇女家庭权益的法律援助服务。2010 年彩票公益金专项资金支持也是 5000 万元，2011 年资助额度上升为 1 亿元，2012 年资助额度保持 1 亿元，资料来源于法律援助基金会项目年度报告。

④ 国内对法律援助、司法救济有公认的概念定义，这里不赘述。法律救助则是一个随着时代发展而逐渐形成的词语，在政策发展梳理中将逐渐呈现出来其渊源。

⑤ 第二次全国残疾人抽样调查办公室、北京大学人口研究所：《第二次全国残疾人抽样调查数据分析报告》，华夏出版社，2008。

⑥ 张耕：《中国法律援助制度诞生的前前后后》，中国方正出版社，1998。

求："加强对残疾人法律服务工作的指导和管理，切实将残疾人法律服务纳入法律服务机构的业务之中，逐步建立起以公证处、律师事务所、法律服务所为主体，以委托或指定的律师事务所为骨干的残疾人法律服务网络。……各级残疾人联合会要主动与司法行政机关和法律服务机构建立密切联系……指定或委托一所为残疾人提供法律服务的律师事务所，使之逐步成为当地残疾人法律服务的资源中心，进行信息交流，开展业务委托，解答疑难问题。"

同年，《中国残疾人事业"九五"计划纲要配套实施方案》（1996 ~ 2000 年）中的目标和措施也指出基层"要指定或委托一处律师事务所，集中为残疾人服务。法律援助机构要将残疾人列为重点援助对象。……建立残疾人法律援助组织，增进法律工作者对残疾人的了解和帮助"。1996 年 10 月召开的全国残疾人法制工作会议以及随后 11 月司法部、中国残疾人联合会的《关于做好残疾人法律援助工作的通知》（司发通〔1996〕141 号）重申了上述残疾人法律服务提供的基本网络构成。

2001 ~ 2005 年我国《残疾人事业"十五"计划纲要》实施期间，① 结合当时各地法律援助制度探索过程中一些法律援助机构出现的情况，计划纲要目标任务确定为"各类法律服务机构和各级法律援助中心为残疾人提供优先、优质、优惠的法律服务和法律援助，做好残疾人权益维护工作；政府应安排适当的资金用于法律援助，鼓励社会各界自愿捐助资金用于法律援助；在基层法律服务和法律援助机构、企事业单位、社区设立维护残疾人合法权益的示范岗"。2003 年《法律援助条例》的颁布昭示中国针对经济困难人群与特殊人群的法律援助服务进入法制化轨道，有了更加规范的制度保障与财政支持依据，法律援助成为国家责任。

2004 年 10 月《司法部、中国残疾人联合会关于为残疾人提供无障碍法律服务和法律援助的通知》提出"消除残疾人在获得法律服务和法律援助方面的经济条件障碍、物质环境障碍、语言障碍和信息障碍等。为此，要完善以律师事务所、公证处、基层法律服务所为主体，以指定或委托的法律机构为骨干，以社会志愿服务机构为补充的法律服务网络，就地、就近为残疾人提供无障碍法律服务"。② 并"进一步扩大和健全残疾人法律服务

---

① 2002 年中国残联维权部成立，随后各地各级残联陆续成立维权部门，逐渐形成残联主导的残障者维权保障的自有模式和特色。

② 即肇始于青岛的优先、优质和优惠服务。

和法律援助维权示范岗网络，制定简易程序"；"将残疾人列为重点法律援助对象，适当放宽残疾人受援标准"。此外，"在残疾人集中的地方，设立残疾人法律援助联络部或工作站，配备专（兼）职人员，推动残疾人无障碍服务向基层延伸"。此时残障者法律援助与服务的特点还是以社会律师事务所等社会组织为主体，法律（援助）机构为骨干，社会志愿服务为补充的网络。

2. 2006 年至今：残障者法律救助服务体系逐渐成形

2006～2010 年《中国残疾人事业"十一五"发展纲要》第一次提出"建立以各级法院的司法救助、各级司法行政部门的法律服务和法律援助为主导，以各级残疾人联合会和社会力量提供的法律救助为补充的残疾人法律救助体系，解决残疾人的实际困难"。这一时期法律救助概念被提出。2008 年 2 月 19 日最高人民法院、最高人民检察院、公安部等九部门《关于印发〈残疾人法律救助"十一五"实施方案〉实施办法的通知》（残联发〔2008〕3 号）第一次明确定义了残障者法律救助的含义："残疾人法律救助不仅包括人民法院、人民检察院为残疾人提供的司法救助、法律援助中心为残疾人提供的法律援助，而且包括公安、司法行政、民政、劳动保障、教育、卫生、残联等部门和律师事务所、司法所（法律服务所）、人民调解机构、公证处等机构为残疾人提供的法律服务和帮助，还包括社会各界通过多种形式为残疾人提供的法律服务和帮助。"2008 年 3 月《中共中央、国务院关于促进残疾人事业发展的意见》（中发〔2008〕7 号）指出："（十七）加强残疾人事业法律法规和制度建设。……建立残疾人法律救助体系，做好残疾人法律服务、法律援助、司法救助工作。加大对侵害残疾人合法权益案件的查处力度。"

此时的法律救助概念不仅是作为司法行政系统法律援助和法律服务的补充，而且具有了独立的地位。上述政策发展表明，残联主导的残障法律服务逐渐以法律救助为主要内容，并体现出吸纳残障法律援助（与司法救助）的趋势。

不过 2008 年 4 月《残疾人保障法》新修订版的第 60 条依然使用法律援助、司法救助等词汇，体现出这两个概念的法定性，且司法部门涉及残障者的发文中一直以法制宣传、法律服务和法律援助为基础概念。①

---

① 例如 2008 年 6 月 4 日《司法部关于认真贯彻落实中发 7 号文件精神进一步加强残疾人法制宣传、法律服务和法律援助工作的意见》（司发通〔2008〕98 号）。

2009 年 5 月 4 日九部门再次联合发文《关于加强残疾人法律救助工作的意见》，提出"残疾人法律救助工作站是为残疾人提供法律救助的协调服务机构，也是保证残疾人获得法律救助服务的具体实施机构。切实做好残疾人法律救助工作站建设工作，有助于建立服务残疾人的有效渠道，了解残疾人诉求，解决残疾人面临的法律服务困境"。

2010 年 3 月 10 日国务院办公厅转发中国残联等 16 个部委联合发布的《关于加快推进残疾人社会保障体系和服务体系建设的指导意见》（国办发〔2010〕19 号）要求"健全残疾人法律服务体系，维护残疾人合法权益。建立以各级司法行政部门、法律援助机构提供的法律服务和法律援助为主导，以有关部门、残联、社会力量等提供的法律救助为补充的残疾人法律救助体系。建立各级残疾人法律救助工作协调机制，充分发挥县级以上残联残疾人法律救助工作站的作用，鼓励和扶持民间组织、高等院校……"

2011 年 5 月 16 日《国务院关于批准〈中国残疾人事业"十二五"发展纲要〉的通知》（国发〔2011〕13 号）总目标中提出"完善残疾人事业法律法规政策体系，依法保障残疾人政治、经济、社会、文化教育权利"。在主要工作目标的公共服务一栏中提出"建立残疾人法律救助工作协调机制，加快残疾人法律救助工作站建设，为符合规定的残疾人法律援助案件提供补助"。

至此，通过 2006 年以后的政策梳理，可清晰看出，残障者法律服务管理与服务政策发展的明显变化，即残障者法律救助制度设计逐渐演变为一个上位概念（理念），成为残联系统力推的一种残障者法律服务管理与落实具体服务的新模式。

（二）2006 年以来不同残障法律服务组织管理主体的服务实践数据①一览

1. 2006 ~ 2011 年司法行政系统的数据

首先通过司法行政系统的年度统计数据来看残障者法律援助在整个国家法律援助事业中的状况，如表 1 所示。

---

① 需要特别说明的是以下数据来自不同部门组织，作者并不清楚这些数据之间是否存在重复或交叉的关系，这里就是初步呈现数据而已，对各类数据的具体分析情况还有待深入研究，并不是本文的讨论内容。

表 1　司法行政系统 2006～2011 年对全国法律援助统计基本数据（含残障人子项）

项目/年份	2006	2007	2008	2009	2010	2011
法律援助机构总数（个）	3149	3259	3268	3274	3573	3672
法律援助工作站总数（个）	51765	54976	55708	58031	60828	61326
依托老、妇、残、工、青、信访、高校、监狱、劳教所等的工作站（个）	11528	20599	19209	20276	21227	22372
批准法律援助案件总数（件）	318514	420104	546859	641065	727401	884624
残障者案件（件）	无数据	32756	45500	46435	无数据	无数据
残障者案件占全部案件比例（%）	无数据	7.8	8.3	7.2	无数据	无数据
受援人总数（人次）	540162	524547	670821	736544	820608	946690
残障者（人次）	37941	40339	50075	51805	54302	54039
残障人占全部受援人的比例（%）	7.0	7.7	7.5	7.0	6.6	5.7

　　　　数据来源：中国法律援助网以及最近三年司法部法律援助中心编《中国法律援助年鉴》等资料。

2. 中国残联系统残障者法律服务等资料①

　　通过表 2 和表 3，可以看出残障法律服务体系建设的一个比较明显的变化，即 2009 年后残障者法律救助体系的建设，是残联力推的残障法律服务模式。

表 2　中国残联系统年度残障者维权数据资料（2006～2012 年）

项目/年份	2006	2007	2008	2009	2010	2011	2012
残障者法律援助（服务）中心（个）	2279	2677	2711	2870	2934	2933	2979
省级中心（个）	22	25	24	27	无数据	无数据	无数据
地市中心（个）	236	282	293	313	无数据	无数据	无数据
区县中心（个）	2021	2370	2394	2530	无数据	无数据	无数据

---

① 残联系统资料来自历年事业公报，作者没有就司法行政系统统计数据与残联系统统计数据是否存在重复或者两者有何种关系等问题进行深入调研。

项目/年份	2006	2007	2008	2009	2010	2011	2012
办理案件总数（件）	19134	20074	20471	19454	19000	21300	25000
命名残障者维权站（个）	4978	5998	6717	7476	8898	无数据	无数据
省级岗（个）	599	695	741	552	无数据	无数据	无数据
地市级岗（个）	429	539	590	678	无数据	无数据	无数据
区县岗（个）	3959	4764	5386	6246	无数据	无数据	无数据
维权岗提供法律服务案件（件）	23530	23758	30397	32522	37000	无数据	无数据
典型侵权案件处理件	124	60	149	95	无数据	无数据	无数据
信访（万件/万人次）	58	46	45	37.4	40.7	40.9	39.9

数据来源：年度残疾人事业统计公报 2006~2012 年，中国政府网、中国残联网站。

表3　2009 年开始的中国残联系统统计的残障人法律救助的年度资料

项目/年份	2009	2010	2011	2012
残障者法律救助协调机构①（个）	无数据	无数据	761	1188
法律救助站（个）	137	297	545	811
救助站办理案件（件）	1000 多	2900 多	4153	6453

数据来源：最近三年残疾人事业统计公报。

二　当前残障者法律援助服务的不足

（一）数字中的现实

尽管司法行政系统等部门做了大量的工作，但残障者法律服务需求缺口依然很大，国家《残疾人"十二五"发展纲要》中提道："2007~2010年有法律援助或司法救助需求的残疾人数逐年增加，残疾人权利意识增强，而 2010 年度仅有 2.6% 有需求的残疾人接受了法律援助或司法救助……"

通过年度残障者监测数据中的相关数字也可简单说明上述情况。如表

---

① 2008 年九部门组织发起建立的协调议事机构。

4 所示，残障者的法律援助等需求和供给之间存在巨大差距，现有残障者法律援助或法律救助服务供给严重不足。

表4　年度残障人监测数据中反映出的残障者对司法救助和法律援助的基本情况一览

项目/年份		2007	2008	2009	2010	2011
年度调查总残障人样本（人）		22095	20697	34866	32645	42780
有法律援助或司法救助需求的人（人）		224	978	1481	2384	2389
有需求者占抽样调查总样本比例（%）		1.0	4.7	1.38	7.3	5.6
接受了法律援助或司法救助的人（人）		71	57	47	62	130
受援者占抽样调查总样本比例（%）		0.32	0.28	0.13	0.19	0.30
调查者对法律援助或司法救助的态度（%）	满意	84.5	81.3	81.6	80.6	91.5
	一般	15.5	18.7	15.4	14.5	8.5
	不满意	0	0	2.9	4.8	0

资料来源：各年度全国残疾人状况及小康进程监测报告，中国政府网、中国残联网等。

（二）现行残障者法律保护实践领域存在的问题分析

1. 现有残障者法律保护领域立法严重不足

2008 年新《残疾人保障法》中有对残障者法律援助和司法救助的条文规定，但在其修订之前颁行的 2003 年《法律援助条例》中并没有针对特殊人群分类保障的理念，所以这使新法律和行政法规之间无法衔接。各地的《残疾人保障法实施办法》多采取照搬上位法的方法，也没有对属地残障者权利保护采取更多的规定和措施。

2. 残障者法律保护领域多头主管、政策发展导向分歧明显

通过前文对政策历史脉络的梳理可发现，目前残障者法律服务、法律援助、法律救助领域多头管理现象严重，政策思路存在明显分歧。司法行政部门的思路是在整个法律援助工作中包含对残障者的服务，并适当给予特别照顾，而残联近年力推的残障者法律救助体系建设则试图将

司法行政部门的法律援助、法院系统的司法救助以及社会力量的服务统统摄入。

现实是不论是司法行政的法律援助还是残联的法律救助，都无法有效满足基层残障者的需求，前者缺乏的是有效、无障碍的援助手段，而后者则在资金、专业人力、专业机构等方面都很缺乏。①

这种政策导向的分歧，也造成了在制定残障者权利保护领域的立法、政策、保障措施乃至扶持机构、培育人才等各个方面的困难。

3. 残障者法律援助缺乏专门的资金支持，配套保障措施缺乏

目前残障者法律服务的资金很匮乏或没有专项资金，造成为残障者提供法律服务的各种配套措施，诸如更加专业的机构、专业服务手段（如无障碍沟通手段等）很缺乏。

4. 为残障者提供法律援助的案件类型狭窄、对受案者经济要求严苛

虽然不少涉残政策都提出要放宽残障者受案的经济困难标准或者案件理由，但现实生活中只有个别地区可以做到，广大的基层残障者并没有得到法律服务的优待措施。

5. 缺乏可为残障者提供专业法律服务的组织机构

虽然这些年各类法律援助或法律救助管理机构都在强调培育或扶持为残障者服务的专业化机构，但是现实中依然鲜见这样专门为残障者免费或优惠打官司的机构。② 残障者由于自身障碍与社会环境的局限，在寻求保护权利的法律过程中必然会遇到更多的障碍，需要更多的经济、心理、精神上的支持，而在这些方面现有的服务还存在很多缺陷。

正是上述各种问题，使前述残障者法律援助、法律救助服务的政策出现了落实中的偏差，无法满足基层社会的需要。这也表明在针对残障者法律援助或法律救助等领域的保障服务中需要新的管理与实施机制来克服上述困难，才能更好地满足残障者的法律援助需要。

---

① 根据对中国残联一资深人士的非正式访问，中国残联维权部的预算已几年都没有增加过了，获得外界资助的项目资金也很难使用。同时政法类民间组织的设立需要司法行政部门做业务主管，所以残联系统在残疾人法律援助或服务类机构的培育上难以有所作为。

② 这些年有一些社会律师事务所或律师积极为残疾人维权，但是本文这里强调的是由于管理机制和政策落实不到位，制度化扶持下出现的机构并没有。

三　理论分析框架探索

残障者法律援助或法律救助等政策以及"官方"服务实践发展很快，但学术界对残障者的法律服务、法律援助或法律救助等领域却研究者寥寥。在中国知网检索"残疾/残障者法律援助"等关键词，发现学术界对残障者法律援助或法律救助的研究文章较少。

1999 年孙振中在《残疾人法律援助的价值取向》一文中提出残障者法律援助的经济性、道义性、法制性、社会性等价值取向。① 2003 年福建同仁论坛组织方在陈明义、郁贝红的帮助下通过偶遇问卷调查的方法了解了 380 位残障者对相关法律以及法律援助的认识、需求等情况，被调查者中仅 35.8% 的人了解或了解一些《残疾人保障法》，37.6% 的人了解或了解一些当地省级残障者优惠政策，而 72.1% 的人没有得到过政府优惠或帮助。了解或了解一些法律援助程序的人仅占 9.2%，接受过法律援助的人占 1.1%。② 2005 年张圣林的《论残疾人法律援助工作存在的问题与对策》谈到法律援助法规有待完善，包括立法、执法以及残障者法律援助的规定不明确。残障者法律援助空间亟须扩展，残障者法律保护不单是政府行为，更不是律师和司法部门单方面的事，需要各方参与，但各方良性互动合作机制还没有建立。为此他建议完善法规，制定统一的运作机制并建立残障者法律援助基金，为残障者法律援助工作提供经费保障。③

2007 年盛钢《论我国残疾人法律援助制度的完善》一文明确指出残障者法律援助与和谐社会的关系，并从立法、供需矛盾突出、经费匮乏、残障者法律援助队伍专业化水平不高、残障者法律援助尚未在社会各界建立起良性互动机制等方面说明目前残障者法律援助存在的问题，提出完善立法、健全残障者法律援助法律法规体系、加强残障者法律援助机构和队伍

---

① 孙振中：《残疾人法律援助的价值取向》，《福建政法管理干部学院学报》1999 年第 1 期，第 64~65 页。
② 陈明义、郁贝红：《路在何方——福建省福州市残疾人法律援助及优惠政策实施调查》，《中国残疾人》2003 年第 3 期，第 16~19 页。
③ 张圣林：《论残疾人法律援助工作存在的问题与对策》，《中国残疾人》2005 年第 10 期，第 25 页。

建设、广泛开辟残障者法律援助资源和完善残障者法律援助运行机制，创新性地开展残障者法律援助工作等建议，特别提出将残障者普法纳入国家全民普法工作中，建立特有的残障者法律救助体系，完善残障者法律援助案件和提高服务质量，扩大残障者法律援助（受案）范围，从诉讼走向非诉讼，建立法律援助激励监督和投诉查处机制。① 同年王长红在《残疾职工的权益保护亟待加强——关于北京市残疾人法律需求现状的调研报告》中指出，残障者法律需求的几个重要领域：拆迁、劳动关系、自主创业的优惠政策、婚姻家庭和继承。残障者在法律维权中面临法律知识欠缺、被欺诈等现象。为此王长红提出：加强普法力度，提高残障者维权意识，及时跟踪残障者的法律需求，做好事前法律援助和纠纷防范工作，建议残联及时就残障者问题向人大、政府等有关机关提出立法建议，对于残障者法律援助事务中遇到的典型问题进行专题研究。② 吴胜利也在《残疾人法律援助制度中国家责任的体现》中强调了依法保障残障者的法律援助权，国家责任体现在残障者法律援助机构、人员设置上；对残障者法律援助机构提供必要的经费保障；加强对残障人法律援助的监督和管理；健全残障者法律援助网络。③

由于残联系统是特别的社会组织，所以在文献搜集过程中，本文作者也特别注意探讨民间法律援助与政府法律援助间关系的论文，虽然《法律援助条例》第 8 条确认了民间法律援助的合法性，但是在操作层面上并无进一步明确规定。林莉红和她的同事在 2005 年、2006 年的两篇文章中都对这个问题作了阐述。④

最近二十年残障法律援助政策变动明显、现有政策及其实践无法满足基层残障者需求，残障者法律援助学术研究根基不牢，尚无法有效回应现实存在的各种挑战。特别是针对残障者法律援助、法律救助等领域的现实

---

① 盛钢：《论我国残疾人法律援助制度的完善》，《法制与社会》2007 年第 1 期，第 435 ~ 436 页。

② 王长红：《残疾职工的权益保护亟待加强——关于北京市残疾人法律需求现状的调研报告》，《中国职工教育》2007 年第 2 期，第 46 ~ 47 页。

③ 吴胜利：《残疾人法律援助制度中国家责任的体现》，《法制与社会》2007 年第 8 期，第 479 页。

④ 林莉红、黄启辉：《民间法律援助与政府法律援助之关系研究》，《环球法律评论》2005 年第 6 期，第 659 ~ 664 页。林莉红：《民间组织合法性问题的法律学解析——以民间法律援助组织为视角》，《中国法学》2006 年第 1 期，第 37 ~ 46 页。

与政策发展的新道路的学术探索阙如。

四 彩票公益金法律援助项目"项目制"模式的研究

(一) 彩票公益金法律援助项目的"项目制"情况

2009 年中央专项彩票公益金法律援助项目立项，同年底财政部、司法部联合颁发了《中央专项彩票公益金法律援助项目实施与管理暂行办法》（以下简称《暂行办法》）。

第一，《暂行办法》①规定了彩票公益金法律援助项目的援助对象主要是"农民工、残疾人、老年人、妇女家庭权益保障和未成年人"，并规定了项目资助的案件类型包括民事案件、刑事案件、执行案件和其他可以由彩票公益金法律援助项目资助办理的案件，并对民事案件和刑事案件进一步细分了资助类型。

第二，《暂行办法》划定了资助范围的四种经济情况，其现实意义在于：与国务院《法律援助条例》以及绝大多数地区的法律援助相关规定相比，本项目对农民工、残疾人、老年人、妇女家庭和未成年人这五类援助对象实际是降低了求助的经济困难标准。

第三，《暂行办法》规定了项目的管理格局与体系，即中国法律援助基金会受财政部、司法部的委托，负责项目实施的管理工作。项目的实施单位分为四类：其一，地（市）和县（市、区）法律援助机构；其二，东部沿海六省（市）热心公益并擅长办理五种对象法律援助案件的律师事务所；其三，法律援助类民办非企业单位；其四，高等法学院校学生社团组织和妇联等社会团体的法律帮助中心（维权机构）。其中，特别规定地（市）和县（市、区）法律援助机构是"主要项目实施单位"。

第四，在利用各省现有司法行政系统法律援助机构之外，《暂行办法》开创性地明确鼓励诸如全国律协、全国妇联等社会团体、基层民间法律援助机构及高校法律研究服务社团的参与。

总之，该项目通过依托中央、省级、地市级的组织与实施机构，先办

---

① 本节内容除了特别注明的之外，均引自《中央专项彩票公益金法律援助项目实施与管理暂行办法》，中国网，http://www.china.com.cn/policy/txt/2010-01/21/content_19278950.htm。

案后补贴，并采取中央办公室直补办案机构与具体办案人员的方式，确保资金专项、足额直补办案成本，不涉及其他办案成本的资金管理形式，并建立网络化、动态的案件审核、管理的系统，动员社会力量参与并提高案件补贴资助民间力量等，通过这些方式有效实施了项目，满足了包括残障者在内的五类社会弱势群体对法律服务支援的需要。

（二）研究问题、方法

本文关注彩票公益金法律援助项目"项目制"运作的有效性与特色，探索建立采用项目制管理方式的残障者法律援助管理和服务新模式。为获得问题答案，研究采取了文献研究、二手数据再处理、深度访谈等定性与定量结合的研究手段。

（三）彩票公益金法律援助项目中残障者法律援助案件基本情况

彩票公益金法律援助项目是国内第一个以分人群服务为特色的法律援助项目，表 5 为最近三年该项目中残障者的受益情况。

表5　2010、2011、2012 三个项目实施年份①的援助案件基本情况（含残障人子项）

项目/年份	2010	2011	2012
案件总数（件）	27219	27867	58029
残障者案件（件）	2538	2559	5299
残障者案件所占比例（%）	9.3	9.2	9.1
受援人总数（人）	41925	43243	84607
其中：残障人数（人）	2763	2744	5676
残障者在受援人中所占比例（%）	6.6	6.3	6.7
残障者案件获得补贴（百万元）	4.2473	4.419	8.974

---

① 彩票公益金法律援助项目资金一般为年底财政部拨付基金，所以转一年各地才利用上一年预算额度做事，即 2010 年办事的钱为 2009 年财政年度的，2011 年办事的钱是 2010 年的，依次类推，2013 年正在实施的项目资金是 2012 年的，所以不在本统计中。

项目/年份	2010	2011	2012
残障者案件补贴在总资金中比例（%）	9.5	9.5	9.3
为残障者挽回经济损失或获得经济利益（亿元）	1.595	1.88	4.51

数据来源：中国法律援助基金会彩票公益金法律援助项目信息数据管理系统，作者自行加总。

2010～2012年涉残案件[①]中，有民事案件9708件，刑事案件532件，刑事附带民事案件438件，行政案件102件，执行案件67件。

2010～2012年，残障者法律援助类案件使用总项目资金的9%左右，大约1800万元的补贴，为残障当事人挽回了近8亿元的经济损失或利益，形成良好的社会、经济效益。

（四）彩票公益金法律援助"项目制"的研究发现

1. 对残障者权益保护具有重要意义

作为国内第一个分人群法律服务项目，其受援人经济困难标准及受案范围领域界定极为宽泛，通过调查发现，残障者日常面临的法律困难几乎都涵盖在彩票公益金受案范围内。这无疑突显了彩票公益金法律援助项目对于残障者权利保护的重要意义。

由于彩票公益金法律援助项目分人群服务，项目规划要求每年须有至少10%的资金用于残障者法律援助案件，这也促进了各地实施单位努力扩展残障者案源，积极主动为残障者提供服务。由于彩票公益金法律援助项目案件补贴比较高，也刺激了实施单位努力多办、办好各类人群的案件。

2. 项目制有效弥补了残障者法律服务管理体系中多头并进造成的实践缺位

如前所言，由于司法行政系统法律援助案件范围狭窄，残联系统法律救助体系还在建立过程中且根基并不稳定，所以彩票公益金法律援助项目的有效实施，弥补了多头管理、政策分歧现实下针对残障者权利保护实践的空白区。通过项目制管理，案件质量全流程严格控制，使其对

---

① 这里的数据是根据分年度（某年1月1日至同年12月31日）计算，与表5数字有差异。

包括残障者在内的五类人群的法律援助服务质量有了"看得见"的切实保障。

3. 项目制为现行残障者人权保护领域创新了管理、运行、服务的机制网络

彩票公益金法律援助项目的独特之处在于通过行政授权和资金委托管理形式，经由中国法律援助基金会这一公募基金会以项目制的方式来运行、管理和组织实施。项目制管理成为这一分人群、扩范围的专业化服务有章可循、健康发展的动力源。

彩票公益金法律援助项目采取与各地实施单位分级分类签订项目协议的方式，规范了资助者和办事者双方的责权。通过各类项目制度规范及各地、各级实施主体的具体实施细则、规范等，使项目在法制流程中运作。为了办真案、办好案，项目中央数据库开放给各地各级实施单位并可实时对案件办理情况进行监督、检查和抽查。本项目先办事后给钱的方式也促使实施单位认真、快速地办理项目案件，维护当事人权利。个案调研结果也反映出项目制管理对残障者法律援助服务起到了积极、健康、可持续发展的作用。

4. 项目制积极探索了符合基层残障者切实需要的残障者法律服务新体系

针对目前残障者法律保护领域的诸多现实问题，本研究发现可以借鉴彩票公益金法律援助项目的经验，从法律援助项目制管理入手，探索通过项目管理来理顺残障者法律援助、法律救助等政策乱象，形成有钱、有机构、范围大和有效的残障者法律服务新体系。

作者认为诸如残联等机构，如可参加彩票公益金法律援助项目，或许可以解决残障者法律援助或救助中案件资金不足、机构建制不全、没有专业专职人员的局面。同时通过参与项目制管理，形成自身针对残障者法律保障的经验，为未来建立新型残障者法律保障体系与法律服务体系做基础准备。

本文认为在目前残障者法律服务、法律援助、法律救助等政策导向多头并存、立法不足、专项资金匮乏、专业机构稀缺且一时难以通过沟通协商机制来解决上述问题时，尝试借鉴彩票公益金法律援助项目制运作方式，保障残障者权利，发展残障者法律服务体系，不失为一个崭新的思路。彩票公益金法律援助项目发展的这四年中已经成功培育了一些涉残民间法律援助和服务的专业机构且项目制运作责任权利明确、绩效考核清晰、残障者满意率高，确实为残障者法律援助的保障服务体系构建做出了有益的探索。

On the New Legal Aid Mechanism for Person with Disabilities: A Case Study of the Legal Aid Program of the Central Lottery's Public Welfare Fund

Li Jing

ABSTRACT: This paper describes the legal aid project supported by the "central lottery's public welfare fund", which is the income received by the central government from all sorts of welfare lotteries and should be spent on public welfare issues. This project benefits five categories of vulnerable groups, including person with disabilities, as it directly delivers subsidies to lawyers and paralegals who provide free legal aid service and requires a certain proportion cases on disabilities. The program is administrated by an independent public foundation, the China Legal Aid Foundation. It is usually commented that the legal aid in China is lacking of resources and poorly supplied to disadvantaged groups. This new legal aid project, however, has demonstrated through statistics of successful cases and beneficiaries that it could coordinate the multi – stakeholders and mobilize the resources to help persons with disabilities to get qualify legal services. This legal aid project has also explored some new approaches for the legal aid management system fitting for persons with disabilities such as lower the threshold of means test to take cases for them and raise the awareness of decision makers to meet the needs for justice among persons with disabilities.

Key words: Person with Disabilities; Central Lottery Public Interest Fund; Legal Aid Project

论工伤保险先行支付制度

——基于因工致残农民工权利保障的视角

周　超*

摘　要：2011 年 7 月 1 日施行的《社会保险法》创立了被称为具有里程碑意义的"先行支付制度"。很多人认为这一制度消除了因工致残农民工的维权障碍。在执行一年多时间后，该制度却在多个地方遭遇了"落实不畅"的困局。本文指出该制度实施不畅的主要原因在于其本身设计的困境。工伤保险先行支付制度的立法本着让非正规就业劳动者受到伤害后仍能获得社会保障的好意，但要真正执行，必须有政府的强力介入，承担应有的社会救济责任，同时要让维权农民工摆脱现有工伤认定制度的束缚。

关键词：因工致残　工伤保险　先行支付　农民工

《社会保险法》自 2011 年 7 月 1 日开始施行，其中第 36 条规定："职工因工作原因受到事故伤害或者患职业病，且经工伤认定的，享受工伤保险待遇；其中，经劳动能力鉴定丧失劳动能力的，享受伤残待遇。"工伤保险属于社会保险制度中的重要组成部分，最早由德国于 1884 年创立，随后推行到各国，是指"国家和社会为在生产、工作中遭受事故伤害和患职业疾病的劳动者及亲属提供医疗救治、生活保障、经济补偿、医疗和职业康复等物质帮助的一种社会保障制度"。①

---

* 周超，中国农业大学人文与发展学院法律系，副教授，法学博士。作者感谢武汉大学公益与发展法律研究中心与瑞典罗尔·瓦伦堡人权与人道法研究所的资助，也要感谢挪威人权中心（NCHR）中国项目对青年学者研究项目的资助。

① 蔡璐遥：《我国现行工伤保险制度存在的问题及完善建议》，《劳动保障世界》（理论版）2011 年第 9 期。

工伤致残是劳动鉴定委员会在劳动能力鉴定技术小组认为工伤职工丧失劳动能力、需要评残的基础上，依据《职工工伤和职业病致残程度鉴定》，对因工负伤或患职业病的职工伤残后丧失劳动能力的程度和依赖护理的程度作出的判别和评定，一共有十个级别。伤残待遇的确定和工伤职工的安置以评定的伤残等级为主要依据。

中国有两亿多农民工，[①] 他们的职业安全问题长久以来没有得到足够重视。现实生活中，农民工存在流动性大，劳动关系确认难、时间长，农民工工伤待遇索赔程序复杂的问题。农民工维权意识不强，农民工很多情况下只顾眼前短期利益，没有长远眼光，对参加工伤保险认识不到位，认为参加保险与否无关紧要。只要薪酬水平可以接受并且能够按时发放就心满意足了，自我保护和维护自身权益的意识不强。而且，多数农民工就业技能单一，法律意识不强。为了保住饭碗，他们即使明知用人单位违规操作，侵犯其权益，也只能忍气吞声，违心接受不办理工伤保险、不改善劳动条件等霸王条款，冒险工作、超负荷劳动。[②] 另外，由于建筑、矿山和化学品行业的从业主体大多是农民工，导致农民工成为工伤事故的高发群体。根据国内某民间法援机构对其提供的 211 件劳工法律援助的统计，工伤导致的伤残程度最为集中的是七至十级，[③] 伤残程度相对较轻，伤愈后劳动者一般还能继续从事工作，但如果不能获得及时的赔偿和治疗，很有可能会加重伤残程度。而对于遭受严重伤残的农民工，其日后以劳动谋生的可能性微乎其微，如果得不到工伤赔偿，其本人及家庭都会陷入困境。

虽然我国已在 2004 年实施了《工伤保险条例》[④]，建立了强制工伤保险制度，将农民工全部纳入保险范围，但是农民工工伤事故保障制度并没有随之有效建立。根据郑功成等人对北京、深圳、苏州和成都四地农民工工伤保险进行调研得出的结论，70.9% 的农民工没有参加工伤保险。虽然工伤保险费是企业全额支付，但对北京、深圳、苏州和成都四地农民工是

[①] 据国家统计局 2012 年 4 月 27 日的报告，据抽样调查结果推算，2011 年全国农民工总量达到 25278 万人。

[②] 黄乐平、邓矜婷：《新工伤保险制度下农民工权益保障》，《中国社会保障》2011 年第 3 期。

[③] 佟丽华主编《谁动了他们的权利？——中国农民工权益保护研究报告》，法律出版社，2008。

[④] 该条例在 2010 年 12 月进行了修订。

否愿意参加工伤保险的调查显示，46.6%的农民工不愿意参加工伤保险。[1] 周慧文也进行了实证研究，走访调查了杭州 300 多名农民工，研究发现有 70% 的农民工没有参加工伤保险，而且高危行业参保比例反而更低[2]。孟繁元等人指出在农民工在工资待遇不高的现状下，他们更喜欢现金收入，更关心能够拿到钱寄回家里补贴家用和满足当前消费。[3] 胡务对农民工的社会保险进行分析，提出工伤保险待遇偏低，有时并不能起到保障农民工的作用。[4] 劳动和社会保障部也做了专题调研报告，提出农民工工伤事故频发的原因多与劳动条件差、劳动强度大、没有受到专业培训、企业安全防护措施不够有关。[5] 很多情况下，农民工遭遇工伤后与企业主私了为主要解决方式，获得赔偿往往低于应得赔偿，而且缺乏后续康复支持。

由于一些用人单位未给农民工缴纳工伤保险，致使部分劳动者工伤后索赔十分艰难——用人单位不愿或无力承担工伤赔付，劳动者又难以通过工伤保险基金获得救助。针对这一情况，2011 年 7 月 1 日开始实施的《社会保险法》明确了"工伤保险待遇先行支付制度"，旨在让工伤患者尤其是未参保工伤患者可以获得工伤保险赔偿。

一　工伤保险先行支付制度概述

2011 年 7 月 1 日施行的《社会保险法》创立了被称为具有里程碑意义的"先行支付制度"[6]。该法规定了先行支付的三种法定情形：一是未依法缴纳工伤保险费的用人单位，在工伤事故发生后，不支付工伤保险待遇，

---

① 郑功成、黄黎若莲：《中国农民工问题与社会保护》，人民出版社，2007。
② 周慧文：《农民工工伤保险问题实证研究》，《财经论丛》2007 年第 11 期，第 29～34 页。
③ 孟繁元、田旭、李晶：《我国农民工工伤保险存在的问题及对策分析》，《农业经济》2006 年第 2 期，第 47～50 页。
④ 胡务：《外来工综合社会保险透析》，四川大学出版社，2006。
⑤ 劳动和社会保障调研组：《农民工社会保障问题研究报告》，中国言实出版社，2006。
⑥ 《社会保险法》第 41 条：职工所在用人单位未依法缴纳工伤保险费，发生工伤事故的，由用人单位支付工伤保险待遇。用人单位不支付的，从工伤保险基金中先行支付。从工伤保险基金中先行支付的工伤保险待遇应当由用人单位偿还。用人单位不偿还的，社会保险经办机构可以依照本法第 63 条的规定追偿。第 42 条：由于第三人的原因造成工伤，第三人不支付工伤医疗费用或者无法确定第三人的，由工伤保险基金先行支付。工伤保险基金先行支付后，有权向第三人追偿。

从工伤保险基金中先行支付；二是由于第三人原因造成工伤的，第三人不支付工伤医疗费用或者无法确定第三人的，由工伤保险基金先行支付；三是应当依法由第三人负担的医疗费，第三人不支付或者无法确定第三人的，由基本医疗保险基金先行支付。前两种情形都属于工伤保险先行支付，限于篇幅，本文仅讨论第一种情形。

为了配合《社会保险法》的实施，2011 年 6 月 29 日人力资源和社会保障部公布了《社会保险基金先行支付暂行办法》（以下简称《暂行办法》）。《暂行办法》一定程度上弥补了《社会保险法》规范不足和《工伤保险条例》没有相应规定的弊端，为工伤保险基金先行支付的实施，提供了重要法律依据。

该制度的立法初衷应该是保护非正规就业（主要是农民工）中劳动者的权利。之前很多民间公益组织，比如致诚农民工法律援助与研究中心（以下简称"致诚"）、北京义联劳动法援助与研究中心（以下简称"义联"），都曾建议建立先行支付制度。根据 2012 年 6 月 4 日发布的《2011 年度人力资源和社会保障事业发展统计公报》，中国当前农民工总量为 2.53 亿人，同期农民工参加工伤保险人数仅为 6828 万人，尚有 1.8 亿多人没有参加工伤保险，未参保比例超过了 70%。[①] 据此，有专家估计近 2/3 的第二、第三产业的劳动者会成为先行支付制度的潜在受益者，未参加工伤保险的劳动者维权难现象有望得到一定程度的缓解。

但在实践中，该制度却遭遇"执行遇冷"的困境。根据笔者在北京的调研，北京到 2013 年 6 月为止，在《社会保险法》已经实施近 2 年的时间里，还没有开始实施工伤先行支付制度。而根据"义联"2011 年底的专题调研报告，只有 4 个城市的社保部门受理了工伤保险待遇先行支付的申请，分别是浙江宁波 1 例、浙江温州 1 例、山东淄博 1 例、云南丽江 1 例。调研结果显示，目前表示可以接受工伤保险待遇先行支付申请的城市仅有 28 个，占 11.4%；明确表示"不可以"申请的城市则多达 190 个，比例高达 77.2%。此外，还有 23 个城市并"不确定"是否可以申请，占 9.3%；有 5 个城市甚至"不知道"是否可以申请。[②]

---

① 陈磊：《社会保险法"先行支付制度"形同虚设》，《工友》2012 年第 8 期。
② 北京义联劳动法援助与研究中心：《工伤保险待遇先行支付制度 2011～2012 年实施情况调研报告》，http://www.yilianlabor.cn/yanjiu/diaoyan/1022.html。

二 工伤保险先行支付制度实施困境解析

事实上，工伤保险先行支付的规定，并非我国首创，比如德国法律就有相关规定，"所有雇员，只要存在雇佣关系，无论其年龄、种族、性别、收入以及是否具有一个临时或长期的职位，都成为工伤保险的法定被保险人。当发生工伤事故时，也不考虑其雇主是否为其向同业公会缴纳了工伤保险费，伤残雇员或工亡者遗属均享受工伤保险待遇。"①

有报道称先行支付制度未能正常施行是因为各地担心其对工伤保险基金带来的风险和压力。② 虽然法律规定，从工伤保险基金中先行支付的工伤保险待遇应当由用人单位偿还，但未参保的企业往往也不规范，没有足够的财产，追缴回的可能性不大。在这种情况下，一些地区认为先行支付可能会影响到对已参保职工的待遇支付。此外，财务、审计上配套措施的缺位，也让相关工作人员对具体情况无法操作。③ 事实上仔细查看《暂行办法》即可以明确这一担心并非空穴来风。《暂行办法》第 6 条规定的"用人单位拒绝工伤保险待遇"的情形中，第 1 款规定，"用人单位被依法吊销营业执照或者撤销登记、备案"。此时用人单位的主体资格已经丧失，保险基金收回资金的可能性微乎其微，而国内又不存在向企业负责人个人索赔的情况。而第 3 款规定，"依法经仲裁、诉讼后仍不能获得工伤保险待遇，法院出具中止执行文书。"在法院强制执行都无效的情况下，社保机构本身没有强制执行力，试问又如何可以获得追偿？而且对未缴纳保险之单位的追偿也会涉及执行，社会保险经办机构追索用人单位应支付补偿所产生的费用在没有明确来源的情况下，还将由基金支付，无疑对其他用人单位不公平。④ 虽然，先行支付制度在某些地方已经破冰，已经出现了个别成功案例，但这些案例大多都受到了相关领导的批示，并非常态。

已有学者提出工伤保险基金先行支付制度存有以下缺陷：第一，强制性不足。社会保险法是公法，从内容上看有诸多规范属于强制性行政法规

① 于欣华：《农民工工伤保险制度研究》，博士学位论文，西北农林科技大学，2009。
② 根据《社会保险法》第 61 条，县级以上人民政府在社会保险基金出现支付不足时，给予补贴。
③ 高远至：《工伤先行支付：法律亮点 执行难点》，《半月谈》2013 年第 6 期。
④ 于欣华：《工伤保险补偿先行支付原则初探原则》，《现代职业安全》2010 年第 12 期。

范，具有行政法之特征。然而，我国社会保险强制性明显不足。就工伤保险而言，其强制性不足的直接后果是工伤保险参保率低，倘若此种状况不加以改变，垫付性的先行支付将是工伤保险基金所不能承受的。① 第二，惩戒性不足。先行给付与代位求偿的制度理性在于保险原理，并无惩戒性问题。此惩戒性不足是工伤保险基金先行支付制度在责任制度设计上的缺陷。②

笔者认为，我国设置的先行支付制度并没有政府的独立财政支持，将政府的责任转嫁到合法缴纳工伤保险金的企业，违背了公平原则。社会保险制度是实现社会成员"底线公平"的基本制度，是国家责任的底线和政府承担国家责任的重要形式。③ 事实上，政府有义务帮助那些由于没有工伤保险而生活困难的农民工，特别是因工致残的农民工。这本身是政府的宪法责任，《中华人民共和国宪法》第 45 条规定，"中华人民共和国公民在年老、疾病或者丧失劳动能力的情况下，有从国家和社会获得物质帮助的权利。"对于这些群体，政府有义务给予社会救济，而动用企业合法缴纳的保险基金来承担政府的责任进行社会救济是不公平的。

另外，笔者同意于欣华、郑清风的主张，"政府的法定义务是：监督用人单位缴纳工伤保险费和保障工伤保险制度的有效运行。当用人单位没有为劳动者缴纳工伤保险费时，政府必然在先违反其监督用人单位缴纳工伤保险费的法定职责，这时不能将自己的责任免去，而让劳动者在追究用人单位责任未果的情况下，自行承担不利后果。"④ 据李朝晖对湘中五城农民工参加工伤保险情况的调查，湘中五城各行业中，建筑业的参保率最高，主要原因是当时工伤保险政策正在以建筑业农民工为主要参保试点目标；采掘业虽同为事故高发行业，但由于尚未纳入政策实施的重点目标，参保率只有 5.6%。由此可见政府机关监督的严厉程度直接影响企业缴纳社会保险的意愿。在政府监督较弱的情况下，企业参加工伤保险的意愿非

① 李海明：《工伤救济先行给付与代位求偿制度探微——兼评〈社会保险法〉工伤保险基金先行支付制度的得与失》，《中国检察官》2011 年第 3 期。

② 郑尚元、扈春海：《中国社会保险立法进路之分析——中国社会保险立法体例再分析》，《现代法学》2010 年第 3 期，第 71~73 页。

③ 黎建飞：《社会保险中的国家责任》，《中国人力资源保护》2011 年第 1 期。

④ 于欣华、郑清风：《海峡两岸工伤补偿先行支付法律制度比较——兼论大陆工伤保险基金先行支付立法完善进路》，《台湾研究集刊》2012 年第 4 期。

常低。①

另外，现行的相关制度对不缴纳保险企业的惩罚力度轻，反而助长了企业不缴纳保险金。《工伤保险条例》第 62 条第 1 款规定："用人单位依照本条例规定应当参加工伤保险而未参加的，由社会保险行政部门责令限期参加，补缴应当缴纳的工伤保险费，并自欠缴之日起，按日加收万分之五的滞纳金；逾期仍不缴纳的，处欠缴数额 1 倍以上 3 倍以下的罚款。"这样的规定，对于不按时缴纳工伤保险金的企业没有任何约束力。

三　申请工伤保险先行支付的困境分析

即使有关工伤保险经办机构排除以上障碍，按法律规定实施先行支付制度，但把工伤认定作为先行支付申请的前置条件，农民工也几乎不可能申请到工伤保险先行支付。该条款好似"第二十二条军规"②，事实上对于因工致残的农民工维权很难起到应有的作用，形同虚设。其原因如下：

第一，先行支付条件复杂烦琐。先行支付制度并没有解决一个很根本的问题，即工伤认定程序复杂，耗时长久。在目前工伤索赔过程中，很多农民工都遭遇"拖不起"的困境。不论是《社会保险法》《工伤保险条例》还是《社会保险基金先行支付暂行办法》，都规定了不管是第三人侵权还是用人单位没有依法缴纳工伤保险费用，申请工伤保险先行支付的前提都是确认为工伤之后，而工伤认定的前提是有确定的劳动关系③。如前文所述，农民工很多情况下在非正规企业就业，没有劳动合同是很普遍的。在"致诚"援助的 211 起工伤案件中，只有 26 个人有劳动合同④。要确认劳动关系就必须通过劳动仲裁，如果对劳动仲裁不服，还要经历法院

---

① 李朝晖：《农民工工伤保险保障问题研究——以湖南湘中五城为例》，中国经济出版社，2011，第 80～81 页。

② 美国作家约瑟夫·海勒的著名小说《第 22 条军规》，其中所谓的"第 22 条军规"是，疯子可以免于飞行，但同时又规定必须由本人提出申请，而如果本人一旦提出申请，便证明你并未变疯。

③ 《工伤保险条例》第 18 条提出工伤认定申请应当提交下列材料：（一）工伤认定申请表；（二）与用人单位存在劳动关系（包括事实劳动关系）的证明材料；（三）医疗诊断证明或者职业病诊断证明书（或者职业病诊断鉴定书）。

④ 佟丽华主编《谁动了他们的权利？——中国农民工权益保护研究报告》，法律出版社，2008。

的一审、二审程序，大约需要一年的时间。① 但很多情况下，农民工没有工作证、工资条等证据，而登记表、出勤表等也往往保存在包工头或者建筑公司手里。由于其没有劳动合同和证明，通过法律途径解决，尤其是司法途径，没有了上述证据，受雇单位又没有强制出庭义务，劳动仲裁机构很难确认劳动关系。而且在调研中，笔者发现，大部分农民工都是被老乡叫来的，根本不知道其雇佣单位是谁，一旦发生事故，连要求给付工伤待遇的单位都不能确定。其次，就算能确定劳动关系，工伤认定本身也是很大的障碍。如果是职业病患者，还要先经过职业病诊断，对诊断结论不服，还需要进行二次鉴定。工伤认定本身就是一个漫长的过程：法律规定时限是 60 个工作日，但如果中间有争议或者用人单位故意要赖拖时间的话，往往要走好几年，这是因为对工伤认定决定不服，可以提起行政复议及行政诉讼的一审、二审。认定完工伤后，还需要进行劳动能力鉴定，对鉴定结论不服的，还可以申请重新鉴定，这样也要耗费几个月的时间。而就算完成了漫长的这几步，要符合先行支付的条件也并非易事。据 "致诚" 调查显示，农民工工伤维权道路维艰，从发生工伤到生效判决，最短的时间为 3 年零 9 个月，最长的达 6 年零 7 个月，平均 484 天。由于维权艰难，许多工伤患者被迫牺牲利益，接受 "调解"。"调解" 获得的补偿平均仅为合法应得补偿的 65.85%。② 学者李朝晖的统计数据也表明，发生工伤伤残事故后，提起法律诉讼的仅占 8.5%，能得到全额赔偿的仅占 7.5%，有 15.5% 的农民工完全得不到赔偿。③ 与此相比，台湾地区的通常做法是，由劳动者填写未领取雇主依《劳动基准法》规定给付职业灾害残废补偿之声明书，填妥之后向劳工保险局提出申请，由劳工保险局审核并决定是否予以支付。如若对劳工保险局决定有争议的，可提出诉愿。雇主与劳动者如有争议，依据《劳资争议处理法》规定提出调解与仲裁。两相比较，不难发现，台湾地区工伤补偿先行支付启动条件比大陆更加便捷。④

第二，先行支付，并非提前支付，并不解决农民工救治工伤资金匮乏

---

① 确认劳动关系如经过劳动仲裁、一审和两审程序，一般需要 1 年零 1 个月，最长需要 2 年零 2 个月左右。

② 北京致诚农民工法律援助与研究中心：《农民工工伤保险问题研究报告》。

③ 李朝晖：《农民工工伤保险保障问题研究——以湖南湘中五城为例》，中国经济出版社，2011，第 80～81 页。

④ 于欣华、郑清风：《海峡两岸工伤补偿先行支付法律制度比较——兼论大陆工伤保险基金先行支付立法完善进路》，《台湾研究集刊》2012 年第 4 期。

的问题。根据规定，先行支付制度是需要个人先付钱，再通过申请报销来实现的，事实却是事后支付。① 可以说"先行"支付的"先行"名不副实。工伤人员受伤后需要马上接受治疗，特别是肢体工伤最佳治疗时机是在发生伤害后的 48 小时（接肢等特殊情况黄金时间是在 24 小时之内）。由于农民工往往没有足够的钱可以垫付进行治疗，所谓的先行支付根本是可望而不可即。所以很多时候农民工在治疗时会错过最佳医疗期，很多情况下，工伤者因为拿不到急需的治疗费用，以致轻伤拖成重伤，重伤拖成工亡。维权程序复杂、成本高，很多情况下因工致残的农民工不得不以牺牲自己的部分权利来换取尽早拿到赔偿金。

第三，先行支付，排除了非法用工情况。先行赔付最大的意义在于将工伤事故的雇主责任原则转移为国家责任，从而加强对劳动者的保护。但现行的规定将"国家责任"的前提定在"用人单位是合法主体"，因为先行支付的主体是"未依法缴纳工伤保险费的用人单位"。而非法用工单位因为主体不合法自然不会为、也无法为劳动者购买工伤保险，因此其职工在发生工伤的情况下，则不可能申请工伤保险的先行支付。在许多地区，对于无营业执照或未经依法登记备案、被依法吊销营业执照或撤销登记备案、使用童工的非法用工单位，一旦发生工伤一般不予认定，只由工人与用人单位进行仲裁，维权之路更为艰难。② "义联"在调研中也发现，用人单位中存在 7.2% 的非法用工单位。事实上，《劳动合同法》已经明确宣告非法经营单位的劳动者应得到平等保护，将非法经营单位和劳动者之间的劳动关系纳入了法律调整范围。因此，在社会保障法层面上，非法用工单位的工伤劳动者也应该明确获得同等保护，应该允许劳动者申请先行支付。

第四，按照字面解释，现行的先行支付制度仅仅限于工伤保险待遇项目中应当由工伤保险基金支付的项目，③ 并不包括用人单位负担的部分，④

---

① 《暂行规定》第 10 条：个人申请先行支付医疗费用、工伤医疗费用或者工伤保险待遇的，应当提交所有医疗诊断、鉴定等费用的原始票据等证据。

② 纪雅林：《〈社会保险法〉即将施行，先行赔付规定引发关注》，《人民日报》2011 年 6 月 3 日。

③ 《暂行办法》第 8 条规定："用人单位未按照第 7 条规定按时足额支付的，社会保险经办机构应当按照社会保险法和《工伤保险条例》的规定，先行支付工伤保险待遇项目中应当由工伤保险基金支付的项目。"

④ 根据《社会保险法》第 39 条：因工伤发生的下列费用，按照国家规定由用人单位支付：（一）治疗工伤期间的工资福利；（二）五级、六级伤残职工按月领取的伤残津贴；（三）终止或者解除劳动合同时，应当享受的一次性伤残就业补助金。

也不包括由工伤保险基金支付的伤残待遇。根据《社会保险法》的规定，正常投保的情况下，工伤保险基金会支付一次性伤残补助金和一至四级伤残职工按月领取的伤残津贴。但根据先行支付规定，因工致残的农民工即使申请了先行支付，也不可能从保险基金获得伤残待遇，而这些人恰恰是最需要获得救助的人群。另外，我国残联规定的残疾人认定标准与工伤劳动鉴定残疾评定的标准也有很大不同，被鉴定为丧失劳动能力的劳动者，根据残联的标准，可能并不属于残疾人，无法享受残疾人津贴和优惠。

四　工伤先行支付制度的改革建议

综上所述，本文认为工伤保险先行支付制度实施不畅的主要原因并非由于时间还短，而是本身的制度困境，不论是在政府实施环节还是工伤患者的申请环节。要突破制度困境，必须改革以下几点：

第一，应该设立政府的专项财政基金来实施先行支付制度。未缴纳工伤保险企业的雇佣人员在受到工伤之后也应该享受政府给予的社会救济，但由合法缴纳工伤保险金会聚的工伤保险基金给予工伤待遇补偿，笔者认为不妥。台湾地区也有类似先行支付政策，其采取的是在工伤保险基金之外，由政府编列预算单独设立基金进行支付，是相对合理和可操作的。①笔者主张，工伤保险先行制度要坚定实行、排除工伤基金管理机构的后顾之忧，就应该设立政府的专项财政基金来实施先行支付制度。

第二，政府有义务对企业缴纳进行监督检查，对未能投保的企业采取重罚，"以罚充养"是比较合理的选择。而将先行支付后的追索权还是归于法院，不要增加保险机构的负担，也可以充分发挥法院的强制执行力。

第三，要改革工伤认定的烦琐程序，将非法用工情况纳入可申请范围。在先行工伤认定的要求下，先行支付制度就算在各地真正实施，也不会对农民工维权起到任何实质帮助作用。一方面应该简化申请先行支付的条件，将先行支付真正"先行"而非事后报销；另一方面，要将非法用工情况纳入可申请范围。特别是对于需要紧急医疗救治的工伤职工以及可能因伤致残的农民工，先行支付制度应设立特别渠道加以保护，不应僵化地

① 于欣华、郑清风：《海峡两岸工伤补偿先行支付法律制度比较——兼论大陆工伤保险基金先行支付立法完善进路》，《台湾研究集刊》2012 年第 4 期。

以工伤认定程序为前提。在用人单位不垫付医疗费的情况下，社保行政部门在接到申请后，应进行紧急调查并迅速做出先行支付决定，防止因延误而造成工伤劳动者健康或生命损失。

第四，应明确先行支付的范围包括伤残待遇。先行支付应该包括所有因工致残劳动者的伤残津贴，并应考虑后续康复费用。我国已经签署并批准了《联合国残疾人权利公约》，保护所有残疾人的权益，保证因工致残的农民工获得应有的社会保障是国家的义务。

On the Advance Payment of the Employment Injury Insurance System: From the Perspective of Rights Protection of Disabled Migrant Workers

Zhou Chao

ABSTRACT: The Social Insurance Law came into force in China in 2011 and established the "advance payment system" in order to solve the problem of late and unsatisfactory compensation for workers suffering employment injury. The new law requires the social insurance fund to pay workers appropriate compensation in advance of a labor dispute resolution even in cases where the employer did not by the insurance. Since all employers are required by law to take out insurance, their lack of compliance with the law should not lead to injured workers losing their compensation. Many people think this system eliminates the obstacles for workers, who are mainly migrants working in the informal sector, to realize their rights when suffering injury. However, data from a report of labor NGO and other public media show that the system has been poorly implemented and that it does not in fact help injured workers to claim rightful compensation. The legal and sociological study of this paper concludes that the new regulation will not be realized without governmental enforcement and effective remedies.

Key words: Employment Injury; Insurance; Advance Payment; Migrant workers

一部新人权词典的建立:
《残疾人权利公约》

Amita Dhanda*

陈芳芳 译

摘　要: 本文对新千年以来首个人权文件——《残疾人权利公约》进行了分析。该公约确立了理解残障人权利的新理念、新词语。公约还强调了人权诸多内容的不可分割性,实现人权过程中反歧视、共同参与等原则的重要性,以及国家履行义务的更高标准。这些新的权利概念与重申的人权法原则,为走出长期存在的人权实践困境提供了新的见解。

关键词: 残障人　人权　自治　不可分性　参与

一　引言

单极世界的出现使人们对国际法的传统认识受到挑战。这种挑战也包括了对联合国系统——基于战后的权力动态建立起来的组织体系提出的相关问题。有论者认为,联合国并不符合"南方国家"的希望和期盼,其运行更像是为第一世界的国家服务。① 此外,人权文件是要求国家承担责任的机制,却使底层人民获益甚少,这些宣扬普世价值的宪章成了第一世界国家打击第三世界国家的棍棒。这些批评和其他负面评价共同促成了一些

---

* 　Amita Dhanda,印度海德拉巴市 NALSAR 法律大学法学教授。本文译自英文 Constructing a new Human Rights lexicon: Convention on the Rights of Persons with Disabilities,发表于 SUR 第 8 期。本书中其他文章一般使用"残障"或"身心障碍"取代"残疾"这一用词,更契合国际公约对人与环境之间的障碍的强调。由于本文直接讨论公约,故在译法上沿用官方文本中的"残疾"一词,为了阅读上的习惯,在其他非官方文本的论述中,也仍然使用这个词。但译者本人更偏向于"残障"或"身心障碍"的译法。——译者注

①　关于联合国改革的参考书目可见 http://www.un.org/Depts/dhl/reform.htm。

引起全球组织（World Body）注意的结构性改革。其中就有安理会常任理事国的重组和对条约执行机制的改革。①

正是在这样一个怀疑声不断增多、改革亦无法遏制怀疑的背景下，联合国通过了《残疾人权利公约》（Convention on the Rights of Persons with Disabilities）。一部新的人权公约也许并不能让人们感到乐观，尤其是像《残疾人权利公约》这样表达对特殊群体关注的公约。此公约于 2006 年 12 月 13 日由联合国大会通过，2007 年 3 月 30 日起开放给各缔约国签署。《残疾人权利公约》要求签署国达到 20 个后才能生效，最后一个签署文书于 2008 年 4 月 3 日递交给联合国秘书处，该公约随后于同年 5 月 3 日正式生效。②

就目前国际人权法的发展来说，《残疾人权利公约》的协商、起草、通过和执行进程都相对较快。尽管如此，残疾人群体依然不断被告知：他们对联合国的期望是不切实际的。③ 关于妇女权利公约④和儿童权利公约之影响的研究常被用来证实这一点。正如上文所述，公约刚刚取得生效所必需的最后一份批准书。由于公约仅仅处于生效之初，评估其到底能否改变残疾人现状，在经验上不可能，在规范上也没必要。重点在于，《残疾人权利公约》是一个人权文书，也是普遍的法则。尽管公约中详尽表明了残疾人的权利，然而支撑这些权利的哲学理论，以及接下来实现公约的程序都不能仅仅局限于残疾人。《残疾人权利公约》也因此成为人权法大家庭的最新成员。就此而言，很有必要了解《残疾人权利公约》，以理解它对残疾人做的承诺，而且也有助于领会它为人权法学做的贡献。因此在本文中笔者对该公约进行了审视，以突出和分析公约为维护残疾人权利做了什么，以及它如何为人权法学做出贡献。在展开分析之前，本文简要描述了争取残疾人特殊公约运动的发展状况，为《残疾人权利公约》提供一个社会政治背景。

---

① MORIJN, J. "UN Human Rights Treaty Body Reform towards a Permanent Unified Treaty Body". Available at: http://www.civitatis.org/pdf/untreatyreform.pdf.

② 《残疾人权利公约》第 45 条第 1 款规定，本公约应当在第二十份批准书或加入书交存后的第三十天生效。

③ BYRNES, A. "Convention on Rights of Persons with Disabilities", presentation made at the Critical Legal Studies Conference at NALSAR Hyderabad India 1st to 3rd, Sep. 2006.

④ 关于妇女参与联合国事务的全面分析可见 D. Jain, *Women Development and the UN – A Sixty Year Quest for Equality and Justice.* Hyderabad: Orient Longman Hyderabad, 2005.

目前，促使联合国通过《残疾人权利公约》的运动，其实并非首次。瑞典和意大利曾致力于促成一个关于残疾人权利的公约，但以失败告终。反对意见认为一般人权保障机制已经包含了对残疾人的保护，因而没有必要专门通过一个有关残疾人权利的特殊公约。尽管存在将残疾人权利规范化的诉求，残疾人的底层生活经历依然贫苦。实际上，这些拒绝不仅忽视了残疾人这个群体，也漠视了他们的生活经历。否决这项专门公约的理由和残疾人的现实生活状态相悖，为此，墨西哥又开始了说服众多全球组织的努力。

值得注意的是，虽然国际社会没有同意为残疾人专门制定公约的诉求，但是通过了《残疾人机会均等标准规则》（Standard Rules on the Equalization of Opportunities for Persons with Disabilities）（以下简称《均等标准规则》）[1] 和《关于残疾人的世界行动纲领》（以下简称《行动纲领》），承认残疾人生活中所遇到的最基本困难。在这些文件实施之前，许多全球组织也肯定了联合国《智力迟钝者权利宣言》[2]《残疾人权利宣言》[3] 和《保护精神病患者和改善精神保健的原则》[4]。这些没有残疾人参与而制定的"软法"体现的是以正常人视角如何看待残疾，因而对有关残疾人权利的标准设置较低。此外，虽然《残疾人权利公约》认可《均等标准规则》和《行动纲领》[5] 所做出的努力，但是它对之前通过的两个宣言和《保护精神病患者和改善精神保健的原则》完全保持沉默。这是因为残疾人对这些"软法"中的轻蔑和傲慢腔调多有批判。一项对这些文件和《残疾人权利公约》的比较研究（当然这种比较并非本文目的）阐释了福利保障和权利保障两种途径的不同。[6] 笔者在此提到那些没有法律约束力的文件，主要是为了突出《残疾人权利公约》在诠释残疾人权利方面所做的具有示范作用的改变。我们现在关注的正是这种观念上的改变。

---

[1] 1993 年 12 月 10 日，联合国大会第 48/96 号决议通过。联合国的官方翻译为《残疾人机会均等原则》，但是大部分中译都是《残疾人机会均等标准规则》，根据原文，此处采后者。——译者注

[2] 1971 年 12 月 10 日，联合国大会第 2856（XXVI）号决议。

[3] 1975 年 12 月 9 日，联合国大会第 3447（XXX）号决议。

[4] 1991 年 12 月 17 日，联合国大会第 46/119 号决议通过。

[5] 《残疾人权利公约》，序言，第 6 段。

[6] 《智力迟钝者权利宣言》第 5 段规定，智力迟钝者有权获得监护，而《残疾人权利公约》第 12 条规定，残疾人有普遍的法律权利能力和应该获得援助行使该能力。

二 《残疾人权利公约》为残疾人做了什么？

笔者认为《残疾人权利公约》为残疾人做了如下贡献：它标志着从福利到权利的转变；引入平等话语，使残疾人享有同等而有区别的（both same and different）待遇；承认并支持残疾人的自治，以及最重要的是将残疾纳入全人类的视野之中。

（一）从福利到权利

《残疾人权利公约》并不是第一个关于残疾人问题的国际文件。一些宣言和均等规则已经涉及残疾人问题。对"软法"，特别是《均等标准规则》进行审视将会发现，这些准则仅仅局限于社会经济权利领域。因此，在平等参与的前提下，《残疾人权利公约》提到了意识提高[①]、医疗保健[②]、康复[③]及支持服务[④]。《均等标准规则》中实现平等参与的目标领域涉及可及性（无障碍）（accessibility）[⑤]、教育[⑥]、就业[⑦]、收入维持、社会保障[⑧]、文化[⑨]、娱乐、体育[⑩]和宗教[⑪]。除了家庭生活和人格完整方面的准则外，《均等标准规则》仅仅涉及一些政策性权利[⑫]来弥补残疾人面临的发育缺陷。而在所有文件中，对公民与政治权利都保持着可怕的沉默。

因此，这些文件都认为残疾人的生命、自由和安全、言论和表达自由

---

① 《残疾人机会均等标准规则》，第 1 条。
② 《残疾人机会均等标准规则》，第 2 条。
③ 《残疾人机会均等标准规则》，第 3 条。
④ 《残疾人机会均等标准规则》，第 4 条。
⑤ 《残疾人机会均等标准规则》，第 5 条。
⑥ 《残疾人机会均等标准规则》，第 6 条。
⑦ 《残疾人机会均等标准规则》，第 7 条。
⑧ 《残疾人机会均等标准规则》，第 8 条。
⑨ 《残疾人机会均等标准规则》，第 10 条。
⑩ 《残疾人机会均等标准规则》，第 11 条。
⑪ 《残疾人机会均等标准规则》，第 12 条。
⑫ 研究者在尊重的权利和政策性权利之间作出了重要区分。前者是绝对的、不可协商的，而后者受限于资源与协商结果。据此分类，社会经济权利通常被认为是政策性的权利。参见 Henry Shue 关于基本权利的论文以及 SEN, A. "Development as Capability Expansion". In: FUKUDAPARR; S. & SHIVA KUMAR, A. K. (eds.). *Readings in human development*, 2003, 另可参见 NUSSBAUM, M. *Frontiers of justice disability, nationality species membership.* New Delhi: Oxford University Press, 2006.

以及政治参与权是没有必要保障的。残疾人公民与政治权利的缺失将人们局限于福利渠道，因为依据国际人权法，公民与政治权利具有即时性（immediacy）和可诉性（justiciability）。社会经济权利的逐步实现取决于经济资源的可得性（availability），而逐步实现让这些权利变得可以协商。即时获得性和可诉性使得公民与政治权利具有一张不容磋商的面孔，让人们无防备、无顾虑地享有这些权利。① 在一个缺乏公民权利和政治权利的制度里，残疾人无法果断地主张权利，他们不得不为同样的权利而反复谈判。

《残疾人权利公约》承认残疾人拥有与他人同样的生命权。② 这一主张本身就挑战了那种认为残疾生活缺少价值因而无须保护的观点。生命权主张残疾人的不同之处有助于人类境况的多样和丰富，而不是一种应该被剔除的缺陷。

其他公民权利和政治权利加强了这一观点，例如，自由和安全权③，言论和表达自由④，身心健全⑤。政治参与权承认残疾人的生活不能被其他非残疾人所左右，⑥ 每项法律和政策都应考虑到残疾的因素，其最终的决定不能缺少残疾人的充分参与。⑦

（二）平等与非歧视

《残疾人权利公约》力图在平等权中实现非歧视的目标。然而对此权利的认可使得围绕平等话语讨论了很长时间的问题又浮出水面。残疾人到底需要什么：他们是想要和非残疾人一样的一个世界，还是想要一个不同的？所有残疾人的需求是相同的还是不同的？在每一个被排斥的群体追求认同的道路上，这些关于相同和不同的难题一直伴随着他们。《残疾人权利公约》通过寻求对"相同"和"不同"的兼顾来避免这种

① H. Shue 引用 Joel Feinberg 的论述指出，毫不羞怯地提出需求的能力是一项请求权不可分割的组成要件。因为这些权利被视为促进人类固有尊严的必要条件，且是赋予权利所有者应有的尊重。参见 H. Shue *Basic rights subsistence affluence and US foreign policy*. Princeton：University Press Princeton，2nd ed. ，1996 以及 FEINBERG，J. *Social Philosophy*. Englewood Cliffs：Prentice Hall Inc. ，1973.
② 《残疾人权利公约》第 10 条。
③ 《残疾人权利公约》第 14 条。
④ 《残疾人权利公约》第 21 条。
⑤ 《残疾人权利公约》第 21 条。
⑥ 《残疾人权利公约》第 29 条。
⑦ 《残疾人权利公约》第 4 条第 3 款。

无休止的争论。因此虽然残疾人与其他人一样享有同样的尊严与尊重，①但也应针对他们的实际差异给予合理便利，② 使其能够获得充分的参与和包容。③

关于"相同"和"不同"的争论不仅在语境上关系到残疾人和非残疾人的世界，它在确定残疾人世界中不同群体之间的关系方面也具有重要的意义。例如，当把残疾人放在特殊学校存在不利条件，而有些特殊技能又是残疾人自身发展所必需时，如何包容这部分残疾人的教育？为了避免偏袒，同时兼顾到相同和不同，公约第24条第3款要求缔约国"使残疾人能够学习生活和社交技能，便利他们充分和平等地参与教育和融入社区"。同款还要求成员国确保"以最适合个人情况的语文及交流方式和手段，在最有利于发展学习和社交能力的环境中，向盲、聋或聋盲人，特别是盲、聋或聋盲儿童提供教育"。④

（三）自治与支持

《残疾人权利公约》为改变残疾人权利做出的第三个重要贡献在于自治和支持。对世界各国法律体系的分析显示，如果存在一个群体被认定为不具有自理生活的能力，那么这群人就是在智力或心理上有残疾。⑤ 这种观点在那些否认残疾人具有法律行为能力的法律中得到了印证。这些法律使得残疾人在医疗、婚姻或居住方面丧失了自己做决定的资格，并否认残疾人的缔约能力，令其不能管理自己的事务。《残疾人权利公约》首先承认残疾人在法律面前和他人平等，以纠正这种根深蒂固的歧视。⑥ 但是这种认同并不局限于重申残疾人作为权利主体的合法身份，公约也给予残疾

---

① 《残疾人权利公约》第5条第2款要求"缔约国应当禁止一切基于残疾的歧视，保证残疾人获得平等和有效的法律保护，使其不受基于任何原因的歧视"。
② 《残疾人权利公约》第2条将合理便利界定为"根据具体需要，在不造成过度或不当负担的情况下，进行必要和适当的修改和调整，以确保残疾人在与其他人平等的基础上享有或行使一切人权和基本自由"。
③ 《残疾人权利公约》第5条第3款。
④ 有关法律权利能力之国内法律规定的信息可见 DHANDA, A. "Legal Capacity in the Disability Rights Convention: Stranglehold of the Past or Lodestar for the Future". *Syracuse Journal of International Law and Commerce*, New York, Vol. 34, No. 2, 2007, pp. 429 – 462.
⑤ 《残疾人权利公约》第12条第1款。
⑥ 因此公约第12条第2款规定，"缔约国应当确认残疾人在生活的各方面在与其他人平等的基础上享有法律权利能力"。

人处理自身事务的能力。① 这种能力建立在相互依存的而非独立的模式之上。这种相互依存的模式认为残疾人自身的能力和外界的援助可以殊途同归。残疾人不必为获得援助而宣称自己无能。因此，《残疾人权利公约》承认残疾人在行使权利时可能确实需要支持，但这并不成为否认残疾人能力存在的理由。这种自治与支持共存的模式，是公约在建立残疾人权利制度方面的一个主要成就。承认自治和支持共存，《残疾人权利公约》使残疾人发出声音，成为政治制度中不可或缺的一部分，并让其视角在世界上拥有相应的空间。

三 《残疾人权利公约》对人权法的贡献

《残疾人权利公约》是 21 世纪的第一个人权公约。就此而言，公约中体现的规范法理不仅与残疾人密切相关，也对人权的倡导意义重大。《残疾人权利公约》应该受到特别关注，因为它体现了一种笔者所称的"后来者的智慧"（wisdom of a straggler），意指《残疾人权利公约》从其他人权公约所犯的错误和遇到的障碍中吸取了经验教训。这部公约为人权倡导中面临的两难境地提供了全新的分析视角，我们据之对公约进行审视尤为重要。

（一）人权的不可分割性

人们很早就认识到，国际人权法错误地二分了公民与政治权利和社会、经济权利。《世界人权宣言》将公民、政治、社会和经济权利融合于一体。然而随后的一些公约②却对两类权利进行了划分，规定公民、政治权利可以即时实现，但社会、经济权利却要逐步实现。这种执行差异背后的逻辑源自对两种权利的分类方式。公民权利和政治权利被规定为消极权利，社会、经济权利被定义为积极权利，因为各国需要

---

① 公约 12 条第 3 款要求缔约国"采取适当措施，便利残疾人获得他们在行使其法律权利能力时可能需要的协助"。

② 亦即 1966 年 12 月 16 日，联合国大会 2200 A（XXI）号决议通过了《公民权利和政治权利国际公约》，并开放给各国签字、批准和加入，此公约于 1976 年 3 月 23 日生效；大会同时通过了《经济、社会和文化权利国际公约》以及开放给各国签字、批准和加入，该公约于 1976 年 1 月 3 日生效。

扩大资源以维护公民的社会和经济权利，而尊重公民权利和政治权利却无须如此。

亨利·舒（Henry Shue）对基本权利的研究破解了这一迷思（myth）。① 舒认为把人权划分为消极人权和积极人权是错误的。他有力地阐释了自己的观点，认为公民与政治权利和社会权利都导致消极义务和积极义务。例如，仅仅通过政府履行其不干涉职责，不任意剥夺公民的生命和自由，并不能实现安全权。这一权利也要求政府履行积极的保护义务，如果政府未能做到，则要增加对饱受动乱和战争之苦的平民大众的救助。如果政府没有提供充足的基础设施，公民的安全权就无法保障。舒认为应该保障每一个公民的生存权和安全权，并在资源分配上做到无争议——因为没有这些基本权利的话，其他公民与政治权利和社会、经济权利就无从谈起。遗憾的是，尽管舒的理论在逻辑和道德上具有连贯性，却没有被国际法认可，公民与政治权利和社会、经济权利的人为二分仍然被不断重申。《残疾人权利公约》为人权倡导者提供了重新讨论这种错误划分的契机，并且再次为权利的不可分割性树立了榜样。

承认残疾人权利的过程要求创造出一些混合权利。例如，就承认残疾人的言论和表达权而言，条款必须规定具有可替代和辅助的沟通方式，否则，这种权利就毫无意义。②《残疾人权利公约》把公民与政治权利和基础设施建设联系起来，这种联系不仅针对残疾人，也是其他所有人所需要的。然而因为残疾人的特殊需求，这种联系需要在《残疾人权利公约》中明示。由于公民权利和政治权利需要即时实现，像基础设施这一类的发展就应该同步进行，而不能渐进完成。人权倡导者，尤其是发展中国家的倡导者应该注意到国际法的这一新发展，因为它将加强对基础设施建设的基层倡导。

公民与政治权利和社会、经济权利的不可分割性不仅在制定前者的时候应该声明，在规定后者的时候也应该注意。③ 例如，推进关于食品权利

---

① Shue, H. *Basic Rights Subsistence Affluence and US Foreign Policy*, Princeton：University Press Princeton, 2nd ed. , 1996.

② 关于保有尊严权利之意义的讨论可见 Nussbaum, M. *Frontiers of justice disability*, *nationality species membership*. New Delhi：Oxford University Press, 2006.

③ 特别可见于 YOUNG, I. M. *Justice and the Politics of Difference*. Princeton：Princeton University Press, 1990, p. 286.

的政府项目可能是在没有受益人参与的情况下制定和实施的。如此未经咨询而维护权利，削弱了对受益人的尊重并否定了其选择权。因此当这些项目被贴上权利的标签时，受益人主张权利却不得不费力辩白，忍受羞辱。实际上，诸如此类的项目是对受益人自尊的持续冒犯。《残疾人权利公约》让保障参与权成为政府的一般义务，其在此方面的成就颇具启发意义。在所有影响残疾人的政策和法律方面，《残疾人权利公约》要求政府应该向残疾人咨询。此规定让"没有我们的参与，不能做出与我们有关的决定"（nothing about us without us）从一个运动颂歌转变为有关残疾人权利的不可协商的原则。人权倡导者可以从《残疾人权利公约》中看到这一点，并类推到残疾人权利之外的其他权利。

（二）人类的相互依存

《残疾人权利公约》不仅再次提出了权利不可分的问题，而且重述了人类自身的建设。一项对人权文件的分析显示人类已经被塑造成自力更生、自我维持、不需要其他人的群体。女权理论有力地证明了这种自力更生和独立自主是一个男权主义的迷思。[①] 因为那些所谓的自力更生者并不需要任何形式的承认或感激，就可以获得支持。公私划分让男人能在公共领域主张独立自主，因为他们可以依赖身后的女人来满足其需求。

另一方面，残疾人因为其所受的损害可能需要以更开放、更直接的方式寻求帮助。这种明确的寻求帮助的要求使承认人类的相互依存成为可能。人们相互依存不代表无能，而是坦诚地承认，残疾人在运用他们的能力上需要帮助。这种模式不仅是对残疾人的解放，也是对整个人类的解放，因为人类的彼此依存让人们不惮于承认自己的不足。这种模式承认我们人类需要彼此。[②] 以过程看待人类生命，就会证明这一命题的真实性。人生很少有阶段能够支持自力更生的迷思。而童年、青少年、老年和生病的时候是人类脆弱、需要帮助的明显例子。

人类必须也一直需要通过各种方式互帮互助，但现实生活中的这种互帮互助却没有得到法律的认可。我们的法律理论不断地重申独立。通过建

---

① 对此人性维度的进一步讨论可见 Nussbaum, M. *Frontiers of Justice Disability*, *Nationality Species Membership*, New Delhi: Oxford University Press, 2006.

② 关于双重歧视现象的更复杂表述可见 N. Farser & A. Honeth, *Redistribution or recognition*: *A Political Philosophical Exchange*. Verso, 2003.

立一个人类互帮互助的决策范式，《残疾人权利公约》明确无疑地指出，获得支持而不致人格贬损是有可能的。这种互相依存的模式应该赋能（empowering）并解放全人类，而不仅仅为了残疾人。

（三）双重歧视

双重歧视是另一个持续困扰人权法的问题。人权法如何处理在多方面都处于弱势的群体——无论是受性别和种族的双重歧视还是在民族、年龄、性别上都受到歧视的残疾人——所受的伤害？提出受到多重歧视的群体确有可能，① 但问题在于这些双重或多重歧视应该如何解决？双重歧视的问题在《消除对妇女一切形式歧视公约》（以下简称《妇女公约》）谈判后浮出水面。然而在那个时候，人们感觉对多重歧视的任何承认都将淡化《妇女公约》对性别歧视的挑战。结果除了在国家层面上提及农村妇女，②《妇女公约》把妇女界定为一个统一的群体，并认为双重歧视问题应该在公约的实施中解决。③ 尽管消除对妇女歧视委员会发表了关于残疾妇女权利的一般性意见，④ 但这些执行方面的承诺离实现仍然很远。就关于残疾儿童的一项专门条款被纳入《儿童权利公约》（以下简称《儿童公约》）来看，该公约在对待双重歧视方面稍有不同。⑤ 这项条款表明，尽管残疾儿童享有《儿童公约》所保障的一切权利，但他们的特殊利益也要在专门条款中体现出来。遗憾的是，此项条款中对残疾儿童的关注被边缘化了。⑥《残疾人权利公约》也要求努力解决多重歧视的问题。但也许是因为《妇女公约》和《儿童公约》的教训，《残疾人权利公约》为解决双重歧视问题设计了一个新的战略，即双轨办法（twin track approach）。

这种双轨办法为妇女儿童提供同等而有区别的保障。公约中有专门关注残疾妇女⑦和残疾儿童需求⑧的条款，性别和年龄等考量也被纳入《残疾

---

① 《消除对妇女一切形式歧视公约》第 14 条。
② J Jain, D. . *Women Development and The UN – A Sixty Year Quest for Equality and Justice*. Hyderabad: Orient Longman Hyderabad, 2005.
③ 第 18 号一般性意见由残疾女性事务妇女委员会（Women's Committee on Women with Disabilities）作出。
④ 《儿童权利公约》第 23 条。
⑤ 已经有儿童权利倡导者向《残疾人权利公约》特设委员会举出了相关证据。
⑥ 《残疾人权利公约》第 6 条。
⑦ 《残疾人权利公约》第 7 条。
⑧ 《残疾人权利公约》第 18 条第 2 款。

人权利公约》的一些一般条款中。例如关于迁徙自由和国籍的条款明确规
定，残疾儿童出生后应当立即予以登记，从出生起即应当享有姓名权利，
享有获得国籍的权利，并尽可能享有知悉父母并得到父母照顾的权利。①
公约中的健康权明确要求缔约国提供具有社会性别敏感度（gender sensi-
tive）的保健服务。②

随着双轨办法的通过，《残疾人权利公约》设计了解决多重歧视问题
的新策略。双轨办法要求有专门条款解决弱势群体的利益问题，同时还要
求其他一般条款也能考虑到各个群体之间利益的区别。这样双重歧视就能
得到双重补偿。不只是残疾人可能遭遇多重歧视，因此人权倡导者有必要
参与到这个史无前例的国际人权法方案中。

（四）参与权

国际法是成员国之间的协议，因此民众在法律制定过程中扮演着微乎
其微的角色。最近，国际社会正努力促进民众参与权的实现，以避免国际
法的这个弱点。颇具讽刺意味的是，民众意见的引入很大程度上受政府意
愿的控制。制定《残疾人权利公约》的谈判以及谈判中出现的文本为民众
参与的新范式提供了一席之地。

联合国大会决议成立了特设委员会（Ad Hoc Committee）来讨论《残
疾人权利公约》的有关事宜，明确要求缔约国最终达成的协议是和公民社
会，亦即残疾人、残疾人组织、人权机构和其他公民社会团体交流后的结
果。③ 联合国大会的这个决议受到了特设委员会数任主席的最自由化的解
释。这个决议及其解释和实践建立了民众参与制定国际法的全新先例。尽
管这些发展发生在残疾人权利领域，但是其应用不需要局限于此。在更广
泛的应用和相似领域的适用方面，人权倡导者及时了解在制定《残疾人权
利公约》的谈判过程中公众参与如何得到保障是很重要的。下文是一个简
要介绍，以引起公众对于倡导的兴趣。④

① 《残疾人权利公约》第 25 条。
② 2002 年 2 月 26 日，联合国大会第 56/1681 号决议，文件号为 A/RES/56/168。
③ 以下陈述基于笔者作为非政府组织代表，于 2004 年 6 月至 2006 年 8 月期间，在第 3～8
次特设委员会会议上的发言记录。
④ 有趣的是，《残疾人权利公约》第 4 条第 4 款明确允许缔约国承诺比公约规定更多的义
务。

特设委员会承担起达成《残疾人权利公约》统一文本的责任后，首先做的决定之一是设立工作小组来起草一个母文本。由于各国整体上会对工作组的文本作出反馈，因此这个文本是拟议公约的基础。值得注意的是，残疾人组织和人权组织是工作组的正式成员，他们积极利用这一机会告知缔约国残疾人的需求和问题。更重要的是，这个过程中出现的文本坚定支持公民社会的参与。残疾人组织在母文本中取得的优势大大影响了特设委员会在协议过程的基调和要旨。在随后的任何谈判过程中，残疾人组织"夺取"来的在工作组中的参与权从未消亡。

通常情况下，国际法律文本的谈判是在一些非正式的会议中进行的，以便讨论灵活变通、达成共识，会议中的讨论也没有正式的记录。早在《残疾人权利公约》谈判的初始阶段，公民社会组织被认为在非正式的会议中没有发言权。但非正式会议和委员会召开的正式会议共用一室，所以尽管公民社会组织没有发言权，缔约国之间审议的时候也允许他们在场。而且，因为主要条款的审议是缔约国在非正式会议上达成的，主席常常召开正式会议来让公民社会组织有机会就讨论条款表达观点。如此在正式和非正式会议之间不断转换，让残疾人及其组织能充分表达意见。一旦公约中出现有争议的问题，专题小组就会被建立起来，以广泛地寻求残疾人和残疾人组织的意见。

一般而言，即使公民社会参与到国际法的制定过程，最终条款的谈判往往还是在缔约国之间进行。公民社会的选择在此过程中并不起决定作用。而《残疾人权利公约》的谈判改变了这种国际法实践。正如上文所述，联合国大会的指令被解释得很宽泛，以便获得残疾人和残疾人组织的意见。考虑到采纳残疾人组织意见的高效性，残疾人开始通过一个国际核心小组向特设委员会传达他们的观点。国际残疾人核心小组（International Disability Caucus）是在联合国成立的一个松散的组织联盟，由70多个在联合国经济与社会事务部（DESA）登记过的国际、国家和区域残疾人组织构成。这种残疾人声音的联合大体上让残疾人及其组织在公约谈判过程中体现了自己的力量。这种力量本身解释了缔约国在得到残疾人及其组织的预先核准之前，直到谈判结束都不愿意提出任何关于公约内容的建议的原因。《残疾人权利公约》谈判过程中产生的残疾人参与权构成了国际法的一个先例，值得学习和效仿。

（五）未来方向

《残疾人权利公约》在 2007 年 3 月 30 日开放签署。在开放签署日当天有 82 个国家签署了公约。既然《残疾人权利公约》已经获得要求的 20 个国家签署并即将生效，对那些批准的国家而言其已成为可实施的国际法。所以现在的国家有三类：签署了《残疾人权利公约》的国家，签署并批准了《残疾人权利公约》的国家和既没签署也没批准《残疾人权利公约》的国家。

因为各国批准程序不同，将国际法转化为国内法的程序也不同，因此签署和批准之间的差距仍会存在。许多国家直到修订了所有的国内法律和政策，使其与国际公约相符后，才批准公约。对这些国家而言，批准公约仅仅是个形式问题，因为它们已经履行了在国际文件中作出的承诺。其他国家会针对本国国情作出判断，如果它们认为对于某一国际文件没有不同意的地方，就会批准此文件。公民社会组织应该区分这两种不同的批准程序，并提出相应的倡导策略。

国际法中有此成规，一国只有在批准了某一国际文件之后，才受该国际条约条款的拘束。正是这样一个规则，让残疾人组织督促各自的国家尽早批准公约。由此可以理解残疾人及残疾人组织的急切心情，但若因为这种急切而牺牲掉他们在签署公约时已经获得的优势，就很不幸了。一个成员国签署了国际公约，即是承诺不会采取任何有悖于公约指令的行动。因此虽然批准带来的是积极履行公约的义务，而签署产生的却是消极责任。不重视消极履行义务也是不明智的，因为至少这种义务禁止任何其他法律和政策减损残疾人的权利。

总而言之，笔者在此要提出一些残疾人权利行动者能够承担的任务，以确保《残疾人权利公约》对残疾人作出的承诺能够实现。国际人权法是根据协商一致原则达成的，而为了达成这种一致，缔约国必然会接受并同意开放笼统的措辞。这种措辞使得国际人权法给人留下了要求甚少的印象。对筹备文件的研究表明，在达成共识之前缔约国考虑了多种多样的选择。文本的开放性特点正体现了这一过程。因此残疾人权利行动者需要意识到国家提出的那些各种各样的选择，并努力倡导使更多的最优解释被纳入到国内法当中。这样公民社会就能够提高标准，防止国际法仅仅成为

"最小公分母"上的一个协议。①

公约也规定了一些混合权利。混合权利既包含公民权利与政治权利，又包含社会、经济权利。这些权利的产生再次强调了人权法中权利的不可分性。问题在于如何阐释这些权利？由公民权利和政治权利作出规定，还是围绕社会、经济权利理论进行解释？《残疾人权利公约》第 4 条第 2 款的内容模棱两可，这让两种阐释方式都行得通。因此残疾人权利行动者有必要迅速提供充分的文献资料，以引导法律和政策从残疾人权利的角度考虑。

《残疾人权利公约》最终给长期以来困扰人权法的一些问题提供了全新解答。例如，《禁止酷刑公约》（以下简称《酷刑公约》）提出了关于精神残疾人的权利问题。应该努力建立连接《酷刑公约》和《残疾人权利公约》的桥梁，而非仅仅在《酷刑公约》中寻找问题的答案。当《残疾人权利公约》赋予残疾人人身自由的权利、人格完整和法律行为能力时，这种桥梁就更加必要。因为这些权利可被用来加强《酷刑公约》的效力。此种方法不仅适用于《酷刑公约》，还可以用于《妇女公约》和《儿童公约》。

残疾人和残疾人组织进行的不屈不挠的倡导，终于取得空前成就——联合国通过了《残疾人权利公约》。毋庸置疑，这一文件使残疾人权利的话语就此焕然一新。然而如果公约在规范和制度上的创新仅仅适用于残疾领域，那就太遗憾了。公约重塑了人权中的"人类"和"权利"概念，人权倡导者应该了解并有效利用 21 世纪第一部人权公约的经验。

Constructing a New Human Rights Lexicon: Convention on the Rights of Persons with Disabilities

Amita Dhanda,

translated by Chen Fangfang

ABSTRACT: This paper reviews the Convention on the Rights of Persons with Disabilities which is the first human rights document in the new millennium.

---

① 公约第 4 条第 2 款规定，"关于经济、社会和文化权利，各缔约国承诺尽量利用现有资源并于必要时在国际合作框架内采取措施，以期逐步充分实现这些权利，但不妨碍本公约中依国际法立即适用的义务"。

This convention has established new ideas and vocabulary for understanding the rights of persons with disabilities. It also emphasizes the inalienability of human rights and the essential principles such as equality, anti – discrimination and public participation. It is open to higher standards for party states to fulfill their obligations. These new concepts and reclaimed principles of human rights law have provided new insights for solving the long standing problems in human rights practice.

Key words:Persons with Disabilities;Human Rights;Autonomy;Inalienability;Participation

Public Interest Litigation: A New Strategy to Protect the Rights of Persons with Disabilities in China

Zhang Wanhong, Huang Zhong

ABSTRACT: This paper examines three influential public interest litigation cases between persons with disabilities and the public service departments. The case study indicates that even with limitations, the network among public interest lawyers, media, scholars and agents of disadvantaged groups has gradually taken shape. Communication and mutual support among the network members may organize the sporadic and inconsistent cases that occur in different places into a coordinated public interest law movement with well-defined objectives.

Key words: Public Interest Litigation; Persons with Disabilities; Accessibility Rights

I. PIL: A Significant Approach to Access to Justice

Public Interest Litigation (PIL) cases involving persons with disabilities have emerged in recent years, focusing mainly on disputes between persons with disabilities and public service departments with inaccessible equipment and the lack of specific welfare measures. To evaluate PIL as a strategy of the disadvantaged people to access to justice, three PIL cases on defending the rights of persons with disabilities are discussed below. The first is a case against the Bureau of Planning in Chongqing Municipality for issuing the permit for planning construction projects in a building without integrating wheelchair accessibility. The second is a case against the Ministry of Railways for the absence of seats reserved for persons with disabilities in trains. The other cases is against the Shenzhen Metro Corporation respectively for discrimination to persons with disabilities.

The three PIL cases presented here have been influential either regionally or nationally. The case studies are based on written case materials including arbitration body decisions, court decisions, and other relevant evidence and testimonies. Media coverage, interviews with the plaintiffs and their lawyers have also enriched the presentations.

Case One: Ding vs. the Bureau of Planning in Chongqing Municipality

In April 2009, the plaintiff Mr. Ding went to a sub – branch of the Industrial and Commercial Bank of China (ICBC) located in Yubei District of Chongqing Municipality to apply for a bankcard. There were no wheelchair access lanes to enter the bank. Ding, like other persons with disabilities, had to enter the bank with help from the security guard and his father – in law.

A month later, Ding, with Zhou, a law student volunteered in the Center for Human Rights Law of Sichuan University, [①] brought an administrative case to the local court. They claimed that the Bureau of Planning in Chongqing Municipality was responsible for issuing permits for planning construction projects in the municipality. However, the Bureau failed to carefully check the design of the ICBC building that did not provide accessibility for wheelchair, thus it violated the relevant law and regulations, such as the Law of the People's Republic of China on the Protection of Disabled Persons (2008), the Notice on Strengthening the Establishment and the Administration of Accessibility (2003), Codes for Design on the Accessibility of Urban Roads and Buildings (2001), the Notice on Promoting Accessible Cities (1998), etc. The bank and the real estate company that built the establishment were added as third parties.

The court held that Ding was the proper plaintiff in this administrative litigation as the law provided that the qualification of plaintiff in such cases was

---

① The introduction about the Center for Human Rights Law of Sichuan University available at: http: //www. fanqishi. com/detail. asp? ID = 50.

not necessary to meet the principle of "direct interests" in a specific administrative act. ① Nevertheless, the court ruled that since the relevant provision under the Codes for Design on Accessibility of Urban Roads and Buildings prescribed that the entrance of the commercial constructions or the service buildings "should" rather than "must" or "have to" be designed and built in such a way that shall be accessible for persons with disabilities, ② there was no violation of the mandatory provision, even though the bank or the real estate company failed to integrate wheelchair accessibility in the entrance to the building. Thus, the specific administrative act of giving permit to the construction project by the Bureau of Planning was lawful.

i. A Strategy to Raise Awareness and Public Discussion

Zhou and his teacher, Professor Zhou Wei, who was also the director of the Center for Human Rights Law, played a significant role in planning the lawsuit. They felt that the persistent ignorance on the rights of persons with disabilities by the government and society was an entrenched social problem. They proposed to bring one case to the court in order to expose the problems and trigger public discussion. It would also promote public awareness on the protection of the rights of persons with disabilities. ③ They found Mr. Ding and convinced him to be the plaintiff in the litigation. ④Zhou, in an interview, indicated that in a PIL for a specific disadvantaged group, finding a proper plaintiff willing to devote himself/herself to judicial proceedings and make his/her group heard was one of the most difficult tasks. It took a long time for them to find such a person until this case.

According to Zhou, suing an administrative department was a strategic choice, as it might initiate a new category of litigation that did not require the plaintiff to have direct interests in a specific administrative act. Besides, compared to a civil action, a complaint against civil service gets more public attention

---

① Article 12 of the Interpretation of Several Issues on the Implementation of Administrative Procedure Law by the Supreme Court (2000) states that "any other citizen, legal person or any other organization who or which has interests in a specific administrative act against which an action is initiated may apply to take judicial proceedings by law".

② Section 5.1.2 of the Code for Design on Accessibility of Urban Roads and Buildings.

③ Interview 2, with Zhou.

④ Interview 4, with Ding.

and could easily trigger debates. As they expected, the court entertained the case due to its high moral standing and that it could affect state policy on persons with disabilities. The court even suspended judicial proceedings once to contemplate which law was applicable to the case, which signified that the court took the case seriously. Further, the judges even proposed issuing a written suggestion to the Bureau of Planning and the third parties involved to improve accessibility in behalf of persons with disabilities. The *China Youth Daily* (Zhongguo Qingnian-Bao), a famous newspaper deemed relatively open in China, also reported the case in a comprehensive way.

ii. Insufficient Responses

However, the outcome of this case did not meet most people's expectation. Since the issue was fading out of public sight, the bank that even apologized to the plaintiff and promised to promote accessibility, failed to make any changes on the entrance to its service hall. ① Since Ding and Zhou lost, the court did not issue any written suggestion either. ②To make matters worse, the plaintiff was excluded from the court hearing simply because the court was also not accessible by wheelchair. It was quite ironic that the real concerned party (the plaintiff) was absent from the whole process of the litigation.

The results may be disappointing. Nonetheless, the planners of this PIL case put more emphasis on its innovativeness and potential impacts on civil society (including the academe) and the disadvantaged groups rather than the outcome of the judicial proceedings. They brought this case to academic seminars, conferences, and lectures for university students and to the training programs for government departments. The case is well known by scholars, students, civil society organizations and relevant government officers.

Coincidentally, the plaintiff of the next case (in this article) attended one of the conferences organized by the Center for Human Rights Law of Sichuan University. The case, introduced by the Director, Professor Zhou Wei, inspired the plaintiff to defend his rights through legal proceedings when he encountered a

---

① Interview 2.

② Interview 2&4.

similar unjust treatment. ①

iii. A Test Case that Challenged Unjust Systems

In summary, this case can be categorized as a test case that challenged a long – existing unjust system. Even though the outcome of the litigation was not satisfactory, it brought a new perspective on access to justice for persons with disabilities. It raised the legal consciousness of the plaintiff who had become quite aware of the fundamental rights of persons with disabilities. The plaintiff also expressed his willingness to engage in similar public interest activities as long as there are other opportunities and support from scholars and public interest lawyers.

It is, however, extremely difficult to assess the real impact of this case. Some may criticize its limitation, anyhow, its value on academic research and advocacy may be more significant than resolving a real problem.

Case Two: Luan & Xie vs. the Ministry of Railways of the People's Republic of China

In October 16, 2009, Mr. Luan with his colleague Mr. Xie bought two train tickets from Beijing to Zibo (Shandong Province). Both of them have disabilities. After they got up the train, Luan and Xie found no seats left, thus they sat on the floor of the carriage joint going to the toilet. Passengers going to the toilet would walk across their bodies, and inevitably, some stepped on them. In the process, Luan got sick and was unconscious for several minutes due to the crowd and the stale air inside carriage. They had to stop over at Tianjing. Two days later, Luan and Xie took the train from Zibo to Beijing with standing – room tickets again. They stood on the aisle with walking sticks for twenty minutes. Several times they almost fell whenever the train stopped. This experience made them feel miserable and embarrassed. After they asked the conductor for help, they were allowed to sit in the conductor's office.

They wondered why there were no seats reserved for persons with disabilities

---

① Interview 1.

on the train while other public transportation vehicles such as the city bus and subway trains have seats for people with specific needs. Luan phoned Professor Zhou Wei, the Director of the Center for Human Rights Law of Sichuan University, for legal advice. They decided to sue the Ministry of Railways for that it failed to monitor and examine the establishment of an accessible environment on the train. Again, Zhou, who defended Ding's case against the Bureau of Planning in Chongqing Municipality, acted as the lawyer of Luan and Xie.

i. Persons with Disabilities and Their High Level of Awareness

It may be worthy to note the question of how and why Luan found Professor Zhou Wei for help. After retiring from the welfare enterprise, Luan with his friends founded a (public interest) forum for persons with disabilities in order to promote their employment and pre-employment training, participation in society, participation in business activities; and to strengthen the network among the disabled people's organizations (DPOs) and persons with disabilities. ① As a famous organization leader with disabilities, Luan was invited by the Center for Human Rights Law of Sichuan University to participate in the workshop on "Theories and Practices of Protection of Rights for Persons with Disabilities." According to Luan, he learnt a lot from the workshop. He gained knowledge on the legal protection of persons with disabilities, such as the United Nations Convention on the Rights of Persons with Disabilities, national rules and regulations and administrative orders concerning rights of persons with disabilities. He also learnt several PIL cases concerning the right to accessibility initiated by persons with disabilities, including the case handled by Zhou Wei and Zhou. In his word, "it was the first time I came to know how the law can be used to defend our rights. In the past, even though we (the group of persons with disabilities) all knew the Law on the Protection of Disabled People, few knew how to use it and had awareness to seek redress through the justice system when our rights were violated." ② It occurred to him that he should seek Zhou Wei for legal advice regarding the incident on the train.

---

① The website of Luan's organization is available at: http://zgcjh. chinaec. net/.

② Interview 1.

ii. Media Exposure

As an administrative complaint against the Ministry of Railways, the case received extensive media exposure (mainly onthe internet) and excessive attention. The netizens, especially those with disabilities, reacted intensely. Some of them even suggested organizing a street campaign in order to show their support for the lawsuit. The campaign was aborted, because the case received pressure from the higher level of government. The media was also suppressed immediately. The plaintiff (Luan) and his family were harassed by officers of the national security department, which forced Luan to give up the case for personal safety and welfare of his family.

iii. Unexpected Result: Extra Services for Persons with Disabilities

However, the final result after Luan dropped the lawsuit was a bit unexpected. After the case was terminated, the Ministry of Railways transmitted an internal notice that required the railway staff to provide extra services to meet the needs of persons with disabilities. Several times when Luan got the standing - room ticket during business trips, he can be arranged for a special seat whenever he requested. Luan received hundreds of messages from many people with disabilities who enjoyed this special treatment on the train. "But I was not satisfied with it," Luan said, "I would rather continue the judicial proceedings than this."

Due to the reputation he earned with his case against the Ministry of Railways, a few NGOs who were engaged in PIL to defend the rights of persons with disabilities contacted him to collaborate on building a working group on the elimination of discrimination against disabilities. Beijing Yinrenping Center, famous for its anti - discrimination work, was most eager to work with Luan. The working group was established with around ten public interest lawyers, who were themselves persons with disabilities, to provide legal aid and legal counsel. Luan, as a paralegal, also provided informal legal advice.

During the interview, Luan pointed out that in China, people usually use the term Canjiren (disabled people) rather than Xingweicanzhangren (persons with disabilities), the words used in the international human rights standards. He asserted that the legal workers and NGOs have the responsibility to make the current concept on persons with disabilities meet the international standards.

Case Three: Luan and Li vs. Shenzhen Metro Co. , Ltd. (Shenzhen Municipality, Guangdong Province)

Almost one year after the case against the Ministry of Railways, Luan became involved in another lawsuit against Shenzhen Metro Co. , Ltd. On August 9, 2010, Luan and his colleague Li were in Shenzhen for business. Before they traveled to the city, they heard that all public transport in Shenzhen was free for persons with disabilities. They did enjoy the free tickets on buses after they arrived. However, when they went to the railway station, the metro staff rejected their claim for free tickets by virtue of their disabilities. The staff argued that according to the regulation of the company and relevant transport policies, Luan and Li couldn' t take the train ride for free because they are not local residents of Shenzhen. After a few hours of deadlock, the ill – mannered staff called police claiming that Luan and Li were disturbing the public order. The lawyer from the Beijing Yirenping Center (Shenzhen Branch) hurried to the scene after he got the call from Luan. As suggested by lawyer Pang, Luan brought a complaint against the Shenzhen Metro Company's discrimination against persons with disabilities to the Transport Commission of Shenzhen Municipality. As there was no response in several days, Luan with his colleague Li and lawyer Pang decided to sue Shenzhen Metro cooperation for its discrimination policy. [①]

i. Media involvement

The media was involved in the whole process of the case. According to Pang, a journalist from a local television station was able to video the argument between the plaintiffs and the metro staff. Even though the television stations did not report this news due to censorship, videos and photographs provided by the journalist became the first-hand evidence that supported the plaintiffs. Aside from the television journalist, several newspaper personnel also rushed to the scene of the incident as well. *Southern Metropolitan Daily* (Nanfangdushibao), well-

---

① Interview 3.

known as one of the most open newspaper in China, was the first to publish the news.

The report drew the attention from one deputy of the People's Congress who later wrote to the Transport Commission inquiring about the transport policy concerning discrimination against persons with disabilities. The media reported this episode as well. Consequently, the Transport Commission, under public pressure, responded by admitting that the announcement on the implementation of the policy of preferential treatment on city buses/subway by the Shenzhen Municipal government was inconsistent with the Decree of Guangdong Province on Providing Assistance to Persons with Disabilities (2007). The latter provides that persons with blindness or with severe mobility impairment (the first degree of disability) holding his/her identification card for person with disabilities, regardless of his/her registered residence, can take city public transportation for free. Others with disabilities can enjoy the preferential treatment for free or half the price. [1] The Transport Commission also suggested that the Shenzhen Municipal government to nullify the announcement concerning discrimination on account of its incompatibility with the higher law.

ii. Policy Change

After the Transport Commission responded, the Shenzhen Metro Cooperation abolished the regulation on the discrimination of registered households and stopped charging fees to all persons with disabilities. The change took place even before the court session opened. As Luan and Pang said, they were satisfied with the result. It met and even went beyond their original expectations even though the judicial proceedings have not been concluded yet. Luan admitted that this case would not have proceeded smoothly without media exposure. He deemed that although big media propaganda may not be necessary in PIL, it would never be successful without it. [2]

iii. Strategic Steps and Collaboration

Pang, as a professional public interest lawyer, provided a more thorough a-

---

[1] Government Decree of Guangdong Province, No. 115, see article 19.

[2] Interview 2.

nalysis of this case. ① There was a bigger risk that the local court would not accept an administrative lawsuit, so Pang and Luan chose to sue Shenzhen Metro Cooperation rather than the Transport Commission for its administrative omission. As expected, the court immediately accepted the complaint. Moreover, the media, without political pressure, reported the whole case with efficiency and sided with the disadvantaged group, which in this case were non-Shenzhen citizens with disabilities. Through this, the case gained public sympathy. The deputy to the People's Congress also played an important role. His responsibility in political oversight made the Transport Commission fulfill its obligation to examine the transport policies and department regulations. It is also noteworthy that the local court judge and the respondent's attorney in the case also showed their understanding and support for the PIL against household discrimination concerning persons with disabilities. "Thanks to the defense attorney who suggested the [Shenzhen] Metro Cooperation abolishing the regulation concerning discrimination as soon as possible; otherwise it would not change the situation so fast." Pang said, "Now we might reach an out – of – court settlement with considerable compensation from the [Shenzhen] Metro Cooperation; after all the plaintiffs devoted considerable effort and money to the judicial proceedings." Pang added, "Considering the limitation of litigation, it should not be the only way to achieve justice."

Luan, on the other hand, defends the rights to accessibility by persons with disabilities through public interest petition. ② Luan realizes that in contrast to the city transport that usually provides discounted tickets to persons with disabilities, the national railways do not offer any discounted tickets except to students and soldiers. He claims that people with disabilities are more vulnerable to inaccessible environment, which makes them more economically disadvantaged. The burden of travel expenditures may hinder their opportunities to employment in other cities or out – of – town business. Luan suggests that it is necessary to offer half – price train tickets to persons with disabilities. While preparing the petition letter,

---

① Interview 4.

② Interview 2, also available at http://tieba.baidu.com/f? kz = 916861657.

he also collects signatures of individuals with disabilities and the deputies from the different levels of people's congress. ① Though the result of this public interest petition is still unknown, Luan is confident and determined to continue to work as a rights defender for persons with disabilities.

II. Comments and Conclusion

Through the three cases mentioned above, it may be easier to analyze and e-valuate the strength and weaknesses of PIL as a type of support to promote access to justice in China.

PIL can influence policy in favor of persons with disabilities, promoting rights awareness among persons with disabilities on accessibility issues. Through the influential PIL cases, people can see that the right to access to the legal system, especially by disadvantaged groups, is recognized within the scope of the justice systems. If more grievances are brought to court, many more may be encouraged to file formal complaints that will push more respondents to work for e-quality before the law.

Law schools (and university-based institutions) play a vital role in bringing international human rights standards to domestic discourse and to NGO practices. Luan Qiping learned about the United Nations human rights conventions from the conference held by the Center for Human Rights Law of Sichuan University. On the other hand, legal action oriented NGOs, such as the Beijing Yirenping Center, actively engage in rights defense and mobilization for disadvantaged groups through PIL. The work of NGOs has become more professional and specialized. Beijing Yirenping Center, for example, shows its developed strategies in the way it chooses interesting/noteworthy cases, its good relationship with the media, and its efforts to educate more people on human rights by sponsoring training conferences and seminars.

However, except academic and media introduction, there are few other types of promotion on international human rights norms, and the notion of "legal em-

---

① Interview 2.

powerment" or "access to justice" is still unpopular. Even the media did not introduce such documents and concepts to the masses.

Moreover, the work of public interest lawyers and organizations seldom reach rural areas where unknown there are more disadvantaged people incapable of achieving justice. Whether or not PIL as an access to justice strategy by the poor and the disadvantaged group is workable in rural areas is still a matter that needs to be explored.

图书在版编目（CIP）数据

残障权利研究：2014 / 张万洪主编 . —北京：社会
科学文献出版社，2014.7
ISBN 978 - 7 - 5097 - 5599 - 0

Ⅰ.①残… Ⅱ.①张… Ⅲ.①残疾人保障法 - 研究 -
中国 Ⅳ.①D922.182.34

中国版本图书馆 CIP 数据核字（2014）第 012408 号

残障权利研究（2014）

主　　编 / 张万洪
执行主编 / 丁　鹏

出 版 人 / 谢寿光
出 版 者 / 社会科学文献出版社
地　　址 / 北京市西城区北三环中路甲 29 号院 3 号楼华龙大厦
邮政编码 / 100029

责任部门 / 社会政法分社（010）59367156　责任编辑 / 仇墨涵　赵瑞红　关晶焱
电子信箱 / shekebu@ ssap. cn　　　　　　责任校对 / 卫　晓　李　敏
项目统筹 / 刘晓军　　　　　　　　　　　　责任印制 / 岳　阳
经　　销 / 社会科学文献出版社市场营销中心（010）59367081　59367089
读者服务 / 读者服务中心（010）59367028

印　　装 / 三河市东方印刷有限公司
开　　本 / 787mm×1092mm　1/16　　　印　　张 / 22.25
版　　次 / 2014 年 7 月第 1 版　　　　　字　　数 / 374 千字
印　　次 / 2014 年 7 月第 1 次印刷
书　　号 / ISBN 978 - 7 - 5097 - 5599 - 0
定　　价 / 89.00 元